Y DAITH ANORFOD

RHAI THEMÂU O'R EFENGYL YN ÔL LUC

Gwasg Pantycelyn

Dymuna'r cyhoeddwyr gydnabod cymorth
Adrannau'r Cyngor Llyfrau Cymraeg.

ISBN 1 874786 10 0

Cyhoeddwyd ac argraffwyd gan Wasg Pantycelyn, Caernarfon

CYNNWYS

Rhagair 7
1. Rhagymadrodd Luc (1: 1-4) 9
2. Dechreuadau (1: 5-25) 17
3. Creadigaeth Newydd Drindodaidd (1: 26-38) 21
4. Pwysigrwydd Mair (1: 39-45) 26
5. Cân Chwyldroadol Mair (1: 46-56) 30
6. Bendigedig yw'r Arglwydd (1: 57-80) 36
7. Man Cyfarfod (2: 1-20) 44
8. Lle'r Hen a'r Newydd (2: 21-40) 50
9. Mab Cartrefol (2: 41-52) 54
10. Dechrau Newydd (3: 1-20) 59
11. Profiadau Ysbrydol (3: 15-22) 64
12. Buddugoliaeth yn Nerth yr Ysbryd Glân (4: 1-15) 69
13. Dechrau'r Genhadaeth (4: 14-30) 74
14. Grym y Gair (4: 31 - 5: 11) 82
15. Paradocsau (5: 12 - 6: 11) 88
16. Hyfforddi'r Ddynoliaeth Newydd (6: 12-49) 94
17. Pwy yw Pwy? (7: 1-35) 101
18. Cymdeithas y Gwragedd a'r Gwŷr (7: 36 - 8: 3) 107
19. Diben Dameg yr Heuwr (8: 4-21) 112
20. Nerth ac Awdurdod Iesu (8: 22-56) 118
21. Cenhadaeth y Deuddeg (9: 1-17) 124
22. Pwy yw Hwn? (9: 18-50) 131
23. Y Genhadaeth yn Ymledu (9: 51 - 10: 16) 137
24. Arwyddocâd y Genhadaeth (10: 17-24) 146
25. Cariad Diderfyn (10: 25-42) 151
26. Gweddi'r Arglwydd (11: 1-13) 155
27. Un Cryfach (11: 14-36) 163
28. Gwae Chwi Grefyddwyr (11: 37-54) 168
29. Rhybuddion Iesu (12: 1-34, 49-51) 174
30. Trwy Ddŵr a Thân (12: 35 - 13: 9 179
31. Iachawdwriaeth a Barn (13: 10-35) 185

32. Gwahoddiad i Wledd (14: 1-24) 191
33. Cost Bod yn Ddisgybl (14: 25-35) 196
34. Gorfoledd Cael Hyd i'r Colledig (15: 1-32) 202
35. Duw ac Arian (16: 1-13) 207
36. Duw Ynteu Arian? (16: 13-31) 211
37. Dysgu ar Air a thrwy Brofiad (17: 1-19) 216
38. Dyfodiad Teyrnas Dduw (17: 20 - 18: 8) 222
39. Teyrnas Dduw: I Bwy? (18: 9-30) 226
40. Agoriad Llygad (18: 31 - 19: 27) 232
41. Cyrraedd Caersalem (19: 28-48) 237
42. Dysgu yn y Deml (1) (20: 1-26) 242
43. Dysgu yn y Deml (2) (20: 27 - 21: 4) 246
44. Dysgu yn y Deml (3) (21: 5-38) 250
45. Swper yr Arglwydd (22: 7-20) 256
46. Sgwrs Annisgwyl (22: 1-6, 21-38) 262
47. Y Frwydr Fawr (22: 39-71) 268
48. Dedfrydu Iesu (23: 1-25) 273
49. Croeshoelio Iesu (23: 26-56) 277
50. Atgyfodiad Iesu (24: 1-12) 283
51. Cymdeithion ar y Ffordd (24: 13-35) 288
52. Dan ei Fendith (24: 36-53) 295
Llyfryddiaeth Ddethol 300

I
CYNTHIA, SIÔN AC ANGHARAD, AC I GROESAWU CATHRIN I'R TEULU

RHAGAIR

Er imi ymgynghori â dehongliadau'r gwybodusion, nid esboniad gan ysgolhaig i ysgolheigion mo'r gyfrol hon. Fe gododd o sefyllfa blwyfol a gwyntyllwyd llawer o'r adrannau gan aelodau dosbarth Beiblaidd Eglwys Dewi Sant, Caerdydd. Droeon bu'n rhaid imi addasu'r deunydd yng ngoleuni trafodaeth fywiog yn y grŵp. Hyn sy'n cyfrif am y duedd i ganolbwyntio ar themâu yn hytrach nag ar fanionach testunol. Diben y llawlyfr hwn felly yw ysgogi oedolion i drafod pynciau perthnasol i'n dyddiau ni, yng ngoleuni'r efengyl yn ôl Luc.

Yn ychwanegol at hyn gall ambell bennod fod yn ddefnyddiol i'r sawl sy'n cael y fraint o bregethu o Sul i Sul. Yn fy mhrofiad i bu treulio blwyddyn yng ngwmni'r Iesu, y tystiodd Luc mor huawdl iddo, yn ysbrydiaeth i lawer pregeth.

Carwn ddiolch felly i aelodau Eglwys Dewi Sant am ganiatáu imi rannu'r gwaith hwn â hwy. Diolch i'm gwraig, Cynthia, am fod mor amyneddgar, ac am deipio'r llawysgrif a throsi'r dyfyniadau i'r Gymraeg. I Wasg Pantycelyn a'r Cyngor Llyfrau Cymraeg y mae'r diolch am sicrhau bod diwyg y llyfr mor lân. Ond yn bennaf oll, diolch i'r Cyngor Ysgolion Sul am ymddiried y gorchwyl hwn i mi. Rwyf wedi gwerthfawrogi'r cyfle yn fawr iawn, a'm gweddi yw y caiff pawb a fydd yn mentro ymuno â Iesu ar ei daith anorfod yn cael cymaint o fendith ag a gefais i.

Pennod 1

RHAGYMADRODD LUC

Darllen: Luc 1: 1-4

Yn y frawddeg hon (1: 1-4) fe dorrodd Luc bob record ysgrythurol. Dyma'r unig enghraifft yn y Beibl lle gwelir yr awdur yn cyfansoddi cyflwyniad bwriadol i'w waith cyfan. Yn hyn o beth roedd Luc yn dilyn arferiad a oedd wedi datblygu yn nhraddodiad llenyddol Groeg er y bumed ganrif cyn Crist. Ond ni chydymffurfiodd yn llwyr â'r confensiwn hwnnw chwaith; tuedda'r Groegiaid i ragymadroddi'n hirfaith — tair pennod ar hugain yn achos Thucydides — tra cyfyngwyd rhagymadrodd Luc i un frawddeg. Ar ôl astudio'r hen ragymadroddion hyn yn fanwl, fe gasglodd Loveday Alexander mai'r cefndir mwyaf tebygol oedd y cyflwyniadau i weithiau 'gwyddonol' megis meddygaeth, peirianneg a phensaernïaeth. Dyma enghraifft o'r ganrif gyntaf O.C. 'Gan fod yr hen athronwyr a pheirianwyr wedi ystyried bod aer yn destun a oedd yn haeddu sylw, y naill yn esbonio'i rym yn haniaethol a'r llall yn cyfeirio at ei effeithiau gweladwy, yr wyf finnau wedi meddwl bod angen cofnodi traddodiadau'r tadau, a chyflwyno fy narganfyddiadau fy hun yn eu trefn; oherwydd trwy wneud hyn cynorthwyir y rhai a fydd am ymwneud â'r wyddor hon. Ac oherwydd fy mod i'n ystyried bod hyn yn tarddu o briodoleddau clociau dŵr, y soniais amdanynt eisoes mewn pedair cyfrol, rwyf fi'n ysgrifennu am hyn hefyd, fel y dywedais, fel dilyniant. Oherwydd trwy gyfuno aer, tân, dŵr a daear, y tri neu'n hytrach y bedair elfen, y ceir amrywiaeth o amgylchiadau, rai ohonynt yn cyfateb i anghenion dyfnaf y bywyd hwn, a'r lleill yn arddangos rhyfeddodau o'r math mwyaf trawiadol' (*Pneumatica* 1).

A derbyn bod y rhagymadroddion hyn wedi dylanwadu ar gyflwyniad Luc, roedd ef yn ddigon annibynnol ei farn i'w defnyddio i'w bwrpas ei hun ac i fod yn hynod o gryno.

Ffynonellau

Nid ysgrifennu o'i ben a'i bastwn ei hun a wnaeth Luc. Cyfaddefodd ar unwaith 'bod llawer wedi ymgymryd ag ysgrifennu hanes y pethau' yr oedd ef am sôn amdanynt (1: 1). Gan ei fod yn dueddol i ddefnyddio'r gair yn lled aml, mae'n bosibl fod 'llawer' yn or-ddweud, ac wedi'i anelu at danlinellu pwysigrwydd y 'pethau' hyn. Fodd bynnag, gellir olrhain dwy neu dair ffynhonnell lled bendant.

Prif ffynhonnell Luc oedd yr efengyl yn ôl Marc. Ac eithrio un darn go lew (Marc 6: 45—8: 26), fe ddefnyddiodd Luc grynswth hanesion Marc. Fe ddangoswyd yr adrannau lle digwyddodd hyn yn y gyfeiriadaeth at Marc dan y penawdau yn *Y Beibl Cymraeg Newydd.* (Nid anfuddiol yw edrych ar y cyfeiriadau hynny oherwydd gallant ddangos fel y newidiodd Luc ei ffynonellau, a thrwy holi pam y gwnaeth hyn fe ddaw ei neges a'i bwyslais benodol ef i'r golwg.)

Er fod Luc wedi mabwysiadu fframwaith Marc ar y cyfan, a chynnwys llawer o'i ddeunydd ef, fe ychwanegodd gryn dipyn o fannau eraill. Dadlennir un o'r ffynonellau hyn gan yr adrannau hynny yn *Y Beibl Cymraeg Newydd* lle nodir cyfeiriadaeth at yr efengyl yn ôl Mathew yn unig. Ni chasglodd ysgolheigion ar gorn hyn fod Luc wedi benthyca'n uniongyrchol oddi wrth Fathew. Pam? Yn ôl crynodeb C. F. Evans, 'Ni wnaed hyn oherwydd daethpwyd i'r casgliad y buasai tynnu defnyddiau a drefnwyd mor ardderchog yn aml gan Fathew, a'u hailddosbarthu ymhlith pethau eraill nad oedd yn gafael cystal, yn beth na fuasai golygydd yn debygol o'i wneud.' Sut oedd egluro'r deunydd cyffredin felly? Dyma gasgliad yr esbonwyr yn ôl Evans, 'Daethpwyd i'r casgliad felly bod Luc a Mathew, yn annibynnol ar ei gilydd, ac yn eu gwahanol ffyrdd, wedi defnyddio ffynhonnell ysgrifenedig gyffredin, a elwir Q, a luniwyd bron yn gyfan gwbl o ddywediadau Iesu. Mae Luc wedi defnyddio darnau ohoni, ochr yn ochr â'i ddeunydd arbennig ef ei hun weithiau, mewn mannau addas oddi mewn i fframwaith Marc, megis 3: 7-9, 16-17, i fanylu ar yr adran ar y Bedyddiwr, 4: 2-12 ar y temtasiynau, 6: 20—7: 35 i osod dysgeidiaeth yng nghyd-destun dewis y Deuddeg ym Marc 3: 7-19, a'r gweddill i ddisgrifio'r daith ddysgu hir yn 9: 51—18: 14. Mae Mathew wedi ei defnyddio'n wahanol, trwy ei chymathu â deunydd arall i gynhyrchu pum adran ei Efengyl' (tt.22-23). Fe ddefnyddiwyd y llythyren Q i ddynodi *Quelle*, sef y gair am 'ffynnon' neu 'ffynhonnell' yn yr Almaeneg.

Er i'r ysgolheigion olrhain y ddwy ffynhonnell, Marc a Q, fe erys traean o gynnwys yr efengyl. Dyma'r adrannau sy'n perthyn i'r efengyl yn ôl Luc yn unig, ac o'r herwydd ni cheir unrhyw gyfeiriadaeth ysgrythurol dan y penawdau yn *Y Beibl Cymraeg Newydd.* Ymhlith y rhain gwelwyd darnau enwog megis hanes geni Ioan a Iesu (1: 5—2: 52); Samaria (9: 51-55); cenhadaeth y deuddeg a thrigain (10: 1, 17-20); dameg y Samariad trugarog (10: 29-37); Martha a Mair (10: 38-42); dameg yr ynfytyn cyfoethog (12: 13-21); iacháu gwraig wargrwm (13: 10-17); iacháu'r dyn â'r dropsi arno a gwers i'r gwesteion ac i wahoddwr (14: 1-14); dameg y darn arian colledig (15: 8-10); dameg y mab (meibion?) colledig (15: 11-32); dameg y goruchwyliwr anonest (16: 1-15); dameg y dyn cyfoethog a Lasarus (16: 19-31); glanhau deg o ddynion gwahanglwyfus (17: 11-19); dameg y weddw a'r barnwr (18: 1-8); dameg y Pharisead a'r casglwr trethi (18: 9-14); Iesu a Sacheus (19: 1-10); Iesu gerbron Herod (23: 6-12); troseddwr edifeiriol (23: 39-43);

cerdded i Emaus (24: 13-35). Gan fod y rhain, a'r adnodau eraill o'r ffynhonnell L a ddefnyddiodd Luc yn unig, yn datgelu rhai o'i brif nodweddion fel efengylwr, rhoddwyd sylw arbennig iddynt yn y gyfrol hon.

Er fod y defnyddiau a groniclwyd gan Luc yn unig (L) yn tarddu o sawl ffynhonnell mae'n debyg, roeddent yn pwysleisio'r iachawdwriaeth a gynigid i Israel a thu hwnt i Israel, trwy eiriau a gweithredoedd Iesu. Tanlinellent yr aberth, yr ymroddiad, a'r haelioni a oedd yn ofynnol er mwyn bod yn ddisgybl i Iesu. Nid ar chwarae bach y câi unrhyw un ei gyfrif yn apostol neu yn Gristion. Ar gyfer pwy felly yr ysgrifennodd Luc yr efengyl hon?

I bwy ac i beth?

Ar yr olwg gyntaf gellid meddwl na châi neb anhawster i ateb y cwestiwn, 'I bwy yr ysgrifennodd Luc ei efengyl?' Yn wahanol i'r efengylwyr eraill, fe gyflwynodd ef ei waith i'r 'ardderchocaf Theoffilus' (1: 3). Pwy oedd Theoffilus? Golygai ei enw 'cyfaill Duw' ond ni ddylid sylfaenu unrhyw ddadl ar hynny oherwydd yr oedd yn enw Groeg cyffredin ers cenedlaethau. Y cwestiwn allweddol ynghylch Theoffilus oedd hyn: ai credadun y ceisiai Luc gadarnhau ei ffydd ydoedd, ynteu anghredadun yr hoffai Luc ei oleuo ynghylch y mudiad Cristnogol a oedd ar gerdded? Roedd yr ateb i'r cwestiwn 'I beth yr ysgrifennodd yr efengyl?' ynghlwm felly wrth y cwestiwn 'I bwy?' I gymhlethu pethau, fe ddefnyddiodd Luc air a allai olygu 'dysgeidiaeth' Gristnogol, er yn annigonol, fel yn achos Apolos (Actau 18: 25) neu 'wybodaeth', er yn anghywir a gelyniaethus, fel yn achos Paul (Actau 21: 21, 24).

Torrwyd y ddadl gan gyfieithwyr *Y Beibl Cysegr-lân* trwy nodi bod Luc wedi ysgrifennu at Theoffilus 'Fel y ceit wybod sicrwydd am y pethau y'th ddysgwyd ynddynt' (1: 4). Ar sail y cyfieithiad hwn maentumiwyd bod Theoffilus newydd ddod i gredu yn Iesu Grist ac ymuno â'r Eglwys. Diben ymdrechion Luc wedyn fyddai cadarnhau ei ffydd trwy roi sicrwydd pellach iddo ynghylch y pethau a ddysgwyd iddo eisoes. O blaid hyn roedd y ffaith fod yr efengyl hon wedi'i chynnwys yng nghasgliad yr Eglwys a ddaeth yn rhan o'r Testament Newydd. I ddeall arwyddocâd llawer o'r gwaith roedd angen gwybodaeth go drwyadl o'r Hen Destament a gwelwyd dylanwad ieithwedd y cyfieithiad Groeg o'r Ysgrythur (LXX) ar destun Luc, ochr yn ochr ag arddull a geirfa fwy Groegaidd a chlasurol. Yr anhawster gyda'r ddamcaniaeth hon oedd fod Luc yn awgrymu nad oedd Theoffilus wedi'i hyfforddi yn ddigonol a bod hynny'n bwrw sen ar ei hyfforddwyr os nad ar y 'llawer' a fu eisoes yn traddodi'r hanes am Iesu (1: 1). Ar ben hyn os oedd y rhagymadrodd hwn wedi'i fwriadu i gyflwyno dwy gyfrol Luc, yr efengyl a'r Actau, pa fudd oedd yr holl fanylion am anturiaethau Paul, ei longddrylliad a'i daith i Rufain, i gadarnhau ffydd unigolyn fel Theoffilus?

Yn wahanol i'r hen gyfieithiad Cymraeg fe awgrymodd *Y Beibl Cymraeg Newydd* fod Luc wedi ysgrifennu at Theoffilus 'er mwyn iti gael sicrwydd am y wybodaeth a dderbyniaist' (1: 4). Awgrymai hyn fod Theoffilus yn ŵr dylanwadol, y tu allan i gylch y credinwyr. Ym marn G. B. Caird gellir dadlau 'nad oedd Theoffilus yn Gristion ond yr oedd yn cydymdeimlo â hwy. Yr oedd wedi clywed y straeon a'r ensyniadau a oedd ar led ynghylch y Cristnogion, ac yr oedd Luc yn awyddus i achub eu cam trwy gyflwyno'r ffeithiau fel yr oeddent yn wybyddus iddo ef. Buasai hyn yn esbonio ffurfioldeb y cyflwyniad (sy'n wahanol iawn i'r ffordd arferol o gyfarch Cristion arall), a hefyd tuedd ddiamheuol ysgrifeniadau Luc i amddiffyn y ffydd' (t.44). Fel y dangosodd Justin a Tertullian yn ddiweddarach, roedd gan amddiffynnwr y ffydd ddau amcan. Ar y naill law ceisiai wrthsefyll camddehongliadau o'r ffydd Gristnogol gan y byd Groegaidd a Rhufeinig. Er enghraifft, fe aeth Luc i'r afael â'r broblem fod Iesu wedi'i groeshoelio gan Rufain trwy bwysleisio mai'r Iddewon oedd yn gyfrifol am ei roi i farwolaeth a bod Pilat wedi'i ddyfarnu'n ddieuog dair gwaith (23: 22-23). Yr un modd fe ddangosodd nad oedd sail i'r 'cyhuddiadau o beri cynnwrf' yn erbyn Paul gan fod swyddogion Rhufeinig wedi'i ddyfarnu yntau'n ddieuog (Actau 26: 30-32). Ar y llaw arall, nod gadarnhaol amddiffynnwr y ffydd oedd dangos pa mor berthnasol oedd y ffordd Gristnogol i'r byd o'i gwmpas. O ddechrau'r efengyl hyd ddiwedd llyfr yr Actau fe danlinellodd Luc fod 'y pethau a gyflawnwyd yn ein plith' yn ymwneud â'r byd cyfan. O gofio'r ddau amcan hyn, gellid hawlio bod Luc wedi anelu'i waith tuag at y byd y tu allan i'r eglwys yn hytrach nag at gredadun neu gymuned Gristnogol o'i mewn. Fel yn achos *Apologia* Justin fe ddaeth yn ddiweddarach yn rhan o'r corff hwnnw o lenyddiaeth a ystyrid yn llenyddiaeth Gristnogol.

Pa fath o lenyddiaeth?

Os mai amddiffyn y ffydd oedd bwriad Luc, gellid disgwyl iddo ysgrifennu traethawd. Hyn a wnaeth amddiffynwyr diweddarach, ac yn *Y Beibl Cysegr-lân* defnyddiwyd 'traethawd' i ddisgrifio rhai o ffynonellau Luc (1: 1). Yn sicr, ni ellid disgrifio'r efengyl na llyfr yr Actau fel traethawd, ac fe gynigiodd *Y Beibl Cymraeg Newydd* 'hanes' yn y rhagymadrodd hwn. Gwelwyd awduron eraill yn defnyddio hanes fel ffurf ar amddiffyniad yn yr hen fyd, er enghraifft, *Antiquitates Judaicae* (Hynafiaethau'r Iddewon) gan Joseffus ac *Antiquitates Romanae* (Hynafiaethau Rhufain) gan Dionysius o Halicarnassus. Nid adrodd hanes er mwyn yr hanes yn unig a wnaent; roedd iddo ddiben addysgol, crefyddol a chenedlaethol. Fel yn achos *Drych y Prif Oesoedd,* roedd yn genadwri am dras, a lle ac urddas cenedl.

A derbyn bod Luc wedi dewis adrodd hanes yn hytrach nag ysgrifennu traethawd, croniclo hanes beth oedd ei nod? O droi dail yr efengyl a llyfr yr Actau yn frysiog gellid cymryd mai adrodd hanes dechreuadau'r eglwys Gristnogol a wnaeth Luc. O'i ddarllen yn fanylach deuai'n amlwg nad hynt a helynt y cymunedau Cristnogol fel y cyfryw oedd diddordeb pennaf Luc. Er iddo sôn am genhadaeth Iesu yng Ngalilea ni chlywyd dim pellach am hynt y Cristnogion yno; cyrraedd Jerwsalem oedd byrdwn ei efengyl. Ac yn llyfr yr Actau rhoddwyd bri ar y gymuned Gristnogol yng Nghaersalem i ddechrau, ond y llwybr a arweiniodd Paul i Rufain a aeth â'i fryd yn ail hanner y gyfrol honno. Serch hyn, ni chafwyd unrhyw eglurhad ar fodolaeth yr eglwys Gristnogol yn Rhufain cyn i Paul gyrraedd yno. Nid adrodd hanes rhyw fudiad cymdeithasol oedd amcan Luc felly. Cwbl annigonol fyddai disgrifio'i efengyl fel bywgraffiad o Iesu, neu'r Actau fel hanes cyntaf yr Eglwys Fore. Sôn am 'fawrion weithredoedd Duw' (Actau 2: 11) oedd pennaf nod Luc. Ysgrifennodd hanes diwinyddol. Pwysleisio hyn fu cyfraniad mawr H. Conzelmann yn *The Theology of St. Luke*. Er fod ysgolheigion wedi beirniadu ei haeriadau fod Luc yn gweld hanes fel tri chyfnod pendant, fe dderbyniwyd ei ddadl fod Luc wedi ysgrifennu hanes iachawdwriaeth a gyflawnwyd gan Dduw. Fe ddaeth hyn i'r golwg yn y rhagymadrodd. Nid mynd ati i adrodd hanes y gorchestion a gyflawnwyd gan yr Eglwys Fore yn sgil ei hymdrechion a'i nerth ei hun a wnaeth Luc ond pori yn 'hanes y pethau a gyflawnwyd yn ein plith' (1: 1). Pwy a gyflawnodd y pethau hyn? Duw, yn Iesu Grist, trwy'r Ysbryd Glân (Actau 1: 1-3).

Iachawdwriaeth Duw

Sôn am Dduw yn achub, dyna thema fawr ganolog Luc. Yn agos i ddechrau ei efengyl fe ddyfynnodd ef o broffwydoliaeth Eseia (40: 5) yn helaethach na Marc na Mathew er mwyn cynnwys y geiriau 'a bydd y ddynolryw oll yn gweld iachawdwriaeth Duw' (3: 6). Ar ddiwedd llyfr yr Actau, a Paul wedi cyrraedd Rhufain adleisiwyd yr un gwirionedd, 'Bydded hysbys, felly, i chwi fod yr iachawdwriaeth hon, sydd oddi wrth Dduw, wedi ei hanfon at y Cenhedloedd' (28: 28). Fe gyflwynodd Luc stori Duw ar lwyfan y ddynoliaeth; fe ysgrifennodd ef efengyl, hanes iachawdwriaeth Duw ar waith yn ein byd.

Yn Iesu y cyflawnodd Duw y gweithgarwch achubol hwn. Chwedl G. B. Caird, 'fe welodd Luc weinidogaeth Iesu o'r bedydd hyd yr esgyniad fel llwyfannu drama iachawdwriaeth y byd, a gynlluniwyd gan Dduw, er bod gan ddynion ryddid i weithredu yn ôl eu hewyllys eu hunain. Gall dynion wrthod bwriad Duw, fel y gwnaeth y Phariseaid a'r cyfreithwyr wrth anwybyddu bedydd Ioan (7: 30), ond mae'r Groes yn brawf y gall Duw droi hyd yn oed y gwrthod eithaf yn fuddugoliaeth' (t.34). Dyma 'fwriad penodedig' Duw, trefn yr iachawdwriaeth a wireddwyd yn a thrwy Iesu o Nasareth (Actau 2: 22-24). Ychwanegodd Caird, 'Am fod Luc yn credu bod Iesu yn gwasanaethu bwriad dwyfol, a welodd wedi ei amlinellu yn yr ysgrythurau, mae'n ei bortreadu bob amser fel un sy'n gweithredu o dan awdurdod rheidrwydd dwyfol anorfod. Yn efengyl Marc unwaith y soniodd Iesu am reidrwydd ei farwolaeth (Marc 8: 31), ond y mae Luc yn defnyddio'r un ferf Roeg *(dei)* ddeg gwaith o leiaf mewn cysylltiad â gweinidogaeth Iesu (2: 49; 4: 43; 9: 22; 13: 16, 33; 17: 25; 22: 37; 24: 7, 26, 44). Nid ydym i gasglu bod Iesu yn credu mewn ffawd, ond yn hytrach ei fod, ym mhob cyfnod o'i oes, wedi ymateb yn ewyllysgar ac yn ufudd i'r rheidrwydd a osodwyd arno gan ei alwad' (t.35).

O alw Iesu a'i ethol i ddwyn iachawdwriaeth i'r byd, fe'i galluogwyd gan Dduw i gyflawni'i 'fwriad penodedig' trwy'r Ysbryd Glân. Roedd yr Ysbryd ar waith yng ngenedigaeth Iesu (1: 35), yn ei fedydd (3: 22) ac adeg ei brofi gan y diafol (4: 1). Yn nerth yr Ysbryd y cychwynnodd Iesu ar ei weinidogaeth yng Ngalilea (4: 14), a chyflawnodd ei genhadaeth gyfan am fod Ysbryd yr Arglwydd arno yn ei eneinio a'i alluogi i rannu iachawdwriaeth Duw â'r anghenus, y gwrthodedig a'r caeth (4: 18-21). Gwireddwyd addewid y cyflawni 'Heddiw' yn y synagog yn Nasareth gan yr 'heddiw byddi gyda mi ym Mharadwys' ar y groes (23: 43). Yng ngeiriau C. F. Evans, 'Yr oedd yn rhaid i'r bywyd a'r gwaith hwn gael eu dwyn i'w cyflawniad yn y byd trwy ddioddefaint a marwolaeth (12: 49-50; 13: 32-33), ac yn y fath fodd fel y gallai Duw eu cydnabod hwy'n eiddo iddo ef, gan roi iddynt werth arhosol, eithaf. Yn Luc gwneir hyn trwy i Iesu gael ei gymryd i fyny gan Dduw (9: 51; 24: 26; Actau 1: 1-11), yn Ioan digwydd hyn trwy ei ogoneddiad (Ioan 17: 1-5). Yr 'Ysbryd' a oedd ar waith yn y bywyd a'r gwaith a orffennwyd ac a gwblhawyd, a drosglwyddwyd o Dduw trwy'r Crist dyrchafedig (Actau 2: 33; Ioan 7: 37). Trwyddo galluogwyd y disgyblion i amgyffred y pethau hyn am yr hyn oeddent, a chyhoeddi eu bod hwy'n iachawdwriaeth ddwyfol i'r byd' (tt. 87-88). Trwy'r un Ysbryd y galluogwyd Luc i ysgrifennu hanes iachawdwriaeth Duw, y Tad, y Mab a'r Ysbryd Glân, a'i gyhoeddi i'r byd.

Pwy oedd Luc?

Er ei fod wedi gorfod dibynnu ar dystiolaeth eraill i ddechrau, fe gydnabu Luc ar unwaith ei fod yn perthyn i'r corff hwnnw o bobl a brofodd iachawdwriaeth Duw. Nid ysgrifennu ffrwyth ymchwil academig foel a wnaeth, ond mynd ar ôl hanes y pethau a gyflawnwyd 'yn ein plith' (1: 1). Ymuniaethodd â'r pethau a'r digwyddiadau a draddodwyd 'inni' gan y rhai a fu o'r dechreuad yn llygad-dystion ac yn weision y gair (1: 2). Buasai cael ei alw'n Gristion yn dderbyniol iawn gan Luc. Ef a dystiodd mai 'yn Antiochia y cafodd y disgyblion yr enw Cristionogion gyntaf' (Actau 11: 26), ac yn ôl Eusebius (*Historia Ecclesiastica* 2, 4, 6) gŵr o Antiochia oedd Luc. Un o 'weision y gair' a dreuliodd flwyddyn gyfan yn Antiochia oedd Paul (Actau 11: 25-26). Gan fod Luc wedi arfer yr ymadrodd 'ni' wrth sôn am deithiau Paul yn ail hanner llyfr yr Actau (16: 17; 20: 5-15; 21: 1-18; 27: 1—28: 16), fe ddatblygodd y gred ei fod yn gydymaith i Paul. Yn ei lythyr at Philemon (24) fe gyfeiriodd Paul at Luc fel un o'i gydweithwyr. Dichon mai'r rheini, a gosodiad Paul, 'Luc yn unig sydd gyda mi' (II Tim. 4: 11), oedd yn gyfrifol am dadogi'r drydedd efengyl a'r Actau ar Luc. Cyn diwedd yr ail ganrif roedd y gred hon wedi'i sefydlu. Tua 180 O.C. fe ddadleuodd Irenaeus, esgob Lyon, fod yr eglwysi uniongred yn rhagori ar y rhai hereticaidd am eu bod yn gwybod pwy oedd awduron eu hefengylau gan nodi mai awdur y drydedd efengyl oedd 'Luc cydymaith Paul' *(Adversus omnes haereses* 3: 1, 8). Ym marn G. B. Caird, 'Ni ellir derbyn holl draddodiadau'r Eglwys Fore fel y maent, ond mae rhesymau da dros dderbyn hwn' (t.16). Dadleuwyd bod cadarnhad dros gredu mai cenedl-ddyn oedd Luc yng nghyfarchion terfynol Colosiaid (4: 10-14) lle rhestra'r awdur Aristarchus, Marc a Jesws Jwstus fel yr 'unig gredinwyr Iddewig sy'n cydweithio â ni'. Disgrifir Epaffras fel 'un ohonoch', hynny yw cenedl-ddyn yn ôl pob tebyg, ac yna enwir Luc a Demas fel pe baent yn perthyn i'r un dosbarth.

Yr adnod hon (Col. 4: 14) a fu'n sail dros gredu hefyd mai meddyg oedd Luc wrth ei alwedigaeth. Fe wrthododd H. J. Cadbury y ddadl fod geirfa feddygol Luc yn profi ei fod yn feddyg am fod llenorion eraill o gefndiroedd amrywiol yn defnyddio'r ymadroddion hyn, ond o gofio pa mor fregus oedd iechyd Paul (II Cor. 12: 7-10) byddai'n hollol ddealladwy pe bai wedi gwahodd meddyg i fod yn gydymaith iddo. Ar wahân i'r gwerth ymarferol hwn, roedd hi'n amlwg fod gan y ddau lawer yn gyffredin megis sêl dros amddiffyn yr efengyl a'i chyhoeddi i eraill, yn ogystal â chefndir addysgol disglair. Dro ar ôl tro fe welwyd Luc yn gwella arddull a geirfa Marc ac yn gwau ei hanesion er mwyn cadw'i addewid i Theoffilus i'w cyflwyno iddo 'yn eu trefn' (1: 3). Roedd ganddo eirfa helaeth a dawn lenyddol. Ym marn C. F. Evans, 'Wedi i Luc orffen dethol, aildrefnu ac ailysgrifennu gwelir mewn mannau tipyn o artist-waith ar ffrwyth ei lafur . . . Yn weddol aml cyflwynir gwirioneddau crefyddol trwy gyfrwng darluniau geiriol sydd, am eu bod mor fyw, mor egnïol, ac mor llawn o dyndra a theimlad, yn dangos bod yr awdur yn storïwr gwych . . . Nid yw'n hollol annisgwyl felly bod traddodiad Bysantaidd wedi codi sy'n dweud bod Luc wedi bod yn arlunydd. Pe bai hynny'n wir, fodd bynnag, hwyrach y dylid ei ddosbarthu ymhlith yr argraffiadwyr' (t.42).

Yn ogystal â bod yn gwmni gwerthfawr a diddan i Paul, fe allai Luc fod wedi dysgu llawer oddi wrth Paul. Un o'r pethau sy'n taro dyn yw ei fod wedi'i drwytho yn yr Hen Destament. Gallai hynny arwain at y dyb ei fod yn Iddew, ond mae'n bwysig cofio mai dyfynnu o gyfieithiad Groeg y Deg a Thrigain (LXX) o'r Ysgrythur a wnaeth yn ddieithriad, ac fel y dadleuodd C. F. Evans, 'ni ellir dweud yn ddogmatig na fedrai'r un cenedl-ddyn fod wedi dod i wybod cymaint am Iddewiaeth a mynegiant y LXX ag a welir yn Luc-Actau; yr oedd hi'n eithaf posibl y gallai cenedl-ddyn deallus, llenyddol ei fryd, a oedd eisoes yn ymddiddori mewn Iddewiaeth cyn cael ei dröedigaeth ac a gofleidiodd Gristnogaeth gyda'i sylfeini Ysgrythurol Iddewig, wedyn, fod wedi gwneud hyn' (t.13). Ar y llaw arall, mae'n rhaid cyfaddef y gallasai Iddew fod wedi meistroli safon y Groeg a ysgrifennodd Luc fel yn achos Paul ei hun, ac awdur y llythyr at yr Hebreaid, heb sôn am Joseffus a Philo.

Fel Cymry mae'n hawdd i ni amgyffred sut y gweithredodd Luc mewn dau neu dri byd ar unwaith. Roedd yn aelod diamheuol o'r Eglwys Fore, yn hyddysg yn yr ysgrythurau Iddewig yr oedd olion priod-ddulliau'r Hebraeg yn drwm ar eu trosiad i'r Roeg, ac yr oedd wedi ei fagu yng nghyffro gwareiddiad Groeg-Rhufeinig y ganrif gyntaf. Yn wythdegau neu nawdegau'r ganrif honno yr aeth Luc ati i ysgrifennu ei efengyl yn ôl pob tebyg. Pan gofir ei fod wedi ysgrifennu'r drydedd efengyl a llyfr yr Actau gwelir bod chwarter swm y Testament Newydd wedi dod o'i bin ef. Mewn gwirionedd Luc, y llenor a'r artist, oedd yr unigolyn a wnaeth y cyfraniad helaethaf i gynnwys y Testament Newydd. Gall myfyrio ar ei dystiolaeth ef i'r 'pethau a gyflawnwyd yn ein plith' fod yn gyfrwng 'sicrwydd' ac iachawdwriaeth i ni.

TRAFOD

1. Portreadwyd Luc fel rhyw feddyg cefn gwlad diddan a deallus. Beth yw eich darlun chi ohono?
2. Pa ffeithiau pendant ynghylch dull Luc o ymbaratoi ar gyfer ysgrifennu ei efengyl a ddaw i'r golwg yn ei ragymadrodd (1: 1-4)?
3. Yn ogystal â'r ffynonellau ysgrifenedig, a gredwch chi fod Luc wedi defnyddio traddodiadau llafar a'u rhoi ar ddu a gwyn am y tro cyntaf?
4. Pam yr ysgrifennodd Luc ei efengyl a'r Actau? Beth oedd ei amcan gwirioneddol?
5. Beth a olygir wrth ddisgrifio Luc fel 'hanesydd diwinyddol'? Am bwy y soniai ef yn bennaf?
6. Pam yr ydych chi wedi penderfynu bod yn aelod o ddosbarth/grŵp sydd wedi cytuno i fyfyrio ar yr efengyl yn ôl Luc am flwyddyn gyfan?

Pennod 2

DECHREUADAU

Darllen: Luc 1: 5-25

O'r holl ysgrifenwyr a gyfrannodd at gorff y Testament Newydd, Mathew a Luc yw'r unig ddau sy'n manylu am amgylchiadau geni Iesu. Dywed y ddau bod angel yn nyddiau'r brenin Herod wedi addo y genid plentyn, trwy weithrediad yr Ysbryd Glân, i wyryf o'r enw Mair cyn iddi gael cyfathrach â'i dyweddi Joseff, a oedd o linach Dafydd. Ganed y plentyn ym Methlehem ond fe'i magwyd yn Nasareth. Fel darpar waredwr enwyd ef yn Iesu gan yr angel.

Y ffeithiau moel hyn yw'r unig beth sy'n gyffredin ym mhenodau agoriadol y ddwy efengyl. Yn gymysg â hwy ceir llu o wahaniaethau. Yn wir mae'r gwahaniaethau yn fwy eithafol yn y fan hon nag yn unman arall. Mae'n amlwg nad oedd Luc yn gyfarwydd â'r rhan hon o'r efengyl yn ôl Mathew ac nid oes unrhyw arwydd fod yr hanesion a groniclwyd gan Luc yn hysbys i Mathew.

Geni Iesu ac Ioan

Yr hyn a achosodd y gwahaniaeth pennaf rhwng y ddwy efengyl oedd penderfyniad Luc i adrodd hanes geni Iesu ochr yn ochr â'r hanes am eni Ioan. Hyn a roes fframwaith ei ddwy bennod gyntaf iddo. Wrth restru'r rhannau gwelir hyn yn glir:

(i) Gabriel yn rhagfynegi genedigaeth Ioan (1: 5-25).
(ii) Gabriel yn rhagfynegi genedigaeth Iesu (1: 26-38).
(iii) Ymweliad Mair â'i pherthynas Elisabeth sy'n cysylltu'r ddau ddigwyddiad cyntaf. Emyn o fawl (1: 39-56).
(iv) Geni Ioan, pobl yn clywed am y digwyddiad, enwaedu arno a'i enwi. Emyn o fawl (1: 57-80).
(v) Geni Iesu, y bugeiliaid yn clywed am y digwyddiad, emyn o fawl, enwaedu arno a'i enwi (2: 1-21).
(vi) Cyflwyno Iesu yn y deml, salm o fawl, dychwelyd i Nasareth (2: 22-40).
(vii) Iesu yn y deml yn ddeuddeng mlwydd oed (2: 41-52).

Er fod hanes y ddau wedi cael eu cyd-blethu, ni allent gyfateb yn hollol am fod Luc yn awyddus i roi'r flaenoriaeth i Iesu. Daw hyn yn amlycach fyth yn y drydedd bennod. Cyflwynwyd Ioan fel proffwyd (1: 16-17; 1: 76; 3: 1-6), ond nid fel Meseia (3: 15-17), tra bod Iesu'n cael ei bortreadu bob amser fel y Meseia o linach Dafydd (1: 32-33; 1: 69; 2: 4, 11; 3: 23-38) ac fel Mab Duw (1: 35; 2: 49; 3: 22).

Y waredigaeth

Diben adrodd yr hanesion hyn gyda'i gilydd oedd cyhoeddi'r waredigaeth yr anfonwyd Ioan i baratoi ar ei chyfer ac y daeth Iesu i'w chyflawni. Ysytyr 'Iesu', yr enw a roddodd yr angel i'r plentyn (1: 31), oedd 'yr Arglwydd sy'n gwaredu'. Mae'n ffurf ar yr enw 'Josua', enw'r arweinydd a gwblhaodd waredigaeth y genedl o gaethiwed yr Aifft trwy ei harwain ar draws yr Iorddonen i Wlad yr Addewid (Josua 3).

Hwyrach mai'r gair 'gwaredigaeth' yw'r allwedd sy'n ein helpu ni i ddeall diben yr efengyl yn ôl Luc a llyfr yr Actau ac yn agor y drws i ni fedru gweld pam y dewisodd Luc gynnwys yr hanesion hyn yn nwy bennod gyntaf ei efengyl. Gan fod efengyl Luc a'r Actau yn ymdrin â dechreuadau dwyfol ac â natur y mudiad Cristnogol yn ei grynswth, dangoswyd bod Duw wedi bwriadu i'r hanes allweddol am Iesu — ei enedigaeth, ei genhadaeth, ei farwolaeth a'i atgyfodiad — fod yn rhan o ddilyniant ym myd hanes, a bod modd olrhain hwnnw o hanes Israel, sy'n cynnwys gweinidogaeth broffwydol Ioan.

Roedd ddefnyddio geiriau sy'n gysylltiedig â'r term 'gwaredigaeth' (1: 69, 71, 77; 2: 11, 30) yn baratoad ar gyfer cyflwyno natur Iesu a'r neges Gristnogol (3: 6; 19: 9; Actau 4: 12; 5: 31; 13: 23-26; 16: 17). Mynegwyd y waredigaeth hon fel cyflawniad addewidion Duw i Israel (1: 16-17, 32-33, 46-55, 68-79; 2: 29-32). Roedd hyn yn un o nodweddion amlwg gweinidogaeth, marwolaeth ac atgyfodiad Iesu (4: 16-27; 24: 25-27, 44-46) a'r genhadaeth a'r genadwri Gristnogol (24: 47-48; Actau 2: 17-39; 3: 13-26; 10: 43; 13: 16-41; 26: 2-23).

Dechreuadau oesol hen

Un gwirionedd yr oedd Luc yn ceisio'i gyfleu i'w ddarllenydd oedd fod y dechreuadau dwyfol pellgyrhaeddol hyn wedi cychwyn yng nghôl y sefydliad Iddewig hynafol. Er fod rhywbeth newydd ar droed yn Jwdea pan oedd Herod yn frenin yno, yn ogystal ag yn Samaria a Galilea, rhwng 27 a 4 C.C., yn y deml y cyfarchwyd cynrychiolydd y genedl gan negesydd Duw. Fe ddaeth at Sachareias, (enw a olygai 'yr Arglwydd a gofiodd'), pan oedd yn gweinyddu yn y cysegr.

Cyfyngwyd yr offeiriadaeth i deuluoedd penodol a allai olrhain eu hach yn ôl i Aaron. Ym marn J. Jeremias roedd dros saith mil o offeiriaid ar gael yn y cyfnod hwn. Caent eu dosbarthu i bedair adran ar hugain. Ym mhob 'adran' roedd rhyw dri chant o offeiriaid, a gweithredai pob adran am ddwy wythnos yn y flwyddyn. Am fod cynifer ohonynt roedd angen bwrw coelbren i weld pwy a gâi weinyddu bob nos a bore. Pan ddaeth wythnos adran Abia, dewiswyd Sachareias i offrymu'r arogldarth. Dyma un o uchafbwyntiau ei fywyd fel offeiriad. Tra bod eraill yn ei adran heb gael cyfle i weinyddu hwyrach mai dim ond unwaith y buasai'n cael cyfle i wneud hyn. Ar ôl gweddïo, byddai'n gwasgu'r ffiol a ddaliai'r arogldarth ar y golosg yn y cysegr, nes bod yr arogl yn codi ac yn perarogli'r oen gwryw difrycheulyd a aberthid i Dduw. Wrth wneud hyn a chofio'r cyfarwyddyd ynglŷn ag allor yr arogldarth yn llyfr Exodus (30: 1-10) ni allai Sachareias lai nag ymdeimlo â rhyw undod â'i dad Aaron a rychwantai'r cenedlaethau.

Eto yng nghanol yr ymhyfrydu hwn, yr oedd siom. Nid oedd ganddo fab i barhau'r llinach er ei fod yn briod â gwraig 'o blith merched Aaron' (1: 5). I ganol y dyhead am barhau traddodiad oesol hen, fe ddaeth addewid am ddechreuad newydd (1: 13). Torrwyd ar y patrwm arferol gan ymyriad annisgwyl Duw. Yn lle diffrwythdra a siom addawyd llawenydd a gorfoledd, nid yn unig i Sachareias ac Elisabeth ond i lawer (1: 14). Genid mab a elwid yn 'Ioan', enw â olygai 'yr Arglwydd a roddodd ei ffafr'. Mae'n werth nodi bod yr efengyl yn ôl Luc yn dechrau (1: 14) ac yn diweddu (24: 52) trwy dynnu sylw at 'lawenydd', a hynny yn y deml, y symbol gweladwy o bresenoldeb Duw.

Dechreuadau dwyfol newydd

Fodd bynnag, nid yng ngrym y traddodiad ond yn nerth yr Ysbryd Glân yr oedd Ioan i gyflawni ei waith. Addawodd yr angel y câi ei lenwi â'r Ysbryd Glân yng nghroth ei fam (1: 15) ac o'r herwydd byddai'n gyfrwng i droi pobl yn ôl at yr Arglwydd eu Duw (1: 16). Ei genhadaeth fawr oedd darparu pobl a fyddai'n barod i groesawu'r Meseia (1: 17). Yn hyn o beth byddai'n cyflawni disgwyliadau'r bobl. Credent y deuai Elias i'w paratoi i wynebu'r argyfwng terfynol. Cysylltid Elias â'r traddodiad hwn oherwydd ei weinidogaeth ddi-dderbyn-wyneb a'i esgyniad i'r nef (1 Bren. 17-21; 11 Bren. 2. Cymharer Malachi 3: 1; 4: 5-6).

Er fod Sachareias yn 'gyfiawn gerbron Duw, yn ymddwyn yn ddi-fai yn ôl holl orchmynion ac ordeiniadau'r Arglwydd' (1: 6) ac yn offrymu'r arogldarth yng nghysegr yr Arglwydd, nid oedd yn hollol barod i dderbyn gair Duw trwy'r angel. Dadlennwyd ei ddiffyg ffydd a'i anghrediniaeth gan ei gais am 'sicrwydd o hyn' (1: 18). Ond ni rwystrwyd bwriadau Duw gan amheuaeth dyn. Atebwyd y gosodiad pendant 'yr wyf fi yn hen' gan osodiad yr un mor bendant 'Myfi yw Gabriel' — yr angel a safai ym mhresenoldeb Duw ac a lefarai felly gydag awdurdod Duw ei hunan. Fe'i danfonwyd i gyhoeddi newydd da. Yn wyneb y fath efengyl, bod yn fud oedd y peth gorau a allai ddigwydd i Sachareias, a gadael i Dduw gyflawni'r hyn a ymddangosai'n amhosibl. Cuddio'i hunan oedd y peth gorau a allai Elisabeth hithau ei wneud fel y dangosid nerthol weithredoedd Duw (1: 24-25).

Yn ogystal â phwysleisio mai o grud Iddewig y daeth Cristnogaeth, mynnai Luc hefyd danlinellu tarddle dwyfol y waredigaeth newydd a arloesodd Iesu ac y bu Ioan wrthi'n paratoi ar ei chyfer. Prawf o weithgarwch y goruwchnaturiol a'r dwyfol oedd beichiogi'r wraig ddiffrwyth Elisabeth. Yn hyn o beth roedd hithau yn nhraddodiad llu o wragedd Israel a oedd yn enwog am ddadlennu gweithredu gwyrthiol Duw, megis Hanna, mam Samuel (1 Sam. 1), Rachel, mam Joseff (Gen. 30: 22-24), a gwraig Manoa, mam Samson (Barnwyr 13). Byddai'r cyfeiriad at Ioan yn ymgadw rhag yfed gwin neu ddiod gadarn (1: 15) yn adleisio o'r hanesyn am fam Samson yn gwneud yr un peth cyn i'w mab gael ei eni. I ddyfnhau'r elfen oruwchnaturiol nododd Luc, nid yn unig bod Elisabeth yn ddiffrwyth ond ei bod hi a Sachareias 'wedi cyrraedd oedran mawr' (1: 7). Dyna union sefyllfa Abraham a Sara (Gen. 18: 11) a daeth eu profiad hwy yn achos 'rhoi gogoniant i Dduw' am ei fod 'yn abl i gyflawni'r hyn yr oedd wedi ei addo' (Rhuf. 4: 18-21). Maes o law byddai Sachareias yntau yn gogoneddu Duw yng ngeiriau'r Benedictus (1: 68-79).

Ysgogwyd Sachareias i foli Arglwydd Dduw Israel am y waredigaeth fawr gan yr Ysbryd Glân. Roedd tynnu sylw at waith yr Ysbryd Glân yn ffordd arall y medrodd Luc bwysleisio dechreuadau dwyfol bywyd Ioan. Ef oedd yr ysgogwr, yng nghenhedlu Iesu ac yn yr ymateb proffwydol i'r ddau ohonynt (1: 15, 35, 41, 67, 80; 2: 25-26). Roedd hyn yn cyflyru'r darllenydd i ddisgwyl gweld yr Ysbryd Glân ar waith ym mhrofiadau Iesu (3: 21-22; 4: 1) ac yn ei weinidogaeth (4: 14-21) yn ogystal ag yng nghenhadaeth yr Eglwys Fore (Actau 1: 4-8; 2: 33-38, ac yn y blaen). Ni ellir gwadu lle canolog yr Ysbryd Glân, Ysbryd Duw ei hunan, yn yr efengyl yn ôl Luc a llyfr yr Actau. O Dduw yr oedd Iesu Grist ac o Dduw yr oedd y mudiad Cristnogol a ddeilliodd ohono. Rhannu cyffro'r dechreuadau dwyfol hyn oedd nod penodau agoriadol Luc a nod yr efengyl drwyddi draw.

TRAFOD

1. A yw hi'n arwyddocaol mai'r geiriau cyntaf a glywodd un o gynrychiolwyr y ddynoliaeth o'r nef oedd 'Paid ag ofni, Sachareias' (1: 13)? Ar ba sail y gallwn ni dderbyn bod y geiriau hyn wedi eu hanelu atom ninnau hefyd, fel y gallwn glywed angel Duw yn sibrwd wrthym 'Paid ag ofni, . . .'?
2. Beth oedd mawredd Ioan yng nghynllun Duw (1: 15)? Beth oedd ei swyddogaeth benodol ef?
3. I ba ddiben y plethodd Luc hanes Ioan ac Iesu ynghyd? Ai priodol yw cysylltu'r nefol a'r daearol, yr ysbrydol a'r materol yng ngolwg Luc?
4. A yw hi'n deg bod pobl yn disgwyl cael bendith ar law'r sawl a fu ym mhresenoldeb Duw? A yw ein haddoliad ni fel eglwys yn dwyn bendith i'r ardal gyfan, neu a ydym wedi cael ein taro'n fud?

Pennod 3

CREADIGAETH NEWYDD DRINDODAIDD

Darllen: Luc 1: 26-38

Er mai rhagfynegi genedigaeth a gawn ni yma (1: 26-38) fel yn yr adran olaf (1: 5-25), ni allwn lai na sylwi ar y gwahaniaethau rhwng y ddau hanesyn. Nid oes sôn yma am siom diffrwythdra — doedd hynny ddim yn bod; nid oes cyfeiriad yma at gyfiawnder y rhiant am fod y pwyslais yn llwyr ar ras Duw. Yn groes i bob disgwyl, gwraig gyffredin yw'r cymeriad amlwg yn yr hanes, ac mewn amgylchiadau di-nod, nid yn y deml yn Jerwsalem, y digwydd yr ymddiddan. Yn lle addo rhagredegydd i baratoi'r bobl ar gyfer dyfodiad rhywun mwy, addewir plentyn i Mair a 'deyrnasa ar dŷ Jacob am byth, ac ar ei deyrnas ni bydd diwedd' (1: 33). Portreadir yma weithredu creadigol Duw mor syfrdanol o newydd a grasusol â chreu'r byd. Dyma uchafbwynt y bennod gyntaf, a'r hanes am un o 'fawrion weithredoedd Duw', yn cenhedlu'i Fab, trwy'r Ysbryd Glân, yng nghroth Mair, a thrwyddi hi yng nghroth y ddynoliaeth gyfan, hyd ddiwedd amser.

Gweithredu trindodaidd

Ymhell cyn i'r diwinyddion fynegi cred yr Eglwys yn Nuw, y Tri yn Un, gwelwn fod Luc yn cael ei orfodi i ddisgrifio ymwneud Duw â'r ddynoliaeth yn nhermau Tad, Mab ac Ysbryd Glân. Hyn sy'n rhoi'r fframwaith i'r hanes hwn.

O Dduw y tarddodd y digwyddiad hwn. Ef a anfonodd yr angel Gabriel at Mair. O'i fwriad a'i ewyllys ef yn unig y daeth y geni gwyrthiol hwn i fod. Wrth ddisgrifio'r plentyn a addawyd fel 'Mab y Goruchaf' (1: 32), dangoswyd ei fod yn perthyn mewn ffordd neilltuol i Dduw. Yn wir fe'i disgrifiwyd fel 'Mab Duw' (1: 35) — un o'r ymadroddion mwyaf cyffredin yn yr Eglwys Fore i gyfleu natur unigryw y person Iesu yn ei berthynas â Duw. Ond sut y gellid sôn am genhedlu, beichiogi, esgor a geni Mab Duw? Trwy weithgarwch yr Ysbryd Glân. 'Daw'r Ysbryd Glân arnat, a bydd nerth y Goruchaf yn dy gysgodi; am hynny, gelwir y plentyn a genhedlir yn sanctaidd, Mab Duw' (1: 35), meddai'r negesydd dwyfol wrth Mair.

Felly hanes am Dduw oedd hwn, Duw yn Dad, yn Fab, yn Ysbryd Glân, Tri yn Un, yn cydweithredu mewn perthynas ddirgel ond cwbl unol. Oherwydd gras a ffafr Duw, nid am unrhyw reswm arall, fe gynhwyswyd Mair, aelod o'n dynoliaeth ni, yng ngweithgarwch y Tad, y

Mab a'r Ysbryd Glân. O hyn ymlaen fe ddaeth stori Mair yn rhan o stori Duw, a stori Duw ynghlwm wrth hanes ei berthynas â'i fyd, yn Iesu, trwy'r Ysbryd Glân. Hanes hyn yw'r efengyl yn ôl Luc, a'r chwyldro yn hanes y ddynoliaeth a'r byd yn sgil cael eu dwyn i mewn i hanes cydymwneud y Tri yn Un. O'r cychwyn fe'n cyfeiriwyd at weithredu trindodaidd Duw gan Luc.

Sut y medrodd ef blymio dyfnderoedd dirgelwch Duw? Trwy'r Ysbryd Glân. Fe addefodd Paul yn ddigon gonest; 'nid oes neb yn gwybod natur Duw, ond Ysbryd Duw'. A'r newydd da oedd fod yr Ysbryd yn 'esbonio pethau ysbrydol i'r rhai sydd yn meddu'r Ysbryd', gan gynnwys gras Duw, natur Duw, a 'hyd yn oed ddyfnderoedd Duw' (gweler 1 Cor. 2: 9-13). Ffrwyth datguddiad Duw trwy'r Ysbryd i Luc a'i gydgredinwyr oedd yr hanes hwn am swyddogaeth yr Ysbryd yn nyfodiad y Mab yn ôl ewyllys Duw Dad.

Perthynas y Mab â'r Ysbryd Glân

Un o nodweddion yr efengyl yn ôl Luc ac Actau'r Apostolion oedd amlygrwydd yr Ysbryd Glân. I weld hynny ni raid gwneud dim mwy na bwrw golwg ar fynegair ysgrythurol. O'r cychwyn pwysleisiwyd bod y Mab yn dibynnu ar yr Ysbryd, a'r Ysbryd yntau yn dibynnu ar y Mab. Cyd-ddibynnu, cyd-ddyheu, cydweithredu, cydgyflawni — dyna'r geiriau sy'n disgrifio cydberthynas yr Ysbryd a'r Mab. Trwy weithgarwch yr Ysbryd Glân y cenhedlwyd Mab Duw yng nghroth Mair; ar yr un pryd rhaid cofio mai cenhedlu'r Mab oedd unig nod yr Ysbryd Glân. Dibynnai'r Mab am ei ymgnawdoliad ar waith yr Ysbryd Glân; eto i gyd yng ngwasanaeth y Mab y gweithredai'r Ysbryd hwn. Dro ar ôl tro fe ddadlennodd Luc yn ei efengyl ac yn llyfr yr Actau y modd yr oedd y Mab a'r Ysbryd Glân yn ymwneud â'i gilydd mewn cytgord perffaith. Trwy hyn gallodd gyfuno'r creadigol a'r tragwyddol, y newydd a'r oesol. Heb yr Ysbryd byddai hanes yr esgyrn sychion (Eseciel 37) wedi cael ei ailadrodd yn yr Eglwys Fore, ond yn yr Ysbryd fe ddaeth hi yn bobl fyw. Nod yr Ysbryd, fodd bynnag, oedd i'r bobl hyn gael bod yn gorff Crist. Fel y gweithredodd yr Ysbryd i ddwyn Iesu Grist i fod yng nghroth Mair, yn a thrwy Iesu Grist bu'r Ysbryd ar waith yn dwyn ei gorff ef i fodolaeth yng nghraidd y ddynoliaeth hyd heddiw. Nid cymeriadau ysbrydoledig yn gwibio i bob cyfeiriad mo'r credinwyr ond corff Crist yn arddel un pen ac yn cael eu hysbrydoli gan un Ysbryd i fyw bywyd Crist Iesu yn y byd — dyna'r datguddiad o berthynas ddeinamig a phellgyrhaeddol y Mab, a'r Ysbryd Glân a roddwyd i Luc. Gwelwyd eginyn y weledigaeth honno yn y paragraff hwn.

Perthynas Mair â'r Ysbryd Glân

Tynnwyd sylw at y berthynas rhwng gweithgarwch yr Ysbryd Glân ac ymateb y crediniwr yn y dechrau, fan hyn, wrth sôn am swyddogaeth yr

Ysbryd Glân ac ymateb Mair. Ar y naill law roedd yr hyn a ddigwyddodd i Mair yn weithred o ras pur: fe roddodd Duw ei ffafr iddi (1: 28) heb fod unrhyw rinwedd ynddi hi yn haeddu hynny. Ar y llaw arall, nododd Luc ei pharodrwydd hi i dderbyn addewid yr angel ynglŷn â gweithgarwch yr Ysbryd Glân. 'Dyma lawforwyn yr Arglwydd; bydded i mi yn ôl dy air di' (1: 38). Ni orfodwyd dawn yr Ysbryd arni; fe'i croesawodd yn eiddgar.

Ai o'r Ysbryd Glân y daeth y parodrwydd hwn yng nghalon Mair i dderbyn gweithredu Duw, ynteu rhyw gynneddf naturiol ynddi hi oedd y croeso hwn? Y Cardinal Suenens a roes yr ateb mwyaf boddhaol i'r cwestiwn hwn: 'Mae'r ffydd â'r hon y derbyniodd Mair gynnig Duw hithau yn weithred arbennig yr Ysbryd ynddi. Ef yw ffynhonnell pob ffydd. Yr Ysbryd a oedd yn gweithio ynddi i "ewyllysio a gweithredu i'w amcanion daionus ef" (Phil. 2: 13) a oedd yn hydreiddio ac yn cynnal cydweithrediad rhydd a gweithredol Mair. Yn y weithred o ymateb yn rhydd iddo roedd hi'n parhau i fod yn hollol agored iddo. Nid Mair sy'n cymryd y cam cyntaf: yr Ysbryd sy'n ei gwahodd hi ac yn rhoi iddi'r gras i ymollwng yn llwyr iddo. Mae rhyddid sofran Duw yn tywynnu ym Mair' (*A New Pentecost?* t.200). Yr Ysbryd felly a greodd ac a ysgogodd ym Mair ei gallu i gredu'r addewid a'i pharodrwydd i groesawu'r weithred ddwyfol. Yn hyn o beth roedd hi'n dangos beth fyddai'n nodweddu'r credinwyr ym mhob cenhedlaeth. Gwaith yr Ysbryd ynom ni sy'n ein galluogi i fod yn rhydd i dderbyn yr addewid am ddyfodiad Crist i ganol ein bywyd ni. Rhaid i bob un ohonom ateb drosto'i hun, ond nid wrtho'i hun. Mae'r Ysbryd ar waith yn ein cymell i roi mwy a mwy o le i Grist dyfu yn ein bywyd a'n sefyllfa ni.

Creadigaeth newydd

Yn y geiriau, 'Daw'r Ysbryd Glân arnat', adleisiwyd gweithgarwch creadigol yr Ysbryd Glân ar ddechrau amser. Fel yr oedd 'ysbryd Duw yn ymsymud ar wyneb y dyfroedd' (Gen. 1: 2) yn y tywyllwch cyntefig, fe addawyd y deuai'r Ysbryd Glân ar Mair, i hyrwyddo creadigaeth newydd gyda dyfodiad Iesu Grist. Ni allai unrhyw ŵr meidrol gynhyrchu'r dechrau newydd hwn ohono'i hun; gweithredu creadigol Duw yn unig a allai gyflawni hynny. Pwysleisio hyn a wnâi Luc wrth adrodd hanes y geni gwyrthiol hwn. Yn ôl y Protestant, Eduard Schweizer, 'Nid yw dealltwriaeth iawn o'r testun yn canolbwyntio ar y cwestiwn hwn felly, eithr ar y cwestiwn o weithred real ond annirnadwy gras Duw' (t.31). Cytuna'r Pabydd Charles H. Talbert, 'Os ydym yn mynd i edrych ar genhedliad gwyrthiol Iesu fel yr edrychai Luc arno, mae'n rhaid i ni ei weld fel cadarnhad o ras Duw sy'n cadw pob haeddiant dynol draw' (t.21). Yr un yw barn yr Eglwyswr, C. F. Evans, ar ôl ymdrin yn fanwl â'r geni gwyryfol, 'Yn 1: 26-35 prif bwrpas gwyryfdod Mair yw cyfeirio at fodolaeth Iesu a'i swyddogaethau yn y dyfodol fel cynnyrch gweithred Duw yn unig' (t.158). Y Duw a roes fod i'r greadigaeth ar gychwyn hanes trwy anadlu'r Ysbryd creadigol yn y Gair (Ioan 1: 1-3) a gychwynnodd y greadigaeth newydd ym mynwes Mair gyda dyfodiad Iesu trwy weithgarwch yr Ysbryd Glân. Dyma'r bywyd newydd, y statws newydd, y greadigaeth newydd a gynigiwyd gan yr Ysbryd Glân i bawb a dderbyniodd y Crist fel y gwnaeth Mair. Oblegid 'cynifer ag a'i derbyniodd, rhoes iddynt hwy, y rhai sy'n credu yn ei enw, hawl (a gallu) i ddod yn blant Duw, plant wedi eu geni nid o waed nac o ewyllys cnawd nac o ewyllys gŵr, ond o Dduw' (Ioan 1: 12-13). Creu cymdeithas newydd oedd ffrwyth y greadigaeth newydd.

Cymdeithas newydd

Yn ei efengyl a llyfr yr Actau, dangosodd Luc yr Ysbryd Glân ar waith yn creu cymdeithas o gwmpas y Mab. Profodd Mair ac Elisabeth gymdeithas yr Ysbryd Glân hyd yn oed cyn geni Iesu a Ioan (1: 26, 36, 41), a thrwy'r Ysbryd Glân y crewyd cymdeithas newydd rhwng Mair a Joseff a Simeon wrth anwylo'r plentyn Iesu (2: 25-35). Er nad oedd Iesu yn gynnyrch eu cyfathrach, eu gofal am Iesu a ddyfnhaodd berthynas Mair a Joseff.

'Y teulu gwerinol hwn a dry bob teulu'n debyg iddo,' meddai Gwenallt (*Gwreiddiau,* t.85). Gwelwyd hynny'n dechrau digwydd yn llyfr yr Actau. O'r ail bennod, hanes yr Ysbryd Glân yn creu cymdeithas newydd o gwmpas Iesu Grist a'i bobl a groniclwyd yno. Nis rhwystrwyd gan iaith, na chenedl, na hil. Disodlwyd melltith tŵr Babel gan fendith cymdeithas newydd a chyfathrebu newydd yr Ysbryd Glân. Yn sgil hyn gallodd Alan Llwyd ddatgan,

Un alaw yw'r ddynoliaeth,—un cord yw'r
Cread oll: tonyddiaeth
Pob cân i gytgan yn gaeth,
Ac un ydyw'r ganiadaeth.
(*Nadolig y Beirdd,* t.58)

Dyfodol newydd

Hanes rhoi cychwyn newydd i'r dyfodol a gafwyd yn yr adnodau hyn. Trwy ragfynegi genedigaeth Iesu fe ragfynegwyd dyfodol newydd i'r byd. Yn ogystal â bod yno ar ddechrau'r byd pwysleisiodd y Testament Newydd mai'r Ysbryd Glân oedd yr un a allai roi rhagflas i feidrolion o nod terfynol Duw ar ddiwedd y byd. Yng ngeiriau Iesu fe ddaeth Ysbryd Duw â dyfodol Duw i gyrraedd y presennol. Fe ddechreuodd y pethau terfynol ddigwydd eisoes, a gwelwyd argoelion bywyd y ddynoliaeth newydd, bywyd yn ei holl gyflawnder, yn egino ac yn dwyn ffrwyth dwyfol ym mywyd a gweinidogaeth, marwolaeth ac atgyfodiad Iesu Grist. Ysgrifennodd Luc yr hanes hwn yng ngoleuni'r cyfanrwydd llawn a'i argyhoeddodd fod byd yr Ysbryd wedi torri i mewn i fyd amser a'i weddnewid trwy adfer y ddelw ddwyfol i'r ddynoliaeth yn Iesu, a chychwyn cymdeithas a fyddai'n arwydd gweladwy o fywyd tragwyddol y Tri yn Un. Dyma'r dyfodol newydd a gynigir inni wrth i ni fentro dweud, yng ngrym yr Ysbryd, gyda Mair: 'bydded i mi yn ôl dy air di' (1: 38).

I grynhoi mae'n werth dyfynnu myfyrdod Saunders Lewis ar y digwyddiad hwn:

Dywed, Fair, pa bryd i'n llesu
Y derbyniaist i'th fru Iesu?
  Gwelais gennad Duw yn canu
  Ger fy mron a'm syfrdanu.

Dywed, Fair, pa nefol riniau
Ganodd Gabriel ar ei liniau?
  'Afe, ffiol trugareddau
  i druenus hil camweddau.'

Dywed, Fair, pa orfod fu
Iti dderbyn Duw i'th fru?
  Rhydd y creodd Duw bob oed,
  Ni thresbasodd ef erioed.

Henffych well, O ufudd eiddgar,
Syndod y seraffiaid treiddgar,
  Mam a morwyn, dôr a ffynnon
  Y Goleuni a ddaeth i ddynion.

(*Cerddi,* t.64)

TRAFOD

1. Ar ba sail y gellir dweud bod stori Duw a stori'r ddynoliaeth wedi'u gwau ynghyd?
2. Beth yw swyddogaeth yr Ysbryd Glân yn ymgnawdoliad y Mab?
3. I ba raddau yr oedd yr hyn a ddigwyddodd i Mair yn ernes o'r hyn a all ddigwydd i ni yn ein perthynas â'r Tad, a'r Mab a'r Ysbryd Glân? (Beth sy'n gyffredin a beth sy'n unigryw yn hanes Mair?)
4. Beth yw gwir ergyd y sôn am eni gwyrthiol?
5. Os oedd Mair yn rhydd i wrthod y cynnig dwyfol, beth oedd yn ei galluogi i fod yn rhydd i'w dderbyn?

Pennod 4

PWYSIGRWYDD MAIR

Darllen: Luc 1: 39-45

Mae'r adran hon, ynghyd â'r Magnificat, yn cysylltu'r hanesion sy'n rhagfynegi geni Ioan a Iesu gyda'r hanesion am enedigaeth y ddau. Ond yn bwysicach na hynny, mae Luc am gysylltu Iesu a Ioan â'i gilydd cyn gynted ag sy'n bosibl. Cyn iddynt gael eu geni hyd yn oed, rhoir y flaenoriaeth i Iesu. Mynegir hynny gan Elisabeth wrth iddi hi, dan symbyliad Ysbryd Duw, gyfeirio at y plentyn a enid i Mair fel 'fy Arglwydd' (1: 43). Arddelodd ei ddwyfoldeb. Fe'i cyffrowyd hyd eigion ei bod oherwydd teimlodd y plentyn yn ei chroth yn llamu o orfoledd. Prawf oedd hyn bod Ioan yntau wedi'i feddiannu gan y gorfoledd hwnnw a fyddai'n nodweddu cyfnod dyfodiad y Meseia. Fel Jeremeia'r proffwyd, roedd Ioan wedi'i alw yn y groth i dystio i weithgarwch Duw yn ei fyd. Pa ryfedd i Elisabeth lefain 'â llais uchel'! O gofio'i ddefnydd yn yr Hen Destament, mae'r ymadrodd hwn yn pwysleisio bod Elisabeth wedi gwneud ei datganiad dan ddylanwad Ysbryd Duw. Yn ogystal â bendigo'r plentyn dwyfol, mae hi'n llongyfarch Mair ei fam: 'Bendigedig wyt ti ymhlith gwragedd' (1: 42).

Pam y rhoddwyd cymaint o amlygrwydd i Fair gan Luc? O'r holl efengylwyr, ef yn unig sy'n sôn am y digwyddiad hwn. I Luc, yn ogystal â bod yn benllanw'r gorffennol, yr oedd Mair yn addewid i'r dyfodol. Credai ef mai'r un amodau oedd i eni'r bywyd Cristnogol yn y credinwyr ag i eni'r Crist ym Mair. Dyna pam y rhoddwyd sylw unigryw iddi gan Luc. Mae hi'n enghraifft o'r hyn yw disgybl. Fel y ganed Crist ynddi hi, mae'r Ysbryd ar waith yn dwyn bywyd Crist i fod mewn gwŷr a gwragedd o hyd, gan eu haileni yn gorff Crist, yn ddynoliaeth newydd yn y byd. Crisialwyd argyhoeddiad Luc yn yr englyn hwn,

Er geni yr Iôr ganwaith—a'i Fethlem
Iddo'n faethle filwaith,
Oni enir hwn unwaith
Yn dy fron caed ofer waith.

(*Barddoniaeth O. M. Lloyd*, t.39)

Beth yw rhai o nodweddion y disgybl go iawn sydd mor amlwg ym Mair, ac sydd i nodweddu pob disgybl arall yn ôl Luc?

Credu gair Duw

Uchafbwynt llef ysbrydoledig Elisabeth oedd, 'Gwyn ei byd yr hon a gredodd y cyflawnid yr hyn a lefarwyd wrthi gan yr Arglwydd' (1: 45). Credodd Mair fod Duw cystal â'i air. Ymddiriedodd yn ei addewid. Duw yw carreg sylfaen ffydd. Dibynnu arno ef yw credu. Weithiau fe'n temtir i feddwl am ffydd fel rhyw ddawn arbennig sydd gan rai pobl, rhyw gynneddf sy'n perthyn iddynt hwy. Cwbl groes i hyn yw hi o ddifrif. O gredu bod Duw yn gwbl ddibynadwy y cyfyd ffydd. Dysgu dibynnu arno ef yw cyfrinach credu. Fe gredodd Mair 'y cyflawnid yr hyn a lefarwyd wrthi gan yr Arglwydd'. Gwyddai y byddai hynny'n iachawdwriaeth; dyna pam y mentrodd ddweud, 'bydded i mi yn ôl dy air di' (1: 38). Medrodd gredu gair creadigol Duw.

Trysori gair Duw

Yn ogystal â dibynnu ar Dduw a chredu'i air, rhoes Mair groeso cynnes iddo. Lleibiodd y gair i'w chof, fe'i derbyniodd yn llawen i'w mynwes. Pan soniodd y bugeiliaid wrthi am y negeseuwyr nefol a'u cenadwri ynghylch y 'baban yn gorwedd mewn preseb', sylwodd Luc fod 'Mair yn cadw'r holl bethau hyn yn ddiogel yn ei chalon ac yn myfyrio arnynt' (2: 19). Ar ôl clywed geiriau Iesu wrthi yn y deml ac yntau'n ddeuddeng mlwydd oed, 'Cadwodd ei fam y cyfan yn ddiogel yn ei chalon' (2: 51). Roedd hi'n trysori'r cyfan a'i werthfawrogi fel gair Duw. Trwy bwysleisio hyn llwyddodd Luc i gyfleu bod credu yn golygu mwy na derbyn rhes o osodiadau moel am y gwirionedd. Nid yw'n ddim llai nag awch y crediniwr am i air Duw, Iesu'i hunan, gael lle yn ei galon.

Rhoi lle i air Duw

Yn un o'i bregethau fe awgrymodd Awstin fod Crist wedi'i genhedlu yng nghalon Mair ymhell cyn iddo gael ei genhedlu yn ei chroth (*Pregeth* 215: 4). Dyma gyfleu yn hollol un arall o nodweddion Mair a bwysleisiodd Luc. Diddorol iawn yw cymharu agwedd Marc a Luc at Fair. Pan gafodd Iesu'i wrthod yn y synagog yn Nasareth meddai Iesu wrthynt, yn ôl Marc, 'Nid yw proffwyd heb anrhydedd ond yn ei fro ei hun ac ymhlith ei geraint ac yn ei gartref' (6: 4). Nid oes sôn am geraint na chartref yn Luc pan ddywed Iesu 'nad oes dim croeso i'r un proffwyd ym mro ei febyg' (4: 24). Dilewyd unrhyw gyfeiriad at y cartref am fod Luc yn awyddus i gyflwyno Mair fel crediniwr. Gwelir hyn yn amlwg yn Luc 8. Pan ddaeth ei fam a'i frodyr i edrych amdano, ni allent gyrraedd ato o achos y dyrfa (8: 19). Yn ôl Luc, roeddent yn dymuno'i weld ond cawsent eu rhwystro gan y dyrfa. Gwahanol iawn yw hyn i awgrym Marc eu bod yn 'sefyll y tu allan' am na fynnent fynd i mewn ac ymuniaethu â'i gyfeillion. Gwahaniaeth arall rhwng y ddwy efengyl yw bod Marc yn gosod yr hanes hwn o flaen dameg yr heuwr, yng nghyd-destun ffrae fawr rhwng Iesu a'r ysgrifenyddion, pan geisiodd ei deulu ei atal am eu bod yn credu ei fod wedi colli arno'i hun (3: 21). Nid yw Luc yn crybwyll hyn o gwbl a gesyd yr hanes am ymweliad ei fam a'i frodyr ar ôl egluro dameg yr heuwr gyda'r pwyslais ar y tir da, a'r ddameg am oleuni dan lestr sy'n tanlinellu, 'Ystyriwch gan hynny sut yr ydych yn gwrando' (8: 18). Er i'w fam a'i frodyr gael eu rhwystro rhag cyrraedd ato gan y dyrfa, mae'n bosibl eu bod wedi'u cynnwys ynghyd â'i gyfeillion yng ngosodiad Iesu, 'Fy mam a'm brodyr i yw'r rhain sy'n gwrando ar air Duw ac yn ei weithredu' (8: 21). Yn sicr fe fyddai hyn yn wir am y Fair a bortreadodd Luc yn ei bennod gyntaf. Fe'i nodweddid gan y disgrifiad o'r tir da: 'dyna'r sawl sy'n clywed y gair â chalon dda rinweddol, ac yn dal eu gafael ynddo a dwyn ffrwyth trwy ddyfalbarhad' (8: 15). Hyn oedd i fod yn un o nodweddion y disgybl: rhoi lle i air Duw ddwyn ffrwyth ar ei ganfed.

Ufuddhau i air Duw

Yn yr efengyl yn ôl Luc yn unig y ceir y disgrifiad o'r gwynfyd gwirioneddol sy'n perthyn i Mair ac i ddisgyblion Iesu. Nid oedd fawr o amynedd gan Iesu at syniadau sentimental y wraig o'r dyrfa a awgrymodd, 'Gwyn eu byd y groth a'th gariodd di a'r bronnau a sugnaist'. Fodd bynnag, rhoes y sylw hwn gyfle iddo ef gyhoeddi beth oedd y bywyd gwynfydedig mewn gwirionedd: 'gwyn eu byd y rhai sy'n clywed gair Duw ac yn ei gadw' (11: 27, 28). Mae'r gair 'cadw' yn cyfleu gwrando, derbyn, ymateb, ufuddhau i air Duw. Adleisia'r bendithion o'r ufuddhau a geir yn Deut. 7: 12. Nodweddid Mair gan ufudd-dod llwyr i air Duw. Yn hyn o beth eto roedd hi'n esiampl i gredinwyr yr oesoedd.

Cyd-ddyheu am arweiniad gair Duw

Er i Elisabeth nodi arbenigrwydd Mair, nid oedd Luc am ei chyflwyno fel rhyw unigolyn anghyffredin ar ei phen ei hun. Yn ei efengyl fe'i gwelwyd yng nghwmni ei theulu a'i ffrindiau, ac yn ei ail gyfrol tynnwyd sylw'r darllenydd at bresenoldeb Mair yn yr oruwchystafell gyda'r apostolion: 'Yr oedd y rhain oll yn dyfalbarhau yn unfryd mewn gweddi, ynghyd â rhai gwragedd a Mair, mam Iesu, a chyda'i frodyr' (Actau 1: 14). Roeddent yn gweddïo am arweiniad ynglŷn ag olynydd i Jwdas. Gellir dweud am yr Eglwys Fore, 'Cyd-ddyheu a'i cododd hi'. Yn y sefyllfa honno, ni ellid bod yn ddisgybl annibynnol, preifat. Roedd bod yn ddisgybl yn golygu perthyn i eglwys, i gyd-ddyheu a chydaddoli, cydweithio a chydwasanaethu corff o bobl. Yn hyn o beth hefyd yr oedd Mair yn esiampl i gredinwyr y dyfodol yn ôl Luc. Gyda'i gilydd byddent yn credu gair y Duw cwbl ddibynadwy, yn trysori gair Duw a'i anwesu yn eu calonnau, yn rhoi lle i air Duw ddwyn ffrwyth gweladwy yn eu bywyd fel cymdeithas o bobl, am eu bod yn mentro ufuddhau i air Duw a'i gadw, costied a gostio.

O chawn i'n rhan ferch Anna,
Mwy fydd ein deunydd a'n da.

TRAFOD

1. Beth yw rhai o brif nodweddion eich eglwys chi? A ydynt yn cyfateb i'r nodweddion a ddisgwyliai Luc eu gweld ym mywyd disgyblion Iesu?
2. A fu tuedd i anwybyddu Mair yn eich traddodiad eglwysig chi? Ai colled ynteu ennill fu hyn?
3. Dywedir bod 'Mair yn cadw'r holl bethau hyn yn ddiogel yn ei chalon ac yn myfyrio arnynt'. Os yw'r amgylchiadau yn caniatáu, a hoffech chi fel grŵp ymdawelu am ddeng munud a gadael i'r geiriau hyn gael eu hailadrodd droeon yn nyfnder y galon: 'Gwyn ei byd yr hon a gredodd y cyflawnid yr hyn a lefarwyd wrthi gan yr Arglwydd' (1: 45). (Neu i'r dynion: 'Gwyn ei fyd yr hwn a gredodd y cyflawnid yr hyn a lefarwyd wrtho gan yr Arglwydd'.)
   Ar ôl y cyfnod distaw hwn gellid rhoi cyfle i aelodau'r grŵp rannu rhyw air neu ddarlun neu wirionedd a ddaeth i'w meddwl yn ystod y tawelwch. Ni ddylid trafod y cyfraniadau hyn, ond eu trysori fel ffrwyth profiad cydaelodau o gorff Crist sy'n agored i gyffyrddiad Ysbryd a gair Duw.

Pennod 5

CÂN CHWYLDROADOL MAIR

Darllen: Luc 1: 46-56

Beth a ysgogodd Gân Mair tybed? Efallai mai ei galw'n wynfydedig gan Elisabeth (1: 45) a'i symbylodd i ganu. O leiaf synhwyrai fod Elisabeth wedi gweithredu'n broffwydol, oherwydd credai o hyn allan y gelwid hi yn wynfydedig gan yr holl genedlaethau (1: 48).

Pam y galwodd Elisabeth hi yn wynfydedig? Am iddi gredu y cyflawnid yr hyn a lefarwyd wrthi gan yr Arglwydd (1: 45). Fe gredodd Mair yr addewid ddwyfol y genid mab iddi heb iddi gael cyfathrach â gŵr. Roedd hyn yn gwbl groes i reswm wrth gwrs, a mawr fu'r dadlau ynghylch y geni gwyryfol gwyrthiol hwn hyd heddiw. Diddorol yw sylwi ar ymateb y gwahanol ysgolion diwinyddol.

Y geni gwyryfol

Mynn y traddodiad efengylaidd ceidwadol fod yr hanes a geir yn yr efengyl yn ôl Luc yn llythrennol wir. Ganed Iesu o wyryf. Yn wyneb y bygythiad rhyddfrydol ddechrau'r ganrif hon, fe wnaeth ffwndamentalwyr y ddogma hon yn un o feini prawf credo Cristion. Ni haerant fod agweddau tuag at ryfel neu arfau sy'n difa miloedd yn fater sy'n penderfynu a yw un yn Gristion ai peidio, ond mae derbyn geni gwyryfol Iesu yn amod bod yn Gristion. Mae hi'n gred sydd mor sylfaenol â hynny.

Llawer mwy ystwyth yw agwedd y beirniaid rhyddfrydol. Sylwant hwy nad yw'r prif gyfranwyr eraill i'r Testament Newydd yn sôn am y geni gwyryfol. Ni cheir unrhyw gyfeiriad at blentyndod Iesu gan Farc. Mae ef yn dechrau'r hanes gyda bedydd Iesu ac yntau tua deg ar hugain mlwydd oed. Dibwys i Marc felly yw'r hanes am eni Iesu. Yn ôl Ioan yr oedd Iesu gyda Duw o'r dechrau ac ni cheir unrhyw sôn am ei eni, na gan Paul o ran hynny. Wrth astudio hanes crefyddau eraill fe welodd y rhyddfrydwyr fod croniclo geni gwyryfol yn lled gyffredin yn yr hen fyd, gan fod pobl yn hoffi dweud bod arwyr enwog wedi'u geni o wyryf. Eu hawgrym hwy oedd fod Luc wedi cymryd mai gwyryf oedd y 'ferch ifanc' a addawodd Eseia (7: 14), a bod hyn wedi arwain at gynnwys y stori am y geni gwyryfol yn y traddodiad Cristnogol. Bu eglurhad y rhyddfrydwyr yn gymorth i lawer a gâi anhawster i dderbyn yr hanes hwn yn llythrennol.

Ond gwahanol eto yw ymateb diwinyddiaeth rhyddhad America Ladin. I'r ysgol hon nid dibwys mo'r hanes am y geni gwyryfol, ac yntau mor berthnasol i thema rhyddhad. Mae hi'n allweddol bwysig fod y rhyddhawr, y gwaredwr, wedi'i eni ymhlith y tlawd. Y tu allan i'r cwlwm priodasol y ganed y mwyafrif o blant America Ladin; ni ŵyr llawer pwy yw eu tad. Digon cynefin felly yw'r stori am ferch ifanc yn disgwyl plentyn heb neb i ddibynnu arno i'w chynnal a'i hamddiffyn. Gall fynd i ddyfroedd dyfnion a gorfod troi at rywun hŷn fel Elisabeth am gyngor a chyfarwyddyd. Mae hon yn sefyllfa sy'n gwbl gyfarwydd i bobl America Ladin, ac yn ôl y diwinyddion rhyddhad maentumir bod Mair yn 'un ohonom ni', ac ohoni hi y genir y goleuni, y rhyddhawr, y gwaredwr. O weld yr hanes hwn trwy lygaid y tlodion, yn enwedig trwy lygaid merched, y tlotaf ymhlith y tlawd, fe ddaw haenau gwahanol i'r golwg. Ni fyn diwinyddion rhyddhad fod yr hanes am y geni o Fair yn ddi-alw-amdano, chwedl y rhyddfrydwyr. Iddynt hwy mae'n lygedyn o obaith, yn ffon fara. Er eu bod yn mabwysiadu'r agwedd efengylaidd geidwadol, fe ddehonglant yr hanes yn go wahanol, am eu bod yn gweld y sefyllfa o safbwynt y tlawd. Adleisir hyn gan rai o'n beirdd ni yng Nghymru:

Eneiniog Dywysog dyn
Yn ei lety yn dlotyn. (S. B. Jones)

Heb lety, gwely mewn gwair—a dannwyd
Unwaith ar ei gyfair
Am i Dduw drwy fam ddiwair
Wneud gwyrth o droi'n gnawd y Gair. (O. M. Lloyd)

Er i'w gwaed sancteiddio'r gwair,—er ei chur,
A'i chorff yn llesmair,
Er Ei eni mewn crinwair
Nid yw'r Mab yn fab i Fair. (Alan Llwyd)

I ba ysgol bynnag yr ydym yn perthyn iddi yn ddiwinyddol, ni allwn wadu'r elfen chwyldroadol yng Nghân Mair. (Ar hyd yr oesoedd gwelwyd bod 'cân' yn fwy effeithiol nag erthygl i gyfleu neges chwyldroadol.) Yma gwelwn had chwyldro crefyddol, moesol, cymdeithasol ac economaidd.

Chwyldro crefyddol

Buasai crefyddwyr ei dydd wedi cytuno â Mair y gellid dweud am Dduw mai 'sanctaidd yw ei enw ef' (1: 49). Bod ar wahân i'r pechadurus, y bydol a'r syrthiedig a olygent hwy wrth hynny. Yn gwbl groes i hyn y gwelodd Mair ei sancteiddrwydd. Iddi hi gogoniant y Duw sanctaidd oedd ei fod yn barod i gyffwrdd â'i fyd yn ei fan distadlaf. Pam mae hi yn mawrygu'r Arglwydd? Am iddo sylwi ar ei distadledd (1: 48). Ceir adlais o gân serch yma, ond yn lle bod y 'Carwr' yn cael ei lygad-dynnu gan y brydferthaf neu'r gyfoethocaf, mae Duw yn troi i edrych yn gariadus ar y di-nod a'r tlawd. Rhydd hyn obaith i'r mwyaf truenus. Beth bynnag fo'n sefyllfa gall Duw ein gweld, ac o edrych arnom ein galluogi i weld ein hargyfwng mewn cyd-destun gwahanol, a chanfod bywyd newydd wedi'i hau yno. Pa ryfedd fod Mair yn derbyn ei bod hi'n wynfydedig a sancteiddrwydd Duw wedi cyffwrdd â hi a gweddnewid ei bywyd. Roedd y Duw chwyldroadol wedi'i gwahodd hi i gydweithio gydag ef yn y fenter o ryddhau, o waredu, o sancteiddio, o ail-greu'r ddynoliaeth gyfan ac aildrefnu strwythurau'r byd. Dyma ffydd grefyddol wirioneddol chwyldroadol.

Chwyldro moesol

Yn ôl Mair, un o'r pethau a wnaeth y Duw nerthol oedd gwasgaru dynion 'balch eu calon' (1: 51). Cyflawnwyd proffwydoliaeth Eseia, 'Canys y mae gan Arglwydd y Lluoedd ddydd yn erbyn pob un balch ac uchel . . . Yna fe ddarostyngir uchel drem y ddynoliaeth, ac fe syrth balchder dyn' (2: 12, 17 cym. 13: 11). Yn ôl yr Hen Destament balchder oedd un o brif nodweddion gelynion Duw, a'i fwriad ef oedd torri crib y trahaus. Ailadroddir hyn yn y Testament Newydd (e.e. Rhuf. 1: 30; 11 Tim. 3: 2) a dyfynna Pedr o Lyfr y Diarhebion (3: 34 LXX), 'Y mae Duw'n gwrthwynebu'r beilchion, ond i'r gostyngedig y mae'n rhoi gras' (1 Pedr 5: 5). Wrth annog pawb, yn yr adnod hon, i wisgo gostyngeiddrwydd amdanynt, y mae Pedr yn cyfeirio meddwl ei ddarllenwyr at Iesu yn gwisgo tywel am ei ganol ac yn ymgorffori'r gostyngeiddrwydd dwyfol yn ein cnawd ni trwy olchi traed ei ddisgyblion (Ioan 13: 1-17). Ynddo ef fe wireddwyd y chwyldro moesol a welodd ddisodli balchder greddfol dyn gan ostyngeiddrwydd oesol Duw. Am ei bod mor sicr y digwyddai hyn fe ddywedodd Mair, yn broffwydol, 'gwasgarodd ddynion balch eu calon' (1: 51). Gair cryf am yrru gelynion ar ffo oedd 'gwasgaru'. Does dim lle i falchder trahaus gerllaw ffydd yn nhrugaredd Duw, nac yn nannedd realiti bywyd a marwolaeth. Trwy ddysgu dibynnu ar Dduw y gwelir twf moesol.

Chwyldro cymdeithasol

> Daw dydd y bydd mawr y rhai bychain,
> Daw dydd ni bydd mwy y rhai mawr

meddai Waldo Williams. Fe ddigwyddodd hyn eisoes yn ôl Cân Mair. A hithau wedi profi rhyddid 'fy ngwaredwr' (1: 47) mentrodd haeru,

> tynnodd dywysogion oddi ar eu gorseddau
> a dyrchafodd y rhai distadl (1: 52).

Yn ôl C. F. Evans ni welir dim mor feiddgar â hyn yn yr Hen Destament. Er fod Cân Mair yn adleisio Gweddi Hanna (1 Sam. 2: 1-10) yn glir, dweud wnaeth Hanna bod yr Arglwydd

yn dyrchafu'r anghenus o'r domen
i'w osod i eistedd gyda phendefigion
nid i'w ddisodli'n llwyr. Yn wir,
fe rydd nerth i'w frenin
a dyrchafu pen ei eneiniog.

Ond fel y dengys y gair a ddewisodd Mair, fe welai hi'r 'tywysogion' fel y rhai a ddefnyddiai eu safle a'u grym i orthrymu eraill. Yn ôl Albert Fawr, a fu farw ym 1280,

> Y tywysogion y mae Duw yn eu disodli yw'r rhai sy'n ymorchestu yn eu gallu ac yn ei gamddefnyddio i orthrymu'r tlawd . . . Y rhain yw'r tywysogion a alwn yn 'ormeswyr'. Gallu a ddefnyddir o fewn cyfyngiadau cyfiawnder a thegwch yw gallu sy'n haeddu'r enw. Ond mae'r tywysogion y sonnir amdanynt yn y Magnificat yn rhai sy'n defnyddio eu gallu mewn ffordd ormesol, hynny yw, yn fympwyol nid yn rhesymol. Y rhain y mae Duw yn eu tynnu oddi ar eu gorseddau. (Dyfynnwyd gan G. Gutiérrez, *The God of Life,* tt. 183-184.)

Fe synhwyrodd Mair fod dyddiau'r gormeswyr hyn yn dirwyn i ben. Byddai Iesu'n condemnio pob camddefnydd o awdurdod ac yn annog ei ganlynwyr i ddilyn ei ddull ef, lle gwelwyd gwir awdurdod yn cael ei fynegi mewn gwasanaeth (22: 25-27). Ynddo ef fe ddaeth y broffwydoliaeth hon yn wir. Trwyddo ef gall gael ei gwireddu yn ei ddisgyblion hefyd. Pan ddigwydd hynny nid yw'n ddim llai na chwyldro cymdeithasol.

Chwyldro economaidd

Penllanw haeriadau chwyldroadol Mair oedd canmol Duw oherwydd

llwythodd y newynog â rhoddion
ac anfonodd y cyfoethogion ymaith yn waglaw (2: 53).

Dyma chwyldro economaidd yn wir. Awgryma'r gair a ddetholodd Mair am y 'cyfoethogion' ei bod hi'n golygu'n benodol y rhai a ddaeth yn gyfoethog ar draul y tlawd a'r diamddiffyn. Gwyddai na allai Duw anwybyddu'r fath gamwri, ac eironig iawn yw'r darlun o'r cyfoethog o bawb yn cael eu hel ymaith 'yn waglaw'. Unwaith eto roedd hi wedi ymglywed â'r safonau economaidd chwyldroadol a bregethid ac a weithredid gan Iesu maes o law. Ef fyddai'n meiddio dweud wrth 'ddynion ariangar', 'Chwi yw'r rhai sy'n ceisio eu cyfiawnhau eu hunain yng ngolwg dynion, ond y mae Duw yn adnabod eich calonnau, oherwydd yr hyn sydd aruchel ymhlith dynion, ffieiddbeth yw yng ngolwg Duw' (16: 14-15). Gyda hyn aeth ymlaen i adrodd stori'r dyn cyfoethog a Lasarus (16: 19-30).

Mae'r disgrifiad o Lasarus yn help inni amgyffred beth oedd ystyr y gair 'newynog' i Mair. Cyfeiriai hi at y rhai oedd yn llwgu, yn ysu am fwyd, yn dioddef gwendid gwaeth nag unrhyw glefyd, a hyn oll ar gam. Yn ogystal â'r gwacter hwn, dioddefent y dinodedd a'r distadledd eithaf am fod gweddill cymdeithas yn eu hanwybyddu a'u dilorni. Eto i gyd adwaenai Duw y tlodion wrth eu henwau. Hyn a achubodd Mair rhag ymollwng i gasineb, a dialedd a gelyniaeth wrth rannu'i phrofiad o dlodi a distadledd; 'gorfoleddodd fy ysbryd yn Nuw, fy ngwaredwr' (1: 47).

Gorfoledd Mair

Mawrfrydigrwydd enaid ac ysbryd Mair sy'n ein taro wrth ddarllen y Magnificat, nid y cwyno a'r grwgnach a ddisgwylid gan y tlawd a'r distadl. Yn hyn o beth roedd Mair yn ddarlun o'r hyn fyddai'n wir am gyfeillion ei mab Iesu. Yn wyneb argyfwng y groes addawodd ef droi tristwch ei ddisgyblion yn llawenydd. Cynigiodd ei lawenydd dwyfol ef ei hun iddynt, 'Gofynnwch, ac fe gewch, ac felly bydd eich llawenydd yn gyflawn' (Ioan 16: 16-24; 15: 11). Mae'n amlwg eu bod wedi gofyn a derbyn oherwydd pan ysgrifennodd Pedr at gredinwyr a wasgarwyd ar hyd ac ar led gan erledigaeth greulon, nododd eu bod 'yn gorfoleddu â llawenydd anhraethadwy a gogoneddus' (1 Pedr 1: 8). Gellir dadlau mai'r gorfoledd hwn a barodd y chwyldro mwyaf yn yr ymerodraeth Rufeinig a'i hennill i Grist, ffynhonnell gwir orfoledd.

Fe ddeil ffynnon gorfoledd i ffrydio yn y mannau mwyaf annisgwyl hyd heddiw — ymhlith y tlawd. Wrth restru pum nodwedd rhyddhad, mynn Gustavo Gutiérrez mai un ohonynt yw llawenydd, sy'n arwydd o fuddugoliaeth y tlawd yn Nuw dros eu holl orthrymderau. Am eu bod wedi mynd i'r afael â'r frwydr yn erbyn angau, mae gobaith a llawenydd y Crist croeshoeliedig ac atgyfodedig yn eu calonnau. Dyfynna eiriau o brofiad cymunedau crefyddol yn ein dyddiau ni sy'n adleisio o Gân Mair yn fyw:

> Mae Duw wedi tramwyo trwy Nicaragua ac wedi gweithredu â llaw gref sy'n rhyddhau. Rhai o arwyddion ei bresenoldeb rhyfeddol ef yng nghanol ein pobl wrth iddynt ymdrechu, yn y gorffennol, ac yn parhau i fod heddiw yw: newyn y tlawd a'r gorthrymedig am gyfiawnder, dewrder, presenoldeb y merched, yr esiampl o undod, y lletygarwch a'r cyfeillgarwch, yr ymdeimlad o gyfrifoldeb wrth i'r bobl fynd at y dasg o ailadeiladu, ac, yn olaf, yr haelioni mewn buddugoliaeth, a'r llawenydd, llawn o obaith, sy'n gwneud i'r holl bobl freuddwydio am well yfory i bawb, nid i ychydig yn unig. (Dyfynnwyd yn *We Drink from Our Own Wells,* t.120).

Yng nghanol eu tlodi mae'r gorthrymedig fel mam feichiog, yn disgwyl rhoi genedigaeth i fywyd newydd. O Dduw y daw pob bywyd newydd. Sylweddoli hyn oedd cyfrinach gorfoledd Mair. Trwy gydweithio ag ef, yn hytrach nag ymollwng i gasineb a thrais, y mae gobaith newid amgylchiadau pobl yn sylfaenol. O fentro gwneud hyn profir y gorfoledd a'r llawenydd sydd yn Nuw. Cwyd hyn o'r gobaith dwyfol sydd ym mynwes Duw ar sail ei drugaredd digyfnewid.

Trugaredd Duw

O edrych ar Gân Mair yn ei chrynswth gellir ei dosbarthu i ddwy adran. Sonia'r rhan gyntaf (1: 46-50) am ymwneud Duw ag un ferch yn unig. Yn yr ail ran (1: 51-55) gwelir bod y Duw sydd wedi ymwneud yn annisgwyl â Mair wedi ymwneud yr un mor chwyldroadol â chymdeithas gyfan. Beth sy'n cyfrif am hyn? Beth yw'r ysgogiad gwaelodol yng nghalon Duw? 'Ei drugaredd' yw ateb Mair ar ddiwedd y rhan gyntaf (1: 50) ac ar ddiwedd yr ail ran (1: 54-55). Digyfnewid yw trugaredd Duw tuag at ei bobl yn unigol ac fel cenedl. Ers dyddiau Abraham mae ffyddlondeb Duw i'w bobl a'i gyfamod, i fod yn Dduw iddynt hwy ac i hwythau fod yn bobl iddo ef, yn tarddu o'i drugaredd di-droi'n-ôl tuag atynt. Disgrifiodd y Dr. Isaac Thomas drugaredd (chesedd) Duw fel 'ymlyniad diwyro wrth amcan cariadlon' (*Trosom Ni,* t.30). Y berthynas agos, chwyldroadol hon oedd cyfrinach chwyldro moesol, cymdeithasol ac economaidd y bobl hynny na fynnai Duw iddynt lusgo byw. Gwelodd Mair fod Duw, o'i drugaredd, wedi rhoi cyfle iddynt gael bywyd chwyldroadol o'r newydd trwy eni Iesu. Nid ffrwyth eu hymdrechion hwy yn unig mo'r chwyldro hwn eithr ffrwyth ymateb yn llawen i drugaredd gweithredol Duw, gan dderbyn y drefn eschatolegol newydd a amlygid ym mywyd Iesu. Trugaredd Duw yw'r deinameit mwyaf pellgyrhaeddol yn y byd. Ysgogodd chwyldro crefyddol, moesol, cymdeithasol ac economaidd yn ôl 'Cân Mair'.

TRAFOD

1. Duw'r sefydliad, sydd am gadw pethau fel y maent, ynteu Duw'r chwyldro sydd am weddnewid cymdeithas gyfan a bortreadir yng Nghân Mair? Beth yw canlyniadau credu yn y naill fath o Dduw neu'r llall?
2. Lle i gadw pobl yn ddiddig, ynteu lle i feithrin aelodau a fydd yn aflonyddu ar y byd a'r betws, yw'r eglwys?
3. Ymhle y synhwyrwch chi fod Duw yn pwyso am newid?
   (i) ym mywyd y genedl gyfan?
   (ii) ym mywyd eich bro?
   (iii) ym mywyd eich eglwys leol?
   (iv) yn eich bywyd personol chi?
   Beth yw eich ymateb ymarferol chi?

Pennod 6

BENDIGEDIG YW'R ARGLWYDD

Darllen: Luc 1: 57-80

Craidd yr adran hon yw'r Benedictus (1: 68-79), emyn mawl a phroffwydoliaeth Sachareias. Cwyd yr addoliad hwn o'r profiad a ddisgrifir yn yr adnodau blaenorol (1: 57-66). Gellir dweud bod rhan gyntaf y Benedictus yn enghraifft o'r hyn a ddywedodd Sachareias pan dechreuodd lefaru 'a bendithio Duw' (1: 64), a bod yr ail ran (1: 76-79) yn ateb cwestiwn y cymdogion, 'Beth gan hynny fydd y plentyn hwn?' (1: 66).

Cefndir yr addoliad

Geni ac enwi, rhieni'n penderfynu, perthnasau'n llawenhau, cymdogion yn trafod; dyna gefndir y ffrwydrad o addoliad. Nid rhywbeth ar wahân i fywyd cyffredin yw addoli Duw. Yn hytrach, cyfyd addoliad o synhwyro ymwneud Duw ag amgylchiadau bywyd beunyddiol. Yn ogystal â chydlawnhau ag Elisabeth ar enedigaeth ddiogel ei chyntafanedig, bu ei chymdogion a'i pherthnasau yn barod i gydnabod bod llaw Duw, rhoddwr bywyd, yn y wyrth o genhedlu a geni plentyn bach. Gall cofio hyn ein hachub rhag creu bwlch rhwng yr ysbrydol a'r materol, y crefyddol a'r secwlar. Un darn yw bywyd cyfan, rhodd Duw, cyfle i ni i'w adnabod ef ac ymateb iddo. Addoli yw ymateb i'r Duw sy'n dadlennu'i hun i ni yng nghanol amgylchiadau bywyd pob dydd, ac ymhyfrydu yn ei ymwneud ef â'n bywyd ni.

Canlyniad yr ymhyfrydu a'r addoli hyn yw ein bod ninnau wedyn yn fwy agored i fwriadau Duw yn ein bywyd o ddydd i ddydd. Er fod Sachareias wedi'i syfrdanu gan addewidion anghredadwy Duw pan oedd yn addoli yn y deml, gyda'r misoedd fe welodd fod Duw cystal â'i air. Wedyn pan ddaeth hi'n fater o wneud rhywbeth digon cyffredin fel dewis enw i'w blentyn, gwnaeth hynny yng ngoleuni ei brofiad o Dduw yn y cysegr (1: 13, 63). Fel y mae ein bywyd dyddiol yn berthnasol i'n haddoli, mae ein haddoliad yn medru lliwio ac ailgyfeirio ein bywyd beunyddiol. Ac nid bywyd Sachareias yn unig a weddnewidiwyd gan ei brofiad yn y deml. Newidiwyd bywyd Elisabeth a esgorodd ar fab ac a oedd yn argyhoeddedig mai 'Ioan yw ei enw i fod' (1: 60) hefyd, a bywyd y teulu a'u holl gydnabod. 'Daeth ofn ar eu holl gymdogion, a bu trafod ar yr holl ddigwyddiadau hyn trwy fynydd-dir Jwdea i gyd; a chadwyd hwy ar gof gan bawb a glywodd amdanynt' (1: 65-66). Sylwer fel mae Luc yn pwysleisio 'holl', 'pawb', 'i gyd'. Ac nid hel clecs dros dro a wnaethant ychwaith, ond cadw'r holl ddigwyddiadau hyn ar gof. Gwelir pa mor bellgyrhaeddol oedd effaith geni hwn ar 'y tyrfaoedd' pan ddown ni at y drydedd bennod. Yn wir gellir dadlau bod peth mor gyffredin â geni Ioan yn agor y drws i weddill yr efengyl yn ôl Luc a llyfr yr Actau, am fod Duw ar waith yn y digwyddiad hwn, a'i bresenoldeb wedi'i gydnabod yn agored.

Ysgogiad i addoli

Un peth yw cydnabod bod Duw ar waith, peth arall yw ei addoli. Beth ysgogodd y llifeiriant o addoli a fyrlymodd o enau Sachareias? Llanwyd Sachareias â'r Ysbryd Glân, dyna esboniad Luc (1: 67). Credai Luc fod dwy wedd i weithgarwch yr Ysbryd Glân. Ar y naill law, deuai fel cwthwm o wynt i chwythu ymaith pob rhwystr i addoli Duw. Ar y llaw arall, roedd yr Ysbryd fel anadliad bywiol yn galluogi dyn i leisio mawl i Dduw.

Er holl gyfiawnder a defosiwn Sachareias (1: 6), fe'i rhwystrwyd i addoli Duw hyd yr eithaf gan rywfaint o anghrediniaeth. Ar ei symlaf, dweud 'Ie' wrth Dduw, ydyw addoli. Dyna hanfod addoliad Mair. Rhwystrwyd Sachareias rhag offrymu'r addoliad digymrodedd hwn gan ei amheuaeth. Yn lle derbyn gair Gabriel am addewid ryfeddol Duw gofynnodd am ryw brawf, rhyw 'sicrwydd' pellach o hyn (1: 18). Yn aml cawn ninnau'n rhwystro rhag addoli Duw, rhag dweud 'Ie' digyfaddawd i'w drefn a'i ewyllys ef, gan ein tuedd i edrych arnom ni ein hunain a chael ein parlysu gan ein hanallu a'n gwendid ni a dyheu am i'n hamgylchiadau fod yn wahanol. Ond ni chawsom ein clymu gan y caethiwed hwn. Fe all yr Ysbryd Gân ein rhyddhau o afael ein hamheuon, ein hanghrediniaeth a'n hansicrwydd, a thrwy'r profiadau hynny ein hysgogi i fod yn dystion i'w nerthol weithredoedd ef, ac addoli Duw mewn ysbryd a gwirionedd.

Fe ddigwyddodd hyn ym mhrofiad Sachareias. Er gwaethaf ei amheuaeth, pan fentrodd fod yn ufudd i Dduw mewn modd ymarferol a phenodol, rhoes gyfle i'r Ysbryd Glân ddangos iddo ei fod yn gryfach na'i wendid ef, yn drech na phob rhwystr, ac yn abl i'w ryddhau o'i fudandod. Chwythwyd ymaith yr anghrediniaeth a'r amheuaeth a oedd yn rhwystr i roi tystiolaeth addolgar i weithredu oesol a phersonol Duw.

Yn hyn o beth yr oedd Sachareias yn rhaglun o brofiad yr eglwys yn ddiweddarach. Addawodd Iesu i'w apostolion 'fe dderbyniwch nerth wedi i'r Ysbryd Glân ddod arnoch, a byddwch yn dystion i mi' (Actau 1: 8). Buont yn ufudd i'w Harglwydd atgyfodedig ac esgynedig gan aros yn Jerwsalem a 'disgwyl am yr hyn a addawodd y Tad' (Actau 1: 4). Adeg gŵyl y Pentecost 'fe ddaeth o'r nef sŵn fel gwynt grymus yn rhuthro . . . a llanwyd hwy oll â'r Ysbryd Glân, a dechreusant lefaru â thafodau dieithr, fel yr oedd yr Ysbryd yn rhoi lleferydd iddynt' (Actau 2: 1-4).

Yn ogystal â'u rhyddhau o'u mudandod a'u rhwystredigaeth rhoes yr

Ysbryd leferydd iddynt, a'r lleferydd hwnnw'n tystio 'am fawrion weithredoedd Duw', yn addoliad gwir. Dyna'n union brofiad Sachareias. Nid chwythu ymaith y rhwystr a oedd yn clymu'i dafod yn unig, ond ei alluogi i addoli Duw yn huawdl ac yn broffwydol a wnaeth yr Ysbryd Glân (1: 67-68). Fe'i hysbrydolwyd i fynegi addoliad ei feddwl a'i galon, ar air ac ar gân. Pan fyddwn ni yn ei chael hi'n anodd i weddïo neu addoli, mae'n werth cofio nad yn ein nerth ein hunain y medrwn ni wneud hyn. Mae'r Ysbryd Glân eisoes ar waith yn gweddïo, yn ymbil, yn gwasanaethu amcanion Duw (h.y. yn addoli), yn gweithio'n ddwfn ynom i'n hatgoffa ein bod yn blant i Dduw, yn gydetifeddion â Christ ac o'r herwydd yn medru ymuno gydag ef i addoli a chyfarch Duw fel 'Abba! Dad!' (Rhuf. 8: 14-17, 26-27). Ein dwyn ni i mewn i berthynas y Mab a'r Tad yw swyddogaeth yr Ysbryd Glân. Ef yw ysgogwr addoliad.

Beth yw addoli?

Un wedd allweddol bwysig ar addoli yw 'dweud yn dda' am Dduw. Dyna ystyr llythrennol y gair 'Bendigedig' (1: 68), yma. Sylwer yn y fan hon bod y gair 'Bendigedig' yn cyfateb i'r Lladin *Benedictus* — o *benedico* sy'n golygu 'dweud yn dda'. Ystyr *bene* yw 'da' a *dictum* yw 'gair'. Cyfetyb *benedictus* i'r gair Groeg *eulogētos* sydd wedi'i ffurfio o *eu* yn golygu 'da' a *logos*, 'gair'. Union ystyr ymadrodd cyntaf Sachareias felly oedd dweud 'gair da' am Dduw. Wrth addoli'r Arglwydd roedd yn 'dweud yn dda' amdano. Yn hyn o beth yr oedd ar ganol traddodiad addoli Israel. Yn y cyfieithiad Groeg o'r Hen Destament defnyddiwyd *eulogētos* i gyfieithu'r gair Hebraeg *berakah* — gair a fynegai fawl a diolchgarwch i Dduw am ei ddaioni cynhenid a'i ofal dros ei bobl (e.e. Salm 41: 13; 106: 48). Wrth astudio Sgroliau'r Môr Marw sylwodd G. Vermes fod cysylltu 'Bendigedig yw'r Arglwydd' â 'gwaredigaeth', 'cyfamod' ac 'iachawdwriaeth' yn arferol yn addoli'r cyfnod. Gan nad oes berf yn y testun gwreiddiol, dichon y byddai'n well osgoi 'byddo' a chyfieithu addoliad Sachareias fel 'Bendigedig yw Arglwydd Dduw Israel' (1: 68). Beth barodd i Sachareias roi'r gair da hwn i Dduw?

Rhesymau dros addoli

Un ffordd a ddefnyddir gan yr Ysbryd Glân i ysgogi pobl i addoli yw eu hatgoffa pwy yw Duw: Arglwydd Dduw Israel (1: 68). Trwy ddefnyddio'r gair 'Arglwydd' roedd Sachareias yn cydnabod yr Un sy'n bod o dragwyddoldeb i dragwyddoldeb. Pan ofynnodd Moses beth oedd enw Duw, cafodd wybod mai 'Yr hwn sydd', yr hwn sy'n bod, Bod ei hun, a'r hwn sy'n rhoi bod, yw Duw (Exodus 3: 13-15). Nid rhywun y mae'r crediniwr yn rhoi bod iddo am ei fod yn medru credu ynddo mo Duw. Duw yw'r un sy'n rhoi bod i ni. Gall cofio hyn ennyn rhyfeddod ac addoliad.

Yn ogystal ag atgoffa pobl pwy yw Duw, gall yr Ysbryd Glân agor llygaid pobl i weld yr hyn a wna Duw. Felly fe ymdaflodd Sachareias i ganmol Duw am ddau reswm arall: 'am iddo ymweld â'u bobl a'u prynu i ryddid' (1: 68). Gwelodd Sachareias fod ymweliad Duw ag ef trwy ei negesydd Gabriel a genedigaeth ei fab Ioan yn rhan o batrwm ehangach. Sylweddolodd o'r newydd mai 'ymweld' â'i bobl oedd un o nodweddion Duw. Nid Duw pellennig mo Duw Israel, ond Duw hollbresennol, Duw a oedd yn ymyrryd yn hynt a helynt ei bobl. Prawf o'i bresenoldeb oedd ei fod yn 'gweld' eu hargyfwng. Fel yn achos y gair Groeg a ddefnyddiodd Sachareias lluniwyd y gair Cymraeg 'ymweld' o'r rhagddodiad 'ym' a 'gweld'. Yn ôl Eduard Schweizer, 'Mae'r gair Groeg yn golygu yn llythrennol bod Duw yn hoelio ei sylw ar rywun, yn amlygu'r presenoldeb dwyfol cyffredinol mewn ffordd arbennig ac yn nodi beth yw Ei fwriad' (t.42). Cafwyd enghraifft dda o hyn yn hanes galw Moses pan ddywedodd yr Arglwydd wrtho, 'Yr wyf wedi gweld adfyd fy mhobl yn yr Aifft . . . Yr wyf wedi dod i'w gwaredu o law'r Eifftiaid' (Exodus 3: 7-8). Dyma'r math o Dduw a ddadlennodd yr Ysbryd i Sachareias.

Yn ogystal ag addoli Duw am iddo ymweld â'i bobl, aeth Sachareias yn ei flaen i ddweud yn dda amdano am iddo waredu'i bobl trwy brynu rhyddid iddynt. Gwelsom eisoes mai gwaredigaeth Duw yw thema'r ddwy bennod gyntaf o'i efengyl, a holl lenyddiaeth Luc o ddifrif. Yn y fan hon fe ddefnyddiodd Sachareias air o fyd caethwasiaeth. Gellid sicrhau rhyddid i gaethweision trwy dalu swm o arian i'r sawl a'u perchnogodd. Trwy ddarllen gormod i mewn i'r gair penodol hwn fe arweiniwyd rhai diwinyddion ar gyfeiliorn gyda threigl y canrifoedd. Fe'u temtiwyd i holi, 'I bwy y talwyd iawn am ryddid dyn?' Atebodd rhai, 'I'r diafol' gan fod y byd pechadurus yn gaeth iddo ef. Awgrymodd eraill mai 'I Dduw cyfiawn y talwyd y pris gan Iesu ar y groes'. Canlyniad dweud hynny fu awgrymu bod Duw wedi troi yn erbyn y ddynoliaeth, ond bod Iesu Grist 'o'n hochor ni', yn ceisio cael perswâd ar Dduw i gymodi â ni. Cwbl groes oedd hynny i ddysgeidiaeth y Testament Newydd mai Duw ei hun a gymerodd y cam cyntaf i'n cymodi ni ag ef ei hun yng Nghrist (II Cor. 5: 18). Yn wir pwysleisiodd Paul fod Duw trosom ni, hynny yw, o'n plaid ni (Rhuf. 8: 31-34). Felly nid y tâl, ond y profiad o ryddhad yn sgîl gweithredu gwaredigol Duw, oedd y rheswm dros addoli byrlymus Sachareias. Yn wir defnyddiwyd y gair hwn am ryddhau o wahanol fathau o gaethiwed, megis 'rhyddhad Jerwsalem' (2: 38), rhyddhad Israel (24: 21) a 'gwaredigaeth dragwyddol' (Heb. 9: 12).

O sylweddoli bod Duw wedi ymweld ag ef a'i briod Elisabeth, a'u rhyddhau o'u siomedigaeth a'u methiant, ac wedi addo y byddai eu mab yn arloesi'r ffordd i'r Meseia, cafodd Sachareias ei atgoffa gan yr Ysbryd tragwyddol mai ymweld i waredu a rhyddhau oedd nodwedd Duw ar hyd yr oesoedd. Cofiodd fod yr hyn oedd yn wir amdano ef yn bersonol yn wir yn hanes ei genedl Israel ac mai cyflawni hanes pobl Dduw a wnâi'r

Meseia. Dyna reswm arall dros fendigo a chanmol Duw, ac fe restrodd rai o uchafbwyntiau ymwneud Duw ag Israel.

Yn gyntaf sylwodd fod Duw wedi cadw'i air i'w broffwydi. Yn yr oesoedd a fu roeddent hwy wedi addo y deuai gwaredigaeth rymus â rhyddid i'r genedl trwy ddyfodiad un o linach Dafydd (1: 69-70). Yn nyfodiad yr un yr oedd Ioan i gerdded o'i flaen yn ysbryd a nerth Elias, fe ddeuai'r 'un cryfach' i gyflawni mwy o gamp nag a wnaethai Dafydd gynt wrth drechu Goliath a gwaredu Israel o fygythiad y Philistiaid.

I ddeall arwyddocâd y waredigaeth y cyfeirir ati yn 1: 71 mae gofyn cofio bod yr adnod hon yn adleisio'r salm sy'n adrodd hanes yr Arglwydd yn gwaredu ei bobl o'r Aifft ac yn eu harwain trwy'r Môr Coch. 'Gwaredodd hwy o law'r rhai oedd yn eu casáu, a'u harbed o law'r gelyn' (106: 10). I Sachareias roedd y Meseia yn nhraddodiad Moses yn tywys pobl o gaethiwed i ryddid, ac o afael pawb a oedd yn eu casáu. (Yn yr efengyl yn ôl Luc yn unig y cawn glywed am Foses ac Elias ar fynydd y gweddnewidiad yn siarad â Iesu am ei 'exodus'.)

Ar ôl dwyn ar gof y waredigaeth yn hanes Dafydd a Moses, fe nododd Sachareias, yn drydydd, ymwneud Duw â'r patriarchiaid, ac ag Abraham yn arbennig. Tyngodd wrth Abraham y câi ei ddisgynyddion eu hachub o afael gelynion (1: 73). Cyfeiriad sydd yma at addewid oesol Duw i Abraham pan achubodd ei fab Isaac rhag cyllell ei dad (Gen. 22: 15-19). Trwy ddatguddiad yr un Ysbryd, a wnaeth i Elisabeth ddirnad bod 'yr Arglwydd' y Meseia, yng nghroth Mair (1: 41-45), fe ddadlennwyd i Sachareias bod Duw wedi ymweld â'i bobl a'u prynu i ryddid trwy eni'r un a fyddai'n ymgorffori ei holl weithgarwch gwaredigol yn hanes ei genedl, er enghraifft yn achos Dafydd, Moses ac Abraham. Dyna ddigon o reswm dros addoli Duw a dweud yn dda amdano.

Rhyddid i addoli

Beth oedd pendraw'r holl weithgarwch dwyfol hwn? Ai cael gwaredigaeth o afael gelynion a rhyddid cenedlaethol a gwleidyddol? Dyna un uchelgais yn sicr ymhlith llawer yn Israel, yn y ganrif gyntaf, fel ym mhob cenhedlaeth. Ond fe aeth Sachareias gam ymhellach na hynny. Gwelodd Sachareias fod Duw wedi ymweld â'i bobl o oes i oes, ac yn arbennig yn nyfodiad y Meseia, nid yn gymaint i roi rhyddid gwleidyddol iddynt ag i'w galluogi i'w addoli ef yn ddi-ofn (1: 74). Penllanw bywyd i'r Iddew oedd addoli Duw, oherwydd gwyddai o brofiad chwerw pe na bai pobl yn addoli'r gwir Dduw, byddent yn sicr o addoli pethau gau. Bod yn rhydd i addoli Duw oedd prif nod yr exodus. Ar ôl i Dduw argyhoeddi Moses ei fod ef wedi gweld adfyd ei bobl a'i fod ar ddod i'w gwaredu o'r Aifft, ychwanegodd mai'r prawf ei fod ef ar waith oedd, 'byddwch yn addoli Duw ar y mynydd hwn' (Exodus 3: 12). Cafodd Eseia yntau weledigaeth o bedwar ban byd yn addoli'r Arglwydd ac yn datgan, 'Gogoniant i'r un cyfiawn' (24: 14-16). Yn unol â'r traddodiad Iddewig hwn, gwelodd Sachareias mai penllanw'r oes feseianaidd oedd cael bod yn rhydd i addoli Duw.

Ffrwyth addoli

Beth oedd ffrwyth yr addoli hwn? Nid dweud y peth iawn yn y lle iawn ar yr adeg iawn mo addoli. Yn ôl Sachareias fe olygai addoli llawer mwy na chanu salmau yn y deml ar y Saboth. Iddo ef gwir addoli oedd gwasanaethu Arglwydd Dduw Israel 'mewn sancteiddrwydd a chyfiawnder ger ei fron ef holl ddyddiau ein bywyd' (1: 75). Fel y mae'r gair Cymraeg 'gwasanaeth' yn medru golygu 'addoli' neu 'wasanaethu', felly'n union y gair a ddefnyddiodd Sachareias. Mae'n bwysig ein bod yn dal gafael ar y ddau ystyr. Gwelir ffrwyth addoli mewn sancteiddrwydd. Duw yn unig sy'n sanctaidd, ond o fod yn ei gwmni ef, yn agored i'w natur ef, yn ei addoli ef, hynny yw yn cael ein plygu i'w ffurf ef, mae posibilrwydd i'w ddelw sanctaidd ef ddod yn amlycach ynom ni, trwy weithgarwch yr Ysbryd Sanctaidd. Wrth inni ymhyfrydu yng ngogoniant a sancteiddrwydd Duw yng Nghrist cawn ninnau'n 'trawsffurfio o ogoniant i ogoniant, yn wir lun ohono ef. A gwaith yr Arglwydd, yr Ysbryd, yw hyn' (II Cor. 3: 18).

Nid rhywbeth preifat unigolyddol mo'r sancteiddrwydd hwn. Adlewyrchu cariad cymdeithasol y Tri yn Un yw hanfod sancteiddrwydd. Dyna pam y defnyddiai Paul y ffurf luosog. Felly Sachareias. Gwelodd fod sancteiddrwydd a chyfiawnder yn mynd law yn llaw. Ffrwyth addoli yw sancteiddrwydd a chyfiawnder. Pan gaiff Duw gyfle i ddylanwadu ar ein bywyd, canlyniad hynny yw hyrwyddo perthynas iawn â'n cyd-ddynion. Dyna beth yw cyfiawnder. A ffordd o fyw 'holl ddyddiau ein bywyd' yw hynny. Ond roedd y cyfiawnder yr oedd Sachareias yn bendithio Duw amdano yn deillio o gyfiawnder Duw. Perygl ein dealltwriaeth ni o gyfiawnder yw ei fod yn iawn i ni. Byth a hefyd clywn bobl yn ein cymdeithas yn mynnu'u hawliau. Ond beth am hawliau'r tlawd a'r digartref, y gorthrymedig a'r newynog ledled y byd? Fe olyga gwasanaethu'r Arglwydd mewn cyfiawnder gyfyngu ar ein hawliau a'n cyfleusterau ni yn aml. Cyfiawnder i bawb yw ei egwyddor ef, nid cyfiawnder i leiafrif ar draul y llu. Trwy addoli Duw y daw'r agoriad llygaid a'n galluoga i weld beth yw gwir gyfiawnder a'r gynhysgaeth i'n cynnal wrth inni geisio ymgyrraedd ato yn ein hamgylchiadau personol ac yn ein polisïau cydwladol. Pellgyrhaeddol iawn yw addoli a gwasanaethu'r Arglwydd mewn sancteiddrwydd a chyfiawnder bob dydd o'n hoes.

Swyddogaeth Ioan

Nid yn y gorffennol yn unig, nac yn y dyfodol a oedd ar wawrio gyda geni'r Meseia, yr oedd Duw yn ymweld â'i bobl a'u rhyddhau i'w addoli a'i wasanaethu ef. Yn yr union blentyn hwn yr oedd Duw eisoes ar waith.

Ym mywyd a chenhadaeth Ioan, yr oedd Duw am roi profiad newydd i bobl o waredigaeth 'trwy faddeuant eu pechodau' (1: 77). Ei swyddogaeth ef oedd paratoi'r ffordd i sancteiddrwydd a chyfiawnder y Meseia gael ei gydnabod a'i groesawu. Trwy ei alw'n 'broffwyd y Goruchaf' dangoswyd mai gwasanaethu 'Mab y Goruchaf' (1: 32), Iesu, oedd ei waith. Yn yr adnodau hyn rhoddir crynodeb o weinidogaeth sy'n unol â'r hyn a geir yn 3: 1-20, gan adleisio disgwyliadau Malachi 3: 1. Un o ganlyniadau addoli ac ymhyfrydu yn ei weithgarwch gwaredigol ef ar hyd yr oesoedd yw meithrin dirnadaeth gliriach o'i bresenoldeb a'i weithgarwch ym manylion ein bywyd beunyddiol. Dawn broffwydol yw hon; y ddawn i weld yr anweledig ar waith a medru rhoi mynegiant i hynny. O adnabyddiaeth ddofn o gymeriad a bwriadau Duw y cwyd y ddirnadaeth broffwydol hon.

Adnabod Duw

Y symbyliad priodol i addoli Duw mewn gwirionedd yw adnabyddiaeth ohono. Fe gafodd Sachareias ymglywed â 'thrugaredd calon ein Duw' (1: 78). Tardda athrawiaethau'r diwinyddion o geisio amgyffred meddwl Duw. Trwy ymglywed â churiad calon Duw y cyfyd addoliad. Golyga hyn synhwyro'r cymhelliad mwyaf gwaelodol ym mod Duw. Ei drugaredd diwyro, ei gariad diamod; dyna'r symbyliad i ymweld gwaredigol Duw. Yn y Meseia fe welodd Sachareias fod Duw am ddod â'r 'wawrddydd oddi uchod i'n plith' (1: 78). Bu llawer o ddadlau ynghylch y gair hwn, oblegid gallai gyfeirio naill ai at godiad haul neu at flaguryn. Gwelir y ddau ddarlun am y Meseia ynghyd yn llyfr y Datguddiad: 'Myfi yw Gwreiddyn a Hiliogaeth Dafydd, seren ddisglair y bore'. A'r peth pwysig yw ei fod yn cael ei groesawu, 'Y mae'r Ysbryd a'r briodferch yn dweud, "Tyrd", a'r hwn sy'n clywed, dyweded yntau, "Tyrd"' (Dat. 22: 16-17). Gellir adnabod y Meseia trwy ei groesawu fel 'seren allan o Jacob' (Num. 24: 17), fel 'goleuni mawr' (Eseia 9: 2) neu fel 'haul cyfiawnder' (Mal. 4: 2). Oddi uchod y daw'r goleuni hwn, ac fe ddaw i ymweld â ni, 'i lewyrchu ar y rhai sy'n eistedd yn nhywyllwch cysgod angau, a chyfeirio ein traed i ffordd tangnefedd' (1: 79). Fel yr oedd Ioan wedi'i alw i baratoi llwybr ar gyfer dyfodiad y Meseia, nod y Meseia oedd cyfeirio ein traed ni i ffordd tangnefedd. Roedd y gair 'tangnefedd' yn crynhoi'r bywyd llawn y daeth y Meseia i'w rannu â ni, bywyd o ffyniant, o heddwch, o gyfiawnder, o sancteiddrwydd, o ryddid i addoli Duw, y cyfanrwydd personol a chymdeithasol a fwriadodd Duw ar gyfer ei fyd, ac a gynigiwyd inni yng nghorff Crist.

Ar sail 1: 80 fe awgrymodd rhai esbonwyr, fel G. B. Caird, y gallasai Ioan fod wedi treulio cyfnod yn un o'r cymundodau asgetig yn yr anialwch yng nghyffiniau'r Môr Marw. Gwrthododd C. F. Evans y ddamcaniaeth hon a dadleuodd E. Schweizer na allasai Ioan fod yn Qumran gan fod ei dad yn offeiriad yn y deml — prif wrthrych beirniadaeth mynachod Qumran; gwisgai fel proffwyd ac nid fel mynach; bedyddiai unwaith, nid yn feunyddiol; anelai ei bregethu at y tyrfaoedd yn hytrach na'i gyfyngu i urdd fynachaidd, ac nis cyfyngwyd gan reolau llym Qumran. Diben syml iawn oedd i'r adnod hon gan Luc: bod yn ddolen gyswllt â'r hanes nesaf am Ioan Fedyddiwr yn y drydedd bennod.

TRAFOD

1. Ai rhywbeth sy'n codi o fywyd pob dydd, ynteu rhywbeth cwbl ar wahân iddo yw addoli?
2. Faint o le a gaiff yr Ysbryd Glân yn eich addoliad personol a chynulleidfaol chi?
3. Beth yw addoli yn eich profiad chi? Rhestrwch rai o'r rhesymau dros addoli Duw.
4. I ba raddau y caiff addoli Duw y flaenoriaeth yn eich bywyd chi? Beth yw rhai o ganlyniadau hynny?
5. A oes modd inni adnabod Duw? Ai gwirionedd neu egwyddor yw Duw ynteu a ellir sôn am ei deimladau yn ogystal â'i feddyliau yn ysgogi'i weithredu?

Pennod 7

MAN CYFARFOD

Darllen: Luc 2: 1-20

Preseb Iesu; dyna fan cyfarfod dau fyd, nefoedd a daear, Duw a dyn. Cyfleu hyn oedd nod Luc wrth gyflwyno'r newydd am eni Iesu ochr yn ochr â hanes y bugeiliaid a'r angylion. Cysylltwyd y ddau ddigwyddiad gan 'faban' mewn 'preseb' (2: 7 a 2: 12, 16).

Man cyfarfod dwy ffordd

O Rufain y cychwynnodd un ffordd. Daeth gorchymyn oddi wrth Cesar Awgwstus a fyddai'n effeithio ar yr Ymerodraeth gyfan (yn wir ar holl bobloedd y byd yn ôl y testun gwreiddiol). Parodd i ddau gymeriad di-nod adael eu cartref yn Nasareth ac ymlwybro rhyw 80 milltir tua phentref Bethlehem yn Jwdea. Yno fe esgorodd Mair ar ei baban cyntafanedig a rhwymodd ef yn dynn mewn stribedi lliain a'i osod mewn preseb rhag i'r anifeiliaid sathru arno, gan nad oedd lle iddynt yn y gwesty.

Fe gychwynnodd y ffordd arall o'r nefoedd. Fe ddaeth angel â newydd da a fyddai'n effeithio ar yr holl bobl. Parodd hyn i fagad o fugeiliaid syml adael eu cynefin ac ymlwybro tua Bethlehem. Yno fe welsant y baban yn gorwedd yn y preseb. Hwy a dystiodd mai'r plentyn hwn oedd y gwaredwr, eneiniog Duw, yr Arglwydd. Dros y blynyddoedd fe arweiniodd ffordd y rhai a roes eu gwrogaeth i'r Arglwydd hwn yn ôl i Rufain a thu hwnt i hynny, i'r holl fyd. Fe gyfarfu'r ddwy ffordd wrth y preseb ym Methlehem a chawsant eu hailgyfeirio gan yr un bach!

Man cyfarfod dau fyd

Yn y preseb ym Methlehem gwelwyd byd Duw a byd dyn yn gorgyffwrdd. Gwleidyddiaeth a biwrocratiaeth, llywodraethu a chofrestru, dyna'r cefndir i hanes geni Iesu. Er fod ysgolheigion yn amau cywirdeb y cyfeiriadau at 'y cofrestru cyntaf hwn' (2: 2), roedd ei Fawrhydi (dyna ystyr 'Awgwstus') Gaius Julius Caesar Octavianus wedi bod yn unig ymerawdwr y byd Rhufeinig ers 30 C.C. ac yr oedd Publius Sulpicius Quirinius yn llywodraethwr ar Syria. Ceir tystiolaeth hanesyddol iddo'n cynnal cofrestriad, ond mae'n amheus ai cyfeirio at hwn a wnaeth Luc, gan mai cofrestru dinasyddion Rhufeinig yn unig oedd bwriad Cyrenius.

Er gwaethaf dadleuon yr ysgolheigion ynghylch y manylion, ni ellir amau amcan Luc. Chwedl Eduard Schweizer, 'Mae'n dweud y gall Duw ddefnyddio digwyddiadau hollol fydol fel mabwysiadu treth newydd, neu benderfyniadau di-dda di-ddrwg pobl i gyflwyno ei hanes . . . Nid yw'n cymryd bod hanes yn ei grynswth yn llifo'n uniongyrchol o ewyllys Duw, ond y mae'n argyhoeddedig y gall Duw ddefnyddio pob hanes i gyflawni yr hyn a fynn ef, pryd bynnag a lle bynnag y mae hynny'n rhygnu ei fodd' (*Luke: A Challenge to Present Theology,* t.39). Tanlinellu a wnaeth ef bod Iesu wedi'i eni i ganol y byd a'i bethau; byd lle'r oedd pobl gyffredin ar drugaredd gorchymyn y llywodraethwyr, a'r difreintiedig yn dod wyneb yn wyneb â drws clo'r gwesty. (Defnyddiodd Luc air gwahanol am y 'llety' croesawus yn nameg y Samariad trugarog (10: 34).) I ganol helbulon a threialon ein byd y ganed Iesu. Mynegwyd hyn gan Iwan Llwyd yn ei gerdd 'Caerdydd: Nadolig 1986',

Fel hyn 'roedd hi 'Methlehem:

Sŵn cân a chyfeddach
a chleber y pedleriaid
yn tynnu dŵr o'r dannedd,

yn nofio uwch y dyrfa
sy'n rhuthro a chythru gyda'r lli
o siop i siop,

o dafarn i dafarn
a chwyno a chrio'r plant
yn atsain ym mhen mamau:

ffrae rhwng ffrindiau a chusan hir,
a than lygaid y plismyn
hogia'r wlad yn dyrnu gwario:

i ganol hyn daeth baban,
i dagfa'r ystadegau
a chyfraith a chyfrifiad

a llog a chyflog
a chyfle'n llithro
fel y dyddiau drwy'r dwylo:

i ganol y bwrlwm daeth baban
yn sgrech unig yn sgubor
tosturi rhyw westeiwr,

darn o'r sêr yn y gwellt gwlyb
a gwrid y gwin a'r groes
eisoes yn ei fochau bach:

i fyd yr archfarchnadoedd
daeth i ninnau yn nhyrfau'r nos
siawns i gyffwrdd â'r sêr.

(*Nadolig y Beirdd,* t.109)

Nid mater o siawns oedd gorgyffwrdd y ddau fyd. Trwy ei eni ef fe gyffyrddodd Duw â'i fyd. Tynnwyd y llenni a chafwyd cipolwg ar fyd Duw. Ymddangosodd byddinoedd y nef a chlywyd emyn mawl yr angylion: 'Gogoniant yn y goruchaf i Dduw' (2: 14). Digwyddodd hyn ar y bronnydd yng nghyffiniau Bethlehem ac aeth yr angylion yn eu blaen i addo tangnefedd ar y ddaear. Yn y gair 'tangnefedd' cronnwyd y gorau a allai byd Duw ei gynnig i fyd dyn: ffyniant, hapusrwydd a chytgord perffaith. Wrth addo tangnefedd ymhlith 'dynion sydd wrth ei fodd' (2: 14) nid cyfyngu ar ei gynnig oedd bwriad Duw. Ar derfyn un o storïau'r Beibl am y creu fe ddywedir, 'Gwelodd Duw y cwbl a wnaeth, ac yr oedd yn dda iawn' (Gen. 1: 31) hynny yw 'wrth ei fodd'. Er i'r ddynoliaeth a'r greadigaeth gyfan siomi'r Crëwr, roedd yn dal i garu ei bobl a'i fyd. Atgoffa cynrychiolwyr y ddynoliaeth gyfan o hyn a wnaeth negesydd Duw: 'Peidiwch ag ofni, oherwydd wele, yr wyf yn cyhoeddi i chwi y newydd da am lawenydd mawr a ddaw i'r holl bobl' (2: 10) — i'r holl bobl, nid i rai. Beth oedd y newydd da hwn? Ganwyd gwaredwr; ganwyd un a oedd wedi'i eneinio ag Ysbryd Duw; ganwyd yr Arglwydd, y person a fyddai'n medru byw bywyd Duw yma yn ein byd ni, a'i rannu â'r sawl a fyddai'n fodlon ei dderbyn (Ioan 1: 11-13). Pa le y gellid dod o hyd i'r un yr oedd delw Duw wedi'i adfer ynddo, yr un a fedrai ennyn cariad diffuant ei gyd-ddyn a gloywi delw Duw ynddo? 'Cewch hyd i'r un bach wedi ei rwymo mewn dillad baban ac yn gorwedd mewn preseb', meddai'r angel (2: 12). Yn y man mwyaf annisgwyl hwnnw y cyfarfu byd Duw a byd dyn. Dyna'r arwydd na allent ei fethu: gogoniant gwendid Duw yn dwyn cymod a thangnefedd ymhlith dynion. Ailadroddodd Luc (yn wahanol i Marc 11: 10) y geiriau 'tangnefedd' a 'gogoniant' ar drothwy hanes dioddefaint Iesu (19: 38). Ei barodrwydd i fod yn neb oedd ei wir fawredd. Hyn oedd yr arwydd chwyldroadol o ogoniant Duw yn ein byd. I adnabod presenoldeb Duw, yr un yw'r arwydd o hyd.

Man cyfarfod y goleuni a'r tywyllwch

Try dydd yn nos yn gyflym iawn ym Mhalesteina. Wrth sôn am yr angen am westy awgrymodd Luc fod y nos ar warthaf Mair a Joseff. Cadarnhawyd yr argraff hon gan y disgrifiad o'r bugeiliaid yn gwarchod eu praidd 'liw nos' (2: 8). Tywyllwch, a phryder ac ofn; dyna'r cefndir. Eto i gyd, yn gwbl ddirybudd, yng nghanol y düwch hwn, y 'disgleiriodd gogoniant yr Arglwydd'. Roedd 'gogoniant' yn un o'r geiriau a ddefnyddiodd Luc i gyfleu ysblander, goleuni, prydferthwch presenoldeb Duw. Dyma'r gair agosaf at ddisgrifio hanfod Duw yn yr Hen Destament.

Yng ngoleuni'r gogoniant dwyfol hwn gwelwyd y gwirionedd am

Dduw yng nghanol tywyllwch ein byd. 'Gadewch inni fynd i Fethlehem a gweld', meddai'r bugeiliaid. Pa obaith gweld yn nhywyllwch annynol didostur Bethlehem? Doedd dim gobaith gweld dim ar eu liwt eu hunain. Yn hytrach aethant i weld 'y peth yr hysbysodd yr Arglwydd ni amdano' (2: 15). Profiad y Salmydd oedd eu profiad hwy: 'yn d'oleuni di y gwelwn oleuni' (36: 9). Gwelsant mai'r 'plentyn hwn' oedd y gwaredwr o dywyllwch, y Meseia a fedyddiai â thân yr Ysbryd Glân, Arglwydd bywyd a marwolaeth. Rhannwyd y newydd am y goleuni tanllyd hwn â Mair a Joseff ac ag eraill. Fe'i cadwyd ar gof tan heddiw. Dyma'r goleuni sydd 'yn llewyrchu yn y tywyllwch, ac nid yw'r tywyllwch wedi ei drechu ef' (Ioan 1: 5). Ac mae hyn yn dal i fod yn wir meddai Nesta Wyn Jones:

Pan ddaeth gwawch y baban o'r preseb
Daeth llewyrch i fyd y tywyllwch,
Toddodd y seren gannaid
Yn llymaid i ganol y llwch.

Toc wedi'r geni bendigaid
Ar ôl y gwylaidd addoli,
Ar ôl i'r doethion fynd adre
Yn ôl ymhell i'w cartrefi,

Canfuwyd fod yno farworyn
Ynghwsg yng nghanol y crinwair
A losgai dudalen hanes i gyd
—Y gwreichion ym mherson mab Mair.

Y cyfan o'r henfyd yn ulw—
Daeth gobaith i ganlyn Un gwirion,
Ac yn sŵn trugarog y fflamau
Clywsom siffrwd adenydd angylion.

(*Rhwng Chwerthin a Chrio*, t.27)

Gyda gorgyffwrdd dau fyd gwelwyd y goleuni yn trechu'r tywyllwch. Tarddodd y goleuni dwyfol hwn o'r 'gwreichion ym mherson mab Mair' — y baban yn y crinwair yn y preseb ym Methlehem.

Man cyfarfod mawl y nef a'r llawr

Ganrifoedd cyn geni Iesu roedd yr Iddewon wedi synhwyro mai dyblu'r mawl oedd gweithgarwch y byd ysbrydol, anweledig. I'w helpu i ddirnad hyn fe ddatblygodd cred am angylion ac archangylion, seraffiaid a cherwbiaid. Enghraifft o hyn oedd gweledigaeth Eseia. Fe gafodd ef gipolwg ar y nef: 'gwelais yr ARGLWYDD. Yr oedd yn eistedd ar orsedd uchel, ddyrchafedig' (6: 1) a'r seraffiaid yn datgan, 'Sanct, Sanct, Sanct yw ARGLWYDD y Lluoedd' (6: 3). Ni chyfyngwyd yr addoli hwn i'r nef. Er mor ddyrchafedig oedd yr ARGLWYDD, yr oedd 'godre'i wisg yn llenwi'r deml' (6: 1). Am hynny gallai'r seraffiaid ychwanegu, 'y mae'r holl ddaear yn llawn o'i ogoniant' (6: 3). Cyfraniad arbennig Iddewiaeth fu gweld bod a wnelo'r nefol â'r daearol, yr anfeidrol â'r meidrol, y dwyfol â'r dynol. Ymhyfrydu yn y cysylltiad hwn fu hanfod addoliad yr Iddew.

Etifeddodd Luc y traddodiad hwn. Gwelodd fod perthynas rhwng addoli'r nef a'r llawr. Yn wir gweithgarwch y nef a ysgogai addoli'r llawr. I ddechrau clywyd tyrfa o'r llu nefol yn moli Duw: 'Gogoniant yn y goruchaf i Dduw'. Fel yn achos Eseia fe orlifodd y mawl gan uno pobl â'i gilydd mewn tangnefedd, mewn ymateb cytûn i gariad diamod Duw. Canlyniad hynny fu ennyn mawl ac addoliad y bugeiliaid. Ar ôl gweld yr Arglwydd wedi'i ddarostwng i'r preseb fe ymunodd y bugeiliaid â chân yr angylion wrth ddychwelyd at eu praidd 'gan ogoneddu a moli Duw' 2: 20). Wrth breseb y baban Iesu fe gyfarfu addoliad y nef a'r llawr. Adleisiwyd addoli'r nef gan addoli'r llawr. Dyna gyfrinach gwir addoliad ym mhob oes.

Hyn sy'n cyfrif am osod y geiriau hyn ar ddechrau'r Hwyrol a'r Foreol Weddi yn y *Llyfr Gweddi Gyffredin*:

> Arglwydd agor ein gwefusau,
> A'n genau a fynega dy foliant
>
> (Cym. Salm 51: 15)

Man cyfarfod geiriau Duw a geiriau dyn

Yn lle rhoi ei enw, fe ddisgrifiodd Luc y negesydd fel 'angel yr Arglwydd' (2: 9). Fe ddaeth i sefyll 'yn eu hymyl' i gynrychioli Duw. I brofi hyn 'disgleiriodd gogoniant yr Arglwydd o'u hamgylch'. Pan lefarodd ef, siaradodd ag awdurdod Duw. Cyhoeddodd fod Iesu yn waredwr, yn Feseia, yn Arglwydd. Yn ogystal â chlywed fe addawodd y câi'r bugeiliaid fynd i weld 'y gair' (yn llythrennol), 'yr hysbysodd yr Arglwydd ni amdano' (2: 15). Ar ôl gweld y baban yn y preseb 'mynegasant yr hyn oedd wedi ei lefaru wrthynt am y plentyn hwn' (2: 16). Fe ddaeth geiriau Duw a geiriau dynion ynghyd i dystiolaethu bod Iesu yn waredwr, yn Iesu Grist yr Arglwydd. Amod cyhoeddi'r newydd da, sef efengylu, yw cyfuno geiriau Duw â geiriau dyn. Siaredir ag awdurdod am bethau Duw pan fo'r gwirionedd yn tarddu oddi wrth Dduw. Hawdd deall felly fod pawb a'u clywodd wedi rhyfeddu 'at y pethau a ddywedodd y bugeiliaid wrthynt' (2: 18). Roedd eu geiriau yn adleisio geiriau Duw. Roedd hi'n naturiol hefyd fod Mair wedi trysori'r holl eiriau hyn yn ei chalon a myfyrio arnynt. Mae geiriau Duw a fynegir gan ei bobl yn werth myfyrio arnynt. Hwy sy'n tystiolaethu i'r hyn ydoedd ac ydyw, y baban hwn yn y preseb.

 geiriau yr aeth Luc ati i ddisgrifio a dehongli cyffyrddiad Duw â'i greadigaeth yn Iesu Grist, yr Arglwydd. O oes i oes arddelwyd ei fod wedi dangos gydag awdurdod fan cyfarfod byd Duw a byd dyn, ac yn y cyd-fod hwnnw gwelwyd cymod rhwng Duw a dyn yn cael ei fynegi yng nghytgord mawl a thystiolaeth y nef a'r llawr. Hyd ddiwedd amser cyplyswyd daear a nef gan y baban yn y preseb ym Methlehem.

TRAFOD

1. Yn ein hoes fodern ni a oes unrhyw ystyr mewn sôn am fyd Duw a byd dyn? Ai camarweiniol yw hyn pan ddylem sôn am un byd?
2. A yw'r cyfeiriadau at angylion yn peri bod stori'r Nadolig yn cael ei throi'n chwedl sy'n amherthnasol i'n byd? Sut mae goresgyn yr anhawster hwn?
3. A yw uniaethu Iesu â'r tlawd a'r digartref adeg ei eni yn gipolwg ar ei dynged ar hyd ei weinidogaeth ddaearol? Beth yw arwyddocâd hyn?
4. Beth yw'r arwydd a all ein helpu i adnabod Mab Duw yn ein byd heddiw?
5. Rhowch enghreifftiau o oleuni Crist yn disodli'r tywyllwch yn ein byd.
6. Ai o Dduw ynteu o ddyn y tardda addoliad mewn gwirionedd?
7. Beth yw cyfrinach efengylu gydag awdurdod?

Pennod 8

LLE'R HEN A'R NEWYDD

Darllen: Luc 2: 21-40

I'n rhyddhau ni o hualau'r traddodiadol a'r confensiynol bu Mab Duw yn barod i gydymffurfio â gofynion y grefydd Iddewig. Gweithredu 'yn unol ag arfer y Gyfraith' yw'r edefyn sy'n clymu'r hanesion yn ail hanner y bennod hon (2: 21-52). Daw'r bwyslais hon i'r amlwg wrth restru'r enghreifftiau a nodir gan Luc.

Cynnal hen draddodiad

1. Enwaedwyd ar Iesu pan oedd yn wyth diwrnod oed yn ôl y cyfarwyddyd, 'Ar yr wythfed dydd enwaeder ar y bachgen' (Lef. 12: 3). Roedd hyn wedi'i sylfaenu ar orchymyn Duw i Abraham (Gen. 17: 10-14), a hawliai flaenoriaeth ar bob deddf arall (Ioan 7: 22-23).

2. Cywasgwyd dau arferiad Iddewig a'u cymysgu yn adnodau 2: 22-24. Cyfeiria adnodau 22a a 24 at ddefod puredigaeth a ddatblygodd ar gorn y gred bod 'gwraig sy'n beichiogi ac yn geni mab yn aflan am saith diwrnod'. O'r herwydd roedd hi'n gorfod cyflwyno offrwm i Dduw, er mwyn bod 'yn lân oddi wrth ei gwaedlif'. Arwydd o dlodi Mair oedd ei hanallu i fforddio oen, gan ddewis offrymu pâr o durturod neu ddau gyw colomen (Lef. 12: 2, 6-8).

Yn adnodau 22b a 23 gwelir cyfeiriad at yr arfer o gyflwyno pob gwryw cyntafanedig i Dduw (Exodus 3: 2). Gan fod y Lefiaid wedi'u neilltuo i wasanaethu Duw 'yn lle pob cyntafanedig' (Num. 3: 12, 13) gallai'r tad brynu'i fab yn rhydd o'r gwasanaeth penodol hwn am bum *shecel*. Am na chrybwyllir hyn mae'n debygol fod Luc yn awgrymu i Iesu gael ei 'gyflwyno i'r Arglwydd' am byth, fel Samuel gynt (1 Sam. 1: 21-28).

3. Dengys 2: 41 bod 'ei rieni' yn dilyn yr hen arferiad o fynd 'i Jerwsalem bob blwyddyn ar gyfer gŵyl y Pasg'. Gellid olrhain y traddodiad hwn i Exodus 23: 14-17.

4. Er nad yw'r ymadrodd yn gwbl ddealladwy, awgrymodd Luc fod Iesu, ac yntau'n ddeuddeng mlwydd oed, wedi mynd i fyny i Jerwsalem 'yn unol â'r arfer ar yr ŵyl' (2: 42). Dichon bod cyfeiriad yma at yr adeg pan ymrwymodd Iesu i gynnal holl ofynion y ddeddf, er mai yn dair ar ddeg mlwydd oed y gwnâi bechgyn Iddewig hyn yn gyffredin.

5. Trwy nodi bod Iesu wedi bod yn ufudd i'w rieni (2: 51) tanlinellodd

Luc ei fod yn parchu'r Deg Gorchymyn a fynnai anrhydeddu tad a mam (Exod. 20: 12).

O weld bod Luc yn tynnu sylw at yr enghreifftiau hyn (2: 22, 23, 24, 27, 39) mae'n amlwg ei fod am bwysleisio bod Iesu wedi'i fagu ar aelwyd lle'r oedd parch i'r Gyfraith Iddewig a pharodrwydd i gydymffurfio ag arferion crefyddol a chenedlaethol y genedl. Roedd y traddodiadau hyn yn cyfrif i Iesu yntau. Mae hyn yn peri i ni ystyried faint o bwys y dylem ni ei roi heddiw ar ein traddodiadau crefyddol. 'Anghofio yw bradychu', meddai Saunders Lewis. Yn sicr, ni fynnai'r Iddew i'w blant anghofio'r Duw a waredodd y genedl o gaethiwed a'i harwain i ryddid. Ar hyd y canrifoedd gweithredodd yr egwyddor:

> Hyffordda blentyn ar ddechrau ei daith,
> ac ni thry oddi wrthi pan heneiddia (Diarhebion 22: 6)

Elfennau newydd

Ochr yn ochr â'r pwyslais ar gynnal y traddodiad, mae Luc yn dwyn ein sylw at y newydd a'r annisgwyl yn yr adran hon. Ceir llu o enghreifftiau:

1. Angel a gyhoeddodd beth oedd enw'r baban i fod (2: 21 cym. 1: 31). Cafodd hynny flaenoriaeth ar unrhyw draddodiad teuluol. Gwelir arwyddocâd yr enw pan gofir bod 'Iesu' yn tarddu o'r ffurf Groeg ar yr enw Hebraeg 'Josua' a olygai 'Yr Arglwydd sy'n gwaredu'. Adeg yr exodus Josua a waredodd y genedl o'i chrwydriadau yn yr anialwch a'i harwain drwy'r Iorddonen i wlad yr addewid (Josua 3).

2. Ac yntau'n 'ddyn cyfiawn a duwiol', yn gynnyrch gorau'r traddodiad crefyddol, nid oedd Simeon yn ymfodloni ar y gynhysgaeth honno. Fe'i nodweddid gan anniddigrwydd a dyhead wrth ddisgwyl am 'ddiddanwch Israel' (2: 25). Ymadrodd oedd hwn a adleisiai addewid Eseia a gychwynnodd â'r geiriau, 'Cysurwch, cysurwch fy mhobl' (Eseia 40: 1). Er ei fod yn hyddysg yn hanes a thraddodiadau Israel, edrych ymlaen, yn hytrach nag edrych yn ôl, a wnâi Simeon. Gwyddai fod y profiad gorau i ddigwydd yn y dyfodol.

3. Yn ôl Luc, gweithgarwch yr Ysbryd Glân oedd yn gyfrifol am y digwyddiad annisgwyl hwn. Creu disgwylgarwch am bosibiliadau newydd, ac agor llygaid pobl fel Simeon i'r digwyddiadau dwyfol hynny a wnâi'r Ysbryd Glân. Er ei fod ar waith yn meithrin cymeriadau 'cyfiawn a duwiol' y tu mewn i'r cylch crefyddol, ni adawai'r Ysbryd Glân iddynt ymfodloni ar y cynefin; creu awch am gael 'gweld Meseia'r Arglwydd' (2: 26), am gael gweld addewid o'r ddynoliaeth wedi'i heneinio gan Ysbryd Duw a wnâi'r Ysbryd Glân.

4. Fe gafodd Simeon weld yr hyn yr oedd cenedlaethau o Iddewon duwiol wedi ysu am gael ei weld — 'y mae fy llygaid wedi gweld dy iachawdwriaeth' (2: 30). Fe'i hysgogwyd i farddoni gan y profiad hwn.

Daeth ei gerdd, y 'Nunc Dimittis' (2: 29-32) yn un o drysorau addoliad yr eglwys. Hyd heddiw, er enghraifft, fe'i cynhwysir yn Hwyrol Weddi yr Eglwys yng Nghymru yn unol â thraddodiad sy'n mynd yn ôl i'r bumed ganrif.

5. Mewn baban, nid mewn byddin, y gwelodd Simeon 'weithred waredigol' a iachusol Duw. I ryddhau'r genedl fach, gwnaeth Duw ei hun yn fach, gan ymuniaethau â'r gwan. Fe drawodd y gwirionedd hwn dant yng nghalon y Cymro ar hyd yr oesoedd; gwelir hynny'n amlwg yn *Nadolig y Beirdd* (golygydd Alan Llwyd). Meddai O. M. Lloyd, er enghraifft,

> Nadolig, ymgnawdolodd—Duw y nef;
> Â'n byd ni ymwelodd,
> A Mair yma a'i rhwymodd
> Mewn cadach yn fach o'i fodd. (t.16)

Pan welodd Simeon iachawdwriaeth Duw gweld Iesu a wnaeth. Ynddo ef yr oedd addewid iachawdwriaeth i'r byd.

6. Er mor ddwfn oedd gwreiddiau Simeon yn y traddodiad Iddewig, ni chyfyngwyd ei orwelion gan ffiniau'r genedl na'r grefydd honno. Gwelodd fod a wnelo genedigaeth Iesu â'r 'holl bobloedd'; byddai'n tynnu ymaith y cen o dywyllwch a orchuddiai'r Cenhedloedd (Eseia 60: 1-2), gan alluogi gogoniant Israel i gyrraedd ei anterth wrth iddo dywynnu trwy'r holl fyd (2: 31-32). Yng ngeiriau Stephen Farris, 'Mae'r iachawdwriaeth y mae Simeon yn ei dal yn ei freichiau yn oleuni i'r Cenhedloedd yn ogystal â bod yn ogoniant i bobl Dduw, sef Israel' (t.150).

7. Troes ymgais i gynnal traddodiad yn achlysur 'rhyfeddu' i Mair a Joseff (2: 33). Yn hytrach na'u bod hwy yn cyflwyno Iesu i Dduw, gwelsant Dduw yn ymgyrraedd atynt hwy trwy freichiau a geiriau Simeon. Cysgodwyd y cyflwyno dynol gan y croeso dwyfol. Yr oedd y cyfan yn llaw Duw; dyna'r wyrth a fynnai Luc i ni i'w chofio.

8. Am fod y cyfan yn llaw Duw, roedd sioc arall ar fin cael ei dadlennu: trwy wrthdaro a dioddef y deuai 'diddanwch Israel' ac iachawdwriaeth yr holl bobloedd. Byddai'r gwir oleuni yn dadlennu meddyliau cudd y galon ac ni châi Mair, 'yr un y rhoddodd Duw ei ffafr iddi' (1: 28), osgoi'r ing eithaf. Rhagwelodd y proffwyd egwyddor bywyd-trwy-farwolaeth pan ddatguddiwyd iddo mai Iesu oedd ffordd Duw i waredu'r byd. Crynhowyd hanfod chwyldroadol efengyl gras a barn yn y geiriau proffwydol hyn (2: 34-35).

9. Ategwyd proffwydoliaeth Simeon o enau un a wybu loes angau a min gweddwdod yn ei henaid hithau. O'i hunigrwydd oedrannus gwelai Anna addewid cychwyn newydd i'w phobl yn y plentyn hwn (2: 38). Fe'i galluogwyd hi i addoli Duw a gweddïo ddydd a nos rhwng muriau'r deml a'i chwlt ffurfiol.

10. Nid arddelai'r rabiniaid fwy na saith proffwydes yn holl hanes Israel. Wele broffwydes newydd yn tystiolaethu yn Jerwsalem nawr.

Diddorol yw sylwi, mewn adran sy'n cynnwys cyfres o hanesion a glymwyd ynghyd gan linyn traddodiad ac arferion crefyddol, na allai Luc osgoi nodi dwywaith cymaint o brofiadau sy'n dynodi bod y newydd ar waith yng nghanol yr hen, yn ei weddnewid — ac yn ei ddisodli?

TRAFOD

1. Beth yw gwerth yr hen draddodiadau crefyddol yn ein meithriniad fel pobl Dduw?
2. Pa mor bwysig yw hi i fod yn agored i elfennau newydd yn y modd y datguddia Duw ei hunan a'i bwrpas i ni? Rhowch enghreifftiau o hyn yn digwydd yn eich profiad chi, ac ym mywyd yr eglwys yn lleol ac mewn mannau eraill heddiw.
3. Pan fo Duw ar waith, disodli ynteu trawsffurfio'r hen a'r traddodiadol yw ei nod?
4. Nid troi cefn ar yr hen safleoedd paganaidd a wnaeth yr Eglwys Geltaidd ond eu Cristioneiddio. Beth mae hyn yn ei awgrymu i ni heddiw?

Pennod 9

MAB CARTREFOL

Darllen: Luc 2: 41-52

Dolen yw'r stori hon rhwng yr hanesion am ragfynegi a geni Ioan ac Iesu a'r hanesion am eu gweinidogaeth, sy'n cychwyn ar ddechrau'r drydedd bennod. Wrth ddarllen Luc 1-2 ni ellir llai na synhwyro dwy nant yn ymlwybro tua'r Iorddonen gan agor ffrwd o bosibiliadau newydd i'r genedl Iddewig a'r holl bobloedd yn sgîl hynny. Ar ôl cychwyn gyda thraddodiadau Israel ac ymyrraeth annisgwyl Duw, mae'r hanes yn bwrw ymlaen gyda chyhoeddi rhywbeth pwysicach: geni Iesu. Cysgodir stori Ioan gan enedigaeth Iesu a'r hanesion rhyfeddol am angylion, bugeiliaid a phroffwydi yn dehongli ei eni fel digwyddiad eschatolegol, a fyddai'n effeithio ar dynged y byd a'i bobl. Codir cwr y llen ar ddirgelwch yr Iesu hwn, fel rhagarweiniad i'w weinidogaeth, trwy nodi ei berthynas arbennig â Duw, yn yr adran hon (2: 41-52). Llwyddir i wneud hyn mewn ffordd gartrefol trwy ddisgrifio profiadau teuluol y bachgen Iesu — ei brofiadau fel aelod o deulu daearol a nefol. Mae hyn yn profi pa mor sylfaenol yw bywyd cartref a theulu i Luc; rhydd enghreifftiau o'i werth ym mywyd Iesu yn yr adran hon.

Lle i dyfu ynddo yw cartref

Trwy nodi droeon bod Iesu yn 'tyfu' a 'chynyddu' (2: 40, 52) mynnai Luc bwysleisio bod Mab Duw wedi'i eni yn ddyn go iawn. Ni allai pawb stumogi'r maentumio Cristnogol bod Duw wedi ymgnawdoli mor llwyr â hyn. Awgrymodd Marcion, er enghraifft, fod Crist wedi ymddangos ym Mhalesteina yn ei lawn faintioli. Gwrthodir hyn yn unfrydol gan ysgrifenwyr Beiblaidd. Iddynt hwy gogoniant Duw yw ei fod yn medru gweddnewid cyflwr dyn trwy rannu'r cyflwr hwnnw. 'Felly, gan fod y plant yn cydgyfranogi o'r un cig a gwaed, y mae yntau, mewn dull cyffelyb wedi cyfranogi o'r cig a gwaed hwnnw' (Heb. 2: 10-18), er mwyn iddo fyw'r bywyd dwyfol dan amodau cyfyng y meidrol, gan brofi bod tyfiant a chynnydd, ehangder a mawredd yn bosibl hyd yn oed yn yr amgylchiadau hynny.

Mae derbyn hyn yn efengyl i bob un ohonom ni. Nid yn y mawr a'r athrylithgar yn unig y gellir disgwyl gweld sancteiddrwydd. Mae Ysbryd Iesu Grist ar waith yn y plentyn a'r cyntefig, yr afiach a'r anabl, yn peri cynnydd mewn sancteiddrwydd. 'Canys yr hwn sydd yn sancteiddio a'r rhai sy'n cael eu sancteiddio, o'r un cyff y maent oll' (Heb. 2: 11). Er mai corachod ydym, rydym o'r un cyff â'r bachgen Iesu, sy'n cynnig tyfu'n fwyfwy ynom ni, trwy ei Ysbryd Glân.

Lle i dyfu'n gorfforol yw cartref

Er iddo gael ei eni mewn amgylchiadau truenus 'a'i osod mewn preseb' (2: 7) o bob man, fe sylwodd Luc fod Iesu wedi tyfu'n naturiol iach. Fel plentyn roedd 'yn tyfu yn gryf' (2: 40), a cheir cipolwg ar afiaith y bachgen deuddeng mlwydd oed yn nhyb ei rieni ei fod ar ei ffordd adref yng nghwmni cyffrous y garafan. Roedd hi'n daith o 65 milltir neu ragor o Jerwsalem i ffiniau Galilea; mae'n rhaid ei fod yn gryf i wynebu'r siwrnai honno ar ôl ei throedio'r holl ffordd rhyw wythnos ynghynt.

Trwy nodi bod Iesu yn dal i gynyddu mewn maintioli ar ôl dychwelyd i Nasareth, roedd Luc am gyfleu bod Iesu wedi tyfu yn ŵr ifanc golygus. Yn ei farn ef, fel yna y dylai hi fod. Croes i ewyllys Duw yw'r tlodi sy'n difa ffon fara teuluoedd a'r diffyg maeth corfforol a ddaw yn sgîl hynny. Dagrau pethau heddiw, hyd yn oed mewn gwledydd cyfoethog, yw gweld pobl ifainc yn dihoeni oherwydd diweithdra. Fel mab y saer roedd Iesu yn llanc cyhyrog, egnïol, yn cael boddhad o weld ffrwyth diwrnod o waith:

Cadeiriau bregus, byrddau'r fro
A ddygid beunydd ato Fo;
Teganau plant ac offer gwlad
I'w trwsio ganddo yn siop ei dad.

Adferai yntau yn ddi-wall,
Ei fraich i'r naill, ei goes i'r llall;
Trwsio, cyfanu a chryfhau
Â'r hoelion llym y celfi brau.

(I. D. Hooson, *Y Gwin,* t.43)

Nid rhyw 'Grist pansi' (chwedl Meirion Evans) mo'r Artisan o Nasareth. Roedd ei gartref yn lle iddo dyfu a chryfhau'n gorfforol a meddyliol.

Lle i dyfu'n feddyliol yw'r cartref

Dan anogaeth ei rieni roedd hi'n amlwg fod Iesu wedi mynd i'r ysgol yn y synagog leol. Yn yr ysgol honno cawsai'r rhodd orau y gall unrhyw sefydliad addysgol ei roi i blentyn: yr awch i ddysgu rhagor. Nid mynd i Jerwsalem fel llanc ifanc hollwybodol i ddweud y drefn wrth brif athrawon Israel a wnaeth, ond mynd yno i ddysgu mwy am draddodiadau ei genedl a'i hadnabyddiaeth o Dduw.

Yn 2: 46 ceir darlun byw o ddull yr Iddewon o addysgu. Nid dibynnu ar arbenigwyr yn darlithio am awr, neu bregethwr yn traethu o bulpud a wnaent. Yn hytrach, eisteddent ar lawr mewn cylch, gyda phob un o bob oed yn chwilio am y gwirionedd ar y cyd. Yn ogystal â gwrando arnynt, cafodd y bachgen deuddeng mlwydd oed gyfle i holi cwestiynau, ac roedd yr oedolion a'r athrawon yn barod i wrando ar ei atebion a'i ddatganiadau yntau, gan ryfeddu at ba mor ddeallus oeddent. Gwerth deialog fel hyn yw annog pobl i feddwl drostynt eu hunain. Pan ddigwydd hynny mae'r gwirioneddau sy'n eu taro yn berthnasol am eu bod yn perthyn iddynt hwy yn eu sefyllfa arbennig hwy. Hyrwyddo hyn a wnaeth Iesu yn ei weinidogaeth gyhoeddus: adrodd stori a gadael i'r gwrandawyr ddarganfod ei hergyd a'i harwyddocâd drostynt eu hunain, a hynny'n arwain at ddeialog ag yntau, neu drafodaeth ymhlith ei gilydd. Dyna'r dull a fabwysiadwyd gan yr eglwys heddiw ymhlith cymunedau lluosog gwerin De America, lle daw'r gwirioneddau Beiblaidd a dwyfol yn ysbrydiaeth iddynt yn eu hymdrechion o ddydd i ddydd, yn hytrach na bod yn athrawiaethau moel difywyd. Pan fo pawb yn agored i dderbyn goleuni newydd diflanna'r bwlch rhwng yr henoed a'r 'bobl ifainc'. Gogoniant yr ifainc yw eu bod yn holi cwestiynau. I'r graddau y deil yr oedolion i wrando ar eu cwestiynau a rhannu yn eu hymchwil am y gwirionedd, cedwir eu diddordeb yn fyw. Nid oedd bwlch rhwng y bachgen ifanc a'r oedolion yn y deml; cawsant hwyl anfarwol ar drafod ynghyd am dridau o leiaf. Onid oes angen adfer gwefr tyfu'n feddyliol yn ein heglwysi a'n cartrefi ni? Gallasai hynny chwythu anadl newydd i esgyrn sychion ein sefydliadau crefyddol ni.

Lle i dyfu'n grefyddol yw cartref

Dro ar ôl tro fe bwysleisiodd Luc fod Mair a Joseff wedi cydymffurfio ag arferion crefyddol eu cenedl (2: 22, 24, 27, 39). Bob blwyddyn byddent yn teithio i Jerwsalem i ddathlu gŵyl y Pasg, er nad oedd hi'n orfodol i'r gwragedd fynychu'r ŵyl honno. Cafodd Iesu ei drwytho yn y traddodiadau crefyddol hyn. Mae'n bosibl ei fod wedi mynd gyda'i rieni pan oedd yn ddeuddeng mlwydd oed i gymryd iau y Gyfraith Iddewig ar ei ysgwyddau ei hun yn ffurfiol. Defod bwysig oedd hon pan ddeuai bachgen yn 'fab y Gyfraith' (*bar mitzvah*), gan dderbyn cyfrifoldeb personol am gynnal a chadw holl ofynion y Gyfraith yr oedd ei rieni wedi ymrwymo iddynt ar ei ran pan enwaedwyd arno.

Myn rhai esbonwyr na chaniateid i neb ddod yn 'fab y Gyfraith' nes iddo gyrraedd tair ar ddeg mlwydd oed. Os yw hynny'n ffaith, dengys cymaint oedd gofal rhieni Iesu yn sicrhau ei fod yn cael cyfle i weld ymlaen llaw beth fyddai'n digwydd iddo ymhen blwyddyn. Byddai hyn yn ei alluogi i ymbaratoi ar gyfer derbyn ei gyfrifoldeb crefyddol a hanesyddol.

Coffáu'r exodus o'r Aifft a wnâi gŵyl y Pasg, ac yr oedd mynd ar daith mor bell yn gyfle i Iesu gael profiad a fyddai'n adleisio rhywfaint o brofiad ei genedl ar ei phererindod o dir ei chaethiwed i ryddid gwlad yr addewid. Y fath wefr oedd gadael strydoedd tywyll a chul Nasareth a mwynhau eangderau'r wlad ar y ffordd i'r ddinas sanctaidd. Doedd ryfedd fod Iesu wedi cyfeirio ato'i hun fel y ffordd, y ffordd o gaethiwed a thywyllwch i'r gwirionedd a'r bywyd.

Bu mynd ar bererindod yn un o nodweddion ein bywyd crefyddol yng Nghymru. Nid yn ystod y cyfnod Celtaidd a'r Oesoedd Canol, ond hyd yn oed yn ein dyddiau ni ailddarganfuwyd gwerth pererindota i Bantycelyn, i Ddolwar Fach, i Enlli ac i leoedd cysegredig eraill. Mentrodd ein pobl ifainc cyn belled ag Iona a Taizé a chael profiadau ysbrydol a'u cododd o rigolau'r bywyd crefyddol. Er pwysiced oedd y rhigolau crefyddol yn natblygiad Iesu, ni chafodd ei gyfyngu ganddynt. Fe aeth y torfeydd adref o ŵyl y Pasg ar ôl 'cadw ei dyddiau yn gyflawn', ond roedd rhywbeth pwysicach na chydymffurfio â'r drefn grefyddol i Iesu — cael profiad byw o Dduw fel ei Dad.

Lle i dyfu'n ysbrydol yw cartref

Cariad a gofal oedd rhai o brif nodweddion cartref Iesu. Prawf o hyn oedd y pryder hyd at banig a feddiannodd galon ei rieni o ddarganfod ei fod ar goll. Er ei bod hi'n gandryll, clywir anwyldeb yn llais Mair wrth iddi ei gyfarch fel 'Fy mhlentyn' (2: 48). Roedd Luc wedi bod yn ofalus i ddisgrifio Iesu fel 'bachgen' (2: 43), nid fel 'plentyn', ond roedd Mair am ei anwylo, er gwaetha'r dryswch, â'r cyfarchiad bachigol. Prawf o'i gofal hefyd oedd ei pharodrwydd i ddweud y drefn. Arwydd o ddifaterwch yw diffyg disgyblaeth yn y cartref. Gwell gan blant dderbyn disgyblaeth na chael eu hanwybyddu. Fodd bynnag, nid oedd y ddisgyblaeth yng nghartref Iesu yn tanseilio'r berthynas gariadus. Er mai llys-dad oedd Joseff, roedd Iesu mae'n amlwg yn ei gyfrif fel ei dad daearol. Bu'n ufudd iddo yntau, yn ogystal â'i fam, yn eu cartref yn Nasareth (2: 51). Y deyrnged eithaf a dalodd Iesu i Joseff oedd defnyddio ei berthynas ag ef fel drych daearol o'i berthynas â Duw. Bron yn ddieithriad cyfarchai Iesu'r duwdod fel 'Abba', 'Dad'. Pan soniodd Mair am ei phryder hi a'i 'dad' (2: 48) fe afaelodd y bachgen Iesu yn y gair hwnnw a holi, 'Onid oeddech yn gwybod mai yn nhŷ fy *Nhad* y mae'n rhaid i mi fod?' Trwy ei brofiad o ofal a chariad ei dad yn ei gartref, roedd Iesu wedi cael cipolwg ar ofal a chariad Duw. Wrth geisio cyfleu ei brofiad o Dduw ni allai feddwl am well dull na chyfeirio ato fel Tad. Roedd wedi torri drwy blisgyn crefyddol y deml a'i thraddodiadau gan ddod wyneb yn wyneb â Duw fel tad. Disodlwyd crefyddolder gan brofiad ysbrydol, y profiad o adnabod Duw — fel Tad. Pa ryfedd ei fod mor gartrefol yn y deml; synhwyrai ei fod yng ngŵydd ei Dad nefol. Dyma benllanw ei brofiad ysbrydol, oherwydd bellach medrai fyw nid fel 'mab y Gyfraith' yn unig ond fel 'Mab Duw'. Ei genhadaeth fyddai galluogi eraill i fyw fel meibion a merched i Dduw, y Tad.

Lle i dyfu'n gymdeithasol yw'r cartref

Yn ogystal ag ymglywed â gofal a chariad ei rieni yn y cartref, roedd Iesu wedi profi rhadlonrwydd Duw (2: 40). O ganlyniad enynnwyd ynddo yntau y rhadlonrwydd a'r cyfeillgarwch hynny a ddenai eraill ato. Bwrlwm o lawenydd a drawai gyfoeswyr Iesu wrth ei gyfarfod. Ac yntau'n wynebu'r groes cynigiodd ei lawenydd i'w gymdeithion (Ioan 15: 11). Wrth ddweud bod 'ffafr Duw arno', roedd Luc am gyfleu ei fod yn berson charismataidd.

Ffrwyth y graslonrwydd rhadlon hwn oedd ennyn ymateb cyfeillgar ei gyfoedion (2: 52). Am eu bod yn gwybod am yr elfen gymdeithasol yn ei gymeriad, a oedd wedi sicrhau bod ganddo ddigon o ffrindiau, nid oedd ei rieni'n poeni gormod i ddechrau pan aeth ar goll. Roeddent yn 'tybio ei fod gyda'u cyd-deithwyr' (2: 44). Mor hyfryd yw'r darlun hwn o'r perthnasau a'r cydnabod yn cyd-deithio yn un criw mawr. Yn yr awyrgylch gymdogol, gymdeithasol hon y maged Iesu, a'i nod ar hyd ei weinidogaeth oedd meithrin cymdeithas ddofn rhyngddo ef a'i ddisgyblion. Y gymdeithas hon, nid dogfen ysgrifenedig, oedd yr unig beth a adawodd Iesu ar ôl ei weinidogaeth ddaearol. Cawsai ragflas o hyn yn ei gartref yn Nasareth. Er iddo golli'r cyd-deithio ar y ffordd adref oherwydd gwefr ei brofiad ysbrydol yn y deml, ni pharodd y profiad hwnnw iddo dorri cysylltiad â'i berthnasau a'i gydnabod. Yn hytrach dyfnhau ei berthynas a'i deulu ac ag eraill oedd ffrwyth ei berthynas bersonol â Duw (2: 51, 52). Fe welodd Gwenallt Jones arwyddocâd pellgyrhaeddol y teulu hwn:

Y teulu gwerinol hwn a dry bob teulu yn debyg iddo;
Troi'r awtomaton yn berson; rhoi ffrwyn ar war y Lefiathan;
Gyrru'r llongau-awyr yn llinynnau cyflym
Cyfiawnder a chydweithrediad rhwng gwledydd y byd;
Codi'r helicopteri yn llawn trugaredd a heddwch;
A throi'r ynnu atomig i wella cancr a'r clefydau
A'i yrru ar hyd sianelau daioni a chariad:
Bydd delw'r teulu ar ddiwylliant radio a theledu
A bydd cymdeithas dyn yn gysgod o gymun Ei gorff.

(*Gwreiddiau*, tt. 85-86)

TRAFOD

1. O gofio pa mor bwysig yw bywyd y teulu a'r cartref i Luc, sut y gellir gwarchod a chryfhau bywyd ein cartrefi a'n teuluoedd heddiw?
2. Sut y gallwn ni hyrwyddo tyfiant corfforol, meddyliol, crefyddol, ysbrydol a chymdeithasol mewn cartrefi heddiw gan gofio bod hyn yn rhan o'n cenhadaeth Gristnogol?
3. Ym mha ffordd y gallwn ni gefnogi mudiadau fel *Shelter* a Chymdeithas y Plant sy'n ceisio cynorthwyo teuluoedd sy'n ei chael hi'n anodd heddiw?
4. Trafodwch y gwahaniaeth rhwng gwybod am Dduw ac adnabod Duw. Fel pwy yr oedd Iesu'n adnabod Duw?

Pennod 10

DECHRAU NEWYDD

Darllen: Luc 3: 1-20

Mae rhywbeth mawr ar ddigwydd. Cyfleu hynny oedd amcan Luc yn yr adran hon. Er mor frawychus oedd y digwyddiad hwn, roedd yn 'newydd da', yn efengyl i'r bobl (3: 18).

Yr efengyl yn ôl Ioan Fedyddiwr

Beth oedd y newydd da hwn? Dyfodiad yr 'un cryfach' meddai Ioan Fedyddiwr. Rhagoriaeth hwn oedd ei fod yn medru cyflawni yr hyn yr oedd Ioan wedi'i fygwth. Byddai hwn yn dod fel barnwr nerthol i wahanu rhwng y drwg a'r da. Fe gâi'r drwg ei losgi â thân anniffoddadwy (cym. Dat. 18: 8). Cedwid y da fel grawn mewn ysgubor (3: 17). Roedd hyn ar ddigwydd. Gwyddai Ioan am fod gair gweithredol Duw wedi'i daro yn yr anialwch (3: 2). Yn llinach proffwydi'r Hen Destament yr oedd 'gair Duw' wedi dod atynt, fe ragfynegodd Ioan y pethau a oedd ar fin digwydd am fod Duw ar waith. Gwireddwyd ei eiriau. Pan oedd yr holl bobl yn cael eu bedyddio gan Ioan fe ddaeth Iesu. Agorwyd y nef. Disgynnodd yr Ysbryd Glân. Gwelwyd cychwyn newydd yn hanes y ddynoliaeth yng Nghrist, Mab Duw, a eneiniwyd â'r Ysbryd Glân yn ein cnawd marwol ni.

Beth oedd swyddogaeth Ioan? Ei gyfrifoldeb penodol ef oedd paratoi'r ffordd ar gyfer dyfodiad y Crist, y Meseia. Er i hwn ddod 'ni dderbyniodd ei bobl ei hun mohono. Ond cynifer ag a'i derbyniodd . . .' (Ioan 1: 11-12). Cyfraniad Ioan Fedyddiwr oedd sicrhau bod cynifer wedi'i dderbyn. Sut aeth Ioan ati i baratoi'r bobl i dderbyn yr 'un cryfach'?

Defod

Yn unol â thraddodiad y proffwydi rhoes Ioan gyfle i bobl gyflawni gweithred symbolaidd. Aeth drwy'r fro o gwmpas afon Iorddonen 'gan gyhoeddi bedydd'. Nid oedd bedydd yn ddieithr i'r Iddewon. Mae'n debyg fod bedydd yn rhan o'r ddefod pan gâi proselyt o blith y Cenhedloedd ei dderbyn i'r ffydd Iddewig. Golygai'r trochi â dŵr bod yr aflendid estronol yn cael ei olchi ymaith. Arbenigrwydd defod Ioan oedd ei fod wedi'i anelu at gyflwr yr Iddew. Beth oedd arwyddocâd bedydd Ioan felly? Fe gyhoeddodd Ioan 'fedydd edifeirwch yn foddion maddeuant pechodau' (3: 3). Gan fod pawb, boed Iddew neu genedl-ddyn wedi pechu, ni allai'r Iddew ymguddio dan gysgod ei dras, fel un o ddisgynyddion Abraham. Roedd pawb fel ei gilydd yn wynebu barn gyfiawn Duw. Wyneb yn wyneb â'i ddyfodiad ef, beth oedd yr unig ymateb posibl? Edifarhau. Newid cyfeiriad. Beth fyddai canlyniad hyn? Rhyddhad o afael pechodau'r gorffennol, cefnu ar yr hyn a fu, gan wynebu dyfodol newydd, dyfodol Meseianaidd, dyfodiad y Crist. Wrth edrych i'r dyfodol nid rhyw ddelfryd economaidd neu wleidyddol a ddisgwyliai'r bobl hyn, ond person, person yn llawn o'r Ysbryd Glân, Eneiniog Duw, a fyddai'n eu bedyddio a'u hydreiddio hwy â'r un Ysbryd dwyfol (3: 15-16). I brofi eu bod yn barod i dderbyn y bedydd hwn pan ddeuai fe'u bedyddiwyd â dŵr gan Ioan. Roedd hi'n ddefod effeithiol.

Buchedd

Pa dystiolaeth oedd yna bod hon yn ddefod effeithiol? Rhaid wrth fuchedd oedd yn adlewyrchu 'bedydd edifeirwch yn foddion maddeuant pechodau'. Nid digon defod heb fuchedd feunyddiol i gyfateb â hi, meddai Ioan. Doedd ryfedd fod y tyrfaoedd yn gofyn iddo, 'Beth a wnawn ni felly?' (3: 10). Rhoes Ioan gynghorion cwbl ymarferol iddynt, yn unol â thraddodiadau gorau'r genedl. Dau ddyletswydd a bwysleisid yn arbennig gan y grefydd Iddewig oedd dilladu'r tlawd a bwydo'r anghenus (Job 31: 17-20; Tobit 1: 16-17).

Diddorol yw sylwi nad oedd 'cyhoeddi' Ioan ymhell o gyrraedd pobl fel casglwyr trethi a milwyr. I'r rhelyw o'r gymdeithas roedd y casglwyr trethi yn wrthodedig. Y dull Rhufeinig o drethu oedd rhoi'r hawl i'r person a gynigiai fwyaf i gasglu'r trethi. Byddai ef wedyn yn gosod lefel y dreth yn ddigon uchel i sicrhau'r swm a addawsai i'r awdurdodau ac elw iddo ef ei hun. Casglai ef yr arian gyda chymorth rhwydwaith o gynrychiolwyr o blith y brodorion; dyma'r 'casglwyr trethi' y cyfeirir atynt yn yr efengylau cyfolwg. Tueddent hwythau yn eu tro i elwa ar gorn y trethi. Oherwydd hyn caent eu ffieiddio gan yr Iddewon ar ddau gyfrif: cynrychiolent awdurdod llywodraeth estronol ar Israel a thueddent i fynnu mwy o dreth na'r swm a bennwyd. Gwyddai Ioan am y temtasiwn hwn a dywedodd heb flewyn ar ei dafod wrth y casglwyr trethi, 'Peidiwch â mynnu dim mwy na'r swm a bennwyd ichwi' (3: 13).

Ni wyddys yn hollol pwy oedd y 'dynion ar wasanaeth milwrol' a ddaeth at Ioan. Go brin mai aelodau o'r fyddin Rufeinig oeddent. Cynigiodd A. Plummer (t.92) mai gwŷr yn cael eu cyflogi i gynorthwyo'r casglwyr trethi i gyflawni eu gwaith oeddent. Ond yr awgrym mwyaf tebygol yw mai Iddewon oeddent a gyflogid ym myddin Herod Antipas. Cyflog go brin a gaent yn ôl pob golwg, ac fe geir yr union air am 'ysbeilio trwy drais' mewn papurfrwyn cynnar yn cyfeirio at filwr. Cyngor Ioan iddynt felly oedd, 'Peidiwch ag ysbeilio neb trwy drais neu gam-gyhuddiad, ond byddwch fodlon ar eich cyflog' (3: 14), gan eu hannog i gadw at y Deg Gorchymyn. Os oedd y cynghorion yn adnod 11 yn cyfeirio at ddyletswyddau Iddewig a'r adnodau hyn yn adleisio'r Dengair Deddf, mae'n werth nodi bod y ddeubeth yn cyd-ddigwydd yn aml yn y traddodiad Iddewig gydag Abraham yn cael amlygrwydd fel enghraifft o un a oedd yn ymarfer hyn oll. Gellid dadlau wedyn bod Ioan yn cymell ei wrandawyr i fod yn blant i Abraham o ddifrif.

Dechrau

Er pwysiced cyfraniad Ioan, paratoi'r ffordd oedd ei swyddogaeth ef. Fel dechrau'r Efengyl y disgrifiodd Marc ei gyfraniad ef (1: 1). Medrai Ioan annog y bobl i fod yn blant i Abraham ond nid ef a'u galluogodd i ddod yn 'blant Duw' (Ioan 1: 12-13). Llai radical o lawer oedd ei ddysgeidiaeth ef na'r 'un cryfach' a ddaeth cyn pen dim. Rhannu â dyn heb yr un crys oedd cyfarwyddyd Ioan tra mynnai Iesu, 'pan fydd dyn yn cymryd dy fantell, paid â'i rwystro rhag cymryd dy grys hefyd. Rho i bawb sy'n gofyn gennyt, ac os bydd rhywun yn cymryd dy eiddo, paid â gofyn amdano'n ôl' (6: 29-30). Anogodd Ioan y casglwyr trethi i weithredu'n gyfiawn, ond ni fynegodd unrhyw farn ynghylch hawl y Rhufeiniaid i drethu ei gydwladwyr. Pan holodd ysbïwyr Iddewig i Iesu, 'A yw'n gyfreithlon inni dalu trethi i Gesar, ai nid yw?' fe welodd ef eu hystryw. Serch hynny, datganodd yn ddi-dderbyn-wyneb, 'talwch bethau Cesar i Gesar', gan ychwanegu, 'a phethau Duw i Dduw' (20: 25). Ni olygai hyn ei fod yn daeogaidd yn ei agwedd tuag at yr awdurdodau Rhufeinig. Torrodd grib Pontius Pilat, 'Ni fyddai gennyt ddim awdurdod arnaf fi oni bai ei fod wedi ei roi iti oddi uchod' (Ioan 19: 11).

Yn ei ymwneud â'r dynion ar wasanaeth milwrol nid yw Ioan yn holi a oes lle i wasanaeth milwrol wrth baratoi ar gyfer dyfodiad yr 'un cryfach'. Llawer mwy herfeiddiol yw geiriau Iesu wrth y rhai sy'n gwrando arno: 'carwch eich gelynion, gwnewch dda i'r rhai sy'n eich casáu' (6: 27).

Dechrau'r efengyl oedd dyfodiad Ioan Fedyddiwr. Cyflwynodd Luc ei fedydd fel toriad gwawr dydd yr Arglwydd. Gyda dyfodiad Iesu y deuai'r efengyl yn ei chyfanrwydd, ond cyfraniad Ioan oedd dangos bod modd i bobl o bob gradd ymbaratoi i'w groesawu trwy'r modd y byddent yn byw eu buchedd o ddydd i ddydd a thrwy ymgyflwyno i ffordd newydd mewn defod benodol. Roedd angen y naill a'r llall, y ddefod a'r dyddiol, y crefyddol a'r cyffredinol. Trwy ddwyn y ddeubeth hyn ynghyd yr oedd lle yn cael ei greu i'r bywyd newydd hwnnw 'o Dduw', bywyd Iesu Grist ei hun. Agorwyd y nef ac fe welodd y bobl hyn Iesu o Nasareth yn cael ei eneinio â'r Ysbryd Glân a'i arddel fel Mab Duw. Ynddo ef yr oedd y posibilrwydd y gallent fod yn blant i Dduw yn ymagor iddynt hwy.

Y ddynolryw oll

Roedd hyn yn efengyl i'r holl fyd. Wrth annerch y Brenin Agripa fe bwysleisiodd Paul, 'nid mewn rhyw gongl y gwnaed hyn' (Actau 26: 26).

Bu Luc yn arloesi'r ffordd ar gyfer y pwyslais pellgyrhaeddol hwn o'r cychwyn. O'r holl efengylwyr a fu'n dyfynnu o Eseia 40 i egluro swyddogaeth Ioan, Luc yn unig a barhaodd y dyfyniad hyd at yr addewid, 'a bydd y ddynolryw oll yn gweld iachawdwriaeth Duw' (3: 6 cym. Eseia 40: 5). Dyna pam y gosododd alwad Ioan yng nghyd-destun gwleidyddol a chrefyddol ei ddydd. Trwy gyfeirio at Tiberius Cesar fe ddangosodd Luc fod a wnelo'r digwyddiad hwn â Rhufain ac â phencadlys llywodraeth ei ddydd. Erbyn diwedd ei ail gyfrol medrai Luc ddatgan bod Paul yn 'dysgu am yr Arglwydd Iesu Grist yn gwbl agored' — yn Rhufain (Actau 28: 31). Gellir dyddio'r 'bymthegfed flwyddyn o deyrnasiad Tiberius' rywdro rhwng 27 a 29 oed Crist. Ni ellir bod yn sicr pa un ai'r dull Rhufeinig ynteu'r dull Iddewig o gyfrif y blynyddoedd a fabwysiadodd Luc.

Yn nesaf fe gyfeiriodd Luc at y sefyllfa wleidyddol ym Mhalesteina ar y pryd. Pontius Pilat oedd cynrychiolydd yr ymerawdwr yn nhalaith Jwdea. Bu'n llywodraethwr yno o 26 O.C. hyd tua 36 O.C. Mab i Herod Fawr oedd Herod Antipas, a gweithredodd fel tywysog Galilea a Peraea o 4 C.C. tan 39 O.C. pryd y cafodd ei anfon yn ddiseremoni i Lyons gan Caligula. Dan gysgod ei lywodraeth ef y treuliodd Ioan a Iesu y rhan fwyaf o'u gweinidogaeth. Ef a garcharodd Ioan Fedyddiwr yng nghaer Machaerus ar lannau'r Môr Marw oherwydd iddo feiddio'i geryddu am briodi Herodias, gwraig ei frawd (3: 19, 20). Torrodd ben Ioan maes o law i borthi dicter Herodias (9: 9 cym. Marc 6: 17-28).

Er ei fod yntau'n fab i Herod Fawr, hanner brawd oedd Philip i Herod Antipas. Llywodraethodd yn heddychlon dros diriogaeth Itwrea a Trachonitis tan ei farwolaeth yn 34 O.C. Ef a ailadeiladodd Paneas a'i enwi'n Cesarea Philipi (Marc 8: 27).

Cynhwysai Abilene rannau o Libanus a cheir arysgrif o gyfnod Tiberius yn cyfeirio at y tywysog Lysanias. Prawf o drylwyredd ymchwil Luc yw ei fod yn nodi'r ffaith hon.

I danlinellu bod yr efengyl yn cyffwrdd â bywyd y ddynoliaeth yn ei grynswth, soniodd Luc am y cefndir gwleidyddol cyn cyfeirio at gefndir crefyddol galwad Ioan gan Dduw. Er mai un archoffeiriad yn unig a weithredai ar unrhyw adeg yn Jerwsalem roedd Caiffas, yr archoffeiriad ar y pryd, yn fab-yng-nghyfraith i Annas a fu'n archoffeiriad ei hun am gyfnod. Yn ôl pob tebyg ef oedd yn dal i awdurdodi pan ddaeth ei feibion i'r swydd, a phan ddaeth Caiffas yn ddiweddarach. Dyna pam y dygwyd Iesu at Annas yn gyntaf pan gafodd y fintai afael arno yn yr ardd (Ioan 18: 13). Bu Caiaffas yn archoffeiriad o tua 18 O.C. hyd at 36 O.C. Er mai 'yn yr anialwch' yr oedd Ioan pan ddaeth gair Duw ato, nid oedd Luc am i'w ddarllenwyr dybio bod y gweithgarwch dwyfol hwn yn amherthnasol i'r sefydliad crefyddol yn Jerwsalem. Cyn dirwyn yr hanes i ben byddai Luc wedi medru dangos bod yr efengyl wedi ysgwyd y sefydliad crefyddol Iddewig i'w sail. Ar y llaw arall roedd Luc am ddangos nad oedd gair Duw yn gyfyngedig i'r gyfundrefn grefyddol swyddogol; gallai alw pobl annisgwyl mewn lle annisgwyl — yn yr anialwch hyd yn oed. Yn wir yn yr anialwch y cafodd pobl Dduw eu trawsffurfio a'u hail-greu gan air Duw yng nghyfnod Moses. Paratoi'r ffordd ar gyfer dyfodiad un mwy na Moses oedd Ioan. Byddai'r Gwaredwr yn arwain ei bobl a'i fyd i ryddid tragwyddol, 'a bydd y ddynolryw oll yn gweld iachawdwriaeth Duw' (3: 6). Sylwer felly bod Duw wedi bod wrthi'n paratoi'r ffordd i hyn ddigwydd nid yn unig trwy Ioan Fedyddiwr ond ers dyddiau Eseia, a Moses ac Abraham cyn hynny. Diwyro yw Duw yn ei bwrpas achubol i gael ei weld yng nghanol ei bobl. Gwelwyd dechrau newydd yn y broses oesol hon gyda galw Ioan a'i ymateb ef a'i gyfoeswyr.

TRAFOD

1. Pam fod angen paratoi'r ffordd ar gyfer dyfodiad yr Arglwydd? Beth sy'n rhwystro ei bresenoldeb ef rhag cael ei amlygu?
2. Sut y gellir disgwyl gweld 'ffordd yr Arglwydd' yn cael ei dadlennu (i) yn y byd gwleidyddol; (ii) yn y byd crefyddol?
3. Ymhle y mae'r 'anialwch' yn eich profiad chi? A fu Duw yn siarad â chi yno? A garech chi rannu'ch profiad â'r dosbarth/grŵp? (Gall edrych yn ôl dros wahanol gyfnodau eich bywyd pan oeddech chi'n gorfod dewis llwybr arbennig, fod yn help.)
4. Beth debygwch chi oedd cyfraniad arbennig Ioan Fedyddiwr wrth baratoi ar gyfer datguddio presenoldeb Iesu Grist?
5. A oes angen i bobl gael eu bedyddio heddiw? Pam?

Pennod 11

PROFIADAU YSBRYDOL

Darllen: Luc 3: 15-22

Rhydd 3: 21-22 gipolwg ar un o brofiadau ysbrydol mawr Iesu. Efallai mai yn ystod ei fedydd y digwyddodd hyn neu yn union ar ôl hynny. Fel Ioan nid yw Luc yn disgrifio'r bedydd fel y cyfryw. Llithra'n ddiseremoni heibio i'r achlysur hwnnw fel pe bai'n well ganddo beidio â'i grybwyll. Beth oedd yn cyfrif am hyn? Beth oedd yr anhawster tybed? Ers y cychwyn roedd yr Eglwys wedi mynnu bod Iesu'n ddibechod (Actau 3: 14; II Cor. 5: 21; 1 Pedr 1: 19; Heb. 7: 26; Ioan 8: 46). Felly pam roedd ef wedi derbyn bedydd ar law un a aeth o gwmpas 'gan gyhoeddi bedydd edifeirwch yn foddion maddeuant pechodau' (3: 3)?

Nid oedd hyn yn creu unrhyw anhawster i Marc gan ei fod ef yn tanlinellu darostyngiad Mab Duw. Gwahanol iawn yw ymdriniaeth Mathew lle'r awgrymir bod Ioan wedi ceisio rhwystro Iesu rhag cael ei fedyddio ganddo (3: 13-15). Ymgadwodd Ioan yntau rhag disgrifio'r bedydd gan bwysleisio mai cyfle Duw i amlygu pwy oedd Iesu ydoedd, er mwyn iddo ef fedru tystiolaethu i'r byd mai Mab Duw oedd hwn (1: 29-34).

Fe welodd Paul fod parodrwydd Iesu i ymuniaethu â phechaduriaid a chael ei groeshoelio gyda throseddwyr yn wir am fywyd Iesu drwyddo draw. 'Ni wybu Crist beth oedd pechu,' meddai, 'ond gwnaeth Duw ef yn un â phechod drosom ni, er mwyn i ni fod, ynddo ef, yn un â chyfiawnder Duw' (II Cor. 5: 21). Fe gyplysodd Luc y ddau wirionedd hyn wrth sylwi bod Iesu, 'ar ôl ei fedydd ef, yn gweddïo' (2: 21). Yn ei fedydd cafodd ei gyfrif 'gyda throseddwyr' (Eseia 53: 12) pan ymuniaethodd â phechaduriaid; yn ei weddi cafodd y profiad o gael ei uniaethu â Duw. Roedd hyn yn brofiad ysbrydol allweddol iddo ar sawl lefel.

Profiad mab

Ac yntau'n fachgen deuddeng mlwydd oed, roedd Iesu wedi cael y profiad o Dduw yn Dad iddo (2: 49). Yn awr daeth ochr arall y berthynas i'r amlwg. Clywodd ei Dad nefol yn ei gyfarch yntau fel ei Fab: 'Ti yw fy Mab, yr Anwylyd; ynot ti yr wyf yn ymhyfrydu' (3: 22). Er ei fod yn Fab Duw o'r cychwyn cyntaf, fe arddelwyd Iesu fel ei Fab gan y Tad yn awr. Daeth ei statws neilltuol i'r golwg fel Mab i Dduw a brenin ar yr holl genhedloedd. Cyweiriwyd addewid Duw i'r Salmydd:

> Dywedodd wrthyf, 'Fy mab wyt ti,
> myfi a'th genhedlodd di heddiw;
> gofyn, a rhoddaf iti'r cenhedloedd yn etifeddiaeth,
> ac eithafoedd daear yn eiddo iti' (Salm 2: 7-8).

Yn ogystal â chael y profiad o fod yn Fab Duw, fe gafodd Iesu achlust o natur gweinidogaeth y Mab — gweinidogaeth y Gwas dioddefus. Gellir olrhain ail hanner y cyfarchiad dwyfol i broffwydoliaethau'r Ail Eseia am was yr Arglwydd a fyddai'n barod i ddioddef, a marw hyd yn oed, o gael ei uniaethu gyda'r troseddwyr:

> Dyma fy ngwas, yr wyf yn ei gynnal,
> f'etholedig, yr wyf yn ymhyfrydu ynddo (Eseia 42: 1).

Nid gorchwyl hawdd fyddai cyflawni gweinidogaeth Mab Duw mewn byd mor elyniaethus i drefn Duw.

Profiad etifedd

I'w alluogi i gyflawni ei wasanaeth poenus a hunanaberthol, fe addawodd Duw gynnal ei Fab â'i Ysbryd ef ei hunan. Yn ôl C. F. Evans, 'Yr oedd dweud bod Iesu'n meddu ar, neu ei fod wedi ei feddiannu'n gyfan gwbl gan yr Ysbryd, yn gyfystyr â dweud bod ei fywyd a'i waith yn gwbl effeithiol, wedi eu gwreiddio yn ewyllys a bwriadau terfynol Duw, ac yn cael eu llywio yn llwyr gan rym gallu Duw' (t. 87). Gwireddwyd yr hen addewid dwyfol:

> Rhoddais fy ysbryd ynddo,
> i gyhoeddi barn i'r cenhedloedd (Eseia 42: 1).

Etifeddodd Iesu'r ysbryd hwn a'i weld fel Ysbryd Glân Duw: 'disgynnodd yr Ysbryd Glân arno mewn ffurf gorfforol fel colomen' (3: 22). Trwy ychwanegu'r geiriau 'mewn ffurf gorfforol' ceisiai Luc bwysleisio bod yr Ysbryd Glân wedi cyffwrdd â Iesu yn llythrennol. Nid rhyw syniad ysbrydol mo disgyniad yr Ysbryd Glân 'arno', ond profiad go iawn, profiad a fyddai'n cyfeirio ac yn nerthu ei fywyd corfforol ar hyd llwybr dioddefaint, trwy borth y bedd, i fore'r trydydd dydd (Rhuf. 8: 11). Yn nerth yr Ysbryd Glân y cyflawnodd Iesu ei weinidogaeth, y bu farw ar y groes, a'i atgyfodi i gyfranogi'n llawn am byth ym mywyd y Tad. Gorchwyl yr Ysbryd Glân oedd dwyn bywyd Duw i'n cnawd marwol ni, a dwyn ein cnawd ni i mewn i drefn bywyd Duw. Dyna arwyddocâd disgrifio'r Ysbryd Glân 'fel colomen'.

Adeg y creu rhoes Duw drefn ar y ddaear afluniaidd a gwag trwy rym ei ysbryd 'yn ymsymud ar wyneb y dyfroedd' fel colomen o bosibl. Wedi'r dilyw, y golomen a roes sicrwydd i Noa bod y llifeiriant dinistriol yn cilio, a chludodd addewid gwanwyn arall a bywyd newydd yn ei phig (Genesis 8: 11). Cael profiad o Ysbryd y greadigaeth newydd a wnaeth Iesu, i'w alluogi i wasanaethu fel y Mab a eneiniwyd i ail-greu'r ddynoliaeth a'r bydysawd cyfan. Wyneb yn wyneb â gelyn neu gâr roedd stamp y golomen ar Iesu; doedd ryfedd iddo gael ei alw'n dywysog tangnefedd. Etifeddodd hyn trwy'r Ysbryd Glân.

Profiad gweddi

Pan oedd Iesu 'yn gweddïo' y cafodd y profiadau hyn. Luc yn unig sy'n dweud hynny, ac wrth edrych trwy ei efengyl gwelwn ei fod yn rhoi lle canolog i weddi ym mhrofiad ysbrydol Iesu. O'r naw cyfeiriad sydd ganddo ef at Iesu'n gweddïo sylwir bod saith ohonynt wedi'u hychwanegu gan Luc, o'i gymharu â Marc. Pam y credai Luc fod gweddi mor bwysig i Iesu? Beth oedd y profiad ysbrydol a gafodd Iesu, pan oedd 'yn gweddïo'? 'Agorwyd y nef', meddai Luc (3: 21). Fe ddadlennwyd craidd y cread, daeth hanfod pethau i'r golwg, codwyd cwr y llen ar y Duwdod ei hun, ac amlygwyd perthynas y Tad, a'r Mab a'r Ysbryd Glân.

Wrth sôn am 'y nefoedd yn rhwygo'n agored' roedd Marc (1: 10) wedi cyfleu rhwyg mawr fel rhyw dwll anferth yn y ffurfafen, a'r nefoedd yn weladwy trwy hwnnw. I Luc nid lle y tu hwnt i'r wybren mo'r nefoedd yn gymaint â pherthynas neilltuol rhwng y Tad, a'r Mab a'r Ysbryd Glân. Ymglywed â'r berthynas hon rhyngddo ef a'i Dad, a gweld yr Ysbryd Glân yn cyffwrdd ag ef, yma ar y llawr, dyna a wnaeth y Mab pan oedd yn gweddïo. Iddo ef profiad o undod y Tad, a'r Mab a'r Ysbryd Glân oedd gweddi, profiad a oedd yn uno'r ddaear a'r nef.

A oedd y profiad ysbrydol hwn o fod yn Fab Duw, yn etifedd holl nerth yr Ysbryd Glân, ac o fyw mewn perthynas neilltuol â'r Tad a'r Ysbryd Glân wedi'i gyfyngu i Iesu, ynteu a oedd a wnelo'r ffaith hon rywbeth ag eraill? Mae'n amlwg fod Luc yn credu bod profiad Iesu yn berthnasol i eraill. Yn ôl Marc a Mathew roedd gweld y nefoedd yn agored yn brofiad a gyfyngwyd i Iesu'n unig. Ni ddywedodd Luc mo hynny. Credai ef fod profiad ysbrydol Iesu yn rhagfynegi'r math o brofiadau ysbrydol a gâi ei ddilynwyr. Paratôdd Luc ei ddarllenwyr i weld bod y profiad hwn yn berthnasol iddynt hwy yn yr adnodau a ragflaenai'r hanes am y digwyddiad hwn (3: 15-18) trwy restru rhai o amodau profiad ysbrydol.

Gweddi ddisgwylgar

Heb ddisgwylgarwch ni allasai pregethwr mor huawdl â Ioan Fedyddiwr hyd yn oed gyffwrdd â chalonnau ei gyfoeswyr. Ni all Duw ei hun gyrraedd yr hunanddigonol, ond lle bo disgwylgarwch (3: 15) a dyhead am weld y Meseia, sef yr un sy'n llawn o'r Ysbryd Glân, yna mae'r amodau'n barod i Dduw weithredu ei ddyhead pennaf a rhoi yr Ysbryd Glân i'r rhai sy'n gofyn ganddo (11: 13). Y cyd-ddyheu hwn yw hanfod gweddi i'r Cristion — y Crist yn dyheu am rannu'i Ysbryd â ni, a ninnau'n dyheu am gael ein llenwi, ein bedyddio â'r Ysbryd hwnnw, er gogoniant Duw Dad.

Etifeddu'r Ysbryd

Yn llyfr yr Actau nodai Luc dro ar ôl tro bod yr Ysbryd Glân wedi'i dywallt ar y rhai oedd yn gweddïo. 'Ac wedi iddynt weddïo, ysgydwyd y lle yr oeddent wedi ymgynnull ynddo, a llanwyd hwy oll â'r Ysbryd Glân, a llefarasant air Duw yn hy' (4: 31). Heb yr Ysbryd Glân ni allent lefaru a thystio 'am fawrion weithredoedd Duw', ond yng ngrym yr Ysbryd Glân roeddent yn dystion huawdl a hy. Trwy etifeddu Ysbryd Duw medrent siarad o'u profiad am Dduw.

Yn hyn o beth yr un oedd profiad ei ddisgyblion â phrofiad Iesu. Fel yr oedd angen iddo yntau gael profiad byw o'r Ysbryd Glân cyn ymgymryd â'i weinidogaeth, roedd angen i'r disgyblion hwythau dderbyn nerth trwy ddyfodiad yr Ysbryd Glân arnynt hwy, cyn y medrent dystio iddo ef (Actau 1: 8).

A thystio i Grist a wnaeth y credinwyr ar hyd yr oesoedd. Tystio i un a eneiniwyd â'r Ysbryd Glân ac a'u heneiniodd hwythau wedyn â'r un Ysbryd. Yn Iesu, y Crist a lanwyd â'r Ysbryd Glân, y gwireddwyd addewid Ioan Fedyddiwr, 'Bydd ef yn eich bedyddio â'r Ysbryd Glân ac â thân' (3: 16).

Plant i Dduw

Beth oedd arwyddocâd cysylltu'r Ysbryd a'r 'tân'? Dangos beth yw beth yw nodwedd gwynt yr Ysbryd a thân. Fel y byddai'r ffarmwr yn gwahanu'r grawn oddi wrth yr us trwy daflu'r ŷd i fyny yn y gwynt, byddai'r Ysbryd Glân yn dangos pwy yw pwy o ddifrif. Ofer fyddai popeth nad oedd yn ffrwyth yr Ysbryd Glân — câi ei ddifa'n llwyr fel pe bai gan dân. Am y sawl a fyddai'n rhoi lle i ffrwyth yr Ysbryd, byddai hwnnw'n aros yn wyneb angau a'r farn. Dyma'r grawn a gesglid i'r ysguboriau tragwyddol. Sut oedd hyn yn 'newydd da i'r bobl'? Roedd yn addewid bywyd tragwyddol i'r sawl a elwid yn blant Duw am eu bod wedi'u bedyddio â'r Ysbryd Glân ac â thân gan y Mab, yr Anwylyd.

A ddigwyddodd hyn ym mhrofiad pobl gyffredin? Dyna'n union beth a ddigwyddodd, yn ôl Luc, adeg y Pentecost: 'Ymddangosodd iddynt dafodau fel o dân yn ymrannu ac yn eistedd un ar bob un ohonynt; a llanwyd hwy oll â'r Ysbryd Glân' (Actau 2: 3-4). Wrth geisio egluro beth oedd y profiad hwn clywn sawl adlais o eiriau Ioan Fedyddiwr yn araith Pedr. Parodd Luc i Ioan ragfynegi rhywbeth a fyddai'n rhan o brofiad y credinwyr ym mhob oes: cael rhan ym mhrofiad ysbrydol Iesu Grist a thrwy hyn fedru tystiolaethu iddo ef. Fel yr oedd Iesu wedi'i arddel yn Fab i Dduw a'i gyffwrdd â'r Ysbryd Glân pan oedd yn gweddïo, rhoddwyd cyfle i'w ddisgyblion wrth weddïo gael profiad o'r Ysbryd Glân a'u galluogai i adnabod Duw fel Tad a hwythau'n blant iddo ac yn etifeddion yr addewidion llawn. Yr amod i hyn ddigwydd oedd bod yn agored i Iesu Grist, fel y gallai gyflawni ei weithgarwch creadigol ynddynt trwy yr Ysbryd Glân. Ni fynegodd neb arwyddocâd hyn yn well na Paul, 'Ond pan ddaeth cyflawniad yr amser, anfonodd Duw ei Fab, wedi ei eni o wraig, wedi ei eni dan y Gyfraith, i brynu rhyddid i'r rhai oedd o dan y Gyfraith, er mwyn i ni gael braint mabwysiad. A chan ein bod yn feibion, anfonodd Duw Ysbryd ei Fab i'n calonnau yn llefain, 'Abba! Dad!' Felly, nid caethwas wyt ti bellach, ond mab; ac os mab, yna etifedd, trwy weithred Duw' (Gal. 4: 4-7).

TRAFOD

1. A oes angen profiadau ysbrydol arnom yn ogystal â rhesymau diwinyddol i'n hargyhoeddi o wirionedd y ffydd Gristnogol?
2. Pa mor gyffredin yw profiadau ysbrydol?
3. Gan ei bod hi'n debygol eich bod chi, aelodau'r dosbarth/grŵp, wedi cael profiadau ysbrydol, a fuasech chi'n hoffi sôn amdanynt?
4. A yw profiadau ysbrydol Iesu yn ein helpu i weld arwyddocâd ein profiadau ni?
5. Pam y derbyniodd Iesu fedydd?
6. Pam fod bedydd mor sylfaenol ym mywyd yr eglwys heddiw? Beth yw ei arwyddocâd?

Pennod 12

BUDDUGOLIAETH YN NERTH YR YSBRYD GLÂN

Darllen: Luc 4: 1-15

Ddydd ar ôl dydd mae pob un ohonom yn cael ei demtio. Ac yntau'n rhannu'n dynoliaeth yn llwyr roedd hi'n anochel bod Iesu yntau wedi'i demtio. 'Canys nid archoffeiriad heb allu cyd-ddioddef â'n gwendidau sydd gennym, ond un sydd wedi ei brofi ym mhob peth, yn yr un modd â ni, eto heb bechod' (Heb. 4: 15).

Ystyr temtio

Mae'r dyfyniad hwn o'r llythyr at yr Hebreaid yn ein hatgoffa o ystyr temtio. Yn yr ysgrythurau nid yw temtio yn golygu cael ein denu i bechu yn gymaint â chael ein profi. Ein ffydd yn Nuw a osodir ar brawf o ddifrif. Yr enghraifft glasurol o hyn oedd profi'r genedl Iddewig yn yr anialwch am ddeugain mlynedd, i'w dysgu i ymddiried yn llwyr yn Nuw ac yn ei arweiniad a'i gynhaliaeth ef. Mae'n werth darllen Deuteronomium 6-8, ac yn enwedig Deut. 8: 2-5, i gael cefndir i'r hanes hwn, oherwydd mae'n eithaf posibl fod natur a threfn y profion fel y'u ceir gan Luc yn adlewyrchu profi Israel. Dyma'r profion a wynebodd Israel yn ôl Deut. 6: 10-16; 8: 1—9: 22):

(i) Caniatawyd i Israel newynu cyn ei diwallu â bwyd er mwyn iddi ddysgu ufuddhau i Dduw (Deut. 8: 3) ond methu â wnaeth (Deut. 9: 7).

(ii) Rhoddwyd teyrngarwch Israel i Dduw ar brawf; ef yn unig yr oedd hi i'w wasanaethu (Deut. 6: 13-15) ond methodd yn druenus gan ymollwng i roi'i bryd ar ddelw fetel (Deut. 9: 16).

(iii) Rhoddwyd ffydd Israel yn Nuw ar brawf ond dangosodd hi ei diffyg ffydd trwy herio Duw a 'gosod yr ARGLWYDD eich Duw ar ei brawf' ym Massa (Deut. 6: 16; Exod. 17: 1-7).

Ar y cefndir hwn gellir gweld bod Iesu yn crynhoi hanes pobl Dduw yn yr anialwch ynddo ef ei hun, ond lle methodd y genedl fe lwyddodd ef i wynebu'r profion yn fuddugoliaethus a gweithredu'r ufudd-dod, y teyrngarwch a'r ffydd a oedd yn ddiffygiol yn Israel.

Pwy yw hwn?

Trwy awgrymu hyn roedd Luc yn hoelio sylw ei ddarllenydd unwaith eto ar y cwestiwn, pwy oedd hwn a allai wynebu'r profion oesol yn fuddugoliaethus? Daw'r ateb yn amlwg wrth ystyried cefndir uniongyrchol temtio Iesu. Yng nghyd-destun profiad byw o gyffyrddiad yr Ysbryd Glân yr adroddodd Luc yr hanes. Ac yntau'n gweddïo ar lan afon Iorddonen, disgynnodd yr Ysbryd Glân ar Iesu i'w alluogi i fyw fel Mab i Dduw (3: 21-22). Yn llawn o'r Ysbryd Glân fe arweiniwyd Iesu gan yr Ysbryd am ddeugain diwrnod yn yr anialwch (4: 1). (Afraid dweud bod y 'deugain' yn adleisio deugain mlynedd Israel yn yr anialwch.) Nid rhyw gyffyrddiad dros dro a gafodd Iesu, ond ei feddiannu'n llwyr gan Ysbryd Duw.

Profi'r Mab

Er ei fod wedi'i arddel yn Fab a'i lenwi â'r Ysbryd Glân, nid oedd hynny'n golygu na chafodd Iesu ei brofi. Nid peri iddo osgoi cael ei demtio a wnaeth yr Ysbryd Glân, ond ei alluogi i ddal i gredu yn Nuw yn wyneb pob prawf. I Luc yr oedd Iesu ar brawf ar hyd ei fywyd, prawf a gyrhaeddodd ei anterth yn ystod ei ddioddefaint yn Jerwsalem (22: 3); ymunodd yn y frwydr rhwng Duw a Satan.

Y diafol

I lawer heddiw mae sôn am y frwydr rhwng Duw a'r diafol yn symud y digwyddiad o dir hanesyddol i wastad y goruwchnaturiol a'r myth. A bwrw ein bod ni'n derbyn hyn, nid chwedl wag mo myth. Yn hytrach ffordd ddarluniadol o gyfleu gwirioneddau na ellid eu mynegi mor effeithiol drwy ddulliau eraill ydyw. Yn ôl G. B. Caird (t.79) mae o leiaf bump o wirioneddau yn cael eu gwarchod trwy gredu bod yna ddiafol:

(i) Mae'r drwg yn real ac yn rymus. Nid cyfanswm holl ddrygioni unigolion y byd mohono, ond pŵer sy'n medru gafael ym mywyd pobl a chymdeithas.

(ii) Mae'r drwg yn bersonol. Amod medru gwahaniaethu rhwng y drwg a'r da yw bod gan bobl ddewis naill ai i ufuddhau i Dduw neu i wrthryfela yn ei erbyn.

(iii) Daioni wedi'i lurgunio yw'r drwg. Mewn byd a grewyd yn dda gan Dduw, mae'r drwg yn bodoli trwy wyrdroi rhoddion daionus Duw. Angel syrthiedig yw'r diafol.

(iv) Mae'r drwg yn medru cymryd arno ei fod yn dda. Y diafol yw'r 'enllibiwr' sy'n ceisio camarwain pobl trwy ddweud anwiredd am Dduw.

(v) Y drwg yw'r gelyn sy'n lladd ar bawb a adawodd i'r bywyd go iawn sy'n tarddu o Dduw lifo drwyddo. Fel gelyn y disgrifiodd Iesu'r diafol wrth egluro dameg yr efrau (Math. 13: 39).

Mynd i'r afael â'r diafol

Aeth Iesu i'r afael â'r diafol fel poenydiwr trwy weithredu gallu gwyrthiol gan 'fwrw allan' gythreuliaid, ond aeth i'r afael â'r diafol fel temtiwr trwy weithredu ffydd, teyrngarwch ac ufudd-dod i ewyllys Duw. Gan ei fod yn argyhoeddedig o'i genhadaeth ysbrydoledig fel Mab Duw, yn sgil ei brofiad ar lan yr Iorddonen, bu'n rhaid i Iesu ystyried pa ddull fyddai'n unol â'i weinidogaeth ddwyfol. Yng ngoleuni'r Ysbryd Glân gwelodd mai o'r diafol, nid o Dduw, yr oedd rhai o'r posibiliadau a ddaeth i'w feddwl.

Ufudd-dod Iesu

Gan fod eisiau bwyd arno, fel yr Israeliaid gynt, sylweddolodd beth oedd effeithiau newyn ar ddyn. Dysgodd gydymdeimlo â'r tlawd a'r anghenus, ac ar hyd ei weinidogaeth tosturiodd wrth y llwm. Onid bwydo'r anghenus oedd prif genhadaeth Mab eneiniedig Duw? 'Os Mab Duw wyt ti, dywed wrth y garreg hon am droi'n fara.' meddai'r temtiwr (4: 3). Er pwysiced porthi'r pum mil, fe'i dysgwyd gan Air Duw bod dyn yn rhy fawr i gardod. Byddai ceisio'i fodloni â bwyd yn ei ddarostwng i'r un gwastad ag anifail. Yn ogystal â bwyd bwriadodd Duw i'r ddynoliaeth gael cymundeb ag ef ei hun, trwy bob gair sy'n dod allan o'i enau (Math. 4: 4 cym. Deut. 8: 3). Gan fod yn ufudd i Air Duw hyrddiodd Iesu'r ymadrodd hwn o Deut. 8: 3 at y diafol, 'Nid ar fara yn unig y bydd dyn fyw'. Yn nannedd artaith newyn derbyniodd mai'r egwyddor lywodraethol iddo ef (ac i'w ddilynwyr maes o law), oedd ufudd-dod i Dduw. Eglurodd yn ddiweddarach, 'Fy mwyd i yw gwneud ewyllys yr hwn a'm hanfonodd, a gorffen y gwaith a osododd ef arnaf' (Ioan 4: 34). Cyn y medrai ef gyhoeddi 'Gorffennwyd', roedd ei alwedigaeth fel Mab Duw yn gofyn am fwy na diwallu anghenion materol pobl, er mor hanfodol yw'r rheini. Bu'n ufudd hyd yr eithaf i fwriadau Duw.

Teyrngarwch Iesu

Fel y gwelodd Moses wlad yr addewid o ben Pisga (Deut. 34: 1-4), gwelodd Iesu 'ar amrantiad holl deyrnasoedd y byd' (4: 5). Fe'i temtiwyd i hawlio awdurdod ar y rhain. Yn yr union Salm a'i argyhoeddodd dan ddylanwad yr Ysbryd mai Mab Duw oedd (3: 22 cym. Salm 2: 7) roedd y geiriau hyn yn dilyn:

> 'Fy mab . . .
> gofyn, a rhoddaf iti'r cenhedloedd yn etifeddiaeth,
> ac eithafoedd daear yn eiddo iti;
> fe'u drylli â gwialen haearn
> a'u malurio fel llestr pridd' (Salm 2: 8-9).

Dyma'r union fath o Feseia a ddisgwyliai rhai yn Israel ar hyd y cenedlaethau — gwaredwr milwrol a fyddai'n dinistrio'i gelynion a rhyddhau'r genedl o'i hualau caeth. Yng nghyfnod Iesu roeddent dan sawdl y Cesar. Onid bwrw ymaith iau'r estron hwn oedd cenhadaeth Mab Duw Israel i fod? Yn sicr fe gredai'r Selotiaid hyn. Ond fe welodd Iesu 'yn llawn o'r Ysbryd Glân,' mai o'r diafol, nid o Dduw, yr oedd y defnydd hwn o awdurdod a grym i ddryllio a malurio. Yn hytrach na syrthio i lawr ac addoli dulliau'r diafol bu Iesu yn deyrngar i Dduw. Unwaith eto cafodd ateb i brawf y diafol o Deuteronomium:

> Yr Arglwydd dy Dduw a addoli
> ac ef yn unig a wasanaethi (4: 8 cym. Deut. 6: 13).

Nid ymollyngodd i wasanaethu delw fetel y cledd. Yn ddiweddarach marchogodd i Jerwsalem ar hyd 'ffordd tangnefedd' (19: 42) ar gefn ebol nad oedd wedi'i hyfforddi i'r gad (19: 30), a derbyniodd fetel yr hoelion yn ei gnawd ei hun gan chwalu'r canolfur o elyniaeth a oedd yn gwahanu Iddew a chenedl-ddyn (Effes. 2: 14) trwy weddïo ar ei Dad i faddau i'r naill fel i'r llall (23: 34). Bu'n deyrngar i Dduw a'i ddulliau dwyfol ef hyd y pen; a disodlodd rym y ddelw fetel a dinoethi twyll y diafol.

Ffydd Iesu

Y temtiad gwaethaf oedd yr awgrym i roi Duw ar ei brawf. Mae'n bosibl mai hyn a wnaeth i Luc benderfynu rhoi'r temtio mewn trefn wahanol i'r hyn a geir gan Fathew. O 9: 51 ymlaen ceir adran hirfaith o'r efengyl yn ôl Luc sy'n dilyn trywydd Iesu ar ei ffordd i Jerwsalem lle gwelwyd penllanw'r holl brofi, a hynny gan awdurdodau crefyddol y deml. Pe bai'n dringo i ben tŵr uchaf y deml, uwchlaw'r cwymp erchyll o 450 troedfedd i ddyffryn Cidron islaw, ac yn taflu'i hun o'r fan honno, oni allai ymddiried yn Nuw i'w achub, a thrwy wneud hynny brofi grym ffydd? Gellid dyfynnu'r ysgrythurau eto i gyfiawnhau hyn. Ond sylweddolodd Iesu mai'r diafol oedd yn defnyddio Salm 91: 11-12 i'w demtio i roi prawf ar Dduw — i weld a fyddai yn ei amddiffyn ai peidio. Trwy'r Ysbryd Glân fe welodd bod rhoi Duw ar ei brawf yn groes i ymddiried ynddo. Nid yw ffydd yn gofyn am brawf. Dewisodd Iesu weithredu mewn ffydd gan orchymyn i'r diafol beidio â gosod yr Arglwydd ar ei brawf — gan ddyfynnu Deut. 6: 16. Trwy awgrymu gosod yr Arglwydd ar brawf roedd y diafol yn gosod Iesu, y Mab, yntau ar brawf. Dan ddylanwad awdurdodol eiriau'r nef ymadawodd y diafol ag ef am y tro — gan aros ei gyfle i ymosod eto.

Yn ôl Luc roedd Iesu wedi cael ei demtio 'ym mhob modd' (4: 13). Pwysig yw cofio nad yn ei newyn a'i wendid yn unig y temtiwyd Iesu; rhoddwyd prawf arno yn ei gryfder hefyd. Ymosodwyd arno yn ei dosturi dwyfol tuag at y torfeydd anghenus, yn ei ymroddiad i ryddid ei genedl, ac yn y pendraw rhoddwyd prawf ar ei ffydd yn Nuw, a natur ei berthynas unigryw ag ef: 'Os Mab Duw wyt ti . . .' (4: 3, 9).

Cyfrinach Iesu

Sut y gwrthsafodd Iesu demtasiynau'r diafol? Pa adnoddau oedd ganddo i'w gynnal? Bob tro fe roes daw ar ei ensyniadau trwy ddyfynnu o'r ysgrythur (Deut. 8: 13; 6: 13; 6: 16). Trwy roi ei hun dan awdurdod y Beibl, rhoes ei hun o dan ddylanwad Gair Duw. Cafodd ei nerthu gan y gair creadigol a'i oleuno gan y gwirionedd dwyfol.

Ond roedd mwy na gwybodaeth ysgrythurol gan Iesu wrth law. Fel y dengys yr hanes hwn, roedd Antonio yn llygad ei le pan fynnodd, 'the devil can cite Scripture for his purpose' (William Shakespeare, *The Merchant of Venice,* Act 1, golygfa 2). Gellir gwneud defnydd satanaidd o'r ysgrythur, ac fe wnaed hynny i gynnal pob math o safbwyntiau gwyrdröedig ar hyd y canrifoedd. Beth oedd cyfrinach Iesu felly? Defnyddiodd ef yr ysgrythur ac yntau'n 'llawn o'r Ysbryd Glân' (4: 1). Un o ddoniau'r Ysbryd yw'r gallu i amgyffred pethau Ysbryd Duw (I Cor. 2: 14; 12: 10). Cyfrinach buddugoliaeth Iesu ar gynllwynion y diafol oedd ei fod wedi dirnad bod geiriau'r ysgrythur yn berthnasol i'w sefyllfa ef yng ngoleuni a grym yr Ysbryd Glân (Effes. 6: 17). Heb yr Ysbryd Glân gall yr ysgrythur fod yn felltith; yn nerth yr Ysbryd glân, Gair Duw ydyw. Pwysleisio hyn a wnaeth Luc wrth gwmpasu'r hanes am demtio Iesu â'r gosodiadau am bresenoldeb a nerth yr Ysbryd Glân (4: 1, 14). Er iddo gael ei roi ar brawf, ni ddihysbyddwyd cyflawnder yr Ysbryd Glân a dorrodd dros argaeau'i bersonoliaeth tra'n gweddïo ar lan Iorddonen gan holl ddichellion y gelyn. 'Dychwelodd Iesu yn nerth yr Ysbryd Glân i Galilea' (4: 14). Gyda'r geiriau herfeiddiol hyn y dechreuodd Luc yr adran nesaf yn ei efengyl, adran a fyddai'n sôn am weinidogaeth Mab Duw yng Ngalilea. Llwyddo yn nerth yr Ysbryd, er gwaethaf pob gwrthwynebiad, fyddai ei hanes yno (4: 14 - 9: 50).

TRAFOD

1. Pam na all y rhai sy'n credu yn Nuw ddisgwyl osgoi cael eu temtio a'u profi?
2. Ai buddiol ynteu anfuddiol yw sôn am y diafol heddiw? Beth yw eich profiad chi?
3. A ydym ar drugaredd y pwerau drwg sydd ar waith o'n cwmpas ac o'n mewn, ynteu a oes gennym obaith sicr ar sail profiad o weithgarwch yr Ysbryd Glân yn ein byd a'n bywyd ni?
4. Beth oedd cyfrinach buddugoliaeth Iesu? A yw'r un grym ar gael i ni?
5. A oes perygl i ni gamddefnyddio'r Beibl? Beth yw'r ddawn ysbrydol sydd ei hangen arnom i fedru dirnad a defnyddio'r ysgrythurau yn unol ag ewyllys Duw?

Pennod 13

DECHRAU'R GENHADAETH

Darllen: Luc 4: 14-30

Hyd yn hyn fe fu Luc yn paratoi'r llwyfan. Trwy fanylu ar ddyfodiad a neges Ioan Fedyddiwr a chyfeirio at ddirgelwch geni a magu, bedyddio a phrofi Iesu, crewyd disgwylgarwch mawr am ei ymddangosiad yn gyhoeddus.

Dechrau yn nerth yr Ysbryd

Y peth cyntaf yr oedd Luc am i'w ddarllenwyr gofio oedd mai 'yn nerth yr Ysbryd' y cyflawnodd Iesu ei genhadaeth (4: 14). Roedd hwn yn bwyslais arbennig gan Luc: sylwer nad yw'r geiriau 'yn nerth yr Ysbryd' yn digwydd yn yr adrannau cyfatebol ym Mathew nac ym Marc. Credai Luc fod bywyd Iesu o'i genhedlu yn dibynnu ar weithgarwch yr Ysbryd Glân (1: 35). Amlygwyd hyn adeg ei fedyddio (3: 21-22) a'i brofi (4: 1). Tanlinellai Luc bwysigrwydd yr Ysbryd Glân yng ngweinidogaeth Iesu am fod Iesu'i hun yn argyhoeddedig o hyn. Wrth gyflwyno'i weinidogaeth gyhoeddus dechreuodd gyda geiriau'r proffwyd Eseia gan eu hanelu at ei sefyllfa ef ei hun, 'Y mae Ysbryd yr Arglwydd arnaf, oherwydd iddo f'eneinio' (4: 18), h.y. ei lenwi â'r Ysbryd Glân yn sgîl y bedydd. Ac yntau wedi ymwacáu o'i gydraddoldeb â Duw (Phil. 2: 6-7) fe ddibynnai Iesu'n llwyr ar nerth Ysbryd Duw ar hyd ei weinidogaeth o'r synagog yng Ngalilea hyd at y bedd yn Jerwsalem (Rhuf. 1: 3-4). Yn nerth yr Ysbryd Glân y daeth Iesu'n ôl i Galilea.

Dechrau yng Ngalilea

Ar y cyrion nid yn y canol y dechreuodd Iesu ei weinidogaeth. Nid yn Jwdea a Jerwsalem y cychwynnodd cenhadaeth Crist. Tueddai'r dosbarthiadau canol yn Jwdea ddilorni'r werin yng Ngalilea. Er fod yno rai trefi, pobl dlawd yn crafu bywoliaeth brin o dir caregog, anial a sych oedd y Galileaid.

Ymhlith y tlawd a'r di-nod y dechreuodd Iesu rannu'r newyddion da — y newydd da eu bod hwy yn cyfrif yng ngolwg Duw. Doedd ryfedd ei fod yn cael croeso 'gan bawb', ac yntau'n cyhoeddi newyddion da iddynt.

Mae'n werth sylwi hefyd nad ymysg arweinwyr crefyddol ei ddydd y dechreuodd Iesu gyhoeddi'r efengyl. Yn Jerwsalem a dinasoedd Jwdea yr oedd y Phariseaid yn bennaf. Doedd ganddynt hwy fawr o barch at grefydd y Galileaid; gallent ddyfynnu cyfeiriad Eseia at 'Galilea'r cenhedloedd' (9: 1) gan awgrymu mai cymysgryw ac anuniongred oedd eu crefydd, heb fedru manteisio'n llawn ar ddefodau cyson y deml. Gwrthun i Iesu oedd y dibrisio hunangyfiawn hwn o du'r Phariseaid. Nes ymlaen yn yr efengyl yn ôl Luc fe'i gwelwn yn ymosod yn llym ar eu hagwedd. Roedd Iesu'n ddigon parod i ddechrau'i genhadaeth i'r genedl a'r byd yn synagogau Galilea ac yn ei gartref yn Nasareth.

Dechrau yn Nasareth

O holl drefi Galilea, un o'r mwyaf di-sôn-amdani oedd Nasareth. Ni cheir un cyfeiriad ati yn yr Hen Destament, nac yn y Talmwd, na'r Midrash chwaith. Doedd hi ddim yn syndod fod Nathanael wedi holi i Philip, 'A all dim da ddod o Nasareth?' (Ioan 1: 46). Eto i gyd, yn y lle dibwys hwn y magwyd Mab Duw; ac fe ddewisodd Luc air a awgrymai ei feithrin yn gorfforol, yn feddyliol ac yn ysbrydol. Unwaith eto gwelir cynllun Duw yng Nghrist yn rhoi pwys ar y dibwys, a'n rhoi enwogrwydd oesol i'r mwyaf di-nod. Trwy ddychwelyd i Nasareth fe ddangosodd Iesu ei fod yn parchu bro ei febyd. Er iddo 'gael clod gan bawb' ar hyd ac ar led y gymdogaeth yng Ngalilea, nid anghofiodd am ei gartref nac anwybyddu ei angen am yr efengyl. Yn wir, yno y cyhoeddodd faniffesto ei genhadaeth yn ôl Luc, er mor anodd oedd hynny mewn gwirionedd. Aeth yn ôl at ei wreiddiau ysbrydol yn y synagog yn Nasareth, cyn dechrau rhannu ffrwyth y gynhysgaeth honno â'r genedl gyfan ac â'r byd.

Dechrau yn y synagog

Gwyddom fod Iesu'n medru ysgrifennu. Adroddir amdano'n plygu i lawr 'ac ysgrifennu ar y llawr â'i fys' (Ioan 8: 6). Ymhle y dysgodd ef i wneud hyn? Yn y synagog yn Nasareth. Fel arfer defnyddid synagogau fel ysgolion, neu cynhelid ysgol yn gysylltiedig â hwy. Yma hefyd y dysgodd sut i ddarllen yr Hen Destament. Yn yr adran hon cyfeirir ato'n gwneud hynny yn gyhoeddus. Dro ar ôl tro fe ddyfynnai'r ysgrythurau, ac yr oedd ei wybodaeth ohonynt yn deillio o'i addysg yn y synagog.

Ystyr llythrennol y gair 'synagog' oedd 'cynulliad', ond fel y digwyddodd yn hanes y gair 'eglwys' fe ddaeth y gair 'synagog' i olygu'r adeilad lle cyfarfyddai'r cynulliad erbyn y ganrif gyntaf.

Ceir sawl awgrym ynghylch tarddiad y synagog:

(i) Daeth i fod ym Mhalesteina yng ngyfnod Esra, i hyrwyddo'i gynllun ef i hyfforddi'r bobl yn y Gyfraith Iddewig.

(ii) Tyfodd ymysg y *Diaspora* yn y cyfnod Groegaidd i alluogi'r rhai a oedd yn byw yn rhy bell o'r deml i addoli'n gyson; fe'i trawsblannwyd wedyn i Balesteina.

(iii) Datblygodd ymhlith yr Iddewon fel cynulliad crefyddol ar ddelw'r cynulliadau secwlar a oedd yn gyffredin yn y byd Groegaidd a Rhufeinig.

Bid a fo am darddiad y synagog, roedd llaweroedd o'r cynulliadau hyn ymhlith yr Iddewon alltud ac ym Mhalesteina, a datblygodd addoliad y synagog ochr yn ochr ag addoliad y deml. Nodweddid y deml gan y gyfundrefn aberthol ac offeiriadol, tra dibynnai'r synagogau ar arweinyddiaeth leyg a ganolbwyntiai ar ddarllen a dehongli'r Gyfraith a'r proffwydi. Yn y traddodiad hwn y magwyd Iesu o Saboth i Saboth.

Dechrau ar y Saboth

Fe ddywed Luc fod Iesu wedi mynd i'r synagog ar y Saboth 'yn ôl ei arfer' (4: 16). Fel y gwelwyd cyn hyn, pwysleisiai Luc nad oedd Iesu'n anwybyddu arferion ei deulu a'i gyd-genedl. Roedd parchu'r Saboth yn un o ofynion y Dengair Deddf. Neilltuwyd y seithfed dydd i fod yn ddiwrnod o orffwys. Ystyr llythrennol y gair Hebraeg *sabbat* oedd 'gorffwys'. Rhoddai'r ymgadw hwn oddi wrth waith gyfle i'r Iddewon gydymgynnull i addoli Duw. Yn ôl pob tebyg dyma drefn gwasanaeth bore'r Saboth yn y synagog:

(i) Adrodd y *Shema* neu'r gyffes ffydd (Deut. 6: 4-9).

(ii) Gweddïo, gan gynnwys y Deunaw o Fendithion.

(iii) Darllen rhan o'r Gyfraith o'r Pumllyfr cyntaf yn y Beibl Hebraeg, yn ôl trefn llithiadur penodol o bosibl, gydag esboniad neu aralleiriad Aramaeg ar ôl pob adnod.

(iv) Darllen o lyfrau'r proffwydi, gyda throsiad a sylwadau, fel y gwnaeth Iesu yn Nasareth.

(v) Dehongliad ar y naill neu'r llall o'r llithoedd.

(vi) Gweddi'r *Kaddish.*

(vii) Bendith.

I sicrhau bod y gwasanaeth yn drefnus, fe benodid 'arweinydd y synagog' (cym. 8: 41); ef oedd yn dewis rhai i ddarllen ac offrymu'r gweddïau, a gwahodd y pregethwr. Roedd gan y 'swyddog' alwadau eraill megis cyflwyno'r sgroliau i'r darllenwyr a'u cadw wedyn. Ef a weithredai fel gofalwr y synagog, ac yn aml iawn fel athro'r ysgol. Fe roddodd ef sgrol y proffwyd Eseia yn llaw Iesu.

Dechrau yn yr ysgrythur

Ar drothwy ei weinidogaeth yng Ngalilea un o'r pethau cyntaf a wnaeth Iesu oedd darllen o'r ysgrythur yn gyhoeddus. Craidd yr hanes hwn yw'r adnodau o broffwydoliaeth Eseia (61: 1-2; 58: 6). Serch hynny, mae'n ddiddorol sylwi nad oedd ef, na Luc, wedi'i glymu gan y testun Beiblaidd. Dengys yr amrywio a fu ar y cyfieithiad Groeg o'r Hen Destament yn y fan hon fod y darllenydd a'r ysgrythur yn cydadweithio, a hynny'n ei alluogi i gyfleu'r gwirionedd dwyfol a oedd yn fwy gwaelodol na llythyrenoliaeth feiblaidd. Yn union fel y gwrthododd gael ei gaethiwo gan y Gyfraith, neu gan y Saboth, nis caethiwyd i lythyren yr ysgrythur chwaith. Cyfrwng byw yn llaw'r Ysbryd Glân i rannu'r newyddion da am ryddid a bywyd yn ei holl gyflawnder oedd yr ysgrythur i Iesu. Yno y cafodd yr eirfa i ddisgrifio natur a phatrwm ei weinidogaeth a'i genhadaeth a oedd yn digwydd 'heddiw' yng Ngalilea.

Natur ei genhadaeth

Fel y cyflwynwyd gweinidogaeth Ioan Fedyddiwr gan ddyfyniad o broffwydoliaeth Eseia (3: 4-6), fe roes Luc fraslun o genhadaeth Iesu trwy gyfrwng y dyfyniad hwn (4: 18-19). Detholodd yr adnodau o broffwydoliaeth Eseia y gallai Iesu eu priodoli i'w weithgarwch ef ei hun. Beth oedd prif nodweddion ei genhadaeth?

(i) *Dan ddylanwad yr Ysbryd Glân*

Yn ogystal â bod yr Ysbryd yn Iesu (4: 1) ac Iesu yn yr Ysbryd (4: 14), fe ddaeth yr Ysbryd ar Iesu (4: 18) fel rhyw wynt nerthol. Yn hyn o beth fe rannodd brofiad y proffwyd Eseia (61: 1), a dod yn ymwybodol o rymusterau pwerus ar waith ym myd Duw yn ei ddwyn ef i mewn i'r gweithgarwch dwyfol hwnnw. Dyma'r 'gwynt nerthol', ysbryd Duw ei hun, a oedd yn ymsymud ar wyneb y dyfroedd cyntefig (Gen. 1: 2) a'n dwyn trefn o anhrefn ar gychwyn hanes; dyma'r anadliad dwyfol a roes fywyd yn esgyrn sychion y greadigaeth. Yn Iesu cafwyd addewid creadigaeth newydd i'r ddynoliaeth a'r byd. Roedd ei ddyfodiad ef yn ddigwyddiad proffwydol a agorai bosibiliadau newydd i'r greadigaeth gyfan — bydysawd agored i anadliad bywiol y Tad, yn y Mab, trwy'r Ysbryd Glân. Pa wahaniaeth a wnâi hyn yn ymarferol?

(ii) *'Newydd da i dlodion'*

Fe ddigwydd y gair 'tlodion' yn amlach yn yr efengyl yn ôl Luc nag yn un o'r efengylau eraill. Er enghraifft, wrth gymharu'r Gwynfydau ym Mathew (5: 3) â Luc (6: 20) gwelir bod Luc yn defnyddio'r gair i sôn am y rhai a oedd yn llythrennol dlawd. Yn ei efengyl ef yn unig y cawn stori Lasarus a'r dyn cyfoethog (16: 19-31). Yma disgrifir bywyd y tlawd fel 'adfyd'. Y newydd da i'r tlodion oedd nad tlodi mo ewyllys Duw ar eu cyfer. Nid oeddent wedi'u tynghedu gan ryw ffawd oesol ddigyfnewid i angen a thrueni. Fe allai pethau fod yn wahanol. Gweddi a bwriad Iesu ar gyfer pawb oedd 'dyro inni o ddydd i ddydd ein bara beunyddiol' (11: 3). Gwyddai fod Rhoddwr bywyd am inni dderbyn 'y bara sy'n ein cynnal'. Sarhau Duw a wnâi'r drefn economaidd a chymdeithasol a achosai dlodi ac adfyd. Yn ôl P. F. Esler, mae'n briodol sôn am 'ddiwinyddiaeth tlodi' yn yr efengyl yn ôl Luc a'r Actau (t.187).

Y newydd da i dlodion oedd y gallai'r drefn bechadurus hon gael ei newid, ond dan ddylanwad Duw. Ef yn unig a allai beri chwyldro yng nghalon dyn hunanol i'w ryddhau i rannu'i eiddo gyda'r tlodion a chreu amodau cyfiawn, yn hytrach na rhai cwbl annheg. Dyna pam y defnyddiodd Luc y gair 'efengyleiddio' mor aml. Fe'i cyfieithwyd fel 'pregethu'r newydd da' ond golygai fwy na phregethu; golygai weddnewid y sefyllfa. Ei nod oedd diwallu anghenion y tlawd. Yn hanes Iesu a Sacheus, a groniclir gan Luc yn unig, gwelir y chwyldro hwn yn digwydd. Aeth Iesu i letya at ddyn pechadurus. 'Ond safodd Sacheus yno, ac meddai wrth yr Arglwydd, "Dyma hanner fy eiddo, syr, yn rhodd i'r tlodion . . ." "Heddiw," meddai Iesu wrtho, "daeth iachawdwriaeth i'r tŷ hwn"' (19: 7-9). Do, fe ddaeth Iesu dan ddylanwad yr Ysbryd dwyfol i ddatgan 'newydd da i dlodion' — 'Heddiw' (4: 21).

(iii) *'Rhyddhad i garcharorion'*

Nid ar ei liwt ei hun y gweithredodd Iesu. Ef oedd apostol anfonedig Duw. Gweithredodd yn rhyddid ysgubol yr Ysbryd Glân. Fe'i hanfonwyd i gyhoeddi rhyddhad i garcharorion. 'Ehangder' oedd un o hoff eiriau'r hen Destament am y bywyd llawn, yr iachawdwriaeth a fwriadodd Duw ar gyfer ei bobl. Yn Iesu gwelwyd un a fu fyw yn yr ehangder hwn, heb gael ei gyfyngu gan gonfensiynau crefyddol a chymdeithasol ei ddydd. Medrai ymwneud â'r Pharisead a'r publican, y pechadur a'r sant. Roedd yn rhydd i garu'r rhai a weithredai fel gelynion, ac ar y groes fe brofodd y rhyddid dwyfol a'i galluogodd i faddau i'r rhai a'i hoeliai wrth y pren. Dyna'r rhyddhad a gynigiai Iesu i'r sawl a oedd yn gaeth i ragfarnau a chonfensiynau ei ddydd — yr ehangder hwnnw a alluogai'r Iddew i roi lle i'r cenedl-ddyn yn ei fyd. Y rhyddid eithaf, wrth gwrs, oedd rhyddhad o afael pechod. Nid cyhoeddi hynny'n unig a wnaeth Iesu chwaith; fe'i gwireddwyd ym mhrofiad y wraig bechadurus honno yr adroddwyd ei hanes gan Luc yn unig (7: 36-50). Rhyddid corfforol ac ysbrydol a amlygodd Iesu Grist, a chynigiodd y rhyddhad hwnnw i garcharorion a chaethion ei ddydd.

(iv) *'Adferiad golwg i ddeillion'*

Mae'r geiriau hyn yn dilyn y cyfieithiad Groeg (LXX) o'r Hen Destament. Roedd hwn wedi newid rhywfaint ar y testun Hebraeg gwreiddiol: 'a rhoi gollyngdod i garcharorion'. Y tu ôl i'r cyfeiriad at 'adferiad golwg i ddeillion' mae'r darlun o'r carcharor yn nhywyllwch ei bydew tanddaearol yn cael ei ollwng yn rhydd i oleuni dydd. Gwelir felly bod thema rhyddid yn dal yn agos at y wyneb.

Ond yn ogystal â hyn, mae'n amlwg fod Luc wedi gweld gallu Iesu i adfer golwg i ddeillion yn llythrennol fel rhan hanfodol o'i genhadaeth. Gan Luc yn unig y cawn ni'r adnod hon pan ddaeth dau o ddisgyblion Ioan Fedyddiwr i holi'r Arglwydd, 'Ai ti yw'r hwn sydd i ddod . . .?' 'Y pryd hwnnw iachaodd ef lawer o afael afiechydon a phlâu ac ysbrydion drwg, a rhoes eu golwg i lawer o ddeillion' (7: 21). Y caethiwed eithaf yw caethiwed anhwylder corfforol. Rhan o genhadaeth y Meseia oedd cyfannu'r corff ac adfer iechyd llawn i bob aelod o'r corff. Yn wyneb hyn ni ellir dweud mai ewyllys Duw, neu gosb Duw yw afiechyd. Yn yr iachâd, nid yn yr afiechyd, 'yr amlygir gweithredoedd Duw' (Ioan 9: 3). Fe aeth Ioan ymlaen i sôn am 'ddallineb ysbrydol' (9: 35-41); dyna'r carchar mwyaf tywyll o'r cyfan. Profodd ambell Nicodemus fod modd i'r tywyllwch hwnnw gael ei hydreiddio liw nos. A'r amod? 'Gwneud y gwirionedd' (Ioan 3: 1-21).

(v) *Rhyddid i'r gorthrymedig*

'Gollwng yn rhydd y rhai a orthrymwyd' yw cynsail y cymal hwn, a daw o adran gynharach yn sgrôl Eseia (58: 6). Mae'n werth darllen y bennod honno ar ei hyd i weld y gyhysgaeth broffwydol y tu ôl i faniffesto Iesu. Sôn am ryddhau'r sawl a dorrwyd i lawr yn ddarnau mân dan bwysau gorthrwm a wnaeth Eseia, gan freuddwydio am gael gwared ar bob math o ormes — tlodi, newyn, noethni, bod yn ddigartref, anghyfiawnder economaidd, cymdeithasol a gwleidyddol. Gwrthwynebodd Iesu bob gorthrwm gan ei weld fel gormes a chaethiwed y diafol. Adeg ei demtio gwrthododd hawl y diafol i awdurdodi ar y byd, a rhan amlwg o'i genhadaeth oedd bwrw allan dylanwad y dieflig a'r cythreulig, a rhyddhau pobl i'w 'dynoliaeth lawn dwf' ynddo ef (Effes. 4: 13). Ni chyfyngwyd cenhadaeth Iesu i'r unigolyn felly; fe'i hanelwyd at holl strwythurau cymdeithas.

(vi) *Chwyldro cymdeithasol*

Wrth ddatgan ei fod wedi dod 'i gyhoeddi blwyddyn ffafr yr Arglwydd' roedd Iesu'n hawlio chwyldro cymdeithasol. Digon yw darllen Lefiticus 25 i weld hyn. Bob hanner can mlynedd roedd caethion i gael eu rhyddhau, eiddo i gael ei adfer, dyledion i gael eu gollwng, a'r tir i gael gorffwys. 'Cysegra'r hanner canfed flwyddyn, a chyhoedda ryddid trwy'r wlad i'r holl drigolion' (Lef. 25: 10). Dyma'r rhyddid pellgyrhaeddol a ddeuai yn sgîl addoli 'yr Arglwydd dy Dduw' a'i wasanaethu ef yn unig (4: 8). Effeithiai ar yr amgylchfyd a'r tir. 'Ni ellir gwerthu tir yn barhaol, oherwydd eiddof fi yw'r tir, ac nid ydych chwi ond estroniaid a thenantiaid i mi' (Lef. 25: 23).

Yn y cymal hwn gwelwyd crisialu nod cenhadaeth Iesu: adfer bywyd y ddynoliaeth a'r bydysawd cyfan i fod yn atebol i Dduw. O fod yn atebol iddo ef byddai'n gyfrifol am ryddid ac am les y naill a'r llall, gan fod yn rhydd i gydfyw yn gyfiawn, yn heddychlon ac yn ddedwydd. Dyna'r 'jwbili' yr anfonwyd Iesu gan ei Dad yng ngrym yr Ysbryd Glân i'w gwireddu ar air a gweithred yn ei fyd.

Fe ddigwyddodd hyn yn feunyddiol yn ystod ei weinidogaeth. Dyna pam y medrodd ddweud gydag awdurdod mwy nag athro yn ei gadair, 'Heddiw yn eich clyw chwi y mae'r Ysgrythur hon wedi ei chyflawni' (4: 21). Nid darllen geiriau o sgrôl a berthynai i oes a fu, na breuddwydio am ryw ddyfodol teg maes o law, ond byw'r efengyl o ddydd i ddydd a wnaeth Iesu. Amlygodd y geiriau hyn yn ei weithredoedd yn eu plith.

Yr ymateb

Cymeradwyaeth oedd yr ymateb cyntaf. O'r braidd y medrent gredu bod yr hen addewidion am gael eu cyflawni yno yn eu mysg hwy. Er eu holl grefydda, syndod oedd clywed bod Duw ar waith ym mywyd un a fagwyd yn yr un filltir sgwâr â hwy. Ond buan y troes eu cymeradwyaeth yn elyniaeth pan glywsant nad oedd y bendithion addawedig hyn wedi'u cyfyngu iddynt hwy, na'u cydgenedl chwaith. Ni ddyfynnodd Iesu, yn ôl Luc, ail hanner Eseia 61: 2 am fod tuedd i ddehongli 'dydd dial ein Duw ni' fel barn Duw ar y cenedl-ddynion. Cyhoeddi newyddion da i'r holl fyd, nid i'w genedl ei hun yn unig, oedd amcan Iesu.

Er fod Iesu wedi ceisio dangos bod enwogion fel Elias (I Bren. 17: 8-24) ac Eliseus (II Bren. 5: 1-14) wedi dwyn bendith i rai y tu allan i genedl Israel, 'llanwyd pawb yn y synagog â dicter' (4: 28). Gan gymaint eu llid roeddent am gael gwared arno ond dim ond dechrau'r genhadaeth oedd hyn, felly fe 'aeth ef drwy eu canol hwy, ac ymaith ar ei daith' (4: 30 cym. Ioan 8: 59). Os oedd natur ei genhadaeth yn ymddangos yn dderbyniol iddynt, yr oedd rhychwant ei genhadaeth y tu hwnt i'w dirnadaeth grefyddol a chenedlaethol gyfyng (cym. 4: 42-43). Fe anfonwyd Crist i gyhoeddi newydd da i'r person yn gyfan, ac i'r gymdeithas yn ei chrynswth drwy'r holl fyd, ac i amlygu'r rhyddid hwn yn ei fywyd ef ei hun. Ni allai neb ei rwystro nes iddo 'orffen ei waith' (Ioan 4: 34).

Cipolwg broffwydol

Pam y penderfynodd Luc gynnwys yr hanes hwn yn y fan hon? Gwahanol iawn yw'r cyd-destun yn y ddwy efengyl gyntaf. Rhoes Mathew yr hanes am wrthod Iesu yn Nasareth ar ôl cyfres o ddamhegion (13: 1-52), ac yn ôl Marc digwyddodd ar ôl i Iesu gyflawni pedair gwyrth (4: 35—5: 43), a gweinidogaethu'n helaeth yng Ngalilea. Yn gwbl groes i hyn, fe adroddodd Luc yr hanes, yn llawer llawnach na'r ddau arall, ar ddechrau'r genhadaeth yng Ngalilea. Pam tybed? Am ei fod yn gweld y digwyddiad hwn fel rhyw gipolwg ymlaen llaw ar natur cenhadaeth Iesu a'r ymateb iddi. O gofio mai ef a ysgrifennodd yr Actau sylweddolir bod yr hanes hwn yn rhagarweiniad i hynt a helynt yr Eglwys Fore hefyd. Dechrau yn nerth yr Ysbryd a wnaeth yr Eglwys hithau. Gweithiodd ymhlith y tlodion a'r di-nod (I Cor. 1: 26). Gwelwyd carcharorion yn cael eu gollwng yn rhydd ac adferwyd eu hiechyd i'r claf a'r anabl. Gollyngwyd yn rhydd y rhai a orthrymwyd, a gwelwyd chwyldro cymdeithasol pan oedd aelodau'n rhannu eu holl eiddo. Chwyrn iawn fu'r gwrthwynebiad i'r eglwys hithau yn enwedig pan droes hi i gyhoeddi'r newydd da i'r Cenhedloedd (Actau 13: 45-50), ond er gwaetha'r cyfan ffynnodd dan ddylanwad Ysbryd y Crist byw. Doedd ryfedd fod Luc wedi gosod yr hanes hwn ar ddechrau cenhadaeth Iesu, oherwydd dyma batrwm ei weinidogaeth ef, a chenhadaeth ei gorff, yr eglwys, hyd heddiw.

TRAFOD

1. Os oedd Luc 4: 18-19 yn fraslun o genhadaeth Iesu ac yn rhaglen waith i'r Eglwys Fore, i ba raddau y caiff y blaenoriaethau hyn eu hadlewyrchu ar agenda eich pwyllgorau a'ch cyfarfodydd eglwysig chi yn lleol ac yn genedlaethol?
2. A fyddech chi'n cytuno â safbwynt Gustavo Gutiérrez 'nad oes efengyleiddio go iawn heb weithredu o blaid y tlawd?'
3. A yw cyffyrddiad Ysbryd Duw yn ein hysgogi i ymwneud yn ymarferol ag anghenion y byd o'n cwmpas? Pa rai sy'n haeddu sylw penodol yn eich bro chi? Beth fedrwch chi ei wneud yn nerth yr Ysbryd?
4. Ai annisgwyl yw gwrthwynebiad pobl y tu mewn a'r tu allan i'r cyfundrefnau crefyddol os byddwn ni'n croesi'r ffiniau confensiynol? Sut medrwn ni ddygymod â gwrthwynebiad yn Ysbryd Crist?
5. Beth yw dealltwriaeth Iesu o 'ryddid' yn yr adran hon?

Pennod 14

GRYM Y GAIR

Darllen: Luc 4: 31—5: 11

Priodol yw sôn am fynd 'i lawr i Gapernaum' (4: 31). Yn Nasareth roedd Iesu yng nghanol y bryniau 1,300 o droedfeddi uwchlaw'r môr, ond yng Nghapernaum roedd wedi disgyn i ryw 680 o droedfeddi islaw arwynebedd y môr. Tref fasnachol ar lan ogledd-orllewinol Llyn Genesaret (h.y. Môr Galilea) oedd Capernaum (Tell Hûm), a bu'n ganolfan i weinidogaeth Iesu a'i ddisgyblion yng Ngalilea.

Er fod modd rhannu'r adran hon yn ddwy ran (4: 31-44 a 5: 1-11), mae'n amlwg eu bod yn hynod o berthnasol i'w gilydd, ym marn Luc. Beth arall fyddai'n cyfrif dros newid trefn ei gynsail, Marc?

Newid y drefn

Ni all neb wadu bod Luc yn dibynnu'n drwm ar yr efengyl yn ôl Marc yn y fan hon. Digon yw cymharu'r penawdau yn *Y Beibl Cymraeg Newydd* ac fe welir bod Y Dyn ag Ysbryd Aflan ynddo, Iacháu Llawer a Taith Bregethu yn cyfateb i'w gilydd yn y ddwy efengyl. Yr hyn sy'n wahanol yw fod Luc wedi newid trefn galw'r disgyblion cyntaf. Yn lle rhoi'r hanes hwnnw o flaen y digwyddiadau a restrwyd, fel y gwnaeth Marc (1: 16-20), fe benderfynodd Luc roi hanes Galw'r Disgyblion Cyntaf ar ôl y digwyddiadau hynny. Pam tybed? Am fod y chwyldro a ddigwyddodd ym mywyd Simon, a'i bartneriaid Iago ac Ioan (a miloedd o rai tebyg cyn diwedd cronicl yr Actau), wedi dod yn sgîl ymateb Pedr i air Iesu — 'ar dy air di' (5: 5) y mentrodd ei enw da fel pysgotwr a'i dynged weddill ei ddyddiau. Cyn y gallai'r darllenydd obeithio amgyffred grym y 'gair hwn', a derbyn ei effaith pellgyrhaeddol ar bysgotwyr profiadol, roedd angen braenaru cryn dipyn. Tanlinellu grym ac awdurdod gair Iesu, a pharatoi'r darllenydd i'w dderbyn fel 'gair Duw' (5: 1) a wna'r paragraffau sy'n dod o flaen hanes Galw'r Disgyblion Cyntaf yn yr efengyl yn ôl Luc.

Grym y gair

Dro ar ôl tro fe bwysleisiodd Luc pa mor rymus oedd gair Iesu. Gellir gweld pa mor fwriadol oedd hyn trwy sylwi ar y modd y newidiodd ergyd Marc. Yr hyn a drawodd pobl yn ôl Marc oedd awdurdod Iesu fel person

— 'yr oedd yn eu dysgu fel un ag awdurdod ganddo' (1: 22), ond 'ei air' oedd yn 'llawn awdurdod' yn ôl Luc (4: 32). Ni wnâi ymadrodd arall mo'r tro ym marn Luc. Pan syfrdanwyd pawb o weld Iesu'n bwrw allan yr ysbryd aflan nes holi 'Beth yw hyn?' gan awgrymu 'Dyma *ddysgeidiaeth* newydd ac iddi awdurdod' (Marc 1: 27), fe fynnodd Luc fod pawb wedi dweud 'Pa *air* yw hwn?' (4: 36). Grym y gair oedd pwyslais Luc. Wrth ddisgrifio ymateb y bobl ychwanegodd y gair 'nerth', 'Y mae ef yn gorchymyn yr ysbrydion aflan ag awdurdod ac â nerth, ac y maent yn mynd allan' (4: 36 cym. Marc 1: 27).

'Pa air yw hwn?' Dyna'r union gwestiwn y dymunai Luc i'r darllenydd yntau holi. Cawn yr ateb mewn adnod arall sy'n digwydd yn yr efengyl yn ôl Luc yn unig. Disgrifiodd ef y dyrfa'n gwasgu at Iesu ac 'yn gwrando ar air Duw' (5: 1). Grym gair Duw oedd ar waith. Y gair y dywedodd yr Arglwydd amdano yn ôl Eseia, 'ni ddychwel ataf yn ofer, ond fe wna'r hyn a ddymunaf' (55: 11). Dyma'r gair dwyfol a ynganwyd pan oedd 'y ddaear yn afluniaidd a gwag', gan ddwyn trefn o anhrefn a chreu posibiliadau newydd wrth gyhoeddi, 'Heigied y dyfroedd o greaduriaid byw, (Gen. 1: 1, 2, 20). Y gair creadigol, grymus hwn, gair Duw ei hun, a lefarwyd gan Iesu, yn ôl Luc, ac yr oedd y dyfroedd, a'r ysbrydion aflan, y tyrfaoedd a'r pysgotwyr yn ymateb iddo. Yn Iesu gwelwyd gair nerthol Duw ar gerdded yn ceryddu'r aflan, yn cyhoeddi'r deyrnas, yn galw'r disgyblion a'u comisiynu i ddal dynion. (Trwy ddisgrifio cyhoeddi'r Eglwys Fore fel 'gair Duw' neu 'gair yr Arglwydd' rhyw bedair gwaith ar ddeg yn llyfr yr Actau (e.e. 4: 31; 16: 32), fe faentumiodd Luc ei fod wedi'i wreiddio yng ngair Iesu'i hun.)

Ceryddu'r aflan

Er nad oedd fawr o sôn am gythreuliaid a demoniaid yn yr Hen Destament, fe ddaeth y meddwl Iddewig dan ddylanwad syniadau Babilonaidd a Phersaidd am y byd ysbrydol. Canlyniad hyn fu'r dyb gyffredin fod gwahanol fathau o anhwylderau yn arwydd bod person wedi'i feddiannu gan bwerau allanol. Roedd hyn yn arbennig o wir pan na allai person reoli'i hun fel yn achos epilepsi, deliriwm, dirdyniadau, anhwylderau meddyliol a nerfol ac ati. Un o nodweddion yr ysbrydion hyn oedd eu bod yn ymglywed â'r byd ysbrydol fel y gallai'r ysbryd aflan synhwyro presenoldeb yr Ysbryd Glân. Iddynt hwy roedd Iesu'n fygythiad am ei fod 'yn llawn o'r Ysbryd Glân'. Hyn oedd yn cyfrif am y brotest, 'A wyt ti wedi dod i'n difetha ni? Mi wn pwy wyt ti — Sanct Duw' (4: 34). Roedd Iesu'n derbyn 'eu bod yn gwybod mai'r Meseia oedd ef' (4: 41) ond rhoes daw arnynt (4: 35, 41) am nad oedd wedi cael cyfle eto i ddysgu'r bobl sut un oedd y Meseia, yr un a eneiniwyd ag Ysbryd Duw, i fod mewn gwirionedd. Disgwyliai'r torfeydd am goncwerwr milwrol i'w rhyddhau o iau a gormes y gelyn Rhufeinig. Roedd y rhyddid a gynigiai Iesu'r Meseia yn fwy radical na hynny. Cynigiodd ef eu rhyddhau o afael yr ysbrydion aflan — trwy rym ei air.

Yn wahanol i Marc, mae Luc yn cyplysu'r hanesion hyn trwy ddefnyddio'r gair 'ceryddu' dair gwaith (4: 35, 39, 41). Yn ôl Marc, pan glywodd Iesu am dwymyn mam-yng-nghyfraith Simon aeth ati 'a gafael yn ei llaw a'i chodi' (1: 31) ond yn ôl Luc fe safodd Iesu uwch ei phen 'a cheryddu'r dwymyn, a gadawodd y dwymyn hi' (4: 39). Cytunai Luc â Marc bod Iesu wedi bwrw allan lawer o gythreuliaid, ond ychwanegodd Luc mai 'eu ceryddu a wnai ef' (4: 41). Prawf o rym ei air oedd gallu Iesu i fwrw allan gythreuliaid. Nid sŵn yn unig mo'i eiriau ef, ond arfau grymus gweithredol. Dyna pam y rhydd enghraifft o'i air yn ceryddu'r aflan ac yn bwrw allan gythreuliaid cyn rhoi enghraifft o'i genadwri — yn wahanol eto i Marc sy'n nodi pwnc pregethu Iesu cyn sôn amdano'n bwrw allan ysbrydion aflan (1: 14, 15). Gweithredoedd Iesu a roddai ystyr i'w eiriau yn nhyb Luc. Dyna pam yr oedd angen i Simon weld ei air ar waith cyn y medrai ymateb 'ar dy air di'. Y gair gweithredol hwn a roes ei ystyr a'i arwyddocâd i air llafar Iesu pan ddaeth. Golygai bwrw allan ysbrydion aflan a chythreuliaid, rhyddhau o afael twymyn lem a iacháu'r cleifion, bod teyrnas Duw yno, ar waith, yn eu plith. Cyhoeddi'r newydd da hwn oedd pregeth Iesu.

Cyhoeddi'r deyrnas

'Y mae'r ARGLWYDD yn frenin'; dyna thema addoliad Israel ar hyd y cenedlaethau (Salmau 93, 96, 97). Gwaetha'r modd, nid oedd yr un argyhoeddiad mor weladwy yn ei gweithredu. Pan ddaeth Iesu cafwyd un yr oedd ei fywyd cyfan yn amlygiad o frenhiniaeth Duw. Yn ei fuchedd a'i weinidogaeth, yn ei allu i fwrw allan gythreuliaid ac i iacháu'r claf yr oedd Duw ar waith yn adfer y drefn ddwyfol, teyrnas Dduw. Egluro arwyddocâd ei weithredu a wnâi Iesu yn ei bregethu, cyhoeddi nad geiriau na syniadau mo teyrnas Dduw ond trefn newydd, ffordd newydd o fyw, a oedd yn disodli ffordd Satan a phwerau'r drwg. Esboniodd yn ddiweddarach, 'os trwy fys Duw yr wyf fi'n bwrw allan gythreuliaid, yna y mae teyrnas Dduw wedi cyrraedd atoch' (11: 20). Yng ngoleuni'r gweithredoedd gallai Iesu ddweud bod yr 'un cryfach' wedi cyrraedd, bod teyrnas y diafol (4: 5) wedi'i bygwth a bod grymusterau newydd ar waith yn eu mysg, sef mawrion weithredoedd Duw. Mewn gwirionedd medrodd 'gyhoeddi'r newydd da am deyrnas Dduw' (4: 43). Gwireddwyd addewid Eseia a oedd yn sylfaen ysgrythurol i faniffesto Iesu yn y synagog yn Nasareth. Fe'i heneiniwyd gan yr Ysbryd Glân i bregethu'r newydd da i dlodion ac i gyhoeddi rhyddhad i garcharorion ar air ac ar weithred (4: 18 cym. Eseia 61: 1). Yng ngrym yr Ysbryd dwyfol yr oedd yn 'rhaid' iddo wneud hyn. Nid rheidrwydd ffawd mo hyn, ond y rheidrwydd o fyw ei fywyd cyfan 'yn nhŷ fy Nhad' (2: 49) am ei fod yn rhydd i ymateb yn llwyr i drefn a phwrpas teyrnas Dduw ac ufuddhau yn llawen i ewyllys ei Dad. Gwireddwyd proffwydoliaeth Eseia,

> Mor weddaidd ar y mynyddoedd yw traed y negesydd
> sy'n cyhoeddi heddwch, yn datgan daioni,
> yn cyhoeddi iachawdwriaeth;
> sy'n dweud wrth Seion, 'Dy Dduw sy'n teyrnasu' (52: 7).

Doedd ryfedd fod y dyrfa'n gwasgu ato i wrando ar air Duw a'r newydd da am ei deyrnas ef.

Galw disgyblion

Un person na allai osgoi clywed y genadwri hon oedd y pysgotwr Simon. Am fod cynifer o bobl ar y traeth fe ofynnodd Iesu i Simon wthio'i gwch allan ychydig o'r lan, yna eisteddodd, yn ôl arfer athrawon ei oes, 'a dechrau dysgu'r tyrfaoedd o'r cwch' (5: 3). Er nad yw Luc yn dweud hyn, gellid disgwyl, yng ngoleuni 4: 43, mai cyhoeddi'r newydd da am deyrnas Dduw a wnaeth. Yn ôl pob tebyg, byrdwn ei neges oedd, 'Y mae'r amser wedi ei gyflawni ac y mae teyrnas Dduw wedi dod yn agos. Edifarhewch a chredwch yr Efengyl' (Marc 1: 15). 'Newid meddwl' neu 'ailfeddwl' oedd ystyr llythrennol 'edifarhau', ac yn y cyfieithiad Groeg o'r Hen Destament (LXX) fe'i mabwysiadwyd i drosi'r gair Hebraeg am 'droi', megis troi yn ôl at yr Arglwydd oddi wrth eilunod, chwedl Amos (4: 4-11). Ychwanegodd ef, 'bydd yn barod, Israel, i gyfarfod â'th Dduw' (4: 12). Edifarhau oedd y cyfeiriad newydd a roddwyd i fywyd a phersonoliaeth dyn o ddod wyneb yn wyneb â Duw.

Dyna'n union brofiad Simon. Pysgotwr cyffredin yn golchi'r rhwydau a'n cyflawni gorchwylion arferol ei waith oedd Simon. Bu wrthi drwy'r nos yn arfer ei grefft a'i ddawn gynhenid yn llafurio ar y llyn, 'heb ddal dim'. Ar sail synnwyr cyffredin a doethineb dynol gwastraff amser fyddai rhoi cynnig arall ar bysgota a hithau'n lliw dydd, 'Ond ar dy air di mi ollyngaf y rhwydau,' meddai Simon wrth Iesu (5: 5). Ac yntau wedi gweld y 'gair' grymus hwn ar waith yn nhŷ ei fam-yng-nghyfraith ac wedi clywed ei ddehongli fel addewid bod teyrnas Dduw wrth law, ufuddhaodd Simon i orchymyn Iesu, a phan welodd y canlyniadau fe'i cydnabu fel gair Duw.

O gyfarfod â Duw wyneb yn wyneb gwelodd ei gyflwr personol a chyffesu mai 'dyn pechadurus wyf fi, Arglwydd' (5: 8). Yn ymyl y duwdod sylweddololodd pa mor annigonol oedd ei fywyd ef, ef a grewyd ar ddelw Duw. Roedd wedi 'syrthio'n brin' o'r bywyd llawn yr oedd Duw wedi bwriadu iddo'i fyw. Dyna ystyr 'pechadurus' o ddifrif. Fodd bynnag, un pechadurus a dderbyniodd Iesu i fod yn gydymaith iddo yn ystod ei weinidogaeth. Fe ailgyfeiriwyd bywyd Simon, a'i bartneriaid Iago ac Ioan wrth iddynt adael popeth, 'a'i ganlyn ef' (5: 11), ar hyd ei daith anorfod i Jerwsalem, a thu hwnt i hynny.

Gyda golwg ar genhadaeth Iesu, a'i ddisgyblion wedyn, roedd hon yn thema y mynnai Luc ei thanlinellu. Wrth alw Lefi fe ddywedodd Iesu, 'i alw pechaduriaid i edifeirwch, nid rhai cyfiawn, yr wyf fi wedi dod'

(5: 32). Gan fod Simon Pedr yn cael lle mor amlwg gan Luc yn yr Actau, priodol oedd dangos bod y prif apostol wedi dechrau'r daith trwy gydnabod ei bechadurusrwydd a dysgu dibynnu ar 'air' Iesu a'i addewid i'r dyfodol, yn hytrach nag ar ei adnoddau dynol ef ei hun yn unig.

Er pwysiced oedd hi i Simon weld ei gyflwr ei hun, yr hyn a'i trawodd yn bennaf oedd y wyrth yn y rhwydau, 'Pan welodd Simon hyn', gwelodd Dduw ar waith a 'syrthiodd wrth liniau Iesu' gan ei gyfarch nid fel 'Meistr' (neu 'Rabbi') mwyach, ond fel 'Arglwydd' (5: 8) — union air y traddodiad Iddewig am Dduw. Ar ôl yr atgyfodiad fe ddaeth 'yr Arglwydd' yn enw cyffredin am Iesu. Oherwydd hyn, a rhai cyfatebiaethau eraill, fe awgrymodd rhai ysgolheigion mai'r un digwyddiad yw hwn â'r 'drydedd waith i Iesu ymddangos i'w ddisgyblion ar ôl iddo gael ei gyfodi oddi wrth y meirw' (Ioan 21: 1-14). Does dim unfrydedd ynglŷn â hyn, ond mae'n amlwg fod Luc yn cyfrif mai un o amodau bod yn apostol oedd bod yng nghwmni'r disgyblion 'yr holl amser y bu'r Arglwydd Iesu yn mynd i mewn ac allan yn ein plith ni, o fedydd Ioan' (Actau 1: 21-22). (I Paul roedd gweld yr Arglwydd atgyfodedig a chael comisiwn ganddo i fod yn apostol yn ddigon (I Cor. 9: 1; 15: 8-10; Gal. 1: 16).)

Comisiynu cenhadon

Yn ogystal â chroniclo galw'r disgyblion cyntaf, mae'r adnodau hyn yn disgrifio comisiynu Simon Pedr i fod yn genhadwr, a'i bartneriaid o bosibl, gan iddynt hwythau ganlyn Iesu o'r adeg honno. O'r cychwyn cyntaf roedd Luc am i'w ddarllenwyr weld bod 'canlyn Iesu', hynny yw bod yn un o'i gwmni ef, yn golygu mynd allan i gyhoeddi'r newydd da am deyrnas Dduw wrth eraill. Roedd Iesu'n ymwybodol iawn mai un wedi'i 'anfon' oedd ef, yn ôl Luc (4: 43). Sylwer fel y newidiodd ef 'i hynny y deuthum allan' (Marc 1: 38) i 'y'm hanfonwyd' i gyfateb i'r testun o Eseia yn y synagog (4: 18). Gair Luc am y cenhadon cyntaf oedd 'apostolion', gair sy'n tarddu o'r union air a ddefnyddiodd Iesu am ei apostolaeth, ei 'anfoniad' ef. Tanlinellodd Ioan yntau yr egwyddor hon dro ar ôl tro, ac yn y weddi fawr sy'n crisialu cenhadaeth Iesu fe'i clywn yn addunedu i'w Dad, 'Fel yr anfonaist ti fi i'r byd, yr wyf fi'n eu hanfon hwy i'r byd' (17: 18).

Wrth gomisiynu disgyblion, roedd Iesu yn eu hawdurdodi a'u galluogi i rannu yn ei genhadaeth ef felly. Fel yr oedd ef wedi bwrw allan gythreuliaid ac iacháu'r cleifion, rhoes i'r Deuddeg 'nerth ac awdurdod i fwrw allan gythreuliaid o bob math ac i wella clefydau' (9: 1). Ac fel yr oedd Iesu wedi 'cyhoeddi'r newydd da am deyrnas Dduw', fe 'anfonodd hwy allan i gyhoeddi teyrnas Dduw' (9: 2). Ac fel yr oedd Iesu wedi galw'r disgyblion, roeddent hwythau i fynd ati ar unwaith i 'ddal dynion' (5: 10). Dewisodd Luc air dethol yn y fan hon. Fel arfer byddai pysgotwr yn dal ac yn lladd, ond fe ddefnyddiodd Luc air a olygai 'dal yn fyw' gan adleisio addewid Iesu, 'Yr wyf fi wedi dod er mwyn i ddynion gael bywyd, a'i gael yn ei holl gyflawnder' (Ioan 10: 10). Dyna nod cenhadaeth Iesu. I hyn y cafodd ei anfon gan ei Dad nefol. Rhoes gomisiwn i bobl cwbl gyffredin, a oedd yn fodlon ymateb i'w air, i rannu yn ei genhadaeth ef 'o hyn allan' (5: 10). Un o ymadroddion nodweddiadol Luc oedd hwn (1: 48; 12: 52; 22: 18, 69; Actau 18: 6), a dynodai gychwyn cyfnod newydd o iachawdwriaeth. O'r dechrau diben cenhadol oedd i ddyfodiad Iesu, ac ymuno yn ei genhadaeth oedd diben y sawl a oedd yn ei gwmni. Gwelir yma y cymhelliad cenhadol y tu ôl i'r efengyl yn ôl Luc a'r Actau. Nid adrodd stori i ddifyrru'r darllenydd a wnaeth Luc, ond olrhain i lygad y ffynnon y genhadaeth a oedd wedi cyrraedd Rhufain. Nid o ddyn eithr o Dduw yr oedd y genhadaeth ryfeddol hon. Er i rai geisio cadw Iesu, a'r efengyl iddynt eu hunain, a'i rwystro rhag mynd ymaith oddi wrthynt (4: 42), fe ddywedodd ef wrthynt, 'Y mae'n rhaid imi gyhoeddi'r newydd da am deyrnas Dduw i'r trefi eraill yn ogystal, oherwydd i hynny y'm hanfonwyd i' (4: 43). Cawsant hwythau gyfle i ymglywed â grym 'gair Duw' yn ogystal â 'Jwdea a Samaria, a hyd eithaf y ddaear' (Actau 1: 8).

TRAFOD

1. A yw sŵn y gair wedi disodli grym y gair yn ein heglwysi yng Nghymru? Ai peth da yw pwyslais efengylwyr fel John Wimber ar 'Efengylu Grymus' (*Power Evangelism*) sy'n cynnwys ardoddi dwylo i iacháu a bwrw allan gythreuliaid?
2. A yw meddygaeth fodern wedi dileu'r angen am fwrw allan ysbrydion drwg?
3. A oes angen amlygiad o'r hyn ydyw'r efengyl cyn y gellir cyhoeddi'r newydd da am deyrnas Dduw yn effeithiol?
4. A oes perygl i ni yn yr eglwysi geisio rhwystro Crist rhag cyrraedd y lleoedd 'unig' a'r mannau sydd heb ei weld a'i glywed

   (i) yn ei fyd heddiw?
   (ii) ymysg pobl wrth eu gwaith?
   (iii) yn ein calonnau ni?

Pennod 15

PARADOCSAU

Darllen: Luc 5: 12—6: 11

Yn yr adran hon fe ddefnyddiodd Luc air Groeg nas gwelwyd yn un man arall yn y Testament Newydd: *paradoxa* (5: 26). Serch hyn, roedd yn ddigon cyfarwydd i'w ddarllenwyr oherwydd byddai haneswyr Groeg yn ei arfer yn gyffredin i gyfleu tro ar fyd, ac fe'i defnyddiwyd gan Joseffus wrth sôn am wyrthiau. Yn *Y Beibl Cymraeg Newydd* mabwysiadwyd y cyfieithiad 'pethau anhygoel', tra rhoes esboniad I. H. Marshall ar y testun Groeg, 'yr ydym wedi gweld pethau annisgwyl' (t.217). Yng ngoleuni dehongliad Eduard Schweizer gellid dadlau bod 'paradocs' yn crisialu ergyd yr adran hon, os nad yr efengyl gyfan: 'rhywbeth sy'n mynd y tu hwnt i bob gwybodaeth gyfarwydd gan gyfeirio felly at yr un sy'n gweithredu'n wahanol i bob disgwyl: Duw' (t.111). Dyma enghreifftiau o'r pethau annisgwyl hynny a awgrymai fod Duw ar waith yng ngweinidogaeth Iesu o Nasareth.

Glanhau'r gwahanglwyfus

O'i gymharu â Marc fe chwyddodd Luc gamp Iesu trwy nodi ei fod wedi iacháu dyn 'yn llawn o'r gwahanglwyf' (5: 12). Gan mai Luc oedd yr unig efengylydd a soniodd am Iesu'n glanhau deg o ddynion gwahanglwyfus yn ddiweddarach (17: 11-19), mae'n amlwg ei fod yn gweld arwyddocâd arbennig yn y weithred hon. Fe ddaeth hynny i'r golwg yn ei ateb i ddau o ddisgyblion Ioan Fedyddiwr (7: 18-23); ychwanegodd fod 'y gwahangleifion yn cael eu glanhau' at y rhydd-gyfieithiad o Eseia 35: 5-6 a oedd yn sylfaen i'w ateb. Trwy'r cyfeiriad hwn at broffwydoliaeth Eseia roedd Iesu yn medru argyhoeddi disgyblion Ioan bod ei weithredoedd yn profi mai ef oedd 'yr hwn sydd i ddod' (7: 20), Duw ei hunan (Eseia 35: 4).

Nid cael ei iacháu yn unig a wnaeth y dyn gwahanglwyfus ond cael ei lanhau. Pwysleisiodd Luc hyn trwy ailadrodd 'glanhau' dair gwaith (5: 12, 13, 14). Arswydai'r Iddew rhag afiechydon y croen a chafwyd rheolau arbennig ynglŷn â'r heintiau hyn (Lef. 13), nid yn unig am eu bod yn cael eu hystyried yn glefydau heintus, ond am eu bod yn halogi'r bobl ac yn arwydd o gosb Duw. Cyfrifid y sawl a ddioddefai o'r gwahanglwyf yn 'aflan' a disgwylid iddo fyw ar ei ben ei hun a gweiddi

'Aflan, aflan!' i rybuddio eraill i gadw draw (Lef. 13: 45-46). Y paradocs eithaf felly oedd gweld yr un sanctaidd, 'Sanct Duw' (4: 34) yn cyffwrdd â'r aflan heb gael ei halogi ganddo. Yn hytrach fe 'ymadawodd y gwahanglwyf ag ef ar unwaith' (5: 13), ac i gael sicrwydd ei fod wedi cael ei lanhau anogodd Iesu ef i fynd 'a dangos ei hun i'r offeiriad' ac i gyflawni'r seremonïau angenrheidiol cyn i'r offeiriad 'ei gyhoeddi'n lân' (5: 14 cym. Lef. 14). Roedd glanhau'r aflan hwn yn profi bod Duw ar waith yn Iesu. Fel y tybid bod pobl Israel yn rhydd o heintiau'r croen yn Sinai gallai glanhau'r gwahanglwyfus fod yn arwydd o ymyriad dyfodol Duw â'r oes bresennol yng ngweinidogaeth Iesu (7: 22 cym. Math. 10: 8).

Iacháu dyn wedi ei barlysu

Gogoneddu Duw a wnaeth y dyn a oedd wedi ei barlysu, pan gododd ar orchymyn Iesu, a chymryd y gwely y bu'n gorwedd arno, a mynd adref (5: 25). Unwaith eto daeth cyfle i 'weld gogoniant yr ARGLWYDD' wrth i'r broffwydoliaeth am gryfhau 'y gliniau gwan' (Eseia 35: 2-3) gael ei chyflawni. Roedd rhaglen waith Iesu, a amlinellodd yn y synagog yn Nasareth, yn cael ei gwireddu wrth iddo 'beri i'r gorthrymedig gerdded yn rhydd' (4: 18). Er mor rhyfeddol oedd hynny mynnai Luc, a Luc yn unig o blith yr efengylwyr yma, bwysleisio mai 'Ysbryd yr Arglwydd' (4: 18) oedd y tu ôl i hyn oll wrth ragymadroddi bod 'nerth yr Arglwydd gydag ef i iacháu' (5: 17). Doedd ryfedd fod pawb wedi gogoneddu Duw a dweud yn eu dychryn, 'Yr ydym wedi gweld pethau anhygoel heddiw' (5: 26). Y paradocs mwyaf oedd cysylltu hyn oll â maddeuant pechodau.

Maddau pechodau

Fe hepgorodd Luc ragymadrodd Marc i'r hanes hwn er mwyn medru'i gysylltu'n nes â phrofiad y gwahanglwyfus. Yn ogystal â'i iacháu o'i haint, roedd hwn wedi'i lanhau o'i aflendid. Yn yr un modd fe aeth Iesu i'r afael â'r pechodau a oedd wrth wraidd parlys hwn. Cafodd faddeuant yn ogystal ag iachâd. Nid darganfyddiad diweddar mo clefydau seicosomatig. Gwyddai'r Iddew am y cysylltiad rhwng y corff a'r ysbryd, a pherthynas maddeuant ac iachâd (Salm 103: 3). Oherwydd hyn gwelai Iesu faddeuant pechodau fel gwedd ar ei raglen waith. Wrth gyhoeddi, 'Ddyn, mae dy bechodau wedi eu maddau iti' (5: 20), fe ddefnyddiodd yr un ferf am 'maddau' â'r ferf Groeg a ddefnyddiodd am 'rhyddhau' wrth sôn am 'rhyddhad i garcharorion' a'r gorthrymedig yn cerdded 'yn rhydd' yn Nasareth (4: 18). Gwyddai'r Iddew hefyd na allai neb ond Duw yn unig faddau pechodau (5: 21). Ni wadodd Iesu'r haeriad hwn, ond ei ddefnyddio'n hytrach i roi gwybod iddynt 'fod gan Fab y Dyn awdurdod ar y ddaear i faddau pechodau (5: 24). Bu llawer o drafod ar yr ymadrodd 'Mab y Dyn' gan awgrymu ei fod yn cyfeirio at weledigaeth Daniel o 'Saint y goruchaf' (7: 18, 22, 27) a fu'n ffyddlon dan erledigaeth Antiochus Epiphanes, ac a ddatblygodd yn ffigwr eschatolegol. Yn ddiweddarach heriwyd y ddamcaniaeth hon gan yr ysgolhaig Iddewig G. Vermes, trwy esbonio 'Mab y Dyn' fel priod-ddull Rabinaidd a ddefnyddid gan siaradwr i gyfeirio ato'i hun mewn ffordd gwmpasog fel 'y dyn' neu 'fab y dyn' (*bar enash(a)* mewn Aramaeg) pan oedd mewn amgylchiadau lletchwith. Defnyddiwyd y term yn aml yn yr efengylau, ar wefusau Iesu fel arfer, fel petai'n cyfeirio ato'i hun yn y trydydd person. Ond o gyfeirio ato'i hun gallai Iesu dynnu sylw hefyd at weithgarwch Duw. I feidrolion cyffredin roedd maddau pechodau a chyfodi'r dyn wedi ei barlysu mor amhosibl â'i gilydd (5: 23), ond i brofi ei fod ef yn medru rhyddhau dyn o afael ei bechodau fe ryddhaodd y parlys diymadferth o'i wely. Cydnabod gweithgarwch Duw a wnaeth y dyn a'r bobl o gwmpas yn unol â thraddodiad y genedl,

Fy enaid, bendithia'r ARGLWYDD,
a phaid ag anghofio'i holl ddoniau:
ef sydd yn maddau fy holl droseddau,
yn iacháu fy holl afiechyd (Salm 103: 2-3).

Y tu ôl i weithredu anhygoel Iesu yr oedd Duw ar waith yn maddau yn ogystal ag iacháu.

Galw pechaduriaid

Gan ddilyn cyflwyniad Marc (2: 13) fe gyplysodd Luc hanes galw Lefi â'r hanes blaenorol gyda'i 'Wedi hyn' (5: 27). Iddo ef yr oedd yr holl sôn am faddau pechodau yn arwain at baradocs arall yn achos Iesu: galw pechaduriaid i fod yn gyfeillion iddo. Cadw'n glir oddi wrth bechaduriaid oedd nod crefyddwyr ei ddydd, ac yr oedd casglwyr trethi bron â bod mor wrthodedig gan gymdeithas â gwahangleifion. A'i lygaid yn hollol agored, edrychodd Iesu 'ar gasglwr trethi o'r enw Lefi, a oedd yn eistedd wrth y dollfa, ac meddai wrtho, "Canlyn fi"' (5: 27). Roedd hyn yn wahoddiad i ymuno â Iesu a'i gymdeithion agosaf ar eu cenhadaeth ddwyfol. Fel y sylwodd Eduard Schweizer, gwahoddiad pur annisgwyl oedd 'Canlyn fi' beth bynnag. Nid yw rabbi Iddewig yn galw disgyblion. Pan fo gŵr ifanc am ei ddilyn mae'n ei gyfeirio at yr Ysgrythurau ac at esboniadau o Air Duw fel y'i llefarwyd ganrifoedd yn gynt. Ond caiff disgybl Crist ei dywys ar daith, a does neb yn gwybod i ble y bydd yn ei arwain. Mae'r Iesu yn ei gymell i'w ganlyn gan awgrymu y gall ei fywyd, ei fywyd tragwyddol hyd yn oed, ddibynnu ar ei barodrwydd i ufuddhau (*Luke: A Challenge to Present Theology*, t.82).

Er mor annisgwyl oedd hyn oll, roedd galw Lefi (neu 'Mathew' yn ôl Mathew 9: 9) yn unol ag amcan cenhadaeth Iesu: 'i alw pechaduriaid i edifeirwch, nid rhai cyfiawn, yr wyf fi wedi dod' (5: 32). Trwy newid amser y ferf yn y fan hon fe all fod Luc am ddweud bod Iesu wedi dod ac yn dal i ddod i alw pechaduriaid i edifeirwch. Adleisia'r gair 'galw' alwad Duw i Israel i fod yn genedl etholedig yn ei genhadaeth bellgyrhaeddol ef (e.e. Eseia 41: 9; 42: 6). Iesu oedd cyfrwng Duw i gyflwyno'r alwad ddwyfol hon felly. Yn ogystal â galwad i fendithion ac i freintiau, roedd pris i'w dalu. At 'i alw pechaduriaid' (Marc 2: 17) fe ychwanegodd Luc 'i edifeirwch' (5: 32). Rhoes Luc bwys arbennig ar edifeirwch (24: 47; Actau 5: 31; 11: 18; 17: 30; 20: 21; 26: 20) ac, fel y gwelsom (3: 3), fe olygai newid cyfeiriad radical. 'I Luc, roedd "edifeirwch a maddeuant" yn crisialu'r newyddion da,' yn ôl Brian Beck (t.11). Fe gynhwysai galwad Iesu wahoddiad i fendithion a gwŷs i hunanymwadiad felly. Derbyniodd Lefi ergyd y paradocs hwn. 'A chan adael popeth cododd yntau a'i ganlyn' (5: 28). Ar yr un pryd 'gwnaeth Lefi wledd fawr iddo yn ei dŷ; ac yr oedd tyrfa niferus o gasglwyr trethi ac eraill yn cydfwyta gyda hwy' (5: 29). Chwyldro oedd derbyn galwad Iesu: gadael yr hen ffordd o fyw hunanganolog a dechrau mwynhau rhannau ag eraill a blasu bywyd fel gwledd yng nghwmni hen gydweithwyr a chyfeillion newydd, casglwyr trethi yn ogystal â Iesu a'i ddisgyblion. Wrth ddileu rhagfur 'y ni a'r nhw', cafwyd rhagflas o gymod y nef. A dyna baradocs annisgwyl oedd gweld cymeriadau mor frith yn hapusach na'r crefyddwyr yng nghwmni Iesu!

Arglwydd ar y Saboth

Bron y gellir dweud bod Iesu wedi mynd ati i dynnu coes crefyddwyr ei ddydd. Gydag enwaedu, roedd cadw'r Saboth yn un o'r nodweddion hynny a danlinellai arwahanrwydd neilltuol yr Iddew. Fe'i pwysleisiwyd yn y Deg Gorchymyn a datblygodd corff o draddodiadau i sicrhau na fyddai'r gorchymyn hwn yn cael ei anwybyddu. Y paradocs mawr a ddaeth i'r golwg yn yr adran hon oedd gweld Iesu ar y naill law yn annog y dyn gwahanglwyfus i gydymffurfio â gofynion y Ddeddf pan gafodd ei lanhau (5: 14), ac ar y llaw arall yn ymddangos fel pe bai'n dibrisio'r safonau traddodiadol ynglŷn â'r Saboth. Ar adegau ymddangosai fel pe bai Iesu'n gwneud hynny'n fwriadol (6: 8; 13: 12). Beth oedd yn cyfrif am hyn? A allai'r paradocs hwn hyd yn oed ddadlennu Duw ar waith? I'r Iddew roedd y Saboth yn symbol o'r bywyd nefol. Yng ngoleuni hyn gallai Iesu ystyried y Saboth fel diwrnod hynod o addas i gyflawni'r gweithredoedd hynny a fyddai'n arwyddion o ddyfodiad teyrnas Dduw, megis 'gwneud da' ac 'achub bywyd' (6: 9). Yn hyn o beth roedd ef yn cydweithredu â'i Dad nefol (Ioan 5: 16-17) a chan mai Duw a sefydlodd y Saboth, Duw yn unig, neu ei gynrychiolydd, a allai amrywio'r modd y gweithredid ar y Saboth. Dwyn sylw at ffynhonnell ddwyfol ei awdurdod a wnaeth Iesu felly wrth gyhoeddi ei fod ef 'yn arglwydd ar y Saboth' (6: 5 cym. 5: 24). Rhoes hyn gyfiawnhad i'w ddilynwyr hwythau ymwrthod â'r mân reolau ynglŷn â'r Saboth Iddewig (Col. 2: 16) ac edrych ymlaen, fel eu Harglwydd, at y Saboth sy'n 'aros yn sicr i bobl Dduw' (Heb. 4: 9), gan ddathlu fel y disgyblion yn mynd trwy gaeau ŷd gan dynnu'r tywysennau a'u bwyta'n rhydd yng nghwmni Iesu.

Ymateb annisgwyl

Wrth weld y gwahanglwyfus yn cael eu glanhau, pechaduriaid yn profi maddeuant a chymod, y diffrwyth yn cael eu hiacháu, hualau crefyddol yn cael eu rhyddhau, beth oedd ymateb cyfoeswyr Iesu? Rhoes Luc gryn sylw i hyn a brigodd paradocs arall i'w wyneb. Y tyrfaoedd, nid y crefyddwyr, a roes groeso i'r un a lefarai, ac a weithredai 'yn nerth yr Arglwydd'. Fel yn y synagog yn Nasareth cafodd gymeradwyaeth (4: 22) a gwyrthwynebiad (4: 28-30). Rhagflas oedd hyn o'i dynged weddill ei daith trwy Galilea ac ar ei ffordd i Jerwsalem nes cyrraedd Y Benglog.

Ar y naill law rhoes Luc sylw yn yr adran hon i'r ffaith fod 'y sôn amdano yn ymledu fwyfwy, ac yr oedd tyrfaoedd lawer yn ymgynnull i wrando ac i gael eu hiacháu oddi wrth eu clefydau' (5: 15). Ar y llaw arall roedd y Phariseaid ac athrawon y Gyfraith yn ddrwgdybus iawn. Bu cryn ddadlau yn ddiweddar ynghylch tarddiad y Phariseaid ac agwedd Luc tuag atynt (e.e. J. T. Sanders, *The Jews in Luke-Acts*). Mae'n debyg eu bod wedi tarddu o blith y lleygwyr. Eu bwriad oedd creu'r sancteiddrwydd eithaf yn Israel, a hynny mewn ffyrdd a oedd yn bosibl i bawb — trwy ufuddhau i'r ddeddf yn eu bywyd pob dydd — heb orfod cael cysylltiad arbennig â'r deml na chilio i'r diffeithwch. Er mwyn gwneud hyn yn bosibl buont yn dehongli'r Gyfraith ar lafar, i'w gwneud yn ddealladwy mewn amgylchiadau gwahanol iawn i rai cyfnod Moses. Dywedwyd eu bod wedi 'codi clawdd o gwmpas y Gyfraith'. Y paradocs mawr oedd mai'r rhain a fu'n gwrthwynebu Iesu ynghyd ag athrawon y gyfraith a'r ysgrifenyddion. Term go anghyffredin oedd 'athrawon y Gyfraith' (5: 17) ac mae'n bosibl fod Luc wedi'i ddefnyddio i wahaniaethu rhwng athrawon Iddewig a rhai Cristnogol. Y gair cyffredin am esbonwyr y Ddeddf Iddewig oedd 'ysgrifenyddion' (5: 21).

I brofi pa mor enwog oedd Iesu nododd Luc (yn unig) fod Phariseaid ac athrawon y Gyfraith wedi dod 'o bob pentref, yng Ngalilea ac o Jwdea ac o Jerwsalem' i weld Iesu (5: 17). Ond ar ba berwyl yr oeddent? Fel llenor medrus cyflwynodd Luc y newid yn eu hymateb i Iesu o gam i gam yn yr adran hon. I ddechrau fe'u gwelwyd 'yn eistedd yno' (5: 17), yn gwrando arno'n dysgu. Ar ôl datgan wrth y dyn wedi ei barlysu bod ei bechodau wedi eu maddau synhwyrodd Iesu 'eu meddyliau' a'u hamheuon mewnol (5: 22). O weld Iesu yn cydfwyta â chasglwyr trethi ac eraill fe dorrodd yr amau i'r wyneb gan iddynt ddechrau 'grwgnach' wrth ei ddisgyblion (5: 30). Troes y grwgnach yn edliw (5: 33) a'r edliw yn groesholi (6: 2). Erbyn y 'Saboth arall' roedd yr ysgrifenyddion a'r Phariseaid 'â'u llygaid arno i weld a oedd yn iacháu ar y Saboth, er mwyn cael hyd i gyhuddiad yn ei erbyn' (6: 7). Pan iachawyd y llaw dde a oedd yn ddiffrwyth ar y Saboth, roedd yr ysgrifenyddion a'r Phariseaid yn gynddeiriog, 'a dechreusant drafod â'i gilydd beth i'w wneud i Iesu' (6: 11). Dan gysgod y bygythiad hwn y cyflawnodd gweddill ei genhadaeth, ef 'yr oedd nerth yr Arglwydd gydag ef i iacháu' (5: 17).

Nerth yr Arglwydd

Dyma'r paradocs mwyaf gwaelodol ynglŷn â Iesu. Er fod y sôn amdano wedi ymledu ar hyd a lled y wlad, ac er ei fod wedi ennyn llid arweinwyr crefyddol ei ddydd, roedd rhywbeth pwysicach yn gyrru cenhadaeth Iesu. Arferai ef encilio i'r mannau unig yn yr anialwch i ddod wyneb yn wyneb ag ef ei hun ac i weddïo (5: 16). Trwy weddïo gwelai ei fywyd a'i genhadaeth yng nghyd-destun Duw. Nid gweithredu i ennill poblogrwydd nac i ddryllio'r delwau crefyddol a wnâi wedyn ond ymhyfrydu yn ewyllys ei Dad. O gymuno â Duw gwelai ei weinidogaeth fel cyfle i rannu gwin newydd nad oedd angen ei gostrelu i hen grwyn, neu fel dilledyn newydd nad oedd angen ei gymathu â'r hen. 'I grwyn newydd y mae tywallt gwin newydd' (5: 38). Yn yr anialwch y profodd ef y wledd ac yn yr unigeddau y cafodd gymundeb â Duw. O'r ffynhonnell anweledig hon daeth ag achos i eraill ddathlu'n gyhoeddus wrth i'r gwahangleifion gael eu glanhau, yr anabl gael eu hiacháu a'r pechadurus brofi maddeuant Duw. Rhoes gyfle i grefyddwyr fwynhau Saboth Duw ac i ymhyfrydu yn nerth yr Arglwydd yn iacháu a'n galluogi pechaduriaid i edifarhau, ond ni fynnent. Er iddynt graffu 'â'u llygaid arno i weld a oedd yn iacháu ar y Saboth' fe gollasant weld y paradocs anhygoel, tra profodd Lefi a'i gydbechaduriaid baradocs y pethau annisgwyl am fod Iesu wedi edrych arno a'i wahodd ef o bawb i'w ganlyn ar hyd ffordd y groes i'r bywyd tragwyddol — y paradocs mwyaf yn hanes yr hil.

TRAFOD

1. Beth yw ystyr y gair 'paradocs'. Trafodwch rai o'r paradocsau ('pethau annisgwyl') sy'n ymhlyg yn y Ffydd Gristnogol. Pa wedd ar Dduw a ddadlennir gan y rhain?
2. Pan ymosodid ar y disgyblion yn yr adran hon fe atebai Iesu drostynt. Ai cysur ynteu cam â dynoliaeth oedd hyn?
3. Beth oedd agwedd sylfaenol Iesu at y Saboth? A oedd hyn yn anghyson â'i agwedd at orchymyn Moses ar adegau eraill (5: 14)?
4. Pam mai 'Duw yn unig a all faddau pechodau' (5: 21)?
5. A ddylai Cristnogion gadw draw oddi wrth bechaduriaid a chleifion heintus? Beth oedd amcan Iesu wrth ymwneud â hwy?
6. Rhestrwch rai o'r paradocsau ym mywyd Iesu. Beth yw arwyddocâd y rhain ar gyfer ein hadnabyddiaeth o Dduw?

Pennod 16

HYFFORDDI'R DDYNOLIAETH NEWYDD

Darllen: Luc 6: 12-49

Er fod deunydd ar gyfer dau gyfarfod o leiaf yn yr adran hon, mae'r cyfan yn perthyn i'w gilydd a chreu camargraff fyddai ei ddosbarthu'n ddwy ran. Y tair brif elfen yw:

(i) Iesu'n dewis y Deuddeg apostol (6: 12-16).
(ii) Iesu'n mudo gyda'r Deuddeg i'r tir gwastad lle bu ef yn iacháu cyn dysgu ei ddisgyblion (6: 17-19).
(iii) Iesu'n dysgu ar y tir gwastad (6: 20-49).

Iesu'n dewis y Deuddeg

Fe ddangosodd Luc mai encilio i weddïo oedd ymateb Iesu i boblogrwydd (5: 15-16) ac i wrthwynebiad (6: 11-12). Fel Moses gynt ar 'fynydd Duw' (Exod. 19: 3) yn Sinai, fe fu Iesu'n cymuno â'i Dad nefol. Dro ar ôl tro fe sylwodd Luc ar Iesu'n gweddïo (e.e. 3: 21; 5: 16; 9: 18, 28; 11: 1) a dichon ei fod am danlinellu pwysigrwydd yr achlysur trwy nodi fel y bu Iesu 'ar hyd y nos yn gweddïo ar Dduw' (6: 12). Roedd am gyfleu bod y penderfyniad i ddewis y Deuddeg, ynghyd â phwy oeddent efallai, wedi deillio oddi wrth Dduw. (Cym. S. C. Barton, t.87). Ar ôl iddi ddyddio galwodd Iesu ei ddisgyblion ato ac o'u plith fe ddewisodd ddeuddeg a'u galw'n apostolion. Eisoes (5: 30) fe gyfeiriodd Luc at 'ddisgyblion' Iesu, sef pobl a oedd am ddysgu oddi wrtho ef. Gydag awdurdod dwyfol (Eseia 41: 8), fe ddewisodd Iesu o blith y rhain gynrychiolwyr arbennig a fyddai'n cael eu hanfon yn ei enw ef ar ôl iddynt gael eu dysgu ganddo. Fel Ioan, rhoes Luc bwys arbennig ar ddewis y Deuddeg (Actau 1: 2, 24; 15: 7; Ioan 6: 70; 13: 18; 15: 16, 19).

Pam y dewisodd Iesu ddeuddeg? Roedd arwyddocâd symbolaidd i'r nifer hwn oherwydd cynhwysai pobl Dduw y deuddeg llwyth a darddodd o ddeuddeg mab Jacob — Israel (Gen. 49: 28). Trwy ddewis y Deuddeg hyn roedd Iesu, gydag awdurdod Duw ei hun, yn sefydlu corff a fyddai'n 'barnu deuddeg llwyth Israel' (22: 30), ac yn dwyn gwaredigaeth i'r holl fyd. Sicrhau cyfandod yr Israel newydd oedd yn cyfrif am ddewis olynydd i Jwdas Iscariot, cyn i'r corff hwnnw gael ei nerthu gan yr Ysbryd Glân i dystiolaethu i Iesu 'hyd eithaf y ddaear' (Actau 1: 8).

I Iesu y tystiai'r Deuddeg. Oherwydd hyn roedd yn ofynnol iddynt oll fod yn aelodau o'r cwmni hwnnw a fu gydag ef o'i fedydd gan Ioan hyd at ei esgyniad. Yn anad dim roedd angen bod yn dyst 'o'i atgyfodiad ef'

(Actau 1: 21-22). Y Deuddeg felly oedd yn sicrhau dilysrwydd y dystiolaeth i Iesu. Hwy oedd y ddolen rhwng Iesu'n cyhoeddi teyrnas Dduw a phregethu gair Duw gan yr eglwys. Trwy eu tystiolaeth hwy cafwyd traddodiad di-dor am Iesu Grist. Hyn oedd yn cyfrif am y lle canolog a roddwyd iddynt fel arweinwyr awdurdodol yn yr Eglwys Fore yn ôl llyfr yr Actau.

Er fod lle arbennig i bob unigolyn, rhoddwyd y pwys pennaf arnynt fel corff o bobl, cnewyllyn yr Israel newydd, pobl Dduw. Ac eithrio Pedr, Iago ac Ioan, ni bu fawr o sôn am y gweddill fel unigolion yn yr Actau. Y Deuddeg oedd yn cyfrif. Yn eu hundod hwy fel cyfangorff y gwelwyd addewid y ddynoliaeth adferedig gyda physgotwyr a gweithwyr eraill, Mathew'r casglwr trethi a Simon y Selot, Jwdas o Jwdea (Iscariot = o Cerioth efallai) a Galileaid lu yn un gymdeithas amrywiol yn anghytuno â'i gilydd ac yn cael eu cymodi yn ysbryd tangnefeddus Iesu.

Iesu'n mynd i lawr gyda'r Deuddeg

Pontio rhwng dewis y Deuddeg a'r dysgu ar y tir gwastad oedd diben yr adran hon (6: 17-19). Fel y daeth Moses 'i lawr at y bobl' a dweud wrthynt yr hyn a ddadlennodd Duw iddo ef (a'r henuriaid) ar Fynydd Sinai (Exod. 19-20), fe osodwyd y llwyfan yn barod ar gyfer y ddysgeidiaeth ar y gwastatir.

Yn gyntaf pwysleisiwyd bod y Deuddeg yno gyda Iesu (6: 17) yn barod i dderbyn ei ddysgeidiaeth, fel y medrent ei drosglwyddo i eraill gydag awdurdod Iesu'i hun. Yn fwy bwriadol na'r efengylwyr eraill, fe leolodd Luc ddysgeidaeth Iesu yn y man cyntaf posibl lle y gallai ei apostolion ei glywed fel un corff. Yn ail, fel y cadarnhawyd tystiolaeth y Deuddeg i'r atgyfodiad gan 'fwy na phum cant o'r brodyr' (I Cor. 15: 5-6), fe nododd Luc fod tyrfa fawr o ddisgyblion Iesu wrth law (6: 17) i ategu'r adroddiad am y ddysgeidiaeth ar y tir gwastad. Gallai Luc fod yn codi'i olygon yn barod at y genhadaeth ymhlith y cenhedloedd wrth sylwi ar y cynrychiolwyr 'niferus' o Balesteina 'ac o arfordir Tyrus a Sidon, a oedd wedi dod i wrando arno' (6: 17). Yn wir, medrent dystiolaethu i'w air nerthol a iachusol o'u profiad hwy eu hunain. Hoffai Luc osod y dysgu yng nghyd-destun y gweithredu nerthol (6: 19-20). Felly, yn drydydd, tanlinellwyd pwy a draddododd y ddysgeidiaeth awdurdodol hon: yr un 'yr oedd nerth yn mynd allan ohono' (6: 19) am ei fod wedi ei eneinio ag Ysbryd yr Arglwydd 'i bregethu'r newydd da i dlodion' (4: 18), Iesu Grist. Trwy ei air nerthol a'i gyffyrddiad dwyfol, roedd ef yn iacháu pawb yn gorfforol ac yn gymdeithasol. Gosod sylfeini cymdeithas newydd fyddai nod y dysgu ar y tir gwastad.

Iesu'n dysgu ar y tir gwastad

Er fod Luc yn dibynnu ar yr efengyl yn ôl Marc am y fframwaith i'w efengyl, yn y fan hon fe ddechreuodd ar adran go helaeth (6: 20—8: 3) nas ceir yn yr efengyl honno. Ym Mathew cofnodwyd bod Iesu wedi 'eistedd i lawr' (5: 1), sef ystum athro, ond yn ôl Luc 'cododd ef ei lygaid ar ei ddisgyblion' (6: 20) gan ganolbwyntio arnynt hwy fel y sawl a dderbyniodd y traethiad proffwydol hwn, tra roedd yn 'sefyll ar dir gwastad' (6: 17). Awgrymodd Eduard Schweizer, 'Dichon bod hwn yn agos iawn i eiriau Iesu ei hun' (t.116) gan ei fod yn dilyn y ffynhonnell Q (a oedd yn gyffredin i Fathew a Luc), yn bur fanwl yn ôl pob golwg. Ar gyfrif yr amrywiaeth pynciau fe'i disgrifiwyd gan J. A. Fitzmyer fel 'llac a di-lun' (t.628) ond dadleuodd C. F. Evans, 'Yn ieithyddol mae'n gyfanwaith gofalus ac artistig' (t.325), a rhoddir ei fraslun ef yma oherwydd fel y maentumiodd Charles H. Talbert, 'Mae'n rhaid i unrhyw esboniad ar yr adran (6: 20-49) ddilyn yr arweiniad a rydd Luc yn y ffordd y mae ef wedi trefnu ei ddeunydd' (t.69).

Braslun o gynnwys y Ddysgeidiaeth ar y Tir Gwastad (ar sail C. F. Evans, tt. 324-325):

RHAGYMADRODD

'Yna cododd ef ei lygaid ar ei ddisgyblion a dweud':

(i)	6: 20-23	Pedwar 'Gwyn eich byd'.
(ii)	6: 24-26	Pedwar 'Gwae chwi' cyfatebol.

RHAN I

'Ond wrthych chwi sy'n gwrando 'rwy'n dweud' (h.y., wrth y gynulleidfa gyfan):

(iii)	6: 27-28	Pedwar gorchymyn i garu.
(iv)	6: 29-30	Pedwar gorchymyn i roi.
(v)	6: 31	Un gorchymyn i grynhoi'r gorchymynion hyn.
(vi)	6: 32-34	Tri anogaeth i garu, i wneud daioni ac i roi benthyg.
(vii)	6: 35	Un gorchymyn i garu, i wneud daioni ac i roi benthyg, gyda dau reswm dros hyn.
(viii)	6: 36	Un gorchymyn i fod yn drugarog 'fel y mae eich Tad yn drugarog'.
(ix)	6: 37-38	Pedwar gorchymyn i fod yn drugarog.

RHAN II

'Adroddodd hefyd ddameg wrthynt' (y disgyblion?):

(x)	6: 39-40	Dameg, a fedr y dall arwain y dall? Dau gwestiwn, dau osodiad.
(xi)	6: 41-42	Ail ddameg, y brycheuyn a'r trawst. Dau gwestiwn, dau osodiad.
(xii)	6: 43-44a	Trydedd ddameg, coed da a gwael yn cael eu hadnabod wrth eu ffrwyth.
(xiii)	6: 44b-45	Pedwaredd ddameg, drain a ffigys, mieri a grawnwin, gydag addasiad triphlyg.

DIWEDDGLO

(Iesu'n sôn amdano'i hun a'i eiriau):

(xiv) 6: 46 Pam galw 'Arglwydd, Arglwydd' arnaf heb wneud yr hyn yr wyf yn ei ofyn?

(xv) 6: 47-49 Dameg yn gwrthgyferbynnu'r tŷ ar y graig â'r tŷ ar bridd (yn adleisio'r gwrthgyferbynnu rhwng y gwynfydau a'r gwaeau ar y dechrau).

Gwynfydau a Gwaeau (6: 20-26)

Ar ôl sefydlu'r Israel newydd (6: 12-16), fe roes Luc ddisgrifiad Iesu o fywyd yn yr Israel newydd, sef bywyd teyrnas Dduw. Gan mai ar derfyn amser y cyflawnir holl amcanion Duw yn ei deyrnas, roedd hi'n anochel bod yna wrthgyferbynnu rhwng y presennol a'r dyfodol. Fodd bynnag, yn Iesu gwelwyd dyfodol Duw yn torri i mewn i'r presennol a phobl yn cael eu gwahodd i ymuno yn y bywyd newydd hwn. Gweddnewid safonau'r byd oedd nodwedd gyntaf y bywyd gwynfydedig trwy ddechrau byw gwerthoedd y dyfodol yn y presennol. Yn wreiddiol disgrifiad o fywyd dedwydd y duwiau oedd 'gwynfydedig' yn yr iaith Roeg (*makarios*), ond fe gyfryngwyd y bywyd dwyfol i'r ddynoliaeth gan Iesu. I'r bydol-ddoeth cyfrinach hapusrwydd oedd cyfoeth, digonedd, hwyl a phoblogrwydd, ond yn ôl Iesu y rhai gwirioneddol wynfydedig oedd y rhai na chafodd eu bodloni'n llwyr gan y pethau hynny. Serch hyn, rhaid cofio nad oedd Iesu'n cyfiawnhau tlodi, newyn, profedigaeth ac amhoblogrwydd fel y cyfryw. Dweud yr oedd ef mai'r newynog oedd yn fwyaf ffodus adeg gwledd, ac mae'r sawl a oedd yn ymwybodol o'u hangen a allai gael eu digoni gan fywyd teyrnas Dduw. Chwedl G. B. Caird, 'Yr un peth y mae Iesu'n ei hawlio yn ei ddisgyblion yw gwacter y gall Duw ei lenwi, anfodlonrwydd gyda'r byd a fydd yn eu harwain at gyfoeth, bodlonrwydd, diddanwch a chymdeithas y deyrnas' (t.102).

O brofi gwynfydedigrwydd teyrnas Dduw yma, dyma'r rhai a fydd yn mwynhau'r wobr fawr yn y nef: bywyd o orfoledd yng ngŵydd Duw. I Iesu, testun tosturi ('gwae chwi') oedd yr hunanddigonol nad awchodd am fywyd gwahanol teyrnas Dduw; trwy ymddiried yn eu cyfoeth yn unig roedd eu bywyd hwy yn rhith. Yn ôl crynodeb Charles H. Talbert, 'Mae'r math o berson a ddarlunir yn 6: 20-23 i'w ganmol am yr hyn sydd ganddo nawr — Duw ei hun — ac oherwydd yr hyn a fydd ganddo ymhen y rhawg — fframwaith bywyd yn nheyrnas Dduw a fydd yn gefn iddo. Mae'r math o berson a ddisgrifir yn y gwaeau yn ennyn tosturi oherwydd, am ei fod yn ymddiried yn unig yn yr hyn sydd yn bodoli nawr, nid oes ganddo ddim mwy i obeithio amdano (adnod 24b). Fel y cwmni drwg y mae'n cyfeillachu â nhw (6: 26 — proffwydi gau), fe'i ceir yn brin pan fydd Duw yn cloriannu am y tro olaf (1: 51-53)' (t.72). Fel y rhagwelodd Mair yn y Magnificat, chwyldroi gwerthoedd y byd oedd nodwedd gyntaf trefn newydd Duw, a wawriodd eisoes ym mywyd Iesu.

Bywyd o gariad (6: 27-38)

Ail nodwedd y bywyd newydd hwn oedd caru hyd yr eithaf. Os anelwyd y rhan gyntaf yn benodol at 'ei ddisgyblion' (6: 20) fe gyfeiriwyd yr adran hon at bawb o'r gwrandawyr (6: 27, 17), yn ogystal â chredinwyr y dyfodol (cym. 6: 47). Fe ddangosodd Iesu'n glir nad rhyw deimlad anweledig mo cariad, ond gweithredu ymarferol gweladwy megis caru gelynion, gwneud daioni i'r sawl sy'n eich casáu ac ati (6: 27-28). Prif nod yr adran hon oedd dangos bod caru yn tanseilio egwyddor fawr ad-dalu. Rhoes dysgeidiaeth Iesu yn yr adnodau hyn (6: 27-30) ergyd farwol i foeseg llygad am lygad a dant am ddant. Disodlwyd yr egwyddor honno hyd yn oed yn ei hagwedd gadarnhaol o ad-dalu da am dda (6: 32-34). Pa fath o fywyd a argymhellai Iesu felly? Bywyd yn gorlifo (6: 38) o gariad a haelioni a thrugaredd — dim llai na gorlif bywyd Duw ei hunan (6: 35-36). A dyfynnu crynodeb Charles H. Talbert unwaith eto, 'Mae Luc 6: 27-38 felly yn ymosod o ddau du ar dalu'n ôl fel egwyddor lywodraethol ym mherthynas pobl â'i gilydd. Ar y naill law, ni ddylai pobl dalu drwg am ddrwg ond yn hytrach dylent ymateb fel yr hoffent hwy gael eu trin: ym meddwl Luc golyga hyn ymateb i drais mewn ffordd ddi-drais. Ar y llaw arall, ni ddylai pobl wneud daioni yn unig i'r rhai a fu'n dda iddynt hwy, nac i'r rhai a all fod, ac a fydd, yn dda iddynt hwy yn y dyfodol. Mae Duw yn dda i bawb ac yn rhoi'n hael i ddisgyblion wrth iddynt hwy roi i eraill: i Luc golyga hyn haelioni. Ni all bywyd a seilir ar dalu'n ôl fynegi'r cariad y mae Iesu wedi galw'i ddisgyblion iddo, am ei fod yn rhy gyfyng' (t.75).

Ond sut mae caru mor radical â hyn? Sut y gallwn ni ymateb yn ddi-drais pan gawn ni ein cam-drin? Sut y medrwn ni fod yn garedig wrth yr anniolchgar? Pa adnoddau sydd ar gael i'n galluogi ni i garu ein gelynion? O ddarllen ei waith yn ei grynswth mae'n debyg y byddai Luc yn ateb trwy ddweud mai tuedd disgyblion Iesu cyn y Pentecost oedd talu'n ôl (e.e. 9: 53-54; 22: 49-50), ond ar ôl hynny yr oeddent 'yn llawen am iddynt gael eu cyfrif yn deilwng i dderbyn amarch er mwyn yr Enw' (Actau 5: 41). Grym y Pentecost yn unig a ryddhaodd y ddynoliaeth o afael egwyddor ad-dalu; heb yr Ysbryd Glân ni fyddai anogaeth Iesu yn ddim mwy na delfryd amhosibl. Ond 'yn llawn o'r Ysbryd Glân' fe allodd Steffan (Actau 7: 54-60) a llaweroedd o gredinwyr eraill wynebu ffyrnigrwydd erledigaeth a marwolaeth, yn gorlifo o gariad a thrugaredd eu Harglwydd. Yn lle dyblu'r casineb trwy ad-dalu, gadawsant hwy i gariad y Crist a groeshoeliwyd heb daro'n ôl ei niwtraleiddio a'i ddifodi. Nid rhoi gorchymyn i garu gelynion a wnaeth Iesu yn unig ond ei gwneud hi'n bosibl i gariad Duw gael ei dywallt yn ein calonnau, trwy'r Ysbryd Glân a roes ef i ni (Rhuf. 5: 5). Y gorlif hwnnw a barodd i garu hyd yr eithaf fod yn nodwedd y bywyd newydd ar hyd y cenedlaethau. Fe'i disgrifiwyd gan Eduard Schweizer fel hyn, 'Mae person fel gwely afon, trwy'r hwn y llifa dŵr daioni Duw. Felly nid oes yna alwad uniongrychol i weddïo neu i wneud rhyw weithred grefyddol arall. Ond fe newidir hyd yn oed gwely'r afon gan y dŵr sy'n llifo trwyddo. Felly mae bywyd daioni Duw yn ceisio'n cael ni i ymagor i weddi ac i'r gweithredoedd eraill y gofynnir i ni eu cyflawni hyd yn oed mewn byd gelyniaethus, i ymagor i fywyd sy'n ddiofal ac o'r herwydd yn medru gofalu o ddifrif am eraill, yn hytrch na bod yn "gariad Cristnogol" nawddoglyd. Mae Duw hyd yn oed yn creu iddo'i hun rai sy'n ddisgyblion yn ystyr cyfyng y gair. Trwy y rhain fe dywynna eisoes dipyn o'r perffeithrwydd y mae Duw'n dymuno'i weld yn y ddynoliaeth gyfan. Mae hyn yn mynd y tu draw i'r rheol aur' (t.124). Nod Iesu oedd meithrin corff o bobl a fyddai'n byw'r bregeth ar y tir gwastad.

Byw'r bregeth (6: 39-49)

Er fod adleisiau o Foses a chyflwyno'r Ddeddf yn y bennod hon, fe wyddai Iesu fod angen rhywbeth mwy na chyhoeddi deddf, neu draddodi pregeth, neu ddatgan dysgeidiaeth i sefydlu'r bywyd newydd. Yr unig beth a allai roi cychwyn newydd i berthynas pobl â'i gilydd fyddai corff o bobl wedi'i ysbrydoli ganddo ef i ddechrau byw y bywyd o gariad chwyldroadol hwn. Gallai'r dylanwad personol hwn fod yn llawer mwy pellgyrhaeddol nag unrhyw ddogfen neu faniffesto. Adrodd rhes o ddamhegion neu eglurebau i bortreadu'r math o berson a allai ddylanwadu'n effeithiol a wnaeth Iesu i grisialu ei ddysgeidiaeth ar y tir gwastad (6: 39-49). Cyn y gellid rhoi arweiniad clir i eraill, roedd angen i ddyn fedru gweld y ffordd yn glir ei hun. Ofer pob ymdrech i roi arall ar ben ffordd os oedd dyn ei hun wedi'i ddallu gan ragfarn, neu drawst o unrhyw fath (6: 41-42). Hynny yw, roedd gofyn iddo gael ei hyfforddi gan Iesu. Yn fwy na'i hyfforddi, roedd angen iddo gael ei 'gymhwyso', ei weddnewid, ei alluogi i garu gelynion, i roi hyd yr eithaf, i fod 'fel ei athro', Iesu (6: 40). Trawyd Keith Ward gan newydd-deb y foeseg hon, 'Yr hyn a wna'r ddysgeidiaeth hon yw gosod moesoldeb mewn goleuni hollol newydd. Nid cyfres o ddyletswyddau y mae'n rhaid i ni eu cyflawni mohono bellach. Atyniad Crist, y person delfrydol, ydyw, yr hwn yr ydym i'w ymgorffori ynom ni, ac a geisiwn am ein bod yn ei garu, yn ei barchu ac yn ymhyfrydu ynddo. Y weledigaeth o Grist yw sail moesoldeb i Gristion. Dyna paham y mae ymhyfrydu mewn cariad, nid ufudd-dod, yn nodwedd o'r bywyd Cristnogol. Nid ydym yn cychwyn trwy geisio ufuddhau; rydym yn cychwyn trwy geisio gweld, gweld Duw fel ag y mae mewn gwirionedd. Pan welwn ef byddwn yn ymdebygu iddo; a phan fyddwn yn debyg iddo byddwn wedi mynd y tu draw i lais llym dyletswydd i mewn i afiaith cariad' (*The Rule of Love,* tt. 43-44). Nod Iesu oedd ail-greu dyn yn gyfan gwbl ar ddelw Duw wrth iddo gael ei drawsffurfio i fod yn fab i'w Dad nefol, trwy'r Mab Iesu (6: 35b-36). Fel coeden dda a gynhyrchai ffrwyth da, byddai'r 'dyn da yn dwyn daioni o drysor daionus ei galon' (6: 43-45). Nid bod crefyddol yn galw

'Arglwydd, Arglwydd', ond heb wneud yr hyn yr oedd Iesu yn ei ofyn, mo hwn, ond un a'i ddylanwad yn arhosol, fel tŷ wedi'i sylfaenu ar y graig (I Cor. 3: 11) am ei fod yn gwrando ar eiriau Iesu 'ac yn eu gwneud' (6: 46-48). Chwedl Eduard Schweizer, 'Mae'r Bregeth ar y Gwastatir yn alwad i weithredu' (t.117).

Dyhead Iesu oedd gweld ei ddisgyblion yn byw'r genadwri, yn gweithredu ei orchmynion chwyldroadol, yn gwneud yn ôl ei anogaeth, trwy'r nerth ysbrydol hwnnw oedd yn mynd allan ohono (6: 19), oblegid dyna'r bobl a fyddai'n dylanwadu ar eraill ac yn rhan fwriadol o'i genhadaeth i iacháu'r gymdeithas gyfan yng Ngalilea a Jwdea a hyd eithaf y byd. Dyma'r rhai a gâi brofi bywyd gwynfydedig y Tad, y Mab a'r Ysbryd Glân yn wyneb pob adfyd. Cyfeiriodd Stephen C. Barton at weledigaeth Luc fel 'y ffordd Gristnogol o fyw trwy ymateb i ras Duw a ddatguddiwyd yn Iesu ac a gyfrannwyd gan yr Ysbryd' (t.104).

TRAFOD

1. Pam y dewisodd Iesu adael corff o bobl ar ôl, ar derfyn ei genhadaeth ddaearol, yn hytrach na dogfen ysgrifenedig?
2. A oedd Iesu'n cyfiawnhau tlodi ac adfyd, gan addo hawddfyd yn y gwynfyd? Ynteu magu gobaith yng nghalonnau'r tlawd y gallai pethau fod yn wahanol a'u hysgogi i ysgwyd y seiliau a wnaeth trwy gyhoeddi 'gwae chwi'r cyfoethogion'?
3. Ai disodli egwyddor ad-dalu gan gariad sy'n rhydd i roi'n ddi-ben-draw yw ergyd 6: 27-38? O ble y tardda'r bywyd chwyldroadol hwn (6: 35-36)?
4. Ai dweud yr oedd Iesu na ddylem feirniadu eraill gan adael iddynt wneud fel y mynnent, ynteu dweud nad oedd modd i ni roi eraill ar ben ffordd oni bai ein bod ni'n cerdded ar hyd y ffordd honno ein hunain?
5. Ai rhestru amodau cyrraedd at berffeithrwydd, ynteu agor ein llygaid a'n calonnau i bosibiliadau bywyd Duw yn gorlifo drwom ni a wnaeth Iesu?

Pennod 17

PWY YW PWY?

Darllen: Luc 7: 1-35

Pwy yw Iesu? Pwy yw aelodau ei gymdeithas ef? Dyna'r dau brif gwestiwn a ddaw i'r golwg yn yr adran hon (7: 1-35). Ar ôl sefydlu cnewyllyn y gymdeithas newydd gyda galw'r Deuddeg (6: 12-16) a dechrau'u dysgu, ynghyd ag eraill, ar y tir gwastad (6: 20-49), fe gododd y cwestiwn i ba gymdeithas yr oeddent i fod yn gnewyllyn. Pwy fyddai aelodau cymdeithas Iesu mewn gwirionedd?

Wrth ddarllen o 7: 1 hyd at 9: 50 fe ddaw'n fwy ac yn fwy eglur mai cymdeithas Iesu, yn wir teulu Iesu (8: 21), oedd yr estron a'r truenus, casglwyr trethi a phechaduriaid, y gwragedd a'r aflan, y gwahanglwyfus a'r sawl a feddiannwyd, hynny yw pawb a oedd yn gwrando ar air Duw o enau Iesu ac yn ei weithredu (6: 47; 8: 15, 21). Clowyd yr adran trwy rybuddio'r Deuddeg i beidio â chyfyngu'r gymdeithas yn ôl eu telerau hwy (9: 49-50).

Ochr yn ochr â dadlennu natur cymdeithas Iesu fe gadwodd Luc y cwestiwn allweddol, 'Pwy yw Iesu?' gerbron ei ddarllenydd (7: 16, 19, 22, 34, 49; 8: 25; 9: 18). Yn raddol bach y daeth yr ateb i'r cwestiwn hwn: 'proffwyd mawr' (7: 16), yn gweithredu ac yn llefaru 'gair Duw' (8: 11, 21), 'Meseia Duw' (9: 20), a 'Mab Duw, yr Etholedig' (9: 35). Ymdrin â'i natur fel proffwyd nerthol a wnaeth Luc yn yr adran hon (7: 1-35).

Estyn y cortynnau

Eisoes yr oedd Iesu wedi bod yn dysgu'n broffwydol trwy agor llygaid pobl i bosibiliadau newydd dyfodol Duw (6: 20-49). Ond yn ogystal â llefaru, roedd disgwyl i'r proffwyd weithredu ei genadwri. Cyn gynted ag y cyrhaeddodd Iesu Gapernaum cafodd gyfle i wneud hynny. Ac yntau wedi bod yn annog ei ddisgyblion i groesi'r ffiniau ac i garu yn ddiamod, daeth Iesu wyneb yn wyneb â chais oddi wrth bagan i 'achub bywyd ei was' (7: 3). Gan na feddiannodd y Rhufeiniaid Galilea tan 44 O.C. mae'n debygol mai rhyw estron â gofal cant o filwyr ym myddin Herod Antipas oedd y canwriad hwn. Roedd ei gaethwas claf yn werthfawr yn ei olwg (7: 2). A oedd yr argyfwng hwn yn hawlio sylw Iesu? A oedd ei air iachusol yn cyrraedd y tu hwnt i derfynau Israel? Nid oedd y canwriad yn sicr i ddechrau. Anfonodd rai o'r arweinwyr lleol o blith yr Iddewon at Iesu i ofyn am help. Ymatebodd Iesu'n ebrwydd, ond pan oedd 'eisoes heb fod ymhell o'r tŷ', fe dderbyniodd neges arall oddi wrth y canwriad (7: 6). Gan fod hyn oll mor wahanol i'r hanes cyfatebol yn yr efengyl yn ôl Mathew (8: 5-7), mae'n werth holi beth oedd amcan penodol Luc yn y fan hon. Gellir dadlau ar sawl cyfrif bod Luc yn gweld ymwneud Iesu â'r canwriad hwn fel cyfiawnhad dros ymwneud yr Eglwys Fore â'r cenedl-ddynion. Ni chyfyngwyd cymdeithas Iesu i'r genedl Iddewig; roedd ei gymdeithas ef i gynnwys y pell a'r agos. Ynddi hi gallai pob cenedl gydgymdeithasu. Yn groes i Fathew a ddywedodd fod y canwriad wedi dod at Iesu (8: 5), fe bwysleisiodd Luc nad ystyriai'r canwriad ei hun yn deilwng i ddod at Iesu (7: 7). Cynrychiolai ef y cenedl-ddynion hynny a gredodd ynddo 'heb ei weld' (I Pedr 1: 8), y rhai y dywedodd Iesu amdanynt, 'Gwyn eu byd y rhai a gredodd heb iddynt weld' (Ioan 20: 29). I gadarnhau'r ddadl bod Luc wedi geirio'r hanes hwn i ddangos bod perthynas Iesu â'r canwriad hwn yn agor y drws i genedl-ddynion gael eu cynnwys yng nghymdeithas pobl Dduw, mae'n werth sylwi ar y modd yr adleisir y stori hon gan yr hyn a digwyddodd yn ddiweddarach yn ôl llyfr yr Actau ac yn arbennig hanes y canwriad Cornelius. Rhestrwyd y cyfatebiaethau gan C. F. Evans, 'I Luc roedd ffydd y cenedl-ddynion yn Iesu o'r pwys mwyaf, ond yn llyfr yr Actau mae hyn yn digwydd trwy estyn yr efengyl i genedl-ddynion duwiol trwy gyfrwng yr Iddewon, ac mae'r bwlch gwreiddiol rhyngddynt yn cael ei leihau am eu bod yn gysylltiedig ag Iddewiaeth a'i dduwioldeb eisoes. Cynddelw o hyn oedd Cornelius. Wedi ystyried ei achos ef y rhoddwyd mynediad i'r cenedl-ddynion yn llyfr yr Actau (Actau 10: 1—11: 18). Yn y stori honno ac yn hon ceir canwriad duwiol (Actau 10: 1-2, 22) sydd ddim yn dod at Iesu ei hun. Yn hytrach mae'n anfon eraill i gyflwyno ei gais (Actau 10: 5-9). Maent hwy yn tystio ei fod yn barchus ymhlith yr Iddewon (Actau 10: 20-23). Mae Luc felly fel pe bai ef wedi ysgrifennu cyflwyniad estynedig yn y fan hon i wneud y stori'n esiampl yng ngweinidogaeth ddaearol Iesu o roi mynediad i Israel Duw i'r cenedl-ddynion trwy ffydd (Actau 11: 17-18; 14: 27; 26: 18)' (t.344).

Trwy ychwanegu at yr hanes a gadwyd gan Fathew a'i gymhwyso at ei ddibenion ei hun, fe aeth Luc (7: 1-7) i'r afael â chwestiwn perthynas gwahanol grefyddau â'i gilydd. Gan fod y pwnc hwn yn dal i godi'i ben yn ein dyddiau ni, mae'n werth ystyried beth oedd safbwynt Luc tuag at draddodiadau crefyddol eraill.

(i) Credai Luc fod Iesu yn cyflawni'r traddodiad Iddewig (e.e. penodau 1, 2, 3 a 4: 21).

(ii) Credai fod Iesu'n barnu crefyddau paganaidd. Dro ar ôl tro gwelwyd yr Eglwys Fore yn gwrthwynebu defnyddio swyngyfaredd er budd personol (Actau 8: 9-24; 13: 4-12; 19: 18-20, 23-41) a galwyd am edifeirwch gan y sawl a addolai fodau dynol yn hytrach na Duw (Actau 14: 11-18) neu'r greadigaeth yn hytrach na'r Creawdwr (Actau 17: 22-31).

(iii) Credai Luc hefyd fod Iesu'n cyfannu duwioldeb paganaidd a addolai'r Creawdwr yn hytrach na'r greadigaeth ac a weithredai'n foesol yn ôl y goleuni a roddwyd iddo. Mynegwyd yr argyhoeddiad hwn gan Bedr yn nhŷ Cornelius, 'Ar fy ngwir,' meddai "rwy'n deall nad yw Duw yn dangos ffafriaeth, ond bod y sawl ym mhob cenedl sy'n ei ofni ac yn gweithredu cyfiawnder yn dderbyniol ganddo ef' (Actau 10: 34-35). Yn hyn o beth yr oedd Pedr yn ailadrodd agwedd gadarnhaol Iesu tuag at y canwriad o bagan pan ddywedodd, "Rwy'n dweud wrthych, ni chefais hyd yn oed yn Israel ffydd mor fawr' (7: 9).

Er fod Luc yn cydnabod gwerth defosiwn mewn crefyddau eraill, ffydd yn awdurdod a gallu Iesu oedd y ffordd i brofi iachawdwriaeth a gweld 'achub bywyd' llawn (7: 3, 10). Pedr unwaith eto a grisialodd y gred hon wrth ddweud am Iesu Grist o Nasareth, 'Ac nid oes iachawdwriaeth yn neb arall, oblegid nid oes enw arall dan y nef, wedi ei roi i ddynion, y mae i ni gael ein hachub drwyddo' (Actau 4: 12).

Sut y gwelai Luc yr hyn oedd yn ganmoladwy ymhlith crefyddau eraill yn cael ei gyflawni felly? Trwy gydnabod annheilyngdod neu bechod a thrwy ymddiriedaeth lwyr yng ngallu achubol Iesu. Fe aeth henuriaid yr Iddewon at Iesu gan ddadlau bod y canwriad yn 'haeddu iti wneud hyn drosto', ac yntau wedi codi synagog iddynt (7: 4-5). Eithr pan ddaeth ei ffrindiau â datganiad bod y canwriad yn ystyried ei hun yn annheilwng, ond ei fod yn ymddiried yn gyfan gwbl yn effeithlonrwydd gair nerthol ac awdurdodol Iesu, gwelwyd iachawdwriaeth ac achubiaeth ar waith. Roedd yr un peth yn wir am grefyddwyr Iddewig. Fel y cyfannwyd duwioldeb pagan pan gyffesodd ei annheilyngdod a'i ffydd yn Iesu, fe gyflawnwyd credo Iddewig Pedr gan ei addefiad 'dyn pechadurus wyf fi' a ddaeth yn sgîl ei ufudd-dod i air awdurdodol Iesu (5: 4-10). Gellir crynhoi agwedd Luc at grefyddau eraill yng ngeiriau Charles H. Talbert 'Pan gyfannir naill ai traddodiad Iddew neu pan gwblheir ymateb addas pagan i'r goleuni a oedd ar gael iddo, mae'r ffordd at Iesu yn golygu rhywfaint o doriad â'r gorffennol (dyna paham y ceir yr ymdeimlad o annheilyngdod neu bechod) ac ymostyngiad i awdurdod newydd (arglwyddiaeth Iesu)' (t.83).

Proffwyd mawr

Roedd arddel awdurdod Iesu dros grefyddau eraill, dros fyd natur (5: 1-11; 8: 22-25), dros glefydau ac ysbrydion aflan (4: 34; 8: 36-39) a thros y gelyn eithaf, angau (7: 11-16), yn codi'r cwestiwn 'Pwy yw hwn?' dro ar ôl tro. Trwy adrodd hanes Iesu'n cyfodi mab y weddw yn Nain (7: 11-17) roedd Luc, ac ef yn unig o blith yr efengylwyr, yn dangos sut yr oedd mantell Elias y proffwyd wedi disgyn ar Iesu. Cafwyd eco clir o stori Elias a'r weddw yn Sareffta (I Bren. 17: 1-24): 'porth y dref', 'gwraig weddw' (17: 10); y bachgen yn cael ei adfywio (17: 22) a'i 'roi i'w fam' (17: 23). Roedd grym gair Elias yn ddiarhebol yn Israel, 'Mor ogoneddus fuost,

Elias, yn dy weithredoedd rhyfeddol! . . . Ti, yr hwn a gododd gelain o farwolaeth, ie, o Drigfan y Meirw, trwy air y Goruchaf' (Ecclesiasticus 48: 4-5). Pwy oedd Iesu? Proffwyd mawr (7: 16) a'i air yn ddigon nerthol i gyfodi'r marw'n fyw. Yn ei eiriau ef yr oedd gair bywiol Duw ar waith yn rheibio awdurdod a theyrnas angau; dyna uchafbwynt nerthol weithredoedd Iesu (7: 22 cym. Ioan 11: 42-44). Ynddo ef yr oedd 'Duw wedi ymweld â'i bobl' (7: 16). Doedd ryfedd fod Luc wedi cyfeirio at Iesu fel 'Arglwydd' (7: 13), y teitl a ddefnyddiwyd yn benodol am Dduw ac wedi sylwi ar yr Arglwydd yn 'gweld' y weddw gan 'dosturio' wrthi, oherwydd dyma'i adnabyddiaeth ef o Dduw (1: 48). Am y Duw hwn y llefarodd y proffwydi sanctaidd yn yr oesoedd a fu (1: 68-72). Dadlennwyd y Duw hwn yng ngweithredu a llefaru nerthol yr Arglwydd Iesu.

Pan glywodd Ioan Fedyddiwr am 'hyn oll' (7: 18), fe holodd yntau pwy o ddifrif oedd Iesu (7: 19). Gwyddai Ioan bod 'un cryfach na mi yn dod' (3: 16) ac er ei fod, fel ei fam, yn arddel Iesu fel yr 'Arglwydd' (1: 43; 7: 19), fe allai fod hadau o amheuaeth wedi dechrau gwreiddio yn ei feddwl, ac ef druan 'yn y carchar' yn ôl Mathew (11: 2). Beth oedd ymateb Iesu? Nid anfon *curriculum vitae* neu draethawd ar Gristoleg i Ioan a wnaeth ef, ond gweithredu fel yr 'un cryfach' o flaen llygaid dau dyst Ioan (7: 21-22 cym. Deut. 19: 15). O glywed am hyn byddai Ioan yn gwybod mai ef oedd 'yr hwn sydd i ddod', y proffwyd mawr a nerthol a wireddodd addewidion Eseia (35: 5-6; 61: 1) ar weithred ac ar air. Gweodd Luc ei efengyl i ateb y cwestiwn gwaelodol ynghylch pwy oedd Iesu. Cyfeiriai 'hyn oll' (7: 18) nid yn unig at gyfodi'r meirw yn Nain (7: 15, 22) ac iacháu gwas y canwriad, ond at bopeth a ddigwyddodd ers dechrau'r weinidogaeth yng Ngalilea (4: 4), gan gynnwys gadael i'r tlodion gael clywed y newydd da (6: 20; 7: 22). Yn Iesu cyflawnwyd addewid y proffwydi. Yr oedd 'Duw wedi ymweld â'i bobl' (7: 16) wedi dod i waredu ac i farnu (Eseia 35: 4).

Yn lle Ioan yn cloriannu Iesu, fe ddangosodd Luc Ioan yn cael ei gloriannu gan Iesu: 'Gwyn ei fyd y sawl na ddaw cwymp iddo o'm hachos i' (7: 23). Rhybudd oedd hyn i Ioan i beidio â gadael i'w ragfarnau neu ei ddisgwyliadau personol (3: 17) ynghylch 'yr hwn sydd i ddod' dywyllu'i gyngor ynghylch gweinidogaeth annisgwyl a pharadocsaidd Iesu. Aeth Iesu yn ei flaen i nodi rhan arbennig Ioan yng nghynllun achubol Duw. Dyma'r un (7: 27) a gyflawnodd broffwydoliaethau Exodus (23: 20) a Malachi (3: 1) a addawodd Foses ac Elias arall i baratoi'r bobl ar gyfer dyfodiad y Meseia. (Dadlennwyd cyflawni hyn ar fynydd y gweddnewidiad (9: 30).) Oherwydd agosatrwydd Ioan Fedyddiwr at y Meseia 'nid oes ymhlith meibion gwragedd neb mwy na Ioan' (7: 28); roedd ganddo ei le allweddol yn y broses o ddarparu pobl barod i groesawu Iesu. Ond gan mai Iesu a ddug y deyrnas i gyrraedd pobl, 'y mae'r lleiaf yn Nheyrnas Dduw yn fwy nag ef' (7: 28). Casglwyr trethi a chymeriadau tebyg a gydnabu ffordd annisgwyl Duw o wneud pethau'n iawn a chyfannu'r toredig (7: 29); yn wir mynnodd Iesu wrth weld ymateb Lefi a'i ffrindiau mai 'i alw pechaduriaid i edifeirwch, nid rhai cyfiawn, yr wyf fi wedi dod' (5: 32). Roedd yr hwn sydd i ddod 'wedi dod' a sioc gas i lawer oedd ei ddyfodiad. Os oedd Ioan yn dechrau gwamalu, roedd y crefyddwyr go iawn, y Phariseaid ac athrawon y Gyfraith, wedi'u llorio'n llwyr. Ni allent hwy dderbyn diwygiad piwritanaidd Ioan Fedyddiwr heb sôn am adfywiad charismataidd Iesu (7: 30-34). Pan ddaeth un o athrawon y Gyfraith i roi prawf ar Iesu (10: 25), buan iawn y gwelwyd mai ef oedd ar brawf yng ngoleuni dealltwriaeth ehangach Iesu o ystyr y Gyfraith ac o fywyd tragwyddol fel bywyd o gariad diderfyn. Wyneb yn wyneb â hunan-gyfiawnder y Phariseaid a'r ysgrifenyddion fe geisiodd Iesu ddangos mai dawns (7: 32; 15: 25) a phryd o fwyd (7: 34), neithior priodas (5: 34) a gwledd fawr (14: 16; 15: 23-24) oedd y darluniau gorau i gyfleu'r bywyd newydd, yr iachawdwriaeth, yr oedd ef yn ei gynnig i'r byd. Hyd yn oed os oedd hyn yn ymddangos yn ffolineb noeth i grefyddwyr ei ddydd, fe brofodd y sawl a dderbyniodd wahoddiad Iesu 'fod doethineb Duw yn iawn' (7: 35).

Yn yr adran hon (7: 1-35) gwelwyd Luc yn estyn y cortynnau ac yn dangos pa mor eang ac annisgwyl oedd aelodaeth y gymdeithas newydd a gasglodd Iesu o'i gwmpas a'i ysbrydoli wedyn ledled y byd. Pwy a roes fod i'r ddynoliaeth newydd hon? Y 'proffwyd mawr' a nerthol Iesu a ynganodd air bywiol Duw, ac a ddidolodd unigolion a phobloedd yn ôl eu hymateb iddo ef (24: 19). Yn ei air, yn ei weithred ac yn ei ddirnadaeth ef yr oedd 'Duw wedi ymweld â'i bobl' (7: 16). Trwy ymwadu â hunanddigonolrwydd a thrwy ffydd ynddo ef, yr oedd modd i bawb gael cyfranogi yn ei waredigaeth ef, hyd yn oed o afael angau.

TRAFOD

1. A fyddech chi'n cytuno ynteu'n anghytuno â dyfarniad Charles H. Talbert, 'I Luc, Iesu yw'r datguddiad eithaf y mae pob un arall yn cyfeirio ato. Mae perthynas Iesu â chrefyddau eraill, fel barnwr neu fel gyflawniad, yn dibynnu ar fesur y parhad neu'r toriad sydd rhwng y traddodiadau eraill a'r datguddiad yn Iesu. Mae hyd yn oed y traddodiadau crefyddol hynny sydd â'r parhad mwyaf rhyngddynt hwy ag Iesu yn dal i fod yn 'annheilwng' ger ei fron ac mae angen iddynt blygu i'w awdurdod terfynol ef' (t.83). Beth yw eich agwedd chi tuag at grefyddau eraill?
2. Wrth weld cyflwr y byd ddwy fil o flynyddoedd ar ôl dyfodiad Iesu, pa ateb a gynigiwch chi i'r rhai sy'n dal i ofyn, 'Ai ti yw'r hwn sydd i ddod, ai am rywun arall yr ydym i ddisgwyl?' (7: 19 cym. II Pedr 3: 3-4, 8-13).
3. Yn lle holi 'Pwy yw Iesu?' rhowch gyfle iddo ef ddadlennu pwy ydych chi yn ei olwg ef. Gadewch iddo eich cloriannu chi a dangos beth yw beth yn eich credo â'ch bywyd chi. Sut a pha bryd y caniatewch chi hyn?

4. Ar ba sail y gellir helpu pobl i gredu yn Iesu? Beth oedd disgyblion Ioan 'wedi ei weld ac wedi ei glywed' (7: 22)? A oes tystiolaeth gyffelyb ar gael i ymholwyr heddiw?
5. A ydych yn cytuno â'r egwyddorion a awgrymir gan Gyngor Eglwysi Prydain ac Iwerddon yn *'In Good Faith:* the Four Principles of Interfaith Dialogue. A Brief Guide for the Churches (1991)'?

Pennod 18

CYMDEITHAS Y GWRAGEDD A'R GWŶR

Darllen: Luc 7: 36—8: 3

Er mai gan Luc yn unig y ceir yr hanesion hyn, o leiaf yn y ffurf yma, mae'n werth nodi pa mor gelfydd y gweodd y darn hwn i mewn i'r patrwm cyfan. Fel yn hanner cyntaf y bennod hon, roedd Luc yn dal i ateb y ddau gwestiwn, 'Pwy yw Iesu?' a 'Phwy yw aelodau ei gymdeithas?' Trwy ganolbwyntio ar y wraig benodol hon roedd yn paratoi ar gyfer sôn am le arbennig y gwragedd yng nghymdeithas Iesu (8: 1-3).

Dirnadaeth y proffwyd

Ar ôl adrodd am air nerthol y 'proffwyd mawr' (7: 16) yn iacháu o hirbell (7: 10) ac yn cyfodi'r meirw (7: 15), rhoddwyd sylw yn yr adran hon (7: 36-50) i ddirnadaeth y proffwyd Iesu (cym. Ioan 4: 19). Cyflwynwyd y pwnc trwy groniclo'r amheuaeth ym meddwl y Pharisead pan welodd y wraig yn cael cyffwrdd â Iesu, 'Pe bai'r dyn yma'n broffwyd, byddai'n gwybod pwy yw'r wraig sy'n cyffwrdd ag ef, a sut un yw hi' (7: 39). Wrth i'r stori fynd yn ei blaen dangosodd Luc fod Iesu wedi dirnad 'sut un yw hi' yn llawer dyfnach na'r Phariseaid. 'Pechadures yw hi' (7: 39); dyna'i farn ef. Pechadures oedd hi, ond pechadures wedi profi grym maddeuant a'i diolchgarwch am gael ei rhyddhau o'i phechod yn fwrlwm o gariad; hynny oedd dirnadaeth Iesu. Yn ogystal â dirnad cyflwr y wraig hon, gallai Iesu ddirnad agwedd Duw tuag ati. Yn wahanol iawn i'r Pharisead, gwyddai ef fod Duw wedi maddau iddi a rhoes sicrwydd iddi o hynny (7: 48, 50). Doedd hi ddim yn syndod bod y gwesteion eraill yn codi'r cwestiwn gwaelodol, 'Pwy yw hwn?' (7: 49). Ond fe wyddai'r darllenydd mai hwn a gyflawnodd y broffwydoliaeth a'i fod wedi'i anfon yn nerth yr Ysbryd Glân 'i gyhoeddi rhyddhad i garcharorion' (4: 18).

Yn ogystal â dirnad cyflwr adferedig y wraig, roedd Iesu wedi dirnad cyflwr meddwl ac enaid y Pharisead yntau. Unwaith eto gwelwyd yr un oedd yn pwyso a mesur Iesu yn cael ei bwyso a'i fesur ganddo. Gyda thosturi dwfn fe'i cyfarchwyd gan Iesu wrth ei enw, 'Simon, y mae gennyf rywbeth i'w ddweud wrthyt' (7: 40). Wrth adrodd stori'r ddau ddyledwr wrth Simon, dinoethwyd ei ddiffyg cariad ef a'i anallu i gyfranogi ym mywyd annisgwyl y deyrnas, i gydnabod yr angen am faddeuant ac o'i dderbyn ymuno yn y ddawns (7: 32 cym. y mab hynaf 15: 25-30). Digon cyndyn oedd croeso Simon i Iesu (7: 44-46), ond roedd y wraig wedi profi mai 'cyfaill i gasglwyr trethi a phechaduriaid' (7: 34) oedd Iesu ac wedi dathlu 'fod doethineb Duw yn iawn' (7: 35) am ei fod yn rhoi cyfle arall iddi ailafael mewn bywyd, bywyd o 'dangnefedd' (7: 50), bywyd o gariad go iawn.

Deil hyn yn wir hyd heddiw, fel y dangosodd Jean Vanier, 'Mae'n rhaid i ni ddarganfod bod y Tad wedi anfon ei unig annwyl Fab, nid i'n barnu ni, nac i'n condemnio ni, ond i'n hiacháu, i'n harbed ac i'n harwain ni ar hyd llwybrau cariad, ac i faddau i ni am ei fod yn ein caru ni yn nyfnder ein bod, cyn y gallwn ni dderbyn ein hunain. Mae yna obaith. Nid ydym wedi'n carcharu am byth gan hunanoldeb a thywyllwch. Mae modd caru' (*Community and Growth*, t.15). O'r profiad hwn y mae gwir gymdeithas yn datblygu.

Ond y mae un amod. Tan inni gydnabod ein bod yn bechaduriaid, ni allwn brofi cymdeithas y rhai sy'n gwybod bod eu pechodau wedi'u maddau. Fe bwysleisiodd Dietrich Bonhoeffer hyn yng ngoleuni ei brofiad o fyw mewn cymdeithas, 'Mae'r hwn sydd ar ei ben ei hun gyda'i bechod, ar ei ben ei hun yn hollol. Fe all Cristnogion, er gwaethaf eu haddoli ynghyd, eu gweddïo ynghyd a'u holl gydweithio gael eu gadael yn eu hunigrwydd. Nid yw'r muriau olaf yn y gyfeillach yn cael eu chwalu oherwydd, er eu bod yn cyfeillachu gyda'i gilydd fel credinwyr a phobl dduwiol, nid ydynt yn cyfeillachu fel rhai annuwiol, fel pechaduriaid. Nid yw'r gymdeithas dduwiol yn caniatáu i unrhyw un fod yn bechadur. Felly mae'n rhaid i bob un guddio'i bechod oddi wrtho'i hun ac oddi wrth y gymdeithas. Ni feiddiwn fod yn bechaduriaid. Mae llawer o Gristnogion yn dychryn yn ofnadwy pan mae pechadur go iawn yn cael ei ddarganfod ymhlith y rhai cyfiawn. Felly arhoswn gyda'n pechod, mewn unigrwydd, gan fyw mewn celwydd a rhagrith. Y gwir yw ein bod ni *yn* bechaduriaid!' (*Life Together,* t.100). Dyma broblem Simon. Trwy fethu â chydnabod eu pechod a derbyn maddeuant yn rhodd, 'troi heibio fwriad Duw ar eu cyfer a wnaeth y Phariseaid ac athrawon y Gyfraith' (7: 30), gan wrthod cymdeithas Iesu a'r Israel newydd. O'i phrofiad o faddeuant Duw fe flasodd y wraig a fu'n ddiarhebol o bechadurus gymod a 'thangnefedd' yng nghwmni Iesu.

Y gwragedd yng nghwmni Iesu

Yn y paragraff hwn (8: 1-3), fe fanylodd Luc ar y rhai a oedd 'gydag ef' wrth i Iesu deithio o fan i fan, gan gyhoeddi'r newydd da am deyrnas Dduw. Nid ar air yn unig y cyhoeddodd y newydd da am y drefn gymdeithasol newydd a oedd yn bosibl yn nheyrnas Dduw; amlygodd y drefn honno ym mherthynas gwŷr a gwragedd yn ei gwmni ef. Yn ei astudiaeth fanwl o gefndir yr adnodau hyn, dangosodd Ben Witherington pa mor annisgwyl oedd cwmni Iesu, 'Nid oedd hi'n beth anghyffredin i wragedd ddefnyddio eu harian, eu bwyd a'u heiddo eu hunain i gynnal rabiniaid a'u disgyblion. Ond yr oedd yn beth hollol newydd, a gwarthus i wraig adael ei chartref a theithio gyda rabbi. Yn fwy gwarthus byth, yr oedd merched amharchus yn ogystal â rhai parchus ymhlith y rhai a deithiai gyda Iesu' (ZNW 70, tt. 244-245).

Beth oedd yn cyfrif am y chwyldro hwn? Roedd y gwragedd hyn 'wedi eu hiacháu oddi wrth ysbrydion drwg ac afiechydon' (8: 2). Roeddent wedi profi grymuster teyrnas Dduw yn eu cyrff eu hunain. Yn awr yr oeddent yn gweithredu galluoedd y deyrnas honno yn eu perthynas â'i gilydd a'u cyd-ddynion. Roedd y gymdeithas hon o wŷr a gwragedd a oedd yn cyd-deithio ag Iesu yn ddrych o gyfanrwydd teyrnas Dduw.

Er fod Luc wedi dangos Iesu yn sefydlu cnewyllyn yr Israel newydd trwy ddewis deuddeg dyn (6: 12-16), ni fynnai awgrymu bod y ddynoliaeth newydd hon yn gyfyngedig i ddynion. Wrth ddarllen Luc 8: 1-21; 23: 55, mae gofyn cofio bod 'disgyblion' yn cynnwys gwragedd. Ar hyd ei efengyl fe bwysleisiodd Luc, yn fwy nag un o'r efengylwyr eraill, fod gan wragedd le hanfodol, anhepgorol yn y gymdeithas newydd a ddaeth i fodolaeth yn sgîl dyfodiad Iesu. Mae'n werth rhestru'r sylw a roes i wragedd: Elisabeth (1: 21-25, 39-45, 57-66, Luc yn unig); Mair (1: 26-38, 46-56, Luc yn unig); Anna (2: 36-38, Luc yn unig); mam-yng-nghyfraith Simon (4: 38-39); y weddw yn Nain (7: 11-15, Luc yn unig); maddau i wraig bechadurus (8: 36-50, Luc yn unig); gwragedd yn cyd-deithio â Iesu a'r Deuddeg (8: 1-3, Luc yn unig); y wraig a gyffyrddodd â mantell Iesu (8: 43-38); merch Jairus (8: 40-42, 49-56); Martha a Mair (10: 38-42, Luc yn unig); y wraig wargrwm (13: 10-17, Luc yn unig); dameg y wraig a gollodd ddeg darn arian (15: 8-10, Luc yn unig): dameg y weddw a'r barnwr (18: 1-8, Luc yn unig); y wraig weddw dlawd (21: 1-4); y gwragedd adeg croeshoelio Iesu (23: 27-30, 49, 55); y gwragedd wrth y bedd (24: 1-12, 22-23). Gellir ychwanegu at y rhestr faith hon y sylw a gafodd y gwragedd gan Luc yn llyfr yr Actau: y gwragedd yn gweddïo gyda Mair, mam Iesu (1: 14); Saffeira (5: 1-10); y gweddwon (6: 1); adfer bywyd Dorcas (9: 36-42); Mair, mam Ioan Marc, a Rhoda (12: 12-17); Lydia (16: 14-15); yr eneth a iachawyd (16: 16-18); gwragedd bonheddig o blith y Groegiaid (17: 12); Damaris (17: 34); Priscila (18: 2, 18, 26); pedair merch Philip yr efengylwr (21: 9); chwaer Paul (23: 16); Bernice (25: 13; 26: 30).

Yn ogystal â nodi'r sylw dyladwy a roes Luc i wragedd, mae'n werth cofio ei fod yn dangos sut y gweithredai'r gwragedd a'r gwŷr ochr yn ochr â'i gilydd. Nid pwysleisio lle'r naill ar draul y llall a wnaeth Luc, ond portreadu'r cydweithredu unol a oedd yn digwydd yng ngwmnïaeth Iesu. Gwelsom eisoes (8: 1-3) fel y tanlinellodd fod y gwragedd 'gydag ef' ynghyd â'r Deuddeg. Roeddent hwy yn 'gweini' fel yr oedd y dynion yn 'gweini' yn ddiweddarach (Actau 6: 2-3). Gwelwyd gwragedd yn proffwydo ochr yn ochr â gwŷr, er enghraifft Anna (2: 36-38) a Simeon (2: 25-35). Gwireddwyd yr addewid y 'bydd eich meibion a'ch merched yn proffwydo' gan weddill llyfr yr Actau (2: 17), er enghraifft, roedd pedair merch â 'dawn proffwydo ganddynt', yn ogystal â'r 'proffwyd' o'r enw Agabus (Actau 21: 8-11). Fel y cynhaliwyd oedfa yn nhŷ dyn (Actau 18: 7), fe addolwyd yn nhŷ gwraig (Actau 12: 12) a soniwyd am wraig yn dysgu, ynghyd â'i gŵr. Cafodd Priscila ei henwi o flaen ei gŵr Acwila, a buont yn esbonio 'Ffordd Duw yn fanylach' i'r 'gŵr huawdl', Apolos (Actau 18: 24-26). Ar ôl edrych ar y dystiolaeth, casgliad Charles H. Talbert oedd, 'Yng nghynllun Luc, roedd dynion a gwragedd yn gweithredu'n aml ochr yn ochr yn y weinidogaeth Gristnogol. Roedd hyn yn cynnwys y weinidogaeth o addysgu' (t.92).

Gellid olrhain yr urddas newydd hwn a roddwyd ar wragedd yn ôl at Iesu. I ddechrau roedd disgyblion Iesu 'yn synnu ei fod yn siarad â gwraig' (Ioan 4: 27), ond yng nghwmni Iesu fe gawsant eu rhyddhau o ragfarnau eu hoes, a chanfod cyfoeth cymdeithas a oedd yn rhychwantu'r rhaniadau oesol. Yng ngoleuni hyn yr haerodd Paul, 'Nid oes rhagor rhwng Iddew a Groegwr, rhwng caeth a rhydd, rhwng gwryw a benyw, oherwydd un person ydych chwi oll yng Nghrist Iesu' (Gal. 3: 28). Cafwyd rhagflas o'r undod syfrdanol hwn yng nghymdeithas gwragedd a gwŷr yn cyd-deithio gyda Iesu ar hyd y ffordd a arweiniodd at droed y groes a thu hwnt i honno, 'ar doriad gwawr' y dydd cyntaf o'r wythnos, pan ymddiriedwyd i Mair Magdalen a Joanna a Mair mam Iago ddychwelyd o'r bedd gwag 'ac adrodd yr holl bethau hyn wrth yr un ar ddeg'. Y fath fraint a gafodd y gwragedd hyn. Fodd bynnag, ail-bwysleisiodd Luc nad oedd y gwragedd wedi cadw'r pethau hyn iddynt eu hunain; fe 'ddywedodd y gwragedd eraill hefyd, oedd gyda hwy, wrth yr apostolion'. Ni chelodd Luc ymateb y dynion: 'i'w tyb hwy, lol oedd yr hanesion hyn, a gwrthodasant gredu'r gwragedd' (24: 1-11). Aeth Luc, a Luc yn unig, yn ei flaen yn syth i adrodd hanes dau ddyn ar eu hynt i Emaus yn cael eu hargyhoeddi bod tystiolaeth y gwragedd yn wir. Mor bwysig oedd dysgu gwrando.

Gwelir yn awr pam y gosododd Luc y cyfeiriad hwn (8: 1-3) at le canolog y gwragedd yng ngymdeithas Iesu o'i gychwyn yng Ngalilea cyn mynd ymlaen i groniclo dysgeidiaeth Iesu ynghylch yr angen i wrando. Roedd eu tystiolaeth hwy i Iesu yn cyfrif lawn cymaint â'r Deuddeg am eu bod 'gydag ef' (8: 1).

TRAFOD

1. 'Rhoddwyd i'r gwragedd rywbeth mwy na iachâd rhyfeddol i'r corff; ceir salwch sy'n golygu dioddef o wacter ystyr bywyd. Mae hyn yn arwain at wrthod yr hunan a cheisio darganfod ystyr mewn hunan-dosturi neu ymostwng ystyfnig, mewn alcohol neu gyffuriau, mewn salwch parhaol neu buteindra' (t.141). A fyddech yn cytuno ag Eduard Schweizer bod y wraig bechadurus wedi cael rhywbeth mwy nag iachâd corfforol? Beth ydoedd?
2. A ydych yn teimlo'n rhydd i gydnabod eich pechodau a'ch gwendidau

wrth eich cydaelodau yn eich eglwys chi? A yw Bonhoeffer (ar sail Iago 5: 16) yn iawn i annog hyn? Beth yw canlyniad medru derbyn eich gilydd fel pechaduriaid sy'n dibynnu ar faddeuant? Ai dyma gyfrinach cymdeithas go iawn?

3. Pa le a gaiff y gwragedd yn eich eglwys a'ch enwad chi? Gofynnwch i'r gwragedd yn eich dosbarth a yw Menna Elfyn yn y gerdd isod yn adleisio eu profiad hwy? Os ydyw sut y gellir newid pethau?

Wnaiff y gwragedd aros ar ôl?
Oedfa:
corlannau ohonom
yn wynebu rhes o flaenoriaid
moel, meddylgar;
meddai gŵr o'i bulpud,
'Diolch i'r gwragedd fu'n gweini—'
ie, gweini ger y bedd
wylo, wrth y groes—

'ac a wnaiff y gwragedd aros ar ôl?'

Ar ôl,
ar ôl y buom,
yn dal i aros,
a gweini,
a gwenu a bod yn fud,
boed hi'n ddwy fil o flynyddoedd
neu boed hi'n ddoe.

Ond pan 'wedir un waith eto
o'r sedd sy'n rhy fawr i ferched
wnaiff y merched aros ar ôl
beth am ddweud gyda'n gilydd,
ei lafarganu'n salm newydd
neu ei adrodd fel y pwnc:

'Gwrandewch chi, feistri bach,
tase Crist yn dod 'nôl heddi

byse fe'n bendant yn gwneud ei de ei hun'.

(*Aderyn Bach Mewn Llaw*, t.93)

4. Soniodd Luc am y gwragedd 'yn gweini arnynt o'u hadnoddau eu hunain' (8: 3). Beth oedd hyn yn ei awgrymu am gymdeithas Iesu? O'i brofiad o fyw yng nghymuned L'Arche, dywedodd Jean Vanier bod angen i bobl symud o weld 'y gymuned yn bodoli er fy mwyn i' i 'fy ngweld i'n bodoli er mwyn y gymuned'. Ychwanegodd, 'Mae pobl yn ymuno â chymuned er mwyn bod yn hapus. Maent yn aros er mwyn gwneud eraill yn hapus' (*Community and Growth,* t.36).

Pennod 19

DIBEN DAMEG YR HEUWR

Darllen: Luc 8: 4-21

Yn y fan hon gwelir Luc yn ailafael yn yr efengyl yn ôl Marc. Ar ôl adrodd hanes dewis y Deuddeg (6: 12-16, cym. Marc 3: 13-19) fe ychwanegodd Luc dipyn go lew o ddeunydd arall — peth ohono'n cyfateb i ddefnyddiau yn yr efengyl yn ôl Mathew a rhywfaint sy'n digwydd yn yr efengyl yn ôl Luc yn unig. Er fod Marc wrth ei benelin pan ysgrifennodd 8: 4—9: 50, ni lynodd Luc wrtho yn slafaidd. Cawn enghraifft ohono'n dilyn ei drywydd ei hun gyda'r manylion ynghylch diben y damhegion (8: 9-10).

Pwrpas y damhegion

Yn ôl Marc (4: 10) fe ddechreuodd y rhai a oedd o gwmpas Iesu, gyda'r Deuddeg, ei holi am y damhegion yn gyffredinol, ond yn ôl Luc (8: 9) gofynnodd ei ddisgyblion iddo beth oedd ystyr dameg yr heuwr yn benodol. Fe ddefnyddiodd Luc yr adran hon, felly, i gysylltu adrodd dameg yr heuwr â'r adran oedd yn rhoi 'ystyr' y ddameg (8: 11-15). Serch hyn, fe aeth Luc yn ei flaen i awgrymu bod Iesu wedi nodi pam y defnyddiodd 'ddamhegion' (8: 10) yn gyffredinol.

Fodd bynnag, anghytunodd â Marc (a Mathew) yn ei ddehongliad o bwrpas y damhegion. Roedd tuedd ym Marc i gadw 'cyfrinach teyrnas Dduw' yn gyfrinach. Pan oedd 'wrtho'i hun' yr holwyd Iesu am y damhegion (4: 10) ac fe ddyfynnodd ragor o broffwydoliaeth Eseia (6: 9-10 LXX) i bwysleisio na châi'r 'rheini sydd oddi allan' gyfle i edifarhau a derbyn maddeuant (4: 11-12). Er i Luc ddyfynnu Eseia nid aeth cyn belled â Marc, na Mathew (13: 14-15) yn sicr. Ni ddilornodd Luc 'bawb arall' (8: 10) gan eu cyfrif yn wrthodedig. Yn y manylion hyn gwelwyd calon genhadol Luc yn rhybuddio, ond ddim yn condemnio'n derfynol. Gwrthododd ef awgrym Marc fod Iesu wedi defnyddio damhegion yn fwriadol i rwystro rhai pobl rhag gwybod cyfrinachau teyrnas Dduw! Nid oedd y disgyblion yn deall arwyddocâd dameg yr heuwr i ddechrau, ond gan eu bod hwy am 'ddal eu gafael' yng ngair Duw (8: 15), gofynasant i Iesu 'beth oedd ystyr y ddameg hon' (8: 9). Dyma un o'r gofynion cyn y gall yr had ddwyn ffrwyth.

Yn ôl C. F. Evans, 'Efallai bod Luc yn meddwl bod y disgyblion yn iawn i holi'r cwestiwn, am fod ganddynt y gallu i ddeall cyfrinachion dameg pan esbonir hi, yn wahanol i'r rhai nad oes ganddynt y gallu hwnnw ac sy'n gorfod cael eu gadael gyda damhegion nas esbonir' (t.373).

Pam y defnyddiodd Iesu ddamhegion felly? I ddechrau roedd ei dull o addysgu yn unol ag egwyddor waelodol yr ymgnawdoliad: dod i'r union fan lle roedd pobl. A hwythau'n dal yng Ngalilea gallai fentro bod pob un o'r dyrfa fawr wedi gweld heuwr yn hau ei had. Gwyddent hefyd am y llwybrau rhwng y lleiniau tir, a'r mannau hynny lle'r ymwthiai'r garreg galch yn agos iawn i'r wyneb, heb sôn am y drain a oroesai'r hinsawdd grasboeth. Fe ddechreuodd Iesu yn eu byd a thu mewn i'w profiad hwy. Ond roedd mwy i ddameg na stori gyfarwydd am heuwr yn hau ei had, a'r helbulon yn sgîl hynny. Yn y cyfieithiad Groeg o'r Hen Destament fe ddefnyddiwyd *parabole* ('dameg') i gyfieithu'r gair Hebraeg *māšāl*. Yn aml iawn fe awgrymai'r gair hwnnw rhyw ddirgelwch neu enigma. Y rheswm dros hyn oedd fod dameg yn un o'r cyfryngau a ddefnyddid i geisio mynegi ewyllys a bwriad Duw. Am nad meddyliau dyn mo meddyliau Duw nac amcanion dyn mo'i amcanion ef, roedd elfen o ddirgelwch yn anochel yn y ddameg. O ganlyniad enynnid chwilfrydedd yn y meddwl effro a'r enaid sychedig. 'Gweledydd yw'r Iesu, a myn i ninnau weled yr hyn a wêl yntau,' meddai William Morris. 'Nid rhoi hyn a hyn o wybodaeth inni a fynnai, fel tywallt dŵr i lestr, ond rhoi cyfle inni ffeindio'r gwirionedd trosom ein hunain' (*Crist y Bardd*, t.108). Gwerth dameg felly oedd ei bod yn ennyn ymateb. Tra byddai rhai yn ymfodloni ar yr hanes arwynebol, fe synhwyrai eraill fod rhagor o'r golwg. Dadlennai'r ymateb hwn ymhle yr oedd pobl yn eu perthynas â Iesu. I'r sawl a fyddai'n gwrando arno o ddifrif fe ddatguddid gwirioneddau gwaelodol amdanynt hwy eu hunain ac am eu perthynas â'u Duw. Parai iddynt holi cwestiynau nid am y stori'n unig ond am ystyr bywyd. Fel y dadlennid 'cyfrinachau teyrnas Dduw' iddynt, byddai'r 'gwrando' yn arwain at 'weithredu' (8: 21). Gweithredent fel disgyblion 'wedi'u dysgu' gan Iesu — dyna ystyr llythrennol y gair 'disgybl'. Ond 'i bawb arall', roedd y damhegion yn enigma fel

> er edrych, na welant,
> ac er clywed, na ddeallant

nes i'r disgyblion rannu goleuni gair Duw â hwy fel y gellid eu cynnwys hwythau ymhlith y rhai oedd yn 'gwybod cyfrinachau teyrnas Dduw', oherwydd ym mwriad Iesu 'nid oes dim yn guddiedig na ddaw'n amlwg, na dim dan gêl na cheir ei wybod' (8: 16-17).

Mae'n werth dyfynnu ymgais Michael Marshall i egluro pam y defnyddiodd Iesu ddamhegion, 'Mae pob dameg fach yn tynnu'r dorf i mewn i'w bywyd hi ei hun. Mae'n rhaid iddynt ymwneud â hi yn emosiynol, weithiau'n hynod felly. Maent yn dechrau ymrannu o blaid y naill ochr neu'r llall, yna mae Iesu yn gofyn y cwestiwn allweddog fel y gwnaeth yn nameg y winllan: "Beth ynteu a wna perchen y winllan iddynt?" (i'r tenantiaid drwg). Medrwch glywed y dorf yn rhuo arno "Eu lladd nhw a rhoi'r winllan yng ngofal rhywun arall".

'Wedyn mae Iesu'n eu gadael hwy i wneud y cysylltiad. Fel arfer maent yn llwyddo i wneud hyn, ac mae hynny'n medru bod yn boenus iawn, "gwyddent (yr ysgrifenyddion a'r prif offeiriaid) mai yn eu herbyn hwy y dywedodd y ddameg hon." Oherwydd dim ond dau ymateb sy'n bosibl i her yr efengyl — paranoia neu metanoia. Mae'r rhai sy'n edifarhau yn dechrau ailfeddwl; yn gweld pethau o safbwynt arall ac yn dechrau wynebu bywyd o safle newydd. Dyna metanoia. Mae'r rhai sy'n gwrthod yn dechrau beio'r bydysawd, y sêr, eu genynnau, neu eu rhieni ac yn dechrau haeru bod popeth yn eu herbyn ac nad yw pethau'n deg. Dyna paranoia. Mae paranoia a metanoia yn perthyn i'r un byd: yr unig wahaniaeth yw fod metanoia yn gwneud yr holl wahaniaeth yn y byd! Mae'r un byd yn edrych yn hollol wahanol!' (*The Gospel Connection*, t.50).

Beth oedd ergyd dameg yr heuwr? Fel yn achos pob dameg, gogoniant y ddameg hon oedd ei bod hi'n amwys. Roedd Iesu'n ymuniaethu â phobl yn holl amrywiaeth bywyd, ac o'r herwydd roedd y cap yn ffitio mwy nag un amgylchiad. Canlyniad hyn fu dehongli amrywiol ar ddameg yr heuwr. Gwelodd rhai hi fel rhybudd Iesu yn wyneb llwyddiant y genhadaeth yng Ngalilea, tra eglurodd eraill hi fel anogaeth Iesu yn wyneb methiant yr un genhadaeth. Yn ôl eraill ceisio esbonio pam fod methiant yn dilyn llwyddiant a ysgogodd y ddameg hon. Gwerth edrych ar y gwahanol ddehongliadau hyn yw atgoffa'n hunain na all unrhyw esboniad wneud cyfiawnder llawn â dameg yr heuwr. Gwahoddiad yw'r ddameg i'r gwrandawr barhau'r ymddiddan ag Iesu fel y disgyblion gynt, a gall ef wedyn ddadlennu'r gwirioneddau hynny sy'n berthnasol i'n hamgylchiadau personol, eglwysig a chymdeithasol ni, lle bynnag y bôm, ar hyn o bryd, a'n hysbrydoli ninnau i weithredu a dwyn ffrwyth yn unol â'i ewyllys ef.

Anogaeth yn wyneb methiant

Fe welodd rhai ddameg yr heuwr fel 'cyngor i osgoi anobaith'. Awgrym John Knox oedd, 'Yn ôl pob golwg mae Iesu'n myfyrio ar ganlyniadau ei genhadaeth. Cododd gwrthwynebiad, ac mae'n amlwg mai dim ond ychydig yn Israel sy'n mynd i glywed ac ymateb i efengyl y deyrnas. Mae'n dod o hyd i gysur yn y sylw mai dim ond rhai o'r hadau a heuir gan unrhyw heuwr sy'n dwyn ffrwyth yn y pen draw' (t.147). Er iddo iacháu llawer, doedd dim croeso iddo yn y synagogau. Roedd yr ysgrifenyddion a'r Phariseaid â'u lach arno. Nid oedd hyd yn oed ei ddisgyblion yn dirnad ystyr ei bregethu bob amser. Roedd llawer o gredinwyr yn gwrthgilio mewn awr o brawf ac eraill yn cael eu hudo gan ofalon a golud a phleserau bywyd (8: 13-14).

Yn wyneb hyn oll gellid disgwyl i'w ganlynwyr fod yn eithaf digalon ar brydiau. I'w calonogi fe soniodd Iesu am brofiad pob amaethwr. Gwyddai hwnnw na fyddai pob hedyn yn dwyn ffrwyth. Serch hynny daliai ati i hau ei had. Er gwaethaf y siomedigaethau, ni roddai'r ffarmwr y ffidil yn y to. Gallai fod yn sicr y câi gynhaeaf. Yr un modd anogodd Iesu ei ddilynwyr i ddyfalbarhau ar waethaf pob anhawster a gwrthwynebiad. Yn ôl Luc, fe bwysleisiodd Iesu'r 'had' (8: 5). Yr had, nid ymdrech y disgyblion a fyddai'n dwyn ffrwyth, ac, yn ôl Luc, 'Yr had yw gair Duw' (8: 11). Yn hytrach nag ymboeni am y canlyniadau, cyhoeddi gair Duw oedd cyfrifoldeb yr apostolion. O wneud hyn yn ffyddlon, fe ofalai Duw am y cynhaeaf. Ysgrifennwyd llyfr yr Actau i brofi pa mor wir oedd hyn. Gallent ymddiried yn arglwydd y cynhaeaf (10: 2) i gyflawni'i bwrpas yn wyneb pob anhawster felly.

Rhybudd yn wyneb llwyddiant

Nid methiant cenhadaeth Iesu, ond maint ei llwyddiant, a ysgogodd y ddameg hon, yn ôl esbonwyr eraill. Hwy a dynnodd sylw at ragymadrodd Luc yn sôn am 'dyrfa fawr yn ymgynnull, a phobl o bob tref yn dod ato' (8: 4). Cyfeiriodd at 'y rhai sy'n dod i mewn' (8: 16) a phwysleisiodd na allai ei fam a'i frodyr gyrraedd at Iesu 'o achos y dyrfa' (8: 19). Fe danlinellodd Luc y llwyddiant trwy hepgor sylw Marc 'ac ni roddodd ffrwyth' (4: 7) a'r cnydio hyd ddeg ar hugain a hyd drigain cymaint (4: 8). Nid rhannol fu llwyddiant yr had a syrthiodd ar dir da yn ôl Luc; yn hytrach 'tyfodd, a chnydiodd hyd ganwaith cymaint' (8: 8).

Eto i gyd gwyddai Iesu am beryglon llwyddiant a phoblogrwydd. Yn wyneb hyn fe rybuddiodd y dyrfa bod angen gwrando o ddifrif. Dadleuwyd mai'r edefyn a gysylltodd yr holl ddarnau yn yr adran oedd y bwyslais ar wrando. Chwedl Robert J. Karris, clywed oedd 'leitmotif a her' yr adran hon, a rhoes 'Amrywiol ffyrdd o glywed gair Duw' fel pennawd i'w esboniad (t.697). Sylwch pa mor gyson yr ailadroddwyd y geiriau 'gwrando' neu 'clywed' (8: 8, 10, 12, 13, 14, 15, 18, 21). I gyflwyno thema'r gwrando, Luc yn unig a sylwodd, 'wrth ddweud hyn fe waeddodd' (8: 8) — yn llythrennol fe waeddodd dro ar ôl tro — i rybuddio, 'Yr hwn sydd ganddo glustiau i wrando, gwrandawed'. Nid pregethu i ddifyrru'r dorf a wnaeth Iesu. Fe'i rhybuddiwyd nad oedd clywed gair Duw yn ddigon. Roedd angen iddynt 'ddal eu gafael ynddo a dwyn ffrwyth trwy ddyfalbarhad' (8: 15). Ei deulu gwirioneddol ef, o'i gymharu â 'phawb arall' oedd y sawl a fyddai'n 'gwrando ar air Duw ac yn ei weithredu' (8: 21). Rhybudd yn wyneb llwyddiant oedd y dameg hon felly.

Llwyddiant yn troi'n fethiant

Fe geisiodd esbonwyr eraill chwilio am ffordd ganol wrth ddehongli dameg yr heuwr, trwy gydnabod bod Iesu wedi profi llwyddiant a methiant yn ei genhadaeth. 'Y cwestiwn yw,' meddai Charles H. Talbert, 'paham na chafodd yr efengyl effaith barhaol ar fwy?' Ymhelaethodd, 'Ceir ymatebion anghywir oherwydd y diafol (cym. Luc 22: 3), diffyg gwreiddiau sy'n gwneud rhywun yn agored adeg temtasiwn (cym. Luc 22: 40, 46; II Pedr 3: 17), a gofalon, cyfoeth a phleserau bywyd (cym. Actau 5: 1-11). Yr ymateb priodol yn y rhai sy'n clywed y gair yw "dal eu gafael ynddo a dwyn ffrwyth trwy ddyfalbarhad" (adnod 15, cym. Rhuf. 5: 3-4; Heb. 6: 11-12; 12: 1-3 ac ati).' Mae'r *en hypomone*, 'trwy ddyfalbarhad', a nododd Luc yn unig, yn gwbl groes i'r holl ymatebion anghywir (t.94). Er mai lleiafrif oedd wedi dal ati yn eu hymateb i air Duw, hwy oedd yn goleuo'r ffordd 'i bawb arall' ddod i mewn i dŷ a theulu Duw (8: 16). (Darlun o dŷ Groegaidd neu Rufeinig a gyflwynid yma, gyda channwyll ar ganhwyllbren yn y cyntedd i oleuo'r fynedfa i bawb a ddeuai i mewn i'r tŷ.) Amrywiad ar thema dameg yr heuwr oedd yr adran hon (8: 16-18) yn ôl G. B. Caird, 'Pan fydd Duw yn cynnau golau ym mywyd dynion, mae'n rhaid iddynt adael iddo lewyrchu er lles eraill. Mae datguddiad Duw yn dechrau fel darganfyddiad preifat ac yn gorffen fel ymddiriedolaeth gyhoeddus. Mae'n tyfu trwy ei rannu, ac mae'r rhai sy'n ceisio'i gadw iddynt eu hunain yn darganfod eu bod wedi colli hyd yn oed yr hyn y credent oedd yn eu meddiant. Ymddiriedwyd goleuni Duw i Israel, ond dim ond er mwyn iddynt fod yn oleuni i'r Cenhedloedd (Eseia 49: 6); ond, yn lle gadael i'r goleuni lewyrchu, roedd hi wedi canoli ei hymdrechion ar amddiffyn y fflam rhag iddi gael ei diffodd' (t.118).

Addasiadau cyfoes

Fel yr ysgogodd y ddameg hon amrywiaeth o ddehongliadau ymhlith ysgolheigion Beiblaidd, deil i ennyn ymateb gwahanol ymhlith darllenwyr a gwrandawyr ein dyddiau ni. Er enghraifft fe welodd rhai y ddameg hon, a'r adran a gysylltodd Luc wrthi, fel anogaeth i dwf eglwysig. Ym marn C. F. Evans, 'Ystyr dameg yr heuwr heddiw yw'r wers genhadol y bydd pregethu gair Duw gydag amynedd yn cynhyrchu cynhaeaf o wrandawyr, ac mae'r dywediadau am y lamp yn annog y disgyblion i ymdrechion cenhadol' (t.369). Dadleuwyd bod methiant wedi dod yn brofiad mor gyffredin i'r eglwys yn y gorllewin fel yr anghofiodd fod llwyddiant yn bosibl. Ailadroddwyd y ddameg hon, gan hawlio bod Duw wedi bwriadu i'r had gnydio 'hyd ganwaith cymaint' (8: 8). Gallwn hau'r had a chyhoeddi gair Duw ar led gan ddisgwyl cynnydd felly. Dyhead Duw yw bod y cynnydd hwn yn cynnwys cynnydd yn nifer y credinwyr sy'n 'gwrando ar air Duw ac yn ei weithredu' (8: 21). Yn llyfr yr Actau nododd Luc fwy nag unwaith fel y cynyddodd rhif y rhai oedd yn credu ac yn cael eu hachub (Actau 2: 41, 47; 4: 4). Yn hytrach na rhwystro'r cynnydd hwn bu erledigaeth yn foddion i'r gair gael ei hau ar hyd ac ar led, ac i nifer y credinwyr gynyddu (Actau 8: 4). Yn lle 'sefyll y tu allan' (8: 20), fe ddaeth 'ei fam a'i frodyr' hwythau i mewn (Actau 1: 14).

I eraill fe ehangwyd eu hamgyffrediad o natur twf ysbrydol gan y ddameg hon. Gwelwyd arwyddocâd yn y disgrifiadau gwahanol o'r tir da a roes y tair efengyl. Yn ôl Mathew, y tir da yw'r sawl sy'n 'clywed y gair ac yn ei ddeall' (13: 23). Golyga hyn fod angen astudio gair Duw a chnoi cil arno. Nid rhywbeth i'w ddarllen yn frysiog neu wrando arno'n achlysurol mo gair Duw, ond testun trafodaeth ac astudiaeth drwyadl a bwriadol. Mae angen 'deall' yr efengyl i dyfu'n ysbrydol. Wrth sôn am glywed y gair a'i 'groesawu' fe roes Marc (4: 20) le amlycach i'r galon nag i'r meddwl. Iddo ef yr oedd derbyn gair Duw yn golygu ymagweddu'n groesawus o'r galon. Roedd derbyn y gair yn golygu croesawu'r gair a wnaed yn gnawd, Iesu Grist ei hun, nid dadansoddi geiriau ac athrawiaethau mewn llyfr. Fe aeth Luc gam ymhellach trwy ddisgrifio'r tir da fel y 'sawl sy'n clywed y gair â chalon dda rinweddol, ac yn dal eu gafael ynddo' (8: 15). Yn ogystal â deall gair Duw a'i groesawu â'r galon fe welodd Luc yr angen am i'r ewyllys gael ei gyffwrdd gan y gair nes ymaflyd ynddo, gafael o'i gwmpas, ei anwesu a'i gofleidio nes dwyn ffrwyth, sef corff newydd, dynoliaeth newydd, bywyd Iesu, i'r amlwg. Er ei fod yn sôn yn y lluosog am 'eu gafael', roedd y rhain wedi'u hailgreu yn un corff ag un galon. Y ddynoliaeth newydd hon, 'sy'n gwrando ar air Duw ac yn ei weithredu', yw teulu Iesu (8: 21). Y gweithredu ymarferol allanol yw'r prawf o'r had mewnol ysbrydol yn dwyn ffrwyth trwy ddyfalbarhad (8: 15 cym. Rhuf. 5: 1-4). 'Yr hwn sydd ganddo glustiau i wrando, gwrandawed' (8: 8).

TRAFOD

1. Fe groniclwyd rhyw hanner cant o ddamhegion Iesu. Pam y tebygwch chi y defnyddiodd ef ddamhegion fel cyfrwng i addysgu?
2. Beth oedd ergyd dameg yr heuwr yng nghyfnod Iesu?
3. Beth yw ergyd dameg yr heuwr yn eich profiad a'ch sefyllfa chi?
4. Ai peth buddiol ynteu anfuddiol yw'r elfen amwys yn nysgeidiaeth Iesu sy'n ein galluogi i'w dehongli mewn gwahanol ffyrdd?
5. A yw gwrando ar air Duw yn rhoi sail i chi gredu y gallwch brofi twf yn eich bywyd ysbrydol chi, ac y medrwch weld cynnydd yn aelodaeth eich eglwys chi? Pa rwystrau sydd angen eu symud cyn y gall y tyfiant hwn ddigwydd?
6. A fyddech chi'n cytuno mai symbol ac nid syniad yw 'teyrnas Duw'? Gall feddiannu'r gwrandawr a'i ddwyn i mewn i'w thyfiant gwyrthiol.

Pennod 20

NERTH AC AWDURDOD IESU

Darllen: Luc 8: 22-56

Fe gwblhaodd Luc yr hanes am genhadaeth a gweinidogaeth Iesu yng Ngalilea (a'r cylch) â darn go helaeth (8: 4—9: 50) a oedd wedi'i sylfaenu ar yr efengyl yn ôl Marc. Prif bwnc y rhan hon oedd, 'Pwy yw Iesu?' Daeth yr ateb llawn oddi wrth y 'llais o'r cwmwl' (9: 35). Yn yr adran hon (8: 22-56), pwysleisiwyd mai Iesu oedd yr 'un cryfach' (cym. 3: 16; 11: 22) a feddai ar nerth ac awdurdod dros y dyfroedd bygythiol, y pwerau demonig, afiechyd a chonfensiwn, ac angau'i hun, cyn sôn amdano'n rhoi i'r Deuddeg 'nerth ac awdurdod i fwrw allan gythreuliaid o bob math ac i wella clefydau' (9: 1). Er mwyn nodi'r cysylltiad agos rhwng 8: 22-56 ac awdurdodi'r Deuddeg (9: 1-6), fe symudodd Luc hanes gwrthod Iesu yn Nasareth (Marc 6: 1-6) o'r fan hon. Amcan Luc oedd dangos bod gan Iesu awdurdod a gallu goruwchnaturiol i'w rannu â'i ddisgyblion i'w galluogi hwythau i barhau ei genhadaeth ef. Rhoes Luc bedair enghraifft o rym dwyfol Iesu ar waith: rheoli'r storm, trechu'r demonig yn Gerasa, adfer yr halogedig a chyfodi'r marw.

Rheoli'r dyfroedd tymhestlog

Peth digon cyffredin oedd tymestl o wynt ar fôr Galilea. Gan fod y llyn hwn chwe chan troedfedd islaw lefel y môr, fe weithredai'r mynyddoedd o'i gwmpas fel ffwnel i dynnu'r gwyntoedd oer i lawr yn storm sydyn. Er gwaethaf pob perygl, roedd Iesu'n cysgu'n dawel gan ymddiried yn llwyr yn ei ddisgyblion a'i Dduw. Wrth weld 'y cwch yn llenwi' fe gredodd y disgyblion ei bod hi ar ben arnynt. Pan ddeffroesant Iesu a dweud hynny wrtho (8: 24), fe brofodd ef nad oedd angen iddynt anobeithio. Ar ei air ef 'darfu'r dymestl a bu tawelwch' (8: 24). Fe ysgogodd hyn y cwestiwn allweddol, 'Pwy ynteu yw hwn?' (8: 25). A'r ateb a fynnai Luc ei awgrymu oedd mai Iesu oedd yr un a reolai'r dyfroedd tymhestlog. Yn ei lais ef clywyd adlais o air creadigol Duw a ddug drefn o anhrefn y dyfnder pan grewyd y byd (Gen. 1: 1-2 cym. Job 38: 7-11). O'i gymharu â Marc fe dynnodd Luc sylw at y dyfnder trwy ychwanegu cyfeiriadau at y 'llyn' ddwywaith (8: 22, 23) a'r dyfroedd (8: 25), neu'r 'dyfroedd tymhestlog' (8: 24). I'r Iddew, roedd y môr yn fygythiol ac yn arswydus (Dan. 7: 2); Duw yn unig a allai ei reoli. Yma gwelwyd awdurdod dwyfol Iesu yn dofi'r tonnau; daeth profiad y Salmydd o Dduw yn brofiad byw iddynt hwythau. Roeddent wedi dychryn yn nannedd y storm,

> Yna gwaeddasant ar yr ARGLWYDD yn eu cyfyngder,
> a gwaredodd ef hwy o'u hadfyd;
> gwnaeth i'r storm dawelu,
> ac aeth y tonnau'n ddistaw.
>
> (Salm 107: 28-29)

Trwy alw 'Meistr, meistr', roedd y disgyblion wedi cydnabod awdurdod a rheolaeth Iesu. O ganlyniad,

> gwelsant hwy weithredoedd yr ARGLWYDD,
> a'i ryfeddodau yn y dyfnder.
>
> (Salm 107: 24)

Pwy oedd hwn? Iesu yr Arglwydd ar waith yn rheoli'r bygythiad eithaf i'w bywyd â'i air. Iddynt hwy yr oedd yn fygythiad dinistriol, demonig. Ceryddodd Iesu'r gwynt a'r dyfroedd tymhestlog gan roi taw ar y grymusterau cythreulig. Dyna faint oedd awdurdod a grym Iesu; ynganodd ag awdurdod Duw.

> Y mae llais yr ARGLWYDD uwch y dyfroedd;
> Duw'r gogoniant sy'n taranu,
> yr ARGLWYDD uwch dyfroedd cryfion!
> Y mae llais yr ARGLWYDD yn nerthol,
> y mae llais yr ARGLWYDD yn ogoneddus.
>
> (Salm 29: 3-4)

Gallwn weld yn awr pam yr adroddodd Luc yr hanes hwn ar ôl adran sy'n pwysleisio 'gwrando ar air Duw' (8: 4-21), ac fel cyflwyniad i'r stori nesaf am allu Iesu i iacháu dyn a oedd ym meddiant cythreuliaid. Gwelodd yntau, fel y Salmydd,

> yr wyt yn tawelu rhu'r moroedd,
> rhu eu tonnau,
> a therfysg pobloedd.
>
> (Salm 65: 7 cym. Eseia 17: 12-13)

Fel y tawelodd Iesu'r dyfroedd tymhestlog, fe drechodd y grymusterau a oedd yn corddi'r dyn yn Gerasa. Medrai Iesu reoli'r anhrefn ym myd natur ac mewn dyn. Doedd ryfedd ei fod wedi holi'i ddisgyblion, 'Ble mae eich ffydd?' Trwy adrodd yr hanes hwn, ceisiai Luc ennyn ffydd yn Iesu, y meistr dwyfol, a allai ddwyn trefn o bob anhrefn trwy rym ei air creadigol. Rheolai Iesu'r anhrefn ym myd natur ac iacháu malltod am ei fod yn drech na'r pwerau demonig i gyd.

Trechu'r demonig

Fel G. B. Caird ac eraill, nododd C. F. Evans y cysylltiad rhwng yr hyn a ddigwyddodd yn Gerasa (8: 26-39) a'r hanes o'i flaen am ostegu'r storm, 'Tra bod y storm ar y môr yn cael ei chyflwyno fel cythraul, a dawelir trwy ei fwrw allan, mae'r disgrifiad o'r dyn a feddiannwyd gan gythreuliaid yn y fan hon . . . wedi ei fwriadu i gyflwyno creadur tymhestlog, stormus. Bwriwyd ei gythreuliaid ef yn ôl i'r dyfnder' (t.383). Fodd bynnag, ni chanolbwyntiodd Luc ar Iesu yn 'gorchymyn i'r ysbryd aflan fynd allan o'r dyn' (8: 29), gymaint ag y gwnaeth ar y gwrthdaro dramatig rhwng Iesu a'r byd demonig, ac effeithiau hynny ar y bobl o gwmpas. Maint awdurdod a nerth Iesu, a chanlyniadau cenhadol hyn, oedd prif neges Luc yn yr adran hon felly.

I gyfleu pa mor nerthol oedd Iesu, fe bortreadodd Luc gyflwr dychrynllyd y dyn a oedd ym meddiant y cythreuliaid (8: 27, 29). Eto i gyd, pan welodd Iesu, rhoes floedd 'a syrthio o'i flaen' (8: 28). Roedd Iesu wedi trechu'r ysbryd aflan eisoes, ac i sicrhau y byddai'n medru rheoli'r sefyllfa, gofynnodd Iesu iddo, 'Beth yw dy enw?' (8: 30). Unwaith y byddai'n gwybod ei enw, ni allai ddianc o'i afael wedyn. Tanlinellwyd cyflwr brawychus y dyn gan ei enw *Legion* — gair a fenthycodd yr iaith Roeg oddi wrth y Lladin am leng o chwe mil o wŷr traed ar flaen y gad yn y fyddin Rufeinig. Wynebwyd Iesu â grym a ymddangosai'n anorchfygol, 'oherwydd yr oedd llawer o gythreuliaid wedi mynd i mewn iddo' (8: 30). Serch hyn, dechreusant 'ymbil' ar Iesu (8: 31). Roedd wedi trechu 'Lleng'. I ychwanegu at eironi'r sefyllfa, fe ddisgrifiodd Luc y cythreuliaid yn ceisio bargeinio â Iesu gan ymbil am gael mynd i mewn i'r moch — yr union foch a ruthrodd 'dros y dibyn i'r llyn a boddi' (8: 33). Hynny yw, fe'u danfonwyd gan Iesu i'r dyfnder, i'r 'pwll diwaelod', lle carcharwyd yr ysbrydion aflan tan derfyn amser (Dat. 9: 1, 11; 20: 1). Fe'u trechwyd yn llwyr gan Iesu.

Awgrymodd rhai esbonwyr fod boddi'r moch yn cyfleu awdurdod pellgyrhaeddol Iesu, gan fod moch yn symbol o awdurdod Rhufain. Ar ôl sylwi bod y lleng wedi'i hanfon i'r moch, nododd Robert J. Karris, 'Cynrychiolwyd grym Rhufain gan hwch epilgar iawn a gafodd 30 o berchyll a chan y baedd gwyllt. Baedd gwyllt oedd symbol y *Legio X Fretensis,* a symudwyd i Syria o dan Tiberius ac a fu'n ymladd yn rhyfel Iddewig 66-70 O.C.' (t.698). I ategu'i ddadl dyfynnodd sylw gan G. Theissen, 'Yr oedd presenoldeb grym gwleidyddol tramor bob amser yn bresenoldeb bygythiol a oedd yn codi arswyd. Yr oedd yn llygru'r tir. Gellid dehongli presenoldeb Rhufain felly fel bygythiad grym demonig . . . Gwnâi hyn fwrw allan gythreuliaid yn "arwydd" o ryddid yn y dyfodol' (*The Miracle Stories of the Early Christian Tradition,* t.255).

A derbyn bod yr esbonwyr hyn yn rhoi gormod o bwys ar arwyddocâd gwleidyddol y moch, ni ellir gwadu eu harwyddocâd crefyddol. I'r Iddewon, roedd moch yn anifeiliaid aflan ac ni chaniatâi'r ddeddf iddynt fwyta cig moch. Yn yr hanes hwn felly, gwelwyd awdurdod Iesu dros baganiaeth, a hynny mewn ardal baganaidd fel 'gwlad y Geraseniaid'. Bu llawer o ddadlau ynghylch lleoliad Gerasa, ond profai'r genfaint foch fod Iesu wedi teithio y tu hwnt i ffiniau Palesteina, a thanlinellodd Luc hyn trwy ychwanegu fod y lle 'gyferbyn â Galilea' (8: 26), hynny yw, ar lan arall Llyn Genesaret. Roedd cenhadaeth Iesu wedi cyrraedd hyd at y cenedl-ddynion felly, ac yn rhagflas o genhadaeth yr eglwys ymhlith yr holl Genhedloedd. Yn groes i Mathew (10: 5), ni chyfyngodd Iesu ar genhadaeth y Deuddeg yn ôl Luc (9: 1-6), na'u rhwystro rhag mynd at y Cenhedloedd. Credai Luc fod cenhadaeth Duw yng Nghrist a'i eglwys i gynnig iachawdwriaeth i bawb (2: 32; 3: 6; 4: 25-27; Actau 26: 17-18).

Yn ogystal â thanlinellu nerth Iesu, roedd Luc wedi dangos hefyd pa mor bellgyrhaeddol oedd ei awdurdod. Trwy wneud hyn fe ddaeth canlyniadau cenhadol ei weithredu nerthol i'r golwg. Un canlyniad oedd cais 'holl boblogaeth gwlad y Geraseniaid iddo fynd ymaith oddi wrthynt' (8: 37). Roedd hyn yn arwydd i apostolion Iesu na fyddai pawb yn derbyn gair Duw (8: 12-14), ac fe rybuddiwyd y Deuddeg gan Iesu ynghylch y sawl a fyddai'n gwrthod eu derbyn (9: 5). Bu llawer o ddyfalu pam y gofynnodd y Geraseniaid i Iesu ymadael. Awgrymodd Charles H. Talbert mai ystyriaethau economaidd oedd y tu ôl i'w cais, a bod cadw moch yn cyfrif mwy iddynt hwy na chael eu cadw gan Iesu. Gallai hyn fod yn rhybudd i'r apostolion hwythau. Wrth adrodd yr hanes am Paul yn bwrw allan ysbryd dewiniaeth o'r eneth fe ddywedodd Luc, 'Pan welodd ei meistri hi fod eu gobaith am elw wedi diflannu, daliasant Paul a Silas, a'u llusgo i'r farchnadfa o flaen yr awdurdodau' (Actau 16: 19). Fe gododd y gof arian Demetrius yntau dwrw pan welodd y fasnach a roes 'ffyniant' i grefftwyr yn cael ei bygwth gan Paul (Actau 19: 23-26). Yn ôl C. H. Talbert, roedd y gwrthdaro hwn yn digwydd eisoes yng ngweinidogaeth a chenhadaeth Iesu. 'Mae gwrthod yr un sydd â gallu diderfyn ganddo weithiau yn gysylltiedig â'r ffaith ei fod yn bygwth y rhai sydd yn rhan o'r drefn economaidd. Mae hyn yn rhybudd ac yn gysur i'w ddilynwyr' (t.99). Fe ddichon y byddai'r esboniad economaidd yn taro geiriad Marc (5: 16) yn well. Yr eglurhad am gais y Geraseniaid a gynigiodd Luc oedd 'fod ofn mawr wedi cydio ynddynt' (8: 37). Ef a ychwanegodd y geiriau hyn i ddynodi o bosibl ddychryn y paganiaid hyn yn wyneb amlygiad o rymusterau goruwchnaturiol mor nerthol. Methasant weld y cariad y tu ôl i'r grym. Ond nid dyna'r unig ymateb i weithredu pwerus Iesu.

Y canlyniad arall a ddeilliodd o waredigaeth nerthol Iesu, ac a esgorodd ar weithredu cenhadol, oedd ymateb y dyn a iachawyd. Defnyddiwyd yr un gair Groeg i gyfleu ei fod wedi cael iachawdwriaeth yn ogystal ag iachâd, ond ni chyfyngwyd hyn i un gair. Fe ddangosodd Luc gymaint oedd y gweddnewidiad yn achos y dyn hwn trwy'r ffordd yr adroddodd yr hanes cyfan. Mae'n werth rhestru'r cyfnewidiadau: o'r dref (8: 27) i'r dref (8: 39); byw ymhlith beddau aflan (8: 27) dychwelyd adref (8: 39); yn noethlymun (8: 27) â'i ddillad amdano (8: 35); wedi'i feddiannu (8: 27) yn ei iawn bwyll (8: 35); yn yr unigeddau (8: 29) yng nghanol y dref (8: 39). Yn lle bod yn esgymun gwrthodedig, fe'i trosglwyddwyd i gymdeithas lawn â'i gyd-ddynion; dyna'r waredigaeth a weithredodd Iesu. Cafodd brofiad o iachawdwriaeth trwy 'Fab y Duw Goruchaf' (8: 28). Eisteddodd 'wrth draed Iesu' (8: 35) fel disgybl awyddus i gael ei ddysgu ganddo (cym. 10: 39). Doedd ryfedd fod y dyn yr oedd y cythreuliaid *wedi* mynd allan ohono yn erfyn am gael bod gyda Iesu (8: 38). Beth oedd ymateb Iesu? Yn lle mynd ag ef i blith dieithriaid, fe roes Iesu gomisiwn iddo fod yn apostol gan ei 'anfon' yn ôl at ei bobl ei hun (8: 38-39). Gwelwyd yma ganlyniadau cenhadol gwaredigaeth Iesu. Gan mai dyma uchafbwynt y stori, dadleuodd I. H. Marshall fod Luc wedi defnyddio'r hanes fel 'patrwm o'r hyn y mae tröedigaeth yn ei olygu: y cyfrifoldeb i efengylu' (t.341). Gartref yr oedd y cenhadu hwn i ddechrau (8: 39). Ef oedd y cyntaf i ymuno yng nghenhadaeth Iesu ymhlith y Cenhedloedd. Beth oedd ei genadwri? Gorchmynnodd Iesu iddo 'adrodd gymaint y mae Duw wedi ei wneud drosot', sef rhannu ei brofiad personol o allu gwaredigol Duw ag eraill. 'Ac aeth ef ymaith trwy'r holl dref gan gyhoeddi gymaint yr oedd Iesu wedi ei wneud drosto' (8: 39). Pwy oedd Iesu? Duw ar waith yn gwaredu'n nerthol yn ei brofiad, yn ei gorff, yn ei fywyd cymdeithasol ef ei hun. Dyna'r efengyl, y newydd da yr anfonwyd ef i'w chyhoeddi ymhlith ei bobl ei hun a gaethiwyd gan 'ofn mawr' paganiaeth (8: 37). I Luc roedd yr hanes hwn yn agor y drws i'r genhadaeth ymhlith y Cenhedloedd, a ddisgrifiodd yn llyfr yr Actau, lle caniatawyd i genhadon a dystiolaethai o'u profiad (fel Paul), genhadu ochr yn ochr â'r apostolion a oedd wedi bod 'gyda Iesu', ac a ystyrid yn gynheiliaid y traddodiad a darddodd o genhadaeth Iesu ei hun.

Adfer yr halogedig

Gwewyd y stori am ferch Jairus a'r stori am y wraig a gyffyrddodd â mantell Iesu ynghyd am fod y ddwy wedi'u halogi. Halogwyd merch Jairus gan angau, ac ystyrid bod gwaedlif yn halogi dynes (Lef. 15: 25-27). Fe ddigwyddodd yr hyn a waherddid gan y ddeddf: cyffwrdd â'r halogedig. Ond yn lle bod Iesu yn cael ei halogi pan gyffyrddodd y wraig ag ymyl ei fantell, fe beidiodd ei diferlif gwaed hi. Fe'i hiachawyd a'i glanhau. A phan gyffyrddodd Iesu â chorff marw merch Jairus gan afael yn ei llaw (8: 54), fe'i hadferwyd hithau i gymdeithas â'i theulu o gwmpas y bwrdd bwyd. Dyma ymateb diwinydd sy'n ferch, E. Schüssler Fiorenza, i'r hanes, 'Mae'r wraig ifanc sy'n dechrau cael misglwyf, fel y wraig hŷn sydd â'i misglwyf wedi mynd yn gyflwr patholegol, yn cael bywyd newydd. Nid yw gallu merch i roi bywyd, a amlygir yn y 'llif gwaed' yn 'ddrwg' nac yn cael ei derfynu gan angau. Mae'n cael ei 'adfer' fel bod y gwragedd yn medru 'mynd a byw mewn *shalom*' (*In Memory of Her.,* t.124).

Amlygwyd nerth ac awdurdod Iesu ar y ddau achlysur. Addefodd Iesu, yn ôl Luc,'fe synhwyrais i fod nerth wedi mynd allan ohonof' (8: 46). Fe gyffyrddodd yr aflan â'r glân, ac yn lle cael ei halogi gan yr aflan roedd yr un sanctaidd yn gallu ei glanhau. Roedd nerth hwn yn ddigon grymus i iacháu'r claf, i adfer yr aflan ac i gyfannu cymdeithas. Yn lle ymguddio yng nghanol y dorf y 'tu ôl' i Iesu, fe ddaeth y wraig ymlaen i wynebu Iesu 'a mynegi gerbron yr holl bobl pam yr oedd hi wedi cyffwrdd ag ef, a sut yr oedd wedi gwella ar unwaith' (8: 47).

Yn ogystal â'i hiacháu fe alluogwyd y wraig swil hon i dystio i rym gwaredigol ac iachusol Iesu. Unwaith eto gwelwyd Luc, a Luc yn unig, yn tynnu sylw at weithredu nerthol Iesu yn arwain at dystiolaethu cyhoeddus. Pe bai hi wedi cael diflannu ar ôl y profiad buasai naill ai'n teimlo'n euog oherwydd iddi dorri cyfraith aflendid, neu heb brofi bendith yr Arglwydd ar ei gwaredigaeth: 'dos mewn tangnefedd' (8: 48). Cydnabu'n gyhoeddus fod ganddi ffydd yn Iesu ac arddelodd Iesu'r ffydd honno.

Fel yr amlygwyd mawredd gallu Iesu, trwy danlinellu nad oedd y wraig wedi cael gwellhad er gwario'r cwbl ar feddygon, fe bwysleisiwyd fwy nag unwaith fod merch Jairus 'wedi marw' (8: 49, 55). Yn ogystal â'i gyffyrddiad nerthol, clywyd galwad grymus gair Duw yn codi'r marw'n fyw. Wrth ddefnyddio'r un gair am godi'r ferch ac atgyfodi Iesu, fe ddangosodd Luc fod grym Duw i gyfodi'r marw (9: 22) ar waith eisoes yng nghenhadaeth Iesu.

Awdurdodol eiriau Iesu a reolodd y dyfroedd tymhestlog, a drechodd y lleng o gythreuliaid ac a adferodd yr halogedig i fywyd a chymdeithas lawn. Y geiriau a'r grym hwn a drosglwyddodd Iesu i'r Deuddeg wrth eu hanfon hwy allan 'i gyhoeddi teyrnas Dduw ac i iacháu'r cleifion' (9: 2). Gwelwyd grym Iesu ar waith yn yr apostolion hwythau wrth i Tabitha gael ei chodi o farw yn fyw. Afraid dweud bod hyn wedi esgor ar genhadu effeithiol (Actau 9: 36-42). Nid pwerau demonig, na chrefyddau paganaidd, na llywodraeth Rufeinig, na chonfensiynau'r Ddeddf grefyddol, eithr nerth ac awdurdod Iesu a allai adfer pobl, a'r greadigaeth hithau, i fywyd llawn. Dyna wir ddiben grym.

TRAFOD

1. A yw'r enghreifftiau hyn o awdurdod a nerth Iesu yn gwneud argraff ar bobl heddiw?
2. A yw hi'n newydd da
   (i) i'r eglwys;
   (ii) i'r byd, fod grym ysbrydol ar gael?
   Sut y gallwn ni roi mwy o le i'r grym ysbrydol hwn gael ei amlygu ym mywyd yr eglwys a'r gymdeithas heddiw?
3. A yw Luc yn dysgu yn ei efengyl, ac yn llyfr yr Actau, fod angen i'r sawl sy'n efengylu ar sail profiad personol o Grist bwyso ei eiriau yng nghlorian traddodiad y rhai a oedd 'gyda Iesu'?
4. Yng ngoleuni'r pedair stori hyn, sut fyddech chi'n disgrifio 'iachawdwriaeth'?

Pennod 21

CENHADAETH Y DEUDDEG

Darllen: Luc 9: 1-17

Ers 4: 14 fe fu Luc yn sôn am genhadaeth a gweinidogaeth Iesu yng Ngalilea. O 9: 51 ymlaen byddai'n dechrau adran newydd wrth sôn am Iesu'n ymadael â Galilea a throi ei wyneb tua Jerwsalem. Hanesion sy'n cysylltu'r ddwy adran hyn a gawn ni yn hanner cyntaf pennod 9. Er mor effeithiol oedd cenhadaeth Iesu wedi bod yng Ngalilea, mynnai Luc bwysleisio nad oedd y genhadaeth rymus honno wedi'i chyfyngu i weinidogaeth Iesu. Rhoi dechrau i ddigwyddiadau a fyddai'n parhau hyd ddiwedd amser a wnaeth ef. Dyna pam y rhannodd ei genhadaeth â'r Deuddeg.

Galwad i'r genhadaeth

Nid ar eu liwt eu hunain y penderfynodd y Deuddeg fynd allan i genhadu. Cael eu galw i'r gorchwyl hwn a wnaethant — gan Iesu. 'Nid chwi a'm dewisodd i, ond myfi a'ch dewisodd chwi, a'ch penodi i fynd allan a dwyn ffrwyth sy'n aros' (Ioan 15: 16). Ond cyn eu hanfon i genhadu roedd Iesu wedi'u paratoi yn ofalus. Er ei fod wedi bwriadu'u hanfon i genhadu o'r cychwyn — dyna arwyddocâd eu galw'n 'apostolion' (6: 13) — ni adawodd Iesu iddynt fynd hyd nes iddynt dreulio cryn amser yn ei gwmni ef. Yn ôl Marc, 'Penododd ddeuddeg (a rhoi'r enw apostolion iddynt) er mwyn iddynt fod gydag ef, ac er mwyn eu hanfon hwy i bregethu ac i feddu awdurdod i fwrw allan gythreuliaid' (3: 14-15). Cyn y medrai'r apostolion genhadu, roedd angen iddynt gael y profiad o fod yng nghwmni Iesu a rhannu yn ei genhadaeth ef. Nid cael eu galw i gychwyn rhywbeth newydd a wnaethant, ond i ymuno yn ei genhadaeth arloesol ef. Roedd y genhadaeth hon wedi cychwyn yn Nuw, yng ngweithred y Tad yn 'anfon' y Mab, ac yn cael ei gweithredu yng nghenhadaeth y Mab 'yn nerth yr Ysbryd' (4: 14). Galwodd y Mab y Deuddeg i ymuno yn y genhadaeth drindodaidd hon. Duw y Tri yn Un yw ffynhonnell y genhadaeth o oes i oes. Mae'n tarddu o Dduw ac yn arwain at Dduw.

Nod y genhadaeth

Amlygu cymdeithas y Tad, a'r Mab a'r Ysbryd Glân yw nod y genhadaeth drindodaidd felly. Dyna pam y galwodd Iesu 'y Deuddeg ynghyd' (9: 1). Nid gyrru nifer o unigolion allan ar eu pennau eu hunain a wnaeth Iesu. Yn ogystal â bod 'gydag ef', roedd y Deuddeg wedi bod gyda'i gilydd. O ganlyniad, roedd y deuddeg unigolyn wedi'u moldio ynghyd yn un corff. Er eu holl amrywiaeth fel unigolion, roedd y Deuddeg yn uned weladwy ag iddi nodweddion penodol a oedd yn adlewyrchu blaenoriaethau ac agweddau, safonau a ffordd o fyw Iesu'i hunan. Roeddent hwythau wedi cael eu hiacháu o'u rhagfarnau, a Simon 'a elwid y Selot' wedi dysgu maddau i Mathew y casglwr trethi. Yn eu hymwneud â'i gilydd, yng nghwmni Iesu, roedd trefn chwyldroadol teyrnas Dduw wedi cael ei lle yn eu bywyd ynghyd. Wrth eu hanfon allan, nod Iesu oedd i'r rhain 'gyhoeddi teyrnas Dduw' ar weithred ac ar air (9: 2). Yn eu perthynas â'i gilydd amlygent fywyd newydd, bywyd teyrnas Dduw. O weld y bywyd dwyfol hwn ar waith roedd pobl yn ysu am gael clywed y newydd da, yr efengyl, ynglŷn â chyfrinach eu bywyd ynghyd. Iacháu pobl a chyfannu'r gymdeithas oedd nod y genhadaeth. Nid pregethu'n unig ond gweithredu; nid gweithredu'n unig ond cyhoeddi teyrnas Dduw — dyna nod y genhadaeth fel y'i crisialwyd yn Iesu (9: 11) a'i rhannu gyda'r apostolion. Ond sut y medrai meidrolion fel y rhain gyfranogi yng nghenhadaeth ddwyfol Iesu?

Cynhysgaeth i'r genhadaeth

Er fod yr apostolion wedi treulio cyfnod yng nghwmni Iesu, ac er iddynt gael eu hanfon allan gyda'i gilydd, ni fedrent fyth gyflawni'r genhadaeth hon yn eu nerth eu hunain. Fe wyddai Iesu hynny. Fel y cynysgaeddwyd ef â'r Ysbryd Glân ar gyfer ei genhadaeth, fe roes yntau 'nerth' i'r Deuddeg (9: 1). 'Heb Dduw, heb ddim; â Duw, â digon'. Rhannodd Iesu ei nerth ei hun â'r apostolion, nerth a amlygwyd wrth reoli'r storm, wrth drechu'r demonig yn Gerasa, wrth iacháu'r claf, adfer yr halogedig a chyfodi'r marw (8: 22-50). Yn nerth yr Iesu hwn y cyflawnodd y Deuddeg 'yr holl bethau yr oeddent wedi'u gwneud' (9: 10). Hyn fu profiad yr apostolion ar hyd yr adeg. Fe ddywedodd Pedr wrth Aeneas, er enghraifft, '"Aeneas, y mae Iesu Grist yn dy iacháu di; cod, a chyweiria dy wely." Ac yn y fan fe gododd. Gwelodd holl drigolion Lyda a Saron ef, a throesant at yr Arglwydd' (Actau 9: 34-35; cym. 3: 6).

Nid cael pobl i ymuno â'u carfan hwy oedd nod yr apostolion yn gymaint â rhoi cyfle i eraill droi at yr Arglwydd, oherwydd ynddo ef y gwelsant y bywyd newydd, a thrwyddo ef y cawsant y nerth i ddechrau byw y drefn chwyldroadol newydd hon. Amcan y genhadaeth felly oedd gadael i eraill brofi'r 'gallu tra rhagorol' a oedd yn deillio oddi wrth Dduw, ac a oedd yn abl i'w cynnal yn wyneb pob gorthrwm ac erledigaeth (cym. II Cor. 4: 5-12). Siarad o'u profiad a wnâi'r apostolion wrth ddweud bod nerth ar gael i eraill; roeddent wedi profi'r nerth hwn ar waith yn eu bywydau hwy eu hunain.

Neges y genhadaeth

Beth oedd neges y genhadaeth? Yn ôl Luc, fe anfonodd Iesu'r Deuddeg allan 'i gyhoeddi teyrnas Dduw' (9: 2). Yn eu profiad hwy, roedd teyrnas Dduw wedi cyrraedd yn Iesu. Iesu Grist oedd neges y genhadaeth felly. 'Gwyddoch chwi'r peth a fu drwy holl Jwdea, gan ddechrau yng Ngalilea wedi'r bedydd a gyhoeddodd Ioan — Iesu o Nasareth, y modd yr eneiniodd Duw ef â'r Ysbryd Glân ac â nerth. Aeth ef oddi amgylch gan wneud daioni ac iacháu pawb oedd dan ormes y diafol, am fod Duw gyda ef,' meddai Pedr yn nhŷ Cornelius (Actau 10: 37-38). Erbyn hynny medrai Pedr fynd yn ei flaen i sôn am y groes a'r atgyfodiad. Ond eisoes, ar derfyn gweinidogaeth Iesu yng Ngalilea gallai'r Deuddeg sôn am 'y peth a fu', ym mywyd Iesu a thrwy ei weinidogaeth ef, 'am fod Duw gydag ef'. Mewn gair gallent gyhoeddi bod teyrnas Dduw, trefn Duw, ar gerdded yno yng Ngalilea yng nghenhadaeth Iesu. Roedd ef yn ymgorfforiad o drefn Duw wrth 'wneud daioni, ac iacháu pawb oedd dan ormes y diafol' Ar ben hyn, roedd Iesu'n awyddus i rannu'r gallu a'r awdurdod dwyfol hwn â meidrolion cyffredin fel hwy a oedd yn barod i fyw yn ei gwmni ef. Rhoes iddynt hwy 'awdurdod i fwrw allan gythreuliaid o bob math ac i wella clefydau' (9: 1). Yn ogystal â chyhoeddi bod Duw wedi anfon Iesu i amlygu goruchafiaeth ei drefn a'i deyrnas ef ar bopeth a'i rhwystrai, gwireddwyd eu geiriau gan eu gweithredoedd hwy. Trwy ei gynhysgaeth rasol roedd y Deuddeg bellach wedi etifeddu grymusterau'r deyrnas, ac yn gyfranogion yn y bywyd newydd a ddadlennwyd yn Iesu Grist. Fe gyrhaeddodd pwerau'r deyrnas a darddai o Dduw, ac a weithredwyd gan Iesu, yn nerth yr Ysbryd Glân, hyd atynt hwy, a thrwyddynt hwy i'r sawl a oedd yn agored i dderbyn yr egnïoedd dwyfol hyn i weddnewid eu bywydau hwythau, gan eu rhyddhau o afael galluoedd dieflig a'u hiacháu o amryfal glefydau. Ystyr 'awdurdodi' oedd bod Iesu wedi rhoi'r hawl i'r Deuddeg i ddatgan bod teyrnas Duw ar waith ynddo ef a thrwyddo ef, a'r gallu i adael i'r un grym dwyfol weithredu'n chwyldroadol trwyddynt hwy yn y gymdeithas o'u cwmpas. Nid ar air yn unig y cyhoeddwyd neges y genhadaeth; roedd ar waith trwyddynt hwy, ac ynddynt hwy.

Modd y genhadaeth

Pa fodd yr oedd cenhadaeth Iesu yn cael ei datguddio yn y Deuddeg? Yn y modd yr oeddent yn ymddiried yn llwyr yn Nuw am gynhaliaeth ar eu taith. Er ei fod yn etifedd pob peth, nid oedd gan Iesu le i roi ei ben i lawr. Ni bu Paul yn swil o atgoffa'r Corinthiaid 'fel y bu iddo, ac yntau'n gyfoethog, ddod yn dlawd drosoch chwi' (II Cor. 8: 9). Wrth eu hanfon ar genhadaeth anogodd Iesu'r Deuddeg i fynd yn ei symledd a'i dlodi ef, 'Peidiwch â chymryd dim ar gyfer y daith' (9: 3). Cyn hyn roedd wedi dysgu'r disgyblion,

Gwyn eich byd chwi'r tlodion,
oherwydd eiddoch chwi yw teyrnas Dduw (6: 20).

Dyma gyfle'n awr iddynt brofi gwirionedd y geiriau hyn trwy ymryddhau o hualau meddiannau, a dysgu dibynnu'n llwyr ar ofal Duw, a darganfod o'u profiad ei fod ef yn gwbl ddibynadwy, yn Arglwydd bywyd cyfan. Yn y modd hwn dadlennent mai hanfod teyrnas Dduw oedd dysgu dibynnu fwyfwy ar Dduw a llai ar eu hadnoddau materol hwy eu hunain. Roedd y modd yr oedd y Deuddeg yn byw yn gwneud eu geiriau am deyrnas Dduw, am ofal rhagluniaethol Duw, yn gredadwy. Ni allai'r argyfwng eithaf danseilio'r gofal dwyfol hwn. Gyda'r groes yn bwrw'i chysgod erchyll, medrodd Iesu argoffa'r disgyblion o hyn: 'Dywedodd wrthynt, "Pan anfonais chwi allan heb bwrs na chod a sandalau, a fuoch yn brin o ddim?" "Naddo," atebasant' (22: 35).

Fe'n hysgydwir ni gan yr ymddiriedaeth eithafol hon yng ngofal Duw a'i deyrnasiad ef. Onid ein hamharodrwydd ni i deithio'n ysgafn a phwyso'n drwm ar Dduw sy'n peri bod ein geiriau am deyrnas Dduw yn swnio mor anniffuant, a'n cenhadaeth mor aneffeithiol heddiw? Eto i gyd clywir mwy a mwy o sôn am ddulliau cenhadu.

Dulliau y genhadaeth

Mewn tŷ nid mewn teml yr oedd pencadlys strategaeth genhadol y Deuddeg i fod, yn ôl Iesu. 'I ba dŷ bynnag yr ewch, arhoswch yno nes y byddwch yn ymadael â'r ardal' (9: 4). Er eu bod i gyhoeddi teyrnas Dduw ac iacháu cleifion yn yr ardal gyfan, yr oeddent i aros gyda theulu penodol. Nid byw ar wahân i'w cyfoeswyr oedd dull y Deuddeg, ond byw bywyd gwahanol ymhlith eu cyd-ddynion. Dyna pam y cymhellodd Iesu'r Deuddeg i gychwyn yng nghartrefi'r cymunedau yr ymwelent â hwy. Nid bywyd cyhoeddus yn unig mo bywyd disgyblion Iesu. Câi'r teuluoedd hyn weld sut bobl oedd y Deuddeg ar derfyn diwrnod caled o bregethu a gweinidogaethu, ac ar ddechrau diwrnod arall o genhadu. Deuai bywyd y deyrnas i'r amlwg lawn cymaint yn ymwneud yr apostolion â'u lletywyr a'u teuluoedd ag a wnâi wrth iddynt bregethu a gwasanaethu ar goedd. Un bywyd cyfan diwnïad oedd bywyd teyrnas Dduw i fod, ac o'r herwydd ffordd o fyw a fyddai'n cwmpasu bywyd yn ei holl gyfanrwydd oedd y genhadaeth. Dyma'r unig ddull o genhadu a weithredai Iesu gan ei fod yn gwbl unplyg. Yn ôl C. H. Talbert, 'Y prif arf a ddefnyddiai Iesu i newid cymdeithas oedd ffordd o fyw ei gymundod o ddisgyblion. Yr oeddent hwy i fyw yn y presennol yng ngoleuni dull Duw o wyrdroi gwerthoedd dynol yn yr eschaton. Ystyrid hyn gan rai yn droi'r byd wyneb i waered. Trwy sicrhau bod ymwneud pobl â'i gilydd yn adlewyrchu bywyd newydd yr Ysbryd o dan arglwyddiaeth Iesu, mae cymunedau Cristnogol yn gweithredu yn y gymdeithas ehangach fel cyfrwng newid cymdeithasol' (t.194). Hyn a wnâi'r geiriau'n ddilys ac yn gostus.

Her y genhadaeth

Ac yntau wedi'i wrthod yn Nasareth, rhybuddiodd Iesu'r Deuddeg cyn iddynt fynd ar genhadaeth y gallent gael eu gwrthod (9: 5). Ym marn Iesu, roedd gwrthod derbyn y disgyblion yn gyfystyr â gwrthod yr efengyl. Ar hyd y canrifoedd bu'n anodd gan lawer dderbyn yr amod hon. 'Iesu? Ie. Eglwys? Na', fu eu cri. Yn ôl Iesu ni ellir cael ei gwmni ef, ei allu ef, ei waredigaeth ef, ei iachawdwriaeth ef, ar wahân i'w bobl ef. Pam? Am fod yr iachawdwriaeth a gynigir ganddo ef yn golygu derbyn amodau teyrnas Dduw, ac un o amodau'r deyrnas honno yw cael ein galluogi i gydfyw â chyd-ddyn. Nid cyhoeddi egwyddorion, neu athroniaeth, neu ddiwinyddiaeth newydd a wnâi'r apostolion, ond mynd allan i fyw bywyd cymdeithas Iesu yn nerth ei Ysbryd ef. Oni allai pobl dderbyn y gymdeithas hon, a'i ffordd neilltuol o fyw, roeddent yn gwrthod Iesu a'i neges. Alltudient eu hunain o'i deyrnas ef a'i Dad. Dyna pam y gorchmynnodd Iesu'r Deuddeg, os caent eu gwrthod, 'ewch allan o'r dref honno ac ysgydwch ymaith y llwch oddi ar eich traed' (9: 5). Wrth ymadael â thir estron, roedd hi'n arferiad gan rai Iddewon ysgwyd y llwch cenedlig oddi ar eu traed rhag difwyno tir Israel. Gan fod y Deuddeg yn cynrychioli'r Israel newydd, roedd y weithred hon yn gyfystyr â dweud bod y rhai a oedd yn eu gwrthod hwy yn eu gwneud eu hunain yn genedl-ddynion ac yn cau eu hunain allan o addewidion teyrnas Dduw. Roedd hyn yn rhybudd iddynt na chaent eu hachub yn Nydd y Farn, ond arnynt hwy yr oedd y bai am hynny gan iddynt golli'r cyfle i dderbyn cynrychiolwyr Iesu.

Effaith y genhadaeth

Codi'r cwestiwn, 'Pwy yw hwn?' (9: 9) oedd effaith y genhadaeth. Mae'n amlwg fod gweinidogaeth Iesu ar hyd ac ar led Galilea, a chenhadaeth y Deuddeg o bentref i bentref, wedi bod yn destun siarad brwd. Roedd y Tywysog Herod Antipas hyd yn oed wedi clywed 'am yr holl bethau oedd yn digwydd' (9: 7). Doedd ryfedd eu bod yn bwnc trafod yn y llys a Joanna, gwraig Chwsa, un o stiwardiaid ystadau Herod, wedi bod yn cyd-deithio â Iesu a chyfrannu o'i hadnoddau hi ei hunan i weini arno ef a'i ddisgyblion (8: 3). Bu hi'n ffyddlon i Iesu hyd y diwedd (24: 10).

Effaith y genhadaeth ar Herod oedd creu awydd angerddol ynddo i gael gweld Iesu (9: 9). Nid oedd clywed amdano yn ddigon; roedd am ei weld. Yr un oedd ei ddyhead â'r Groegiaid a ddaeth at Philip a gofyn iddo, 'Syr, fe hoffem weld Iesu' (Ioan 12: 21). Ymhen amser yr un ateb a gafodd Herod a'r Groegiaid hwythau: y gronyn sy'n marw sy'n dwyn ffrwyth. Pan welodd Herod Iesu wyneb yn wyneb (23: 8), roedd cysgod y groes yn drwm arno, ac ni allodd Herod amgyffrdd arwyddocâd ei genhadaeth a'i barodrwydd i farw. Nid porthi chwilfrydedd oedd amcan cenhadaeth Iesu a'i ddisgyblion, ond dadlennu amodau teyrnas Dduw:

bywyd trwy farwolaeth. Am na allai amgyffred hyn, effaith y genhadaeth uniongyrchol hon ar Herod oedd ei droi yntau o'r wir Israel, yn gyfaill i'r cenedl-ddyn Pilat (23: 12). O sarhau Iesu, ei watwar, a gosod gwisg ysblennydd amdano, ni chafodd Herod yr ateb i'w gwestiwn, 'Pwy yw hwn?' Serch hynny, roedd Luc am i'w ddarllenwyr weld mai un o effeithiau cenhadaeth Iesu, a'r Deuddeg, oedd codi'r cwestiwn. Yn ddiweddarach yn y bennod clywn Iesu'i hun yn gofyn yr union gwestiwn hwn i'w ddisgyblion (9: 18, 20). Yn y pen draw, dyna'r cwestiwn pwysicaf y gall y genhadaeth sy'n tarddu o Dduw ei godi ym meddwl dynolryw ym mhob oes. Dibynna'n tynged ddaearol a thragwyddol ar ein hateb i'r cwestiwn hwn.

Goblygiadau'r genhadaeth

Fel y cychwynnodd Iesu ei genhadaeth yn ei fro ac yn ei gartref ei hun (4: 14-16), aeth â'i ddisgyblion, neu rai ohonynt o leiaf, yn ôl i'w cartref ym Methsaida (9: 10) i weinidogaethu yno. Gwyddom fod Andreas, Pedr a Philip wedi'u magu yno (Ioan 1: 44), ac nid oedd fawr o awydd ar y Deuddeg i gwrdd ag anghenion y dyrfa yno. Ceisiasant berswadio Iesu i adael i'r bobl hyn fynd i ffwrdd i chwilio am gynhaliaeth. Daeth ei ateb ef fel ergyd o wn, 'Rhowch chwi rywbeth i'w fwyta iddynt' (9: 13). Ysgydwyd y Deuddeg a dechrau hel esgusion, digon rhesymol (9: 13). Ond buan y dysgodd yr 'apostolion' mai goblygiadau ymuno yng nghenhadaeth Iesu oedd:

(i) Parodrwydd i ddefnyddio'r adnoddau a oedd wrth law. Ni ddilornwyd y pum torth a'r ddau bysgodyn gan Iesu. Chwedl Kenneth Leech, 'Mae'r egwyddor sacramentaidd hon, bod gwirioneddau ysbrydol yn cael eu cyfleu trwy bethau materol cyffredin, yn sylfaenol i weinidogaeth Iesu. Roedd yn dynesu at bobl trwy rannu pryd o fwyd gyda hwy, ac mae bwyta ac yfed yn cael lle canolog yn yr efengylau. Mae pob pennod yn efengyl Luc, er enghraifft, yn sôn am fwyta ac yfed' (*The Eye of the Storm,* t.224).

(ii) Trefniadaeth addas. Nid gorchwyl bach oedd porthi tua phum mil o wŷr, ond cyngor Iesu oedd eu trafod 'yn gwmnïoedd o ryw hanner cant yr un' (9: 14). Ni cheisiodd Iesu fynd ati ar ei ben ei hun i'w porthi; rhannodd y gwaith yn drefnus ymysg ei ddisgyblion.

(iii) Dibynnu ar Dduw. Cymerodd Iesu'r pum torth a'r ddau bysgodyn, 'a chan edrych i fyny i'r nef fe'u bendithiodd, a'u torri, a'u rhoi' (9: 16). O gydnabod mai Duw oedd wedi'u rhoi yn y lle cyntaf, fe agorodd Iesu'r fflodiart i Dduw i roi o'i haelioni gwyrthiol. Prawf o'r afradlonedd dwyfol hwn oedd y deuddeg basgediad a oedd dros ben (9: 17) — un i bob disgybl, a gynrychiolai ddeuddeg llwyth yr Israel newydd. Dyma'r unig wyrth y cyfeirir ati ym mhob un o'r pedair efengyl. Doedd hynny'n fawr o syndod o gofio mai un o brif oblygiadau cenhadu effeithiol oedd dysgu dibynnu'n llwyr ar Dduw. Dyma brofiad yr apostol Paul, 'Y mae gennyf gryfder at bob gofyn trwy yr hwn sydd yn fy nerthu i' (Phil 4: 13). Nid yn eu nerth eu hunain, ond yn nerth Ysbryd Iesu y dechreuodd y Deuddeg rannu yn ei genhadaeth ef. Bu'r un nerth ar gael i'w genhadon ef ym mhob cenhedlaeth, gan gynnwys ein dyddiau ni.

TRAFOD

1. A ydym yn argyhoeddedig fod Duw wedi'n galw ni i dystio i Iesu yn nerth yr Ysbryd Glân? Beth yw oblygiadau credu hyn?
2. Sut mae sicrhau ein bod ni'n tystio i Iesu, a'n cenhadu fel eglwys, ac nid fel unigolion ar ein pennau'n hunain yn unig?
3. Beth yw nod y genhadaeth Gristnogol drindodaidd?
4. I ba raddau y mae cenhadaeth corff Crist yn un â chenhadaeth Iesu?
5. Pa elfennau yn ein bywyd eglwysig a phersonol sy'n rhwystro'r genhadaeth rhag cyrraedd ei nod heddiw?
6. A all rhai o ddulliau'r Deuddeg o genhadu fod yn berthnasol i ni heddiw?
7. Fel cenhadon beth yw ein cyfrifoldeb i'n teuluoedd a'n cymdogion?
8. Beth yw'r cam nesaf i ni fel eglwys wrth ymateb i'r alwad i genhadu?

Pennod 22

PWY YW HWN?

Darllen: Luc 9: 18-50

Pwy yw Iesu? Ar y cwestiwn hwn yr hoeliodd Luc sylw ei ddarllenwyr wrth ddirwyn hanes y genhadaeth yng Ngalilea i ben. Pan ostegodd y storm fe holodd ei ddisgyblion yn syn, 'Pwy ynteu yw hwn?' (8: 25). Fe fu cymaint o sôn am Iesu fel y clywodd y Tywysog Herod amdano. Holodd yntau, 'pwy yw hwn yr wyf yn clywed y fath bethau amdano?' (9: 9). Roedd Iesu'i hun am wynebu'i gyfoeswyr â'r cwestiwn hwn. Yn ôl Luc, yng nghyd-destun gweddi y codai llawer pwnc allweddol ym mhrofiad Iesu (e.e. 3: 21; 6: 12; 9: 18, 28). Ar ôl cymuno â'i Dad nefol fe ofynnodd Iesu i'w ddisgyblion, 'Pwy y mae'r tyrfaoedd yn dweud ydwyf fi?' (9: 18). Fe fu'r disgyblion yn ddigon gonest i ddweud wrtho. Mae'n amlwg nad oedd amgyffrediad y torfeydd wedi cyrraedd y nod. Nid ailadrodd y gorffennol oedd diben Iesu. Ynddo ef roedd realiti newydd wedi torri i mewn i gwrs hanes. Tybed a oedd ei ddisgyblion a fu yn ei gwmni ddydd a nos, wedi synhwyro hyn? Mentrodd ofyn iddynt, 'pwy meddwch chwi ydwyf fi?' (9: 20).

Meseia Duw

Wrth ddisgrifio Iesu fel 'Meseia Duw' fe gydnabu Pedr fod yr un y disgwyliai Israel amdano wedi cyrraedd. Edrych ymlaen at ddigwyddiad yn y dyfodol a wnâi'r proffwydi, Ioan Fedyddiwr a'r disgwyl am ailddyfodiad Elias (9: 19). Ond dadlennwyd i Pedr fod y dyfodol hwnnw wedi dod ym mywyd a chenhadaeth Iesu. Ef oedd y Meseia hir ddisgwyliedig; fe'i eneiniwyd ag ysbryd y dyfodol, dyfodol terfynol Duw, yno yn y presennol.

Y gair a ddefnyddiodd Luc oedd *Christos*, gair a ddeilliai o'r ferf *chriein*, sef 'eneinio ag olew'. Yn y cyfieithiad Groeg o'r Hen Destament fe'i defnyddiwyd i drosi *masiah*, gair a gysylltid â'r arfer o eneinio'r gŵr y credid bod Duw wedi'i awdurdodi i fod yn frenin. Trwy alw Iesu'n 'Meseia Duw' (9: 20) roedd Pedr yn hawlio ei fod wedi dod oddi wrth Dduw ac yn dwyn awdurdod Duw ei hun. Gwireddwyd addewid yr angylion i'r bugeiliaid (2: 11). Roedd y Meseia wedi'i eni ac wedi'i awdurdodi gan Dduw i weithredu'n nerthol yng Ngalilea a thu hwnt i ffiniau Palesteina.

Beth oedd cyfrinach ei nerth? Beth oedd yr eneiniad grymus a alluogodd Iesu i gyflawni'r hyn y rhoes Duw awdurdod iddo i'w wneud? Yn ôl ei addefiad ef ei hun, fe'i eneiniwyd â'r Ysbryd Glân (4: 18, 21). Dyna arwyddocâd bedydd Iesu: derbyn nerth yr Ysbryd Glân a oedd yn drech na themtasiynau'r diafol a holl fygythion demonig lleng o gythreuliaid. Tra oedd Dafydd frenin wedi'i ddarostwng gan demtasiynau lu, fe ddarostyngodd Iesu bob maen prawf hyd at angau yng ngrym yr Ysbryd Glân. Fe ddaeth y Brenin eneiniedig; y Meseia. Ac yntau dan ei goron ddrain, gwelwyd teyrnas Dduw ar ei hanterth (9: 27).

Meseia dan goron ddrain

Nid hynny a ddisgwyliai cenedl Israel. Brenin eneiniedig a fyddai'n waredwr buddugol ar ei holl elynion; dyna'r freuddwyd boblogaidd. Cwbl groes oedd dealltwriaeth Iesu o ystyr Meseia Duw. Hyn a barodd iddo wahardd ei ddisgyblion rhag dweud wrth neb mai ef oedd y Meseia (9: 21).

Yn gyntaf roedd angen iddynt wybod mai parodrwydd i ddioddef oedd cyfrinach Meseia Duw, ac yntau'n 'Fab y Dyn'. 'Y mae'n rhaid i Fab y Dyn,' meddai, 'ddioddef llawer a chael ei wrthod gan yr henuriaid a'r prif offeiriaid a'r ysgrifenyddion, a'i ladd, a'r trydydd dydd ei gyfodi' (9: 22). Dadlennwyd natur eneiniad dwyfol Iesu gan ei barodrwydd i ddioddef hyd angau gan amlygu gwir ogoniant Duw. Dyna'r rheidrwydd a osodwyd arno gan Dduw Dad yn nerth yr Ysbryd Glân. Hyn a roes ei ffurf i'r efengyl yn ôl Luc: gweinidogaeth rymus yng Ngalilea, parodrwydd i ddioddef yn Jerwsalem, cael ei ddyrchafu a'i ogoneddu ar groes, ar fore'r trydydd dydd, ar doriad y bara ac yn ei esgyniad. Pwy yw hwn? Yr un a ddaeth yn nerth yr Ysbryd Glân i ddioddef gan ddatguddio hanfod Duw. Yn y Meseia hwn gwelwyd trefn a theyrnas Duw ar waith: ei gallu, ei goddef a'i gogoniant.

Mab Duw

Os crisialwyd neges yr efengyl gan gyffes Pedr ac ymateb Iesu iddi, gymaint mwy y gwnaed hynny gan yr hyn a ddigwyddodd ar fynydd y gweddnewidiad. Lleolwyd y digwyddiad rhyfeddol hwn ar ganol yr efengyl. Gweithredodd fel uchafbwynt i genhadaeth Iesu yng Ngalilea ac fel paratoad ar gyfer y daith i Jerwsalem a gwrthod Iesu gan yr awdurdodau yno. Flynyddoedd yn ôl, nododd K. E. Kirk pa mor ganolog oedd y gweddnewidiad yn hynt daearol Iesu, 'Cyn bod yr efengyl gynharaf wedi dod i'w ffurf bresennol, yr oedd yr eglwys wedi hoelio'i sylw ar y gweddnewidiad fel eiliad ganolog bywyd daearol yr Arglwydd. Amgylchynodd yr eiliad honno â hudoliaeth o gyfeiriadau ac alegorïau mor gymhleth fel na ellir mo'u dadansoddi i'w gwahanol elfennau gydag unrhyw sicrwydd bellach. Gwnaeth hyn am ei bod hi fel pe bai'n ei hatgoffa ei hun bod gofyn darllen ac ystyried yr efengyl *gyfan,* o'r dechrau i'r diwedd, fel un weledigaeth fawr o Dduw yng Nghrist' (*The*

Vision of God, t.101). 'Hwn yw fy Mab' (9: 35). Dyna ateb Duw 'o'r cwmwl' i'r cwestiwn, 'Pwy yw hwn?' Seliwyd ei arddeliad fel 'Mab' adeg y bedydd (3: 22). Wrth alw Iesu'n 'Fab' roedd Duw yn dweud ei fod yn perthyn iddo, yn dod oddi wrtho, yn debyg iddo, yn dadlennu yr hyn oedd ef, neu fel y dywedodd yr eglwys yn ddiweddarach, yn Dduw ymgnawdoledig. 'Duw o Dduw, Llewyrch o Lewyrch, Gwir Dduw o Wir Dduw' (*Credo Nicea*).

Ond beth fyddai penllanw ei rawd ddaearol? I beth yr etholwyd y Mab gan Dduw? Yn y profiad ysbrydol hwn, 'tra oedd ef yn gweddïo' (9: 29), fe welodd Iesu, wrth ymddiddan â dau a oedd mor agored i ddatguddiad ac arweiniad Duw, fod ganddo yntau *exodos* i'w chyflawni yn Jerwsalem (9: 31). Ar ôl rhannu yng nghaethiwed meibion dynion, roedd Mab Duw yn mynd i'w harwain trwy ddyfnderoedd angau, i ryddid meibion Duw. Dyma waredigaeth yn wir. Dim ond Mab Duw a allai gyflawni hyn. Iesu oedd y Mab hwnnw. Pwy yw hwn? 'Hwn yw fy Mab, yr Etholedig; gwrandewch arno' (9: 35 cym. 8: 21 a Deut. 18: 15). Profodd mai ef oedd 'y Mab' trwy weithredu fel mab.

Mawredd Duw

Cyn gorffen yr adran hon, rhoes Luc un enghraifft arall o 'fawredd Duw' (9: 43) yn cael ei amlygu trwy ei Fab. I ddangos y cysylltiad agos rhwng yr hanes hwn a'r hyn a ddigwyddodd ar fynydd y gweddnewidiad, fe hepgorodd Luc y drafodaeth ynghylch Elias (Marc 9: 11-13). Roedd am i'w ddarllenwyr weld 'ei ogoniant ef' (9: 32) a'i wir fawredd yn ei dosturi tuag at y truenus. Fel yn achos 'unig fab' y weddw yn Nain (7: 12) ac 'unig ferch' Jairus (8: 42) fe nododd Luc, a dim ond Luc, mai hwn oedd 'unig fab' y dyn yn y dyrfa (9: 38). O dosturio fe waredodd Iesu'r llanc o afael yr ysbryd aflan. Ynddo yr oedd mawredd Duw ar waith yn trechu'r aflan, yn iacháu'r plentyn epileptig 'a'i roi yn ôl i'w dad' (9: 42) gan gyfannu'r teulu.

Pan oedd pawb yn rhyfeddu at y datguddiad hwn o 'fawredd Duw', roedd Iesu'n ceisio argraffu'n ddwfn ar gof ei ddisgyblion, 'Clywch, a chofiwch chwi y geiriau hyn: y mae Mab y Dyn i'w draddodi i ddwylo dynion' (9: 44). Dyna wir fawredd Duw yn Iesu Grist ei Fab.

Yn yr union adran lle gwelwyd Luc yn crynhoi'r ateb i'r cwestiwn, 'Pwy yw Iesu?' rhybuddiodd ei ddarllenwyr fod angen ailddiffinio pob enw y gellid ei roi ar Iesu. Er mai ef oedd 'Meseia Duw', y gyfrinach annisgwyl oedd fod y Meseia o bawb i 'ddioddef llawer a chael ei wrthod' (9: 22). Trwy 'ddioddef y pethau hyn' yr oedd y Meseia yn 'mynd i mewn i'w ogoniant' (24: 26). Gwir ogoniant Mab Duw oedd ei fod yn rhydd i roi ei fywyd — dyna'r exodus pennaf, y rhyddhad eithaf. Mawredd Duw yn Iesu oedd y tosturi dwyfol a allai wyrdroi'r demonig, gan barhau i dosturio ac agor drws i fywyd newydd teyrnas Dduw er iddo gael ei 'draddodi i ddwylo dynion' (9: 44). Ar groesbren fe weddïodd Iesu, 'O

Dad, maddau iddynt, oherwydd ni wyddant beth y maent yn ei wneud' (23: 34). Yn y 'ni wyddant' hwn y crynhowyd holl bathos y ddynoliaeth yn ei pherthynas â Duw.

Amodau dirnad pwy yw hwn

Erbyn hyn fe welwyd pwy yw Iesu. Yn ogystal â'i ddynodi fel Meseia, ac fel Mab Duw a amlygai fawredd Duw yn ei weinidogaeth, fe ddarluniodd Luc batrwm sylfaenol ei fywyd. I ddechrau, ef oedd yr un a nerthwyd, a eneiniwyd ag Ysbryd Glân Duw. Ond y peth annisgwyl oedd y rhybudd mai cael ei alluogi i wynebu gwrthwynebiad a marwolaeth ar groes a ddigwyddodd. Deuai hynny'n amlycach yn y penodau nesaf. Fodd bynnag, cyn diwedd yr efengyl byddai Luc yn medru dangos y byddai'r daith i Jerwsalem, ac i'r groes, yn amlygu gwir fawredd y Mab Meseianaidd, a'r atgyfodiad yn datguddio ei ogoniant dwyfol. Eto i gyd, un peth oedd gweld gallu, goddef a gogoniant Iesu, neu ddarllen amdano yn yr efengyl, peth cwbl wahanol oedd ei amgyffred yn llawn. Oherwydd hyn fe groniclodd Luc rai amodau dirnad pwy yw Iesu. Mewn gwirionedd fe olygai ymwadu â'r hunan, ymddiried yn Iesu ac ymuno â'i genhadaeth ef.

Ymwadu â'r hunan

Nid cyfrinach i'r cylch cyfyng mo hon. Fe ddywedodd Iesu wrth bawb, am ei fod yn berthnasol i bawb, 'Os myn neb ddod ar fy ôl i, rhaid iddo ymwadu ag ef ei hun, a chodi ei groes bob dydd a'm canlyn i' (9: 23). Ymwadu â'r hunan; dyna amod cyntaf adnabod Iesu a dechrau dirnad patrwm sylfaenol ei fywyd ef. Pan gofir na welwyd ymadrodd tebyg yn holl lenyddiaeth Israel na Groeg, sylweddolir pa mor chwyldroadol oedd yr amod hwn. I hoelio'r gwirionedd hwn ar gof 'pawb' fe bwysleisiodd Iesu fod ei adnabod ef yn cynnwys rhannu'i dynged ef — codi'r groes. Fe ddigwyddodd hyn yn llythrennol i rai o'i ddisgyblion, a hyd heddiw fe brofodd filoedd rywfaint o ing Iesu trwy gael eu harteithio a'u dirdynnu. Gallant hwy dystio o'u dirnadaeth bersonol pwy yw Iesu. Trwy drugaredd fe ychwanegodd Luc y geiriau 'bob dydd'. Golygai hyn fod modd dirnad pwy yw Iesu heb wynebu eithafion croes a merthyrdod. Fe welodd ef fod cyfle i ymwadu â'r hunan bob dydd, ond ar y cychwyn roedd y cyfan yn ddirgelwch hyd yn oed i'r disgyblion (9: 45). A pha ryfedd gan eu bod ymhell o'i donfedd ef wrth ddal i drafod 'prun ohonynt oedd y mwyaf' (9: 46), er iddo ef bwysleisio eilwaith ei fod yn barod i ymwadu ag ef ei hun. Nid oedd geiriau, geiriau Iesu hyd yn oed, yn ddigon. Roedd yn rhaid iddo farw a chael ei atgyfodi cyn i feidrolion fedru ymwadu â'u hunain yn ei Ysbryd ef, a bod yn rhydd i fyw i Grist gan garu eu gelynion. Fe ddigwyddodd hynny. 'A bu ef farw dros bawb er mwyn i'r byw beidio â byw iddynt eu hunain mwyach, ond i'r un a fu farw drostynt, ac a gyfodwyd' (II Cor. 5: 15). Trwy rannu ym mhatrwm bywyd Iesu — gallu, goddef, gogoniant — yr oedd modd dechrau amgyffred pwy yw ef. Ymwadu â'r hunan, i roi lle iddo ef fyw ei fywyd chwyldroadol, oedd yr amod cyntaf felly. Fe olygai hyn ffydd ddiffuant.

Ymddiried yn Iesu

Pan gyfeiriodd Iesu at 'genhedlaeth ddi-ffydd a gwyrgam' (9: 41), fe gynhwysodd ei ddisgyblion ei hun. Ymateb yr oedd i gŵyn y tad, a'i unig fab ym meddiant yr ysbryd aflan, Erfyniais ar dy ddisgyblion ei fwrw allan, ac ni allasant' (9: 40). Tybed ai cywilydd oedd arnynt i arddel enw Iesu a grym ei eiriau ef? (cym. 9: 26). Trwy osod yr hanes hwn yng nghysgod mynydd y gweddnewidiad fe dynnodd Luc sylw at eironi'r sefyllfa; fel y nododd A. Plummer, 'dallwyd tri gan y goleuni, dryswyd naw gan bwerau'r tywyllwch' (t.254). Maes o law fe fyddai Luc yn medru adrodd am Iesu'n penodi deuddeg a thrigain a'u hanfon allan yn ei enw. Pan ddychwelodd y rheini adroddasant, 'Arglwydd, y mae hyd yn oed y cythreuliaid yn ymddarostwng inni yn dy enw di' (10: 17). Y cenhadon hyn, a rhai tebyg iddynt a frithodd dudalennau llyfr yr Actau, ac a ddechreuodd ddirnad pwy yw Iesu am eu bod yn ymddiried ynddo, gan brofi grym ei enw ef. Ni allai'r gelyn olaf, marwolaeth hyd yn oed, drechu grym yr enw hwn. O weld eu bod yn ymddiried ynddo ef, ni fyddai ar Iesu gywilydd ohonynt yn ei ailddyfodiad. Gallai ef, ac ef yn unig, eu sicrhau, 'llawenhewch oherwydd fod eich enwau wedi eu hysgrifennu yn y nefoedd' (10: 20). Arweiniai ymddiriedaeth yn Iesu at adnabyddiaeth ohono a fyddai'n ymestyn hyd dragwyddoldeb (9: 27). Iddynt hwy y deuai dirnad y gallu, y goddef a'r gogoniant dwyfol.

Ymuno â'i genhadaeth

Nid trwy sôn am Iesu, neu trwy bregethu amdano, nid trwy drafod ei eiriau, neu berthyn i'r cylch dethol, eithr trwy ymuno â'i genhadaeth y mae gobaith amgyffred pwy yw Iesu yn ei fawredd a'i rym. Temtiwyd y disgyblion i gyfyngu dylanwad grym Iesu i'w cylch cyfyng hwy (9: 49). Rhybuddiwyd Ioan gan Iesu i beidio â dilorni'r sawl sy'n 'gwrando ar air Duw ac yn ei weithredu' oherwydd 'yr hwn nid yw yn eich erbyn, drosoch chwi y mae' (9: 50). Bu'n anodd iawn i ddisgyblion Iesu ddirnad ehangder ei genhadaeth ef ar hyd y canrifoedd. Yn nerth yr Ysbryd y galluogwyd y gymdeithas feseianaidd i ymwadu â'r hunan cyfyng a gweld gogoniant bywyd Iesu ar waith yn y mannau mwyaf annisgwyl. Un o amcanion Luc yn llyfr yr Actau oedd adrodd am y wyrth hon yn digwydd ym mhrofiad yr Eglwys Fore. Ar eu gwaethaf bu'n rhaid i Iddewon selog fel Pedr a Marc ymwadu â'u traddodiadau crefyddol uniongred ac ymuno yng nghenhadaeth Duw yng Nghrist ymhlith y cenhedloedd. Yn y cymodi hwn a esgorodd ar gydfwyta a chydaddoli fe ddatguddiwyd 'anchwiliadwy olud Crist' (Effes. 3: 1-11). Trwy weithredu'r efengyl ac ymuno yn y genhadaeth fyd-eang yr oedd gobaith dirnad pwy oedd Iesu.

I'r sawl a feiddiodd dorri drwy'r ffiniau crefyddol ac enwadol, fe ddaeth amgyffrediad o fwriad eithaf Duw yng Nghrist, sef chwalu'r gwahanfur rhwng y materol a'r ysbrydol, y secwlar a'r sanctaidd, wrth iddo 'ddwyn yr holl greadigaeth i undod yng Nghrist, gan gynnwys pob peth yn y nefoedd ac ar y ddaear' (Effes. 1: 9-10). Rhodd Duw yw'r 'ddirnadaeth' hon (Effes. 1: 8) a daw yn sgîl ymuno yng nghenhadaeth y Crist cosmig. Nid breuddwydio mo hyn. Y mae'r 'gallu ganddo i wneud yn anhraethol well na dim y gallwn ni ei ddeisyfu na'i ddychmygu' (Effes. 3: 20). O'r herwydd caiff ein deisyfiadau a'n dychmygion pitw ni eu chwilfriwio'n yfflon, pan fo'r gallu hwn 'ar waith ynom ni'. Peth poenus yw hynny, ond i'r graddau yr ydym yn barod i oddef cael ein torri fel unigolion ac fel sefydliadau crefyddol a chymdeithasol, y mae gobaith i ni gael ein hail-greu a phrofi rhagflas o'i ogoniant ef. Trwy ymuno yng nghenhadaeth Iesu cawn brofi'r gallu, y goddef a'r gogoniant ac amgyffred fwyfwy pwy yw ef.

Fe ddaeth hi'n amlwg felly nad wrth yr unigolyn yn unig, ond wrth ei eglwys a'i fyd y dywedodd Iesu, 'pwy bynnag a fynn gadw ei fywyd, fe'i cyll, ond pwy bynnag a gyll ei fywyd er fy mwyn i, fe'i ceidw' (9: 24). Y sawl a fentrodd ymwadu â'r hunan am ei fod yn ymddiried yn Iesu, gan ymuno yn ei genhadaeth bellgyrhaeddol ef, a gafodd ddirnad mawredd Duw yn y Mab, Meseia Duw.

TRAFOD

1. Fel Cristnogion rhoddwyd enw Crist arnom. I ba raddau y caniatawn i'r gallu, y goddef a'r gogoniant sy'n nodweddu Crist gael eu hamlygu ynom ni?
2. Beth yw ein hateb ni i gwestiwn Iesu, 'Pwy meddwch chwi ydwyf fi?' Ym mha ffordd y mae angen iddo ef ddiffinio ein hatebion?
3. A yw bywyd o weddi yn arwain at well adnabyddiaeth o'r hunan (9: 18-22) a gweddnewidiad? (9: 28-31 cym. II Cor. 3: 7-8, 17-18).
4. Beth yw amodau dirnad pwy yw Iesu yn ôl yr adran hon?

Pennod 23

Y GENHADAETH YN YMLEDU

Darllen: Luc 9: 51—10: 16

Erbyn hyn rydym wedi cyrraedd trobwynt yn yr efengyl yn ôl Luc gyda chychwyn y drydedd brif adran (9: 51—19: 27). Yn yr adran gyntaf (1: 5—4: 13) soniodd Luc am hynt Iesu cyn ei weinidogaeth gyhoeddus. Canolbwyntiodd ar genhadaeth Iesu yng Ngalilea yn ei ail adran (4: 14—9: 50), ac er mai dysgeidiaeth Iesu a gafodd y sylw pennaf yn y drydedd adran, fe gyflwynodd Luc y cyfan yng nghyd-destun taith anorfod Iesu i Jerwsalem (9: 51, 53; 13: 22, 33; 17: 11; 18: 31; 19: 11, 28, 41). Pan oedd Iesu'n troedio 'ffordd tangnefedd', roedd pwerau dinistr ar waith yn ei fygwth ef ac yn tanseilio Jerwsalem (19: 41-44). Ni rwystrodd hyn Iesu. Fel yr oedd ef ar ei daith tua Jerwsalem, roedd ei genhadaeth hithau ar gerdded. Pwysleisio hyn, yn wyneb pob gwrthwynebiad (9: 53), oedd un o amcanion Luc; erbyn diwedd llyfr yr Actau byddai wedi profi hynny'n effeithiol iawn. Fel eu Harglwydd, gellid disgrifio dilynwyr Iesu fel 'pobl y Ffordd' (Actau 19: 2) a Christnogaeth ei hun fel 'y Ffordd' (Actau 19: 9, 23; 22: 4; 24: 14, 22). Yn ei efengyl roedd Luc am ddangos o ble y tarddodd y Ffordd hon a'r modd y tyfodd y genhadaeth.

Cenhadaeth yr Arglwydd

O Dduw nid o ddyn y deilliodd y genhadaeth Gristnogol. Dyna'r gwirionedd cyntaf a fynnai Luc ei danlinellu. Yr Arglwydd a benododd y deuddeg a thrigain (10: 1). Wrth danlinellu'r gair 'Arglwydd' yr oedd yn cydnabod awdurdod dwyfol Iesu. O'r herwydd yr oedd y sawl a fyddai'n derbyn neu wrthod y cenhadon hyn yn derbyn neu wrthod Iesu, yr Arglwydd, a byddai anwybyddu'r rhain nid yn unig yn anwybyddu Iesu, ond yn anwybyddu Duw ei hunan, gan mai ef a'i hanfonodd. Duw felly oedd ffynhonnell y genhadaeth. Ailadroddwyd yr argyhoeddiad hwn droeon yn y Testament Newydd. Roedd Duw wedi anfon Iesu ac Iesu wedi anfon rhai i'w gynrychioli ef (Ioan 12: 44-50; 20: 21). Cytunai Mathew (10: 40) ac Ioan (13: 20) yn llwyr â Luc (10: 16). Nid y deuddeg a thrigain a benderfynodd gynnal cenhadaeth. Fe'u penodwyd gan yr Arglwydd a anfonwyd gan Dduw. (Golygai'r gair 'penodi', 'awdurdodi i waith arbennig'). Aethant allan yn ufudd i'w orchymyn, 'Ewch' — gorchymyn a seliwyd gan awdurdod yr Arglwydd ei hun: 'dyma fi'n eich anfon allan' (10: 3). Dibynnu ar Dduw fu cyfrinach efengylu effeithiol ym mhob oes. Fe ddywedodd y Dr. J. I. Packer wrth ein cenhedlaeth ni, 'Pan na fyddwn yn dibynnu'n ymwybodol ar Dduw, byddwn yn anochel yn dibynnu arnom ein hunain. Ac mae ysbryd hunan-ddibyniaeth yn falltod ar efengylu' (*Evangelism and the Sovereignty of God,* t.180).

Yn ogystal â bod yn darddle'r genhadaeth, yr Arglwydd a roes gyfeiriad iddi yn ôl Luc. Anfonwyd y deuddeg a thrigain allan 'i bob tref a man yr oedd ef ei hun am fynd iddynt' (10: 1). Arloesi'r ffordd i ddyfodiad Iesu oedd diben y genhadaeth. Yr hyn a oedd yn cyfrif oedd ei fod 'ef ei hun am fynd' yno. Nid bodloni'u cywreinrwydd, na dilyn eu trywydd eu hunain a wnaeth y deuddeg a thrigain hyn; roeddent yn agored i ewyllys ac arweiniad Iesu. Sut y medrent ganfod ei fwriadau ef? Trwy ofyn iddo.

Lle gweddi yn y genhadaeth

Dro ar ôl tro fe anogodd Iesu ei ddilynwyr i ofyn, ac i ofyn yn ei enw ef. Yn y fan hon fe ddefnyddiodd air cryf: 'deisyfwch' (10: 2). Pam yr oedd Iesu mor awyddus iddynt ddysgu deisyf ar Dduw? Am fod angen dileu'r elfen hunanddigonol sy'n rhan o'n natur. Fe olygai gofyn gydnabod angen a pharodrwydd i ddibynnu ar arall. Cael y deuddeg a thrigain i ymddiried yn Nuw, yn hytrach nag ar eu hadnoddau eu hunain, oedd nod Iesu. Gwyddai ef fod angen parodrwydd i dderbyn cyn y gallai Duw roi. Gan fod ffrwyth y genhadaeth yn llaw Duw, 'arglwydd y cynhaeaf', yr unig beth doeth fyddai erfyn arno ef i 'anfon gweithwyr i'w gynhaeaf', gweithwyr a fyddai'n agored i'w arweiniad ef a'n awyddus i fedi ei gynhaeaf ef. Heb weddi, heb ymglywed ag amcanion Duw, a ffordd Duw o weithredu, gall pob ymgais i efengylu fod yn gwbl ofer; ond o ymostwng i ddeisyf ar Dduw am arweiniad a nerth i efengylu yn ei ffordd ef gall gwyrthiau ddigwydd, hyd yn oed yn ein dyddiau ni. Dyma brofiad David Watson, a roes efengyleiddio ar frig agenda'r eglwys ar ddiwedd yr ugeinfed ganrif: 'Pan symudodd fy ngwraig a mi i Efrog ym 1965, fe'n hwynebwyd ni ag eglwys a oedd ar fin trengi, cynulleidfa fach iawn, dim arian, a thŷ mawr, llaith o oes Victoria i fyw ynddo. Doedd gyda ni ddim syniad beth y dylem ni ei wneud na ble y dylem ddechrau. Aethom ati yn y ffordd amlwg a naturiol, trwy gnocio ar ddrysau'r plwyf, ac mae'n debyg bod yna le i hynny. Ond ar ôl cyfnod o gryn rwystredigaeth cytunodd y ddau ohonom i neilltuo'r rhan fwyaf o un diwrnod yr wythnos i weddïo ac ymprydio, i geisio darganfod ble yr oedd Duw yn ein harwain ni a beth yr oedd ef am i ni ei wneud. Yn yr wythnos gyntaf ar ôl inni ddechrau gwneud hyn gwelsom bedwar o bobl yn cyflwyno eu bywydau i Grist, ac yn ystod ein blwyddyn gyntaf daeth yr holl symudiadau ffrwythlon yn sgîl y dyddiau gweddi hynny' (*I Believe in Evangelism,* t.180).

Yn ogystal â'n gwneud ni yn barod i dderbyn, gallai gweddi agor y llifddorau i gyflawnder Duw gael ei dywallt. Wrth gael ei gomisynu i efengylu, i ddal dynion, roedd Simon Pedr wedi'i syfrdanu gan yr helfa fawr o bysgod a ddaliodd 'ar dy air di' (5: 1-11). Er iddo fod wrthi drwy gydol y nos yn ei nerth ei hun ni ddaliodd ddim, er fod nifer enfawr o bysgod wrth law. Er gwaethaf pob anhawster a gwrthwynebiad pwysleisiwyd yr un modd yn y bennod hon fod y 'cynhaeaf yn fawr' (10: 2), yn barod i'w fedi.

Y genhadaeth yn ehangu

Un o themâu Luc yn ei efengyl ac yn llyfr yr Actau oedd twf y genhadaeth. I hynny ddigwydd roedd angen mwy a mwy o weithwyr. Er mai'r un geiriau yn union a gafwyd yn Luc 10: 2 a Mathew 9: 37-38, fe ddefnyddiodd Mathew yr ymadrodd hwn fel rhagarweiniad i gomisiynu cenhadaeth y Deuddeg. Roedd Luc wedi sôn eisoes am genhadaeth y Deuddeg (9: 1-6), ac ef oedd yr unig un o blith yr efengylwyr a aeth yn ei flaen i gofnodi cenhadaeth y deuddeg a thrigain. Trwy wneud hyn rhoes ddau awgrym pendant fod y genhadaeth a fu'n llwyddiannus yng Ngalilea yn dal i dyfu.

Yn gyntaf, roedd cyfeirio at y deuddeg a thrigain, neu'r deg a thrigain yn ôl testunau eraill, yn adleisio'r hyn a ddigwyddodd i Moses pan aeth ei gyfrifoldeb ar gynnydd. Fe ddywedodd yr Arglwydd wrtho, 'Casgla i mi ddeg a thrigain o henuriaid Israel, rhai y gwyddost eu bod yn henuriaid y bobl ac yn swyddogion drostynt, a chymer hwy i babell y cyfarfod, a gwna iddynt sefyll yno gyda thi. Fe ddof finnau i lawr a llefaru wrthyt yno, a chymeraf beth o'r ysbryd sydd arnat ti a'i roi arnynt hwy; byddant hwy gyda thi i gario baich y bobl, rhag iti ei gario dy hunan' (Numeri 11: 16-17). Yn ogystal â'r deg a thrigain, gorffwysodd yr ysbryd ar Eldad a Medad, fel y proffwydodd deuddeg a thrigain i gyd.

Fel y rhannodd Moses ei gyfrifoldeb ag eraill a'u donio gan Dduw â'r un ysbryd i wneud y gwaith, fe rannodd Iesu ei genhadaeth â deuddeg a thrigain o'i ganlynwyr ac aeth y rheini allan i hyrwyddo'i weinidogaeth ef. Trwy ddangos fod Iesu wedi gweithredu ar yr egwyddor hon, credai Luc fod gan yr Eglwys Fore ddigon o gyfiawnhad dros gomisiynu mwy a mwy o arweinwyr fel yr oedd y genhadaeth yn ehangu, yn ôl llyfr yr Actau. Ym mhob cenhedlaeth pryd y gwelwyd yr eglwys yn tyfu, un o'r amodau fu parodrwydd i rannu cyfrifoldeb a meithrin arweinwyr. Yn y ddeunawfed ganrif fe ddaeth y seiadau Methodistaidd yn fagwrfa arweinwyr lleol ac aeth y genhadaeth ar led o nerth i nerth gyda threfnwyr cenedlaethol fel Howell Harris a Williams Pantycelyn yn sicrhau rhwydwaith o gysylltiadau rhwng yr arweinwyr a'r seiadau hyn â'i gilydd. Onid yw geiriau Iesu yn eithriadol o berthnasol i'n sefyllfa ni heddiw? 'Y mae'r cynhaeaf yn fawr ond y gweithwyr yn brin; deisyfwch felly ar arglwydd y cynhaeaf anfon gweithwyr i'w gynhaeaf (10: 2).

Trwy enwi deuddeg a thrigain o genhadon, roedd Luc yn rhoi rheswm arall dros dwf cenhadaeth Iesu; y nod oedd cyrraedd yr holl fyd. Yn ôl

Genesis 10, roedd deg a thrigain (neu ddeuddeg a thrigain yn ôl y testun Groeg LXX) o genhedloedd ar y ddaear. Wrth benodi deuddeg a thrigain o genhadon, roedd Iesu yn paratoi ar gyfer y dydd pan fyddai'n dweud wrth ei apostolion, 'byddwch yn dystion i mi yn Jerwsalem, ac yn holl Jwdea a Samaria, a hyd eithaf y ddaear' (Actau 1: 8). Cyn diwedd llyfr yr Actau, fe ddangosodd Luc fod yr addewid honno wedi'i gwireddu. Nid rhywbeth i'w gyfyngu i'r Iddewon oedd y newydd da am Iesu, ond efengyl i'w chyhoeddi i'r holl fyd. Ewyllys Iesu felly oedd gweld ei genhadaeth ddwyfol ef yn ehangu. Sut y digwyddodd hyn yn ymarferol?

Partneriaid yn y genhadaeth

Nid ar eu pennau eu hunain yr anfonodd Iesu y deuddeg a thrigain allan, eithr 'bob yn ddau' (10: 1). Roedd ganddo dri rheswm o leiaf dros wneud hyn.

I ddechrau, roedd angen cefnogaeth y naill a'r llall ar y parau hyn. Fe'u rhybuddiodd yn hollol ddiamwys, 'dyma fi'n eich anfon allan fel ŵyn i blith bleiddiaid' (10: 3). Eisoes roedd ef wedi cael ei wrthod yn Samaria, a gwyddai y câi ei gynrychiolwyr eu herlid hyd yn oed gan yr awdurdodau Iddewig. Byddai cwmni'r naill a'r llall yn gymorth i wynebu'r peryglon hyn. Yn llyfr yr Actau fe ddangosodd Luc ei bod hi'n gyffredin i genhadon fynd allan bob yn ddau, a bod angen i'r naill fod yn gefn i'r llall, fel yn achos Paul a Silas yn y carchar yn Philipi (16: 16-40).

Ail reswm dros anfon y deuddeg a thrigain allan fesul dau oedd yr angen am ddau dyst i wireddu'r genadwri. Fe ddysgwyd yn y Gyfraith Iddewig nad oedd un tyst yn ddigon, 'ond fe saif tystiolaeth dau neu dri' (Deut. 19: 15). Am fod dau yn barod i dystio i Iesu a'i achos ar y cyd, roedd eu tystiolaeth hwy yn sefyll ac yn haeddu cael gwrandawiad teg. Ond nid tystio ar air yn unig a wnâi'r parau hyn. Roedd eu perthynas â'i gilydd yn dyst i natur a grym yr efengyl.

Felly'r trydydd rheswm dros eu hanfon allan bob yn ddau oedd rhoi cyfle iddynt hwy ymgorffori efengyl cymod a chariad. Wrth fynd i fyw bywyd o dangnefedd ymhlith bleiddiaid, roeddent yn profi bod addewid Eseia am Dduw yn creu nefoedd newydd a daear newydd wedi dechrau cyrraedd, oblegid, un o arwyddion hynny oedd 'y blaidd a'r oen yn cydbori' (65: 17, 25). Yn ôl Eseia dyma brawf fod yr oes feseianaidd wedi dod (11: 6).

Hyd heddiw fe ddeil perthynas arweinwyr eglwysig â'i gilydd yn rym pwerus i hyrwyddo neu i rwystro cenhadaeth yr eglwys. Lle bo anghytuno a digofaint yn y cwrdd blaenoriaid neu'r cyngor plwyf eglwysig, does fawr o obaith i'r traethu am gariad Duw o'r pulpud argyhoeddi'r gynulleidfa na'r fro. Fodd bynnag, lle ceir cariad a pharch ymhlith yr arweinwyr, gellir disgwyl i hynny gael ei adlewyrchu ymhlith trwch yr aelodaeth. Mae'r hyn sy'n wir am eglwys leol yn dal dŵr ym mherthynas arweinwyr gwahanol eglwysi â'i gilydd. Gellid dadlau mai un o'r rhesymau dros lesteirio'r genhadaeth Gristnogol yng Nghymru fu amharodrwydd i roi digon o sylw i'r berthynas iawn rhwng enwadau Cristnogol â'i gilydd. Ofer cyhoeddi cymod heb arddangos cymod yn ein hymwneud â'n gilydd. Ymgorffori efengyl tangnefedd oedd diben y deuddeg a thrigain ar bob lefel.

Arwyddair y genhadaeth

'Tangnefedd', dyna arwyddair cenhadaeth y deuddeg a thrigain. I sicrhau na fyddai unrhyw gamddealltwriaeth fe roes Iesu gyfarwyddyd iddynt wrth fynd i mewn i unrhyw dŷ, i ddweud 'yn gyntaf dim', 'Tangnefedd i'r teulu hwn' (10: 5). Efengyleiddio'r teuluoedd oedd eu nod, nid tynnu unigolion allan o'u cefndir cymdeithasol. Dyfnhau perthynas pobl â'i gilydd, yn y cartref i ddechrau, ac yna yn y dref a'r gymdeithas gyfan, oedd un o ganlyniadau'r genhadaeth. Crisialwyd yr amcan hwn gan y gair 'Tangnefedd'. Dyma'r gair a ddefnyddiwyd i gyfleu holl gyfoeth y gair Hebraeg *shalom* yng nghyfieithiad Groeg y Deg a Thrigain (LXX). Golygai gyfanrwydd a ffyniant a phrofiad o ddedwyddwch cymdeithas wedi'i gwreiddio ym mywyd cariadus Duw ei hun. Pan anwyd Iesu fe addawodd yr angylion y 'tangnefedd' hwn (2: 14). Yng nghwmni Iesu roedd ei ganlynwyr wedi cael blas ar y tangnefedd dwyfol hwn, a diben eu cenhadaeth oedd rhannu'r hyn a brofwyd ganddynt ag eraill. Rhannu profiad, nid rhannu breuddwyd, oedd cryfder y genhadaeth hon.

Gwelwyd sefyllfa debyg yng Nghymru yn y chweched ganrif. Ar ôl cael profiad o dangnefedd dwyfol wrth gydfyw fel cymunedau Cristnogol yn Llanilltud Fawr a chanolfannau eraill, fe aeth cyfeillion enaid allan i bob cyfeiriad i rannu'u profiad o gariad ac o gymod gan sefydlu cymunedau eraill hwnt ac yma. Yn y 'llannau' hyn fe welwyd efengyl tangnefedd ar waith, a daeth yn rym cenhadol chwyldroadol trwy'r gwledydd Celtaidd. Ar ôl yr ansefydlogrwydd a ddilynodd ddiflaniad y Rhufeiniaid yr oedd pobl yn dyheu am dangnefedd.

Adwaenai Iesu'r dyhead hwnnw a dywedodd wrth y deuddeg a thrigain, 'Os bydd yno fab tangnefedd, bydd eich tangnefedd yn gorffwys arno ef; onid e, bydd yn dychwelyd atoch chwi' (10: 6). Ni fynnai Iesu wthio ei iachawdwriaeth ar neb. Er ei fod yn cynnig y bywyd gogoneddus a olygid gan 'dangnefedd' i bob un, roedd pobl yn cael dewis naill ai i'w dderbyn neu ei wrthod. Fe gâi'r sawl a fyddai'n rhydd i dderbyn y cynnig anian newydd; fe'i cyfrifid yn 'fab tangnefedd', yn blentyn i Dduw'r tangnefedd.

Tangnefeddwyr, plant i Dduw (Waldo Williams).

Ymhlith y teuluoedd hyn, yr oedd tangnefedd Duw yn gorffwys arnynt, y gwelai Iesu deyrnas Dduw yn cael ei hamlygu. Bwriadodd Iesu i'w iachawdwriaeth ef fod yn fendith i deuluoedd a chymunedau cyfain, nid gwaredigaeth i unigolion yn unig.

Neges y genhadaeth

Fe gafodd y deuddeg a thrigain destun penodol i'w cenadwri: 'Y mae teyrnas Duw wedi dod yn agos atoch' (10: 9). Wrth gyfeirio at deyrnas Dduw fe olygai Iesu y bywyd hwnnw a gâi ei fyw mewn ufudd-dod llwyr i Dduw ac at ei wasanaeth ef yn unig. Yn Iesu y gwelwyd y bywyd hwn ar ei anterth. Bu ef fyw ei fywyd yn gyfan gwbl i wasanaethu Duw gan ufuddhau iddo yn llwyr. Gellid dweud bod bywyd Iesu yn amlygiad o deyrnas Dduw.

Trwy rannu'i Ysbryd a'i fywyd ef ei hun gyda'i ganlynwyr, fe'u galluogodd hwy i ddechrau byw bywyd chwyldroadol teyrnas Dduw. Yn rhinwedd gweithgarwch penodol Duw ym mywyd Iesu, ac i raddau llai ym mywyd ei gymdeithas, gellid dweud bod teyrnas Dduw, trefn Duw, wedi dod yn agos at eu cyfoeswyr. Yn wir fe ddaeth y bywyd dwyfol hwn mor agos fel y gallai pobl ei synhwyro a'i weld, ac o'i weld, naill ai ei dderbyn, neu ei wrthod. Yn ôl C. Leslie Mitton, 'pan fo Iesu'n sôn am deyrnas Dduw "yn dod" nid yw'n sôn am ryw "beth" sy'n mynd i ymddangos, ond Duw ei hun yn gwneud ei deyrnasiad yn effeithiol ym myd dynion . . . Felly ffordd o sôn am Dduw ei hun wrth iddo weithredu'n effeithiol er lles ei bobl yw Teyrnas Dduw' (*Your Kingdom Come,* t.4). A gafodd cyfoeswyr y deuddeg a thrigain enghraifft o Dduw ar waith er eu lles, ynteu geiriau gwag oedd yr holl sôn fod 'teyrnas Dduw wedi dod yn agos atoch'?

Ffrwyth y genhadaeth

Yn ogystal â chyfarwyddo'r deuddeg a thrigain ynglŷn â beth i'w ddweud, fe orchmynnodd Iesu, 'Iachewch y cleifion yno' (10: 9). Nid pregethu yn unig mo cenhadu, ond gweithredu er lles y bobl 'yno', yn y fan a'r lle. Wrth anfon ei Fab i ganol ein byd, fe gychwynnodd Duw genhadaeth a fyddai'n gweddnewid bywyd cyfan. Yn ogystal â goleuo'r deall, bwriadodd Duw i'w bresenoldeb grymus, i'w deyrnas ef, fod yn effeithiol i gyfannu'r corff a'r ysbryd. Eisoes cafwyd enghreifftiau lu yn yr efengyl yn ôl Luc o Iesu'n iacháu amrywiol glefydau ac anhwylderau. Wrth benodi'r deuddeg a thrigain rhoes yr awdurdod a'r gallu iddynt rannu yn ei weinidogaeth iachusol ef.

Ni chyfyngwyd hyn i'r deuddeg a thrigain. Ar ôl bod yn gyfrwng iachâd i'r dyn cloff o'i enedigaeth, fe gafodd Paul gyfle i gyhoeddi'r efengyl i bobl Lystra (Actau 14: 8-17). Wrth genhadu fe âi'r gweithredu a'r llefaru law yn llaw, a'r naill yn cadarnhau'r llall.

I ba le bynnag yr aeth cenhadon Iesu, iacháu'r cleifion yno fu ffrwyth y genhadaeth. Hyn a barodd fod y genhadaeth ymysg y gwahangleifion wedi bod mor effeithiol yn Affrica. Adeiladu eglwys, ysgol ac ysbyty oedd rhai o'r symbolau gweladwy a nodweddai ddyfodiad y genhadaeth Gristnogol mewn llaweroedd o wledydd ers cenedlaethau. Ac er fod sefydlu gwasanaeth iechyd cenedlaethol yn ein gwlad ni wedi pylu'r cysylltiad uniongyrchol rhwng Cristnogaeth ac iacháu, go brin y byddai gennym wasanaeth iechyd o gwbl oni bai am y bwyslais Gristnogol ar iacháu'r corff cyfan ar hyd y canrifoedd. I'n hatgoffa o ffynhonnell iachâd yng ngweithgarwch Duw, adferwyd y weinidogaeth iacháu yn yr eglwysi yng Nghymru, yn ystod y ganrif hon. Croniclwyd yr hanes hwn gan Mari D. Evans, *Ar Ei Adenydd Iacháu,* ac mewn ambell eglwys a chapel ceir gwasanaeth arbennig lle'r arddodir dwylo ar unigolion gyda gweddi am iachâd. Llawlyfr defnyddiol ar gyfer hynny yw un John Richards, *The Question of Healing Services.* Er fod lle heddiw i'r gwasanaethau neilltuol hyn, y nod yw gweld holl addoli a chenhadaeth yr eglwys fel gweinidogaeth iacháu. Teyrnas Dduw yw'r greadigaeth wedi'i hiacháu; dyna fwriad Iesu wrth ddweud wrth ei gynrychiolwyr am iacháu'r cleifion a phregethu teyrnas Dduw, ar yr un gwynt.

Manylion y genhadaeth

Am fod iechyd a chyfanrwydd mor agos at galon Iesu, rhoes ystyriaeth i'r manion wrth anfon y deuddeg a thrigain allan ar genhadaeth yn ei enw ef. Nid oedd manylion fel llety a lluniaeth, pres a sandalau, islaw ei sylw ef. O gofio'r lletygarwch a gafodd ef a'r Deuddeg yn ystod eu cenhadaeth yng Ngalilea, roedd Iesu'n hyderus y câi ei gynrychiolwyr groeso tebyg ym mhob 'tref a man yr oedd ef ei hun am fynd iddynt'. Doedd dim angen felly iddynt gario pwrs na chod, ac arwydd o'u parodrwydd i fyw yn syml oedd cerdded yn droednoeth. Yn hytrach na chrwydro o dŷ i dŷ i gael hyd i'r llety gorau, archwyd iddynt aros yn yr un tŷ a bwyta ac yfed beth bynnag a roddwyd o'u blaen. Trwy nodi hyn roedd Luc yn gweld cyfiawnhad Iesu'i hun i arferiad lled gyffredin yn yr Eglwys Fore i ddarparu cynhaliaeth i weithwyr amser llawn — arfer sy'n para hyd heddiw trwy gynnal gweinidogaeth amser llawn yn yr eglwysi. (Ni châi rabiniaid dâl am eu gwaith addysgol a disgwylid iddynt ennill eu tamaid. Er fod Paul wedi ceisio cynnal ei hun trwy wneud pebyll, roedd yn ddiolchgar iawn i'r Philipiaid am eu haelioni (4: 15-20), a gwelai hwnnw'n dwyn gogoniant i Dduw). Yn y manylion bychain o ddydd i ddydd, yn y parodrwydd i roi llety a chroeso, yr oedd y prawf gweladwy fod Duw ar waith yn ennyn ymateb i lysgenhadon ei deyrnas. Ond nid oedd pawb mor groesawus nac mor agored i ddylanwadau trefn haelionus Duw.

Gwrthwynebiad i'r genhadaeth

Rhoes Iesu rybudd teg i'r deuddeg a thrigain y caent eu gwrthod gan rai trefi. Cynhwysai hyn wrthod rhoi lle a llety iddynt, a throi cefn ar eu cenadwri. Pan ddigwyddai hynny fe'u gorchmynnwyd gan Iesu i wneud datganiad cyhoeddus a gweladwy, fel bod pawb yn deall beth oedd hyn yn ei olygu: yn y cenhadon hyn a'u neges roedd teyrnasiad Duw wedi dod mor agos fel y gallent fod wedi'i weld a'i gydnabod; o'u gwrthod hwy roeddent wedi gwrthod teyrnas Dduw. Roedd gwneud hynny yn fwy difrifol hyd yn oed na throsedd Sodom gynt (Genesis 19). Caent eu condemnio yn Nydd y Farn.

Mae'n werth dal sylw fod trefi cyfain yn cael eu barnu gan Iesu. Nid pysgota unigolion o foroedd drygionus y byd i gwch yr iachawdwriaeth oedd pwrpas cenhadaeth Iesu. Trwy ei gynrychiolwyr roedd ef am i'r gymdeithas gyfan edifarhau a derbyn trefn cymdeithas newydd, trefn teyrnas Dduw. Gall cofio hyn ehangu ein gweledigaeth heddiw o natur y genhadaeth Gristnogol. I gyflawni ei nod rhaid iddi fynd i'r afael â sylfeini cymdeithas gyfan a gweddnewid safbwynt a gwerthoedd poblogaeth gyfan.

Peth arall sy'n taro dyn wrth weld Capernaum yn cael ei chollfarnu yw'r ffaith syml na all gorffennol tref neu wlad ei hachub o angenrheidrwydd. Yn y rhybudd i Gapernaum (10: 15) clywyd eco o gondemniad Babilon gan Eseia (14: 12-15). Dymchwelwyd y ddinas honno o'i balchder ffroenuchel i'r gwaelod eithaf. Tybed a oedd trigolion Capernaum wedi ymffrostio bod pencadlys Iesu yno, ac eto heb ymateb i'w neges trwy edifarhau a derbyn ffordd y deyrnas? Onid yw hyn yn rhybudd i ni yng Nghymru wrth ymffrostio yn ein gorffennol crefyddol. Ni all hynny'n harbed rhag 'disgyn hyd uffern' (10: 15). A pha les hawlio ein bod yn perthyn i'r 'Gorllewin Cristnogol' pan fo cenhadaeth Iesu yn cael ei hanwybyddu, os nad ei gwrthod, gennym heddiw ym mhob cylch o'n bywyd?

Wyneb y wyneb â'r holl ddilorni presennol ar y genhadaeth Gristnogol, y peth pwysig yw cofio mai Duw yw 'arglwydd y cynhaeaf', ef piau'r holl fusnes ac na all dim wadu'r ffaith bod y cynhaeaf yn fawr (10: 2). Ein cyfrifoldeb ni yw deisyf ar Dduw i anfon rhagor o weithwyr i'w gynhaeaf, gweithwyr sy'n barod i weithredu fel partneriaid, gan ymgorffori tangnefedd Duw, a chyhoeddi ar air a gweithred bod trefn Duw wrth law i iacháu ac i gyfannu'r teulu a'r gymdeithas gyfan, a hynny yn nannedd pob gwrthwynebiad. Diben yr anfon, y cenhadu, yw dwyn pobl wyneb yn wyneb â Duw. 'Y mae'r hwn sy'n gwrando arnoch chwi yn gwrando arnaf fi, a'r hwn sy'n eich anwybyddu chwi yn f'anwybyddu i; ac y mae'r hwn sy'n f'anwybyddu i yn anwybyddu'r hwn a'm hanfonodd i' (10: 16).

Fel mae Duw yw ffynhonnell a tharddle'r genhadaeth Gristnogol, ef hefyd yw ei nod a'i phen llanw. Wrth ddisgrifio'r genhadaeth yn tyfu a'n ymledu yng nghyd-destun y daith i Jerwsalem fe bwysleisiodd Luc mai pen draw taith a chenhadaeth Iesu oedd 'ei gymryd i fyny' (9: 51). Fe ddewisodd Luc y gair hwn i adleisio hanes Elias yn cael ei gymryd i fyny 'i'r nef' (II Bren. 2: 9-11), ac i grynhoi tynged Iesu wrth iddo yntau gael ei ddwyn i fyny 'i'r nef' (24: 51) gan gynnwys ei ddyrchafu ar groes, ei atgyfodiad a'i esgyniad (cym. Ioan 3: 14; 12: 32). Fel y cychwynnodd cenhadaeth Iesu o Dduw fe arweiniodd at Dduw. Dan awdurdod Iesu a thrwy nerth yr Ysbryd Glân fe gafodd yr eglwys apostolig ym mhob cenedl ei dwyn i mewn i'r genhadaeth ddwyfol hon. Dyma'r Ffordd; rhodiwn ynddi.

TRAFOD

1. Pa wahaniaeth a wna cofio bod y genhadaeth Gristnogol yn tarddu o fynwes Duw i'n hagwedd ni a'n dulliau o genhadu?
2. A oes modd i chi fel eglwys drefnu bod aelodau yn cyfarfod fesul dau neu dri i 'ddeisyf ar arglwydd y cynhaeaf i anfon gweithwyr i'w gynhaeaf' ac i weddïo am arweiniad ac atgyfnerthiad wrth genhadu?
3. Sut mae meithrin a hyfforddi rhagor o arweinwyr cenhadol yn eich eglwys chi?
4. I ba raddau y caiff cyfrifoldebau'r eglwys eu rhannu ymhlith mwy a mwy o'r aelodau yn eich cynulleidfa chi? Soniwch am enghreifftiau o hyn yn digwydd yn ystod y ddwy flynedd ddiwethaf. Pa weithgareddau eraill y gellid ymgymryd â hwy ar y cyd?
5. Pa mor ganolog yw'r genhadaeth fyd-eang o blaid heddwch, y newynog, y tlawd ac ati i fod ym mywyd yr eglwys?
6. Ymhle y gwelwch chi deyrnas Dduw ar waith heddiw?
7. Ai doeth fyddai i chi ddatblygu'r weinidogaeth iacháu yn eich cylch chi? Sut y gwnewch chi hyn?
8. Ai disodli'r dieflig a'r drwg yw prif nod y genhadaeth Gristnogol, ynteu agor y ffordd i ddyfodiad y dwyfol a'r da?
9. Beth yw'r prif rwystrau i'r genhadaeth Gristnogol yng Nghymru heddiw:
   (i) y tu mewn i'r eglwysi?
   (ii) y tu allan iddynt?

Pennod 24

ARWYDDOCÂD Y GENHADAETH

Darllen: Luc 10: 17-24

Roedd gan Luc ddawn arbennig i gyfleu ystyr ac arwyddocâd trwy adrodd stori yn hytrach nag athronyddu. Yng nghyd-destun rhoi'r hanes hwn am y deuddeg a thrigain yn cyrraedd yn ôl at Iesu fe lwyddodd i gyfleu arwyddocâd dyfnaf y genhadaeth Gristnogol ym mhob oes. Nid pwnc academig oedd teyrnas Dduw i'r cenhadon hyn. Roedd tystio i eraill bod trefn Duw ar gael i fod yn ffordd o fyw i bawb, yn ddiwahân, wedi bod yn brofiad a effeithiodd yn drwm arnynt hwythau. Dychwelsant at Iesu yn llawn cyffro.

Bwrlwm llawenydd

'Yn llawen' y dychwelodd yr apostolion hyn at Iesu (10: 17). Mae'n werth nodi hynny. Mor aml temtir Cristnogion sy'n cael cyfrifoldeb yn yr eglwys i fod yn hunanbwysig, neu'n waeth byth, i fod yn hunan-gyfiawn. Ni all dim fod yn fwy niweidiol i'r genhadaeth Gristnogol. Cadw pobl draw a'u rhwystro rhag profi gwefr y newyddion da a wna pobl felly. Er fod y deuddeg a thrigain wedi mynd allan heb ddim am eu traed, na phres yn eu pwrs, na chyfle i oedi am sgwrs â phobl ar y ffordd, heb sôn am y gwrthwynebiad a'r anwybyddu a ddioddefasant, daethant yn ôl at Iesu yn fwrlwm o lawenydd. Yn hyn o beth roeddent yn ddarlun o'r hyn fyddai'n nodweddu'r Eglwys Fore. Er enghraifft, er gwaetha'r erlid a'r gorfodaeth i ffoi i ddinas yn Samaria, fe ddaeth yr hanes dychrynllyd i ben gyda'r geiriau, 'A bu llawenydd mawr yn y ddinas honno' (Actau 8: 8). Hyd yn oed o garchar medrai Paul annog y Philipiaid, 'Llawenhewch yn yr Arglwydd bob amser; fe'i dywedaf eto, llawenhewch' (Phil. 4: 4).

Beth ysgogodd y llawenydd hwn? Gweld y genhadaeth yn llwyddo; dyna un peth a achosodd iddynt lawenhau. Fe'u rhybuddiwyd, fodd bynnag, gan Iesu rhag unrhyw falchder ysbrydol. Hawdd iawn fyddai iddynt fynd i gredu bod llwyddiant yn profi eu bod hwy wedi cyflawni rhyw gamp. Yn hytrach, meddai Iesu, 'llawenhewch oherwydd fod eich enwau wedi eu hysgrifennu yn y nefoedd' (10: 20).

Yn ôl Iesu yr hyn a ddylai roi'r llawenydd pennaf i bobl yw gwybod eu bod yn cael eu harddel gan Dduw. Hyn yw arwyddocâd yr arfer o ddefnyddio enw person adeg ei fedyddio: 'Siôn/Siân, yr wyf yn dy fedyddio di yn enw'r Tad, a'r Mab a'r Ysbryd Glân. Amen.' Ergyd hyn yw cyfleu i'r aelod eglwysig bod Duw yn ei adnabod wrth ei enw hyd dragwyddoldeb. Fe'i cofrestrwyd ar lyfrau'r nef, y mae'n cyfrif yng ngolwg Duw, yn cael ei adnabod yn bersonol gan Dduw. Dyna'r anrhydedd mwyaf sy'n bod, a charreg sylfaen urddas personol. O gofio hyn y tardda gwir lawenydd, a all wrthsefyll unrhyw fygythiad i hunangynsyniad person.

Roedd gwybod bod eu henwau wedi eu hysgrifennu yn y nefoedd yn profi hefyd nad gan Satan a'r pwerau drwg yr oedd y gair olaf. Dyma reswm arall dros lawenhau (10: 17). Fel y dywedodd y Dr. R. Tudur Jones, cwyd hiwmor ffyddiog a llawenydd Cristnogol 'o'r wybodaeth mai hanfod y Gomedi Ddwyfol yw bod Satan wedi'i goncro' (*Yr Ysbryd Glân*, t.110). Wrth weld hyn yn digwydd fe sylweddolodd y deuddeg a thrigain beth oedd arwyddocâd y genhadaeth y cawsant hwy ran ynddi.

Darostyngiad y deiflig

Y peth rhyfeddaf a ddigwyddodd yn ystod y genhadaeth yn ôl y deuddeg a thrigain oedd fod 'hyd yn oed y cythreuliaid yn ymddarostwng inni yn dy enw di' (10: 17). Fel aelodau o deyrnas y drwg dan awdurdod Satan, y demoniaid hyn oedd y grym eithaf a wrthwynebai cyhoeddi'r apostolion am ddyfodiad teyrnas Dduw. Achos llawenydd a rhyfeddod iddynt oedd gweld y pwerau demonig hyn yn ymddarostwng iddynt am y tro cyntaf.

Tra oedd y deuddeg a thrigain yn cael y profiad hwn, fe gafodd Iesu yntau brofiad ysbrydol, 'Yr oeddwn yn gweld Satan fel mellten yn syrthio o'r nef' (10: 18). Fe welodd ef arwyddocâd pellach darostyngiad y dieflig. Gwelodd Satan ei hun yn colli'i le a'i safle yn y nefolion leoedd. Y gred Iddewig oedd fod Satan yn cyfaneddu'r nefoedd, ac yn gweithredu fel yr erlyniwr yn y llys barn dwyfol (Job 1, Sechareia 3: 1-5). Ond agorwyd llygaid Iesu i realiti'r sefyllfa. Bellach nid oedd gan Satan led ei droed o'r nefoedd. Yng nghenhadaeth Iesu a'i apostolion roedd Duw wedi rhoi'i fryd ar waredu'r ddynoliaeth a'r greadigaeth hithau o afael Satan. Ganddo ef a'i Fab yr oedd yr awdurdod terfynol a gallai'r Mab rannu'r awdurdod hwn â'r sawl a fynnai. Yn wir yr oedd wedi rhoi i'r deuddeg a thrigain yr hawl i sathru ar seirff ac ysgorpionau (symbolau o'r pwerau drwg ers dyddiau'r exodus), a'r gallu 'i drechu holl nerth y gelyn' dieflig (10: 19). Nid rhwystrau i'w hosgoi mo'r rhain, ond drygau i'w difa. Dyma'r oruchafiaeth a wireddwyd yng nghenhadaeth Iesu a'i apostolion. Yn ei enw ef yr ymddarostyngodd y cythreuliaid (10: 17). Nid rhyw swyngyfaredd a feddai'r credinwyr, ond presenoldeb grymus yr Arglwydd Iesu a ddarostyngodd y cythreuliaid. Pwysleisiwyd grym ei enw dro ar ôl tro gan Luc yn llyfr yr Actau (e.e. 3: 6, 16; 4: 12), a chan Gristnogion hyd ein dyddiau ni, megis Gilbert Shaw, 'Y saeth a saethir yn erbyn Satan yw Enw Iesu' (*Words of Wisdom*, t.62). Gwir arwyddocâd y genhadaeth Gristnogol felly oedd fod Iesu yn Arglwydd, yn drech nag holl ellyllon y fall, a'i fod yn rhannu'r awdurdod hwn â'i bobl trwy ganiatáu iddynt weithredu yn ei enw ef. Sut y darganfu'r bobl feidrol hyn y gwirionedd a'r gallu dwyfol hwn? Trwy ddatguddiad Duw yn Iesu Grist.

Datguddiad Duw

Heb i Dduw ei ddadlennu, does gan bobl gyffredin fawr o obaith darganfod beth yw arwyddocâd gwirioneddol y genhadaeth Gristnogol, oherwydd mae 'adnabod y Tad' (Math. 11: 27) yn golygu sylweddoli 'pwy yw' Duw yn ei hanfod, ac yn ei weithredu grymus. 'Ni ŵyr neb pwy yw'r Mab ond y Tad, na phwy yw'r Tad ond y Mab a phwy bynnag y mae'r Mab yn dewis ei ddatguddio iddo,' meddai Iesu (10: 22). O ganlyniad ni allai neb ganfod pwy yw Duw trwy ei ddarfelydd ef ei hun. Am fod y doeth a'r deallus, yr ysgrifenyddion a'r Phariseaid, yn dibynnu ar eu dysg, yn ymffrostio yn eu gwybodaeth, yn dadansoddi'n ddi-ben-draw ac yn ceisio rheoli popeth, ni allai Duw ddatguddio ei wir ogoniant iddynt hwy. Yn hytrach 'i rai bychain' (10: 21) y dadlennodd ef ei hanfod fel Tad a Mab mewn cydberthynas berffaith â'i gilydd, yn rhoi a'n derbyn, yn derbyn a'n rhoi, mewn un cymundeb cariadus. Yn hytrach na'i drafod a'i ddadansoddi'n academig oer fe ymdaflodd 'y rhai bychain' fel plant i ferw'r cariad a'r gydberthynas ddwyfol hon a chyfranogi yng ngwefr gweithgarwch a chenhadaeth y grymusterau dwyfol hyn. Dyma'n union brofiad y Corinthiaid hwythau (I Cor. 1: 26-30).

Datguddiwyd pwy oedd Duw, y Tad a'r Mab i'r disgyblion trwy roi profiad iddynt o'r Duw hwn ar waith yn nerthol. Pan ddychwelodd y deuddeg a thrigain, eu gair cyntaf wrth annerch Iesu oedd, 'Arglwydd'. Datguddiwyd iddynt yn ystod y genhadaeth pwy oedd ef o ddifrif. Arwyddocâd y cyfan oedd fod Iesu yn cyfranogi ym mywyd yr Arglwydd Dduw, a bod gallu ac awdurdod teyrnas Dduw ar waith pa le bynnag yr arddelwyd ef fel Arglwydd. Roedd y grym hwn yn drech na holl bwerau'r diafol. Ar ôl cenedlaethau o gaethiwed i gynllwynion Satan, roedd rhyddid ar y gorwel i drigolion daear, yn enw Iesu. Dyma wireddu addewid datguddiedig angel Duw i'r bugeiliaid distadl, y cenhadon cyntaf, 'yr wyf yn cyhoeddi i chwi y newydd da am lawenydd mawr a ddaw i'r holl bobl: ganwyd i chwi heddiw yn nhref Dafydd waredwr, yr hwn yw'r Meseia, yr Arglwydd' (2: 10).

Addoliad ysbrydol

Gwelwyd Iesu'i hun yn ymhyfrydu yn natguddiad Duw ac yn narostyngiad Satan. 'Yr wyf yn dy foliannu di, O Dad, Arglwydd nef a daear' (10: 21). Arwyddocâd eithaf y genhadaeth gosmig oedd gweld Duw yn 'Arglwydd nef a daear'. Dyna'r waredigaeth fawr. Ni châi'r dieflig loches mwyach yng nghilfachau mwyaf tywyll y greadigaeth. Yr oedd Duw yng Nghrist Iesu wedi meddiannu uffern ac wedi rhoi i'w bobl y gallu 'i drechu holl nerth y gelyn; ac ni'ch niweidir chwi gan ddim'

(10: 19). Maes o law caent brofiad o Iesu'n mynd i'r afael â'r gelyn olaf, angau, gan ddarostwng hwnnw i'w ddibenion ei hun (I Cor. 15: 20-29), fel na chaent eu niweidio, ond dal i gael eu cyfarch wrth eu henwau y tu hwnt i'r bedd. Dyma ewyllys Duw, hyn a ryngai ei fodd. Pam? Am ei fod yn 'Dad'. Ddwywaith yn ystod y weddi fer hon fe gyfarchodd Iesu Dduw fel 'Abba', 'O Dad' (10: 21). Dyna'i adnabyddiaeth ef o Dduw, a dyna'r Duw y dewisodd ef ei ddatguddio i'w bobl. Cariad y Tad at ei 'rai bychain' oedd cymhelliad gwaelodol hunanddatguddiad Duw. Hyn hefyd a'i hysgogodd i ddarostwng yr ysbrydion drwg. Ysbryd cariadus y Tad a roes fod i'r genhadaeth.

Yn yr Ysbryd Glân fe orfoleddodd Iesu yn y datguddio a'r darostwng (10: 21). Fe aeddfedodd y genhadaeth ddwyfol yn addoliad ysbrydol. Yn gwbl unigryw i Luc fe ddatguddiwyd yma weithgarwch y nef, hanfod y duwdod ei hun: y Mab yn moliannu'r Tad, yn yr Ysbryd Glân. Yr efengyl, yn ôl Luc, oedd bod y gweithgarwch nefol, dwyfol hwn wedi digwydd mewn amser, 'yr awr honno', yma ar y llawr, ymhlith twr o bobl gyffredin. Fe gafodd y deuddeg a thrigain eu dwyn i mewn i addoliad y nef, gwelsant nad oedd y Duw sanctaidd yn gaeëdig i'w fyd, ond yn ddigon agored i ddatguddio ymddiddan ac ymorfoleddu y Mab yn y Tad, yn yr Ysbryd Glân. Gwyddent mai gwedd arall oedd hyn ar ymhyfrydu'r Tad yn y Mab yn yr Ysbryd Glân adeg y bedydd. Fe'u 'bedyddiwyd' hwythau, fe'u cynhwyswyd hwythau yng nghydberthynas addolgar y Tad a'r Mab a'r Ysbryd Glân. Dyma nod cenhadaeth y Tri yn Un. Nid goleuo'r meddwl yn unig, nid iacháu'r corff yn unig, nid gwaredu'r ysbryd yn unig, ond dwyn pobl yn feddwl, yn gorff ac ysbryd, fel un cyfanwaith, i mewn i ymwneud cariadus y Tri yn Un; dyna arwyddocâd y genhadaeth Gristnogol. Nid argyhoeddi eraill, nid darostwng y diafol hyd yn oed, ond galluogi pobl i addoli Duw Dad, trwy Iesu Grist y Mab, yng nghymdeithas yr Ysbryd Glân. Hyn yw penllanw cenhadaeth Duw, y Tad, y Mab a'r Ysbryd Glân. Fe'i gwireddir heddiw bob tro y gwelir pobl Dduw yn addoli, a'n cael eu creu o'r newydd fel cymdeithas o bobl sy'n dwyn delw Duw y Tri yn Un. Dyma uchafbwynt addoliad Comisiwn yr Eglwysi Cyfamodol, er enghraifft:

> Clodforwn di, Dad hollalluog am iti greu
> pob peth ac am i ti'n gwneud ni ar
> dy ddelw dy hun . . . Gweddïwn y daw dy
> Ysbryd Glân arnom ni ac ar y rhoddion
> hyn, fel y bydd i ni, o'u derbyn, gyfranogi
> o gorff a gwaed yr Arglwydd a chael ein huno
> mewn tangnefedd a chariad â'th holl ffyddloniaid
> di, drwy'r un Iesu Grist; drwyddo ef, ynddo ef,
> a chydag ef, yn undod yr Ysbryd Glân, y byddo i ti,
> Dad Hollalluog, bob anrhydedd a gogoniant,
> yn awr ac yn dragwyddol (*Y Cymun Sanctaidd,* t.24).

Wrth i ni gael ein dwyn i mewn i addoliad yr unig wir Dduw, fe'n rhyddheir o afael Satan a'i swyn. Dyna waredigaeth lwyr. Dyma iachawdwriaeth lawn. Hyn yw arwyddocâd y genhadaeth sy'n tarddu o Dduw ac yn arwain at Dduw.

TRAFOD

1. Beth sy'n ysgogi gwir lawenydd?
2. Rhowch enghreifftiau o'r pwerau dieflig yn cael eu darostwng gan rym Iesu Grist heddiw.
3. Pan fo pobl yn holi, 'Pwy yw Duw?' beth fydd eich ateb chi?
4. Beth yw lle ac arwyddocâd y genhadaeth Gristnogol yn ein byd ni heddiw?
5. Wrth genhadu, ai ateb y cwestiynau sy'n codi pan welir pobl yn addoli yw diben pregethu?
6. Ai nod cenhadu yw galluogi pobl i addoli Duw Dad, trwy Iesu Grist, yng nghymdeithas yr Ysbryd Glân, ar weithred ac ar air?

Pennod 25

CARIAD DIDERFYN

Darllen: Luc 10: 25-42

Gan Luc yn unig y cafwyd stori'r Samariad trugarog a hanes ymweliad Iesu â Martha a Mair. Yn y rhan hon o'i efengyl, sy'n cynnwys llawer o ddysgeidiaeth Iesu, mae'n debyg ei fod wedi gosod y ddau hanesyn hyn ochr yn ochr â'i gilydd yn fwriadol. Fe ddywedodd Rabbi Akiba, 'Esbonir pob rhan o'r Ysgrythur gan yr un sydd nesaf ato' (*Siffre ar Numeri*, pen. 131). Dichon fod hynny'n orddweud, ond bu tuedd i awgrymu bod Luc wedi ceisio sicrhau cydbwysedd trwy bwysleisio'r angen am aros a gwrando (10: 39, 42) yn syth ar ôl y gorchymyn 'dos, a gwna' (10: 37). Gwrthgyferbynnu llawer rhy syml yw hynny. O ddarllen y ddau hanes yn fanylach gwelir eu bod yn tynnu sylw at yr un gwirionedd, er y gellir dadlau bod stori Martha a Mair yn rhoi cyfrinach caru'r 'Arglwydd', a hanes y Samariad trugarog yn dadlennu amod caru 'cymydog'.

Bywyd tragwyddol

Tra'n ymhyfrydu yn ei orffennol, roedd yr Iddew yn mynnu cadw'i olwg ar y dyfodol. Yn wir, am ei fod wedi cael profiad o Dduw yn ei gynnal a'i gadw yn y gorffennol, roedd ganddo ffydd y byddai'r un Duw yn rhoi bywyd iddo yn y dyfodol. Etifeddu bywyd tragwyddol oedd ei uchelgais pennaf. O'r herwydd fe'i temtiwyd i chwilio am ffyrdd a fyddai'n sicrhau ei fod yn haeddu, os nad yn hawlio, lle yn y byd a ddaw. Hyn a barodd i un o athrawon y Gyfraith i holi Iesu beth ddylai ef ei wneud i etifeddu bywyd tragwyddol (10: 25).

Pa beth a wnaf?

Gwelir hiwmor Luc wrth bortreadu Iesu yn troi'r drol ac yn rhoi prawf ar yr athro a oedd wedi codi i 'roi prawf arno' ef (10: 25). Trwy brofi ei fod yn gwybod yr ateb i'w gwestiwn eisoes, (o Deut. 6: 5 a Lef. 19: 18), fe ddinoethodd Iesu'r dichell yn ei ymholiad. Fodd bynnag, fe gytunai'r ddau mai caru'r Arglwydd a charu cymydog oedd gofynion gwaelodol etifeddu bywyd tragwyddol. Gan mai cyfranogi ym mywyd Duw fyddai'r bywyd tragwyddol, ni allai olygu dim llai na charu. 'Cariad yw Duw, ac y mae'r hwn sy'n aros mewn cariad yn aros yn Nuw, a Duw yn aros ynddo yntau' (I Ioan 4: 16). Er ei fod wedi cael ei ddal, ceisiodd athro'r Gyfraith gyfiawnhau ei hun trwy holi ynglŷn â phwy oedd ei gymydog (10: 29).

Pwy yw fy nghymydog?

Gan fod caru cymydog yn un o ofynion etifeddu bywyd tragwyddol, roedd y cyfreithiwr am ddiffinio'n gwbl glir pwy oedd gwrthrych ei gariad i fod. Chwiliai am glawdd terfyn i'w gariad. Chwedl Eduard Schweizer, 'Mae'r holwr am wybod faint y disgwylir iddo garu. Mae'n awyddus i aros yn ei unfan. Mae'n dadlau llawer ac yn gwneud ychydig' (t.186). Gwelodd Iesu na wyddai ystyr caru. Yn wir cyn y gallai garu roedd angen rhywbeth i ysgogi ei ymateb. Ni fyddai unrhyw ddadl neu drafodaeth yn medru ennyn ymateb cariadus. Y profiad o gael ei garu a fyddai'r unig beth a'i galluogai i garu.

I'w helpu i synhwyro'r profiad hwnnw, fe roes Iesu gyfle iddo i ymarfer ei ddychymyg. Trwy gyfrwng y stori fe wnaeth Iesu hi'n bosibl i'r cyfreithiwr hunangyfiawn hwn, a geisiai 'wneud' rhywbeth i etifeddu bywyd tragwyddol, rannu profiad y noethlymun 'hanner marw' na fedrai wneud dim i'w achub ei hun. Yng ngoleuni ymuniaethu â'r truan anghenus, cafodd brofiad o gael ei garu, heb haeddu hynny, yn ei drueni. O ganol y profiad hwnnw y gwelodd beth oedd cymydog o ddifrif. A dyna sioc oedd sylweddoli mai'r un a ystyriai ef yn 'estron' (17: 18) oedd ei gymydog, y Samariad 'a gymerodd drugaredd arno' (10: 37), nid ei gyd-Iddewon a 'aeth heibio o'r ochr arall' (10: 31, 32). Y Samariad hwn oedd ei gymydog felly. Ni fyddai dim ond y profiad o gael ei garu wedi rhyddhau Iddew i gydnabod hyn (10: 37).

O gael ei garu fe allai ef garu heb unrhyw ffin wedyn. Yn sgîl y profiad fe allai weithredu. Dyna pryd y dywedodd Iesu wrtho. 'Dos, a gwna dithau' (10: 37). Nid mynd i garu am ei bod hi'n ddyletswydd arno a wnâi bellach ond caru am na allai ymatal rhag gwneud hynny; nid caru yn ôl cyfyngiadau'r Gyfraith ond caru 'yr un modd' â'r Samariad a oedd wedi dryllio holl ffiniau confensiynol crefydd a hil; caru nid â'r rheswm ond o'r coluddion; dyna ystyr y gair Groeg am 'tosturiodd' (10: 33). Caru o waelod ei fod. Hynny yw, caru fel y mae Duw yn caru 'â chariad diderfyn' (Jer. 31: 3). Dyna beth yw etifeddu bywyd tragwyddol: derbyn cariad Duw nes gorlifo ohono yn ddirwystr, ac yn ddiderfyn, heb unrhyw ffin grefyddol, na hiliol; cael ein meddiannu'n llwyr gan gariad Duw.

Bywyd tragwyddol

Fe gododd y bywyd tragwyddol ei ben eilwaith yn hanes ymweliad Iesu â Martha a Mair. Penllanw'r stori honno oedd fod Mair wedi dewis y rhan orau, 'ac nis dygir oddi arni' (10: 42). Roedd yn dragwyddol felly.

Pa beth a wnaf?

Beth wnaeth Mair i etifeddu'r bywyd tragwyddol hwn? Gwneud dim ond loetran yng nghwmni Iesu, gan adael i'r Arglwydd rannu ei gariad a'i air bywiol â hi. Fe wyddai hi wedyn mai caru'r Arglwydd oedd amod etifeddu bywyd tragwyddol. Gwyddai Martha hithau hynny, ond fe geisiodd hi wneud yr amhosibl: caru'r Arglwydd yn ei nerth ei hun, nes bod 'mewn dryswch oherwydd yr holl waith gweini' (10: 40). Canlyniad hynny fu hunandosturi ac eiddigedd; chwyn a fynnai fygwth ffrwyth cariad. Fel y cyfreithiwr hunangyfiawn fe ddechreuodd feirniadu'r Arglwydd ei hun: 'Arglwydd, a wyt ti heb hidio dim . . . ?' (10: 40).

Pwy yw'r Arglwydd?

Esgorodd hyn ar y cwestiwn pwy neu beth oedd yn arglwyddiaethu ar ei bywyd hi? Ai cael ei gyrru gan ei thrafferthion a'i hymdrechion hi ei hun a wnâi Martha? Arwain at ddryswch, nid at fywyd tragwyddol, a wnâi hynny. Yn lle gadael i'r Arglwydd ei charu a'i chynnal fe geisiodd hi drefnu popeth yn ei nerth ei hun, gan ddweud y drefn wrth yr Arglwydd a cheisio rhoi trefn arno ef hyd yn oed. Er iddi gyfeiliorni, fe glywodd yr Arglwydd yn ei hanwylo hithau gyda'i 'Martha, Martha'. Tosturiodd wrthi 'yn pryderu ac yn trafferthu am lawer o bethau' (10: 41), wedi ei churo a'i gadael yn hanner marw (10: 30). Fe'i rhyddhaodd o gaethiwed ei gwaith tŷ ac o ormes baich 'pa beth a wnaf?' trwy ddangos bod dewis arall ar gael: eistedd 'wrth draed yr Arglwydd a gwrando ar ei air' (10: 39); bod yn ffrind i'w Harglwydd, nid yn forwyn fach i bawb (cym. Ioan 15: 15). O fwynhau cyfeillgarwch ei Harglwydd, o ymhyfrydu yn ei gariad tuag ati, byddai hithau'n rhydd o afael hunandosturi a hunangyfiawnder, yn rhydd i garu a gwasanaethu yn nerth ei gariad ef, yn rhydd i etifeddu bywyd tragwyddol trwy garu'r Arglwydd â'i holl galon ac â'i holl enaid ac â'i holl nerth ac â'i holl feddwl, a charu ei chwaer a'i chymydog fel hi ei hun. Dyna'r bywyd go iawn, bywyd o gariad a godai o brofi cariad yr Arglwydd ei hun 'Yr ydym ni'n caru, am iddo ef yn gyntaf ein caru ni' (I Ioan 4: 19). Dyma'r bywyd tragwyddol nas dygir oddi arnom.

Yn y pendraw, yr un oedd neges Iesu i Martha ag i un o athrawon y Gyfraith: o gael ein caru gan Dduw a dyn fe'n rhyddheir ninnau i garu'r Arglwydd a'n cymydog, pwy bynnag y bo. Beth yw'r 'un peth angenrheidiol?' Sut y medrwn ni etifeddu bywyd tragwyddol? Cael ein caru nes medru caru: dyna'r 'un peth sy'n angenrheidiol'. Nis dygir oddi arnom, oherwydd hyn yw'r bywyd tragwyddol: cyfranogi ym mywyd o gariad Duw ei hun.

TRAFOD

1. Cyn dechrau trafod rhowch gyfle i aelodau'r dosbarth ymarfer eu dychymyg. Gofynnwch i un person ddarllen Luc 10:25-37 yn araf tra bod pawb arall yn cadw'i lygaid ar gau. Anogwch bob un
   i ddefnyddio'i ddychymyg wrth wrando ar y darlleniad;
   i weld beth sy'n digwydd;
   i fod yn rhan o'r olygfa;
   i ymuniaethu ag un o'r cymeriadau;
   i adael i Iesu edrych arno;

i glywed beth sydd ganddo i'w ddweud wrtho;
i fod yn rhydd i siarad ag ef.

Ar ôl rhoi cryn dipyn o amser i hyn, gwahoddwch yr aelodau a hoffai wneud hynny i rannu'u profiad. Beth a welsant? Â phwy y buont yn ymuniaethu'n bennaf? Pa deimladau a ddaeth iddynt? O gasglu'r profiadau hyn, ceisiwch ddarganfod beth yw neges stori'r Samariad trugarog i chi. (Nid yr un fydd hi i bawb, fel y dangosodd y Parch. John Gwilym Jones yn wych yn 'Damhegion a Symbolau', *Diwinyddiaeth* 1991, tt. 13-15, lle rhestrodd rai o'r dehongliadau gwahanol o ddameg y Samariad trugarog ar hyd y cenedlaethau).

2. Cyn mynd ati i drafod ymweliad Iesu â Martha a Mair, rhannwch y dosbarth yn dair rhan: un grŵp i gynrychioli Martha, grŵp arall i rannu profiad Mair a'r trydydd grŵp i geisio gweld y sefyllfa trwy lygaid Iesu. Wedyn gall y dosbarth drafod beth oedd yr 'un peth sy'n angenrheidiol' o safbwynt y cymeriad a gynrychiolant hwy.
3. Ai cael profiad o gariad fel cyfrinach y bywyd tragwyddol a ddigwyddodd ar y ddau achlysur hyn (10: 25-37 a 38-42)?
4. Os temtir chi i dynnu ffin o'ch cwmpas, a yw Iesu Grist gyda'r rhai sydd y tu hwnt i'r ffin honno fel arfer?

Pennod 26

GWEDDI'R ARGLWYDD

Darllen: Luc 11: 1-13

Ar ôl sylwi bod Iesu yn canmol Mair am neilltuo amser i oedi yn ei gwmni, fe aeth Luc yn ei flaen i gyflwyno dysgeidiaeth Iesu ar weddi. Casglodd ynghyd ddarnau o ddysgeidiaeth a groniclwyd ar wahân i'w gilydd gan Fathew (6: 9-15 a 7: 7-11) gan eu haddasu, ac ychwanegu eglureb (11: 5-8) nas cofnodwyd gan un o'r efengylwyr eraill. Yn ei dyb ef, roedd y defnyddiau hyn yn perthyn i'w gilydd am eu bod yn ateb dau gwestiwn sylfaenol ynglŷn ag arferiad y disgyblion o weddïo: Pam yr oedd disgyblion Iesu'n gweddïo? Am beth y gweddïent?

Gweddïo – Pam?

Yn yr ychydig adnodau hyn fe nododd Luc sawl rheswm dros weddïo. Gan eu bod yn dal yn berthnasol i ni, disgyblion Iesu heddiw, mae'n werth eu rhestru.

Gweddi Iesu

Gweld Iesu'n gweddïo a gododd yr awydd ar un o'r disgyblion am gael ei ddysgu i weddïo (11: 1). Fel Iddew da buasai ef wedi'i hyfforddi eisoes i adrodd gweddïau droeon yn ystod y dydd. Ond fe synhwyrodd hwn fod Iesu'n gwneud mwy nag adrodd gweddïau; roedd ef yn gweddïo. I Iesu roedd gweddïo yn brofiad, yn brofiad o gael cymundeb â'i Dad nefol. Roedd ei agwedd at eraill, pob dewis a wnâi, a'i allu i ddal ati, yn codi o'i gymundeb â Duw. Am fod gweddi yn brofiad mor fyw ac mor rymus ym mywyd Iesu, roedd y disgybl yn dyheu am yr un realiti bywiol yn ei fywyd yntau. Ni ddechreuodd Iesu ddysgu'i ddisgyblion i weddïo trwy draddodi darlith neu gyfres o bregethau ar weddi. Yn hytrach, fe weddïodd. Nid sôn am weddïo a wnaeth Iesu wrth ei ddisgyblion ond rhannu'i weddi â hwy. Trwy nofio y mae gobaith i unrhyw un ddysgu nofio. Yn yr un modd, trwy weddïo y mae dysgu gweddïo. Pam yr oedd y disgyblion yn gweddïo? Am fod Iesu'n gweddïo, a phan gafodd y cyfle fe ddysgodd ei ddisgyblion i weddïo trwy rannu ei weddi ef â hwy. O'i brofiad o Dduw fel 'Abba', Dad, y cododd ei weddi ef. Agorodd y drws iddynt hwythau fedru adnabod Duw fel Tad i Iesu, a thrwyddo ef fel eu Tad agos hwy. Esgorodd adnabod Duw fel Tad ar ymddiriedaeth lwyr ynddo ef am angenrheidiau mwyaf sylfaenol bywyd.

Pam y gweddïai'r disgyblion? Am eu bod yn rhannu profiad Iesu o ymddiried yn llwyr yn y Tad nefol. Nid adrodd gweddïau a wnâi Iesu yn gymaint â byw gweddi. Ymddiriedai yn ei Dad nefol bob munud, ym mhob man.

Gweddi Ioan

Y peth arall a ysgogodd y disgybl i ofyn, 'Arglwydd, dysg i ni weddïo,' oedd gweld bod disgyblion Ioan Fedyddiwr wedi'u hyfforddi ganddo i weddïo (11: 1). Dyma enghraifft dda o'r modd y gall esiampl ddylanwadu ar eraill. Nid peth anarferol oedd hi i rabbi neu i athro ddysgu gweddi benodol i'w ganlynwyr. Trwy wneud hyn byddai'n clymu ei ddilynwyr wrth ei gilydd, a'u hundod yn cael ei grisialu gan amcanion a dyheadau'r weddi. Er mai 'un o'i ddisgyblion' a holodd i Iesu am gyfarwyddyd, sylwir ei fod ef wedi rhoi gweddi i'r corff cyfan o ddisgyblion (11: 2). Un o ganlyniadau offrymu'r weddi hon fyddai cael eu cydio ynghyd wrth ei brif amcanion ef. Pa ryfedd felly fod dau bwyslais pennaf Iesu wedi brigo i'r wyneb yn y weddi gryno hon: enwi Duw fel 'Abba', 'Dad', a'i gonsyrn am ddyfodiad teyrnas Dduw. O weddïo'r un weddi, fe harneisiwyd y disgyblion fel un corff wrth ddyhead calon Iesu, dyhead a oedd yn unol â bwriadau Duw.

Gweddi Duw

Gogoniant yr adran hon oedd llwyddiant Luc i gyfleu dyhead Duw i roi o'i fodd i'w bobl. O fynwes Duw y tarddodd llifeiriant gweddi. O ymglywed â'i awydd ef i roi ei hunan i'w bobl y deilliai gwir weddi: gweddi am yr Ysbryd Glân. Er mor amharod oedd y cyfaill i godi o'i wely, fe gododd a rhoi i'r anghenus gymaint ag oedd ei eisiau arno (11: 8). Gymaint mwy y rhoddai Duw Dad i'r sawl a ofynnai iddo — dyna ergyd y stori mae'n debyg. Ac er mor annigonol oedd tadau ei oes, medrent roi rhoddion da i'w plant. Gymaint mwy y rhoddai'r Tad nefol yr Ysbryd Glân i'r rhai a ofynnai ganddo (11: 13). Pam y gweddïodd y disgyblion? Am fod Iesu wedi galluogi'r disgyblion i ymglywed â gweddi Duw, i synhwyro dyhead calon ei Dad nefol i roi ei Ysbryd Glân, i rannu'i fywyd ef ei hun â hwy.

Gweddi disgybl

Er nad oedd angen 'taerni digywilydd' i berswadio Duw i roi, eto i gyd, ni allai Duw ei hunan roi, heb barodrwydd i dderbyn. Am fod y disgybl wedi cydnabod yr angen am gael rhannu profiad Iesu o weddïo, am ei fod wedi gofyn, 'Arglwydd, dysg i ni weddïo' yr agorwyd y fflodiart ddwyfol, ac fe gafodd dynoliaeth ymuno yng ngweddi'r nef, yn ymddiddan y Tad a'r Mab. Trwy ofyn, fe gafodd. Gyda'i holl awdurdod fel Mab Duw, fe ddatganodd Iesu fod angen gofyn er mwyn derbyn. 'Ac yr wyf fi'n dweud wrthych: gofynnwch, ac fe roddir i chwi; chwiliwch, ac fe gewch; curwch, ac fe agorir i chwi' (11: 9) — gorchymyn a gynhwyswyd gan Fathew yn y Bregeth ar y Mynydd (Math. 7: 7-8). Heb gydnabod angen, ni all Duw ddiwallu'n hangen; fe'n caeir allan gan ein hunanddigonolrwydd. Nid rhywbeth i'w guddio felly yw ein hanallu i weddïo. O'i wynebu'n onest cawn ein dwyn i'r fan lle meiddiwn ofyn, 'dysg i ni weddïo'. Y temtasiwn yw troi at lyfrau ar weddi neu bobl a gydnabyddir fel awdurdod ym myd gweddi. Mae lle i'r rhain cyhyd â'u bod yn awyddus i'n cyfeirio i ofyn, 'Arglwydd, dysg i ni weddïo'. Duw yn unig a all ddysgu pobl i weddïo, oherwydd hanfod gweddi yw cael ein dwyn i mewn gan Ysbryd Duw i weddi Duw.

Awch am hyn a grewyd yng nghalon y disgybl wrth weld Iesu'n gweddïo. Trwy ofyn fe gafodd yntau a'i gyd-ddisgyblion eu dwyn i mewn i weddi'r Arglwydd. Cawsant gyfranogi yn ymddiddan ac ymwneud y Tad a'r Mab trwy'r Ysbryd Glân. Y fath fraint! Y fath brofiad gwefreiddiol! Onid dyna'n hangen ni? Gofynnwch, ac fe roddir i chwi. Onid dyna ddyhead ein calon ni? Chwiliwch, ac fe gewch. Onid dyna'r weddi oesol a blannodd Duw yn eigion ein bod? Curwch, ac fe agorir i chwi. Fel yr agorwyd porth y nefoedd i'r disgyblion cyntaf, fe agorir y drws i ninnau i rannu yng ngweddi ac yng nghymundeb y Tri yn Un, ond i ni ganiatáu i'r weddi waelodol, 'Arglwydd, dysg i ni weddïo' ymffurfio ar ein genau ni.

Gweddïo – am beth?

O gael eu dwyn i mewn i weddi'r Arglwydd, galluogwyd y disgyblion i weddïo am yr hyn y gweddïai Duw amdano. Cawsant rannu dyhead Duw ei hun. Beth yw gweddi oesol Duw, fel y'i datguddiwyd yn Iesu? Am beth yr hiraetha'r sawl sydd yng Nghrist?

Rhoi lle i'r Ysbryd Glân

Hiraethu am Dduw, neb llai, a wna'r sawl a gafodd flas arno ef. O'i brofi, tyfu a wna'r archwaeth am Dduw (Salm 42: 1-2). Ni all dim arall ein digoni (Ioan 14: 8). Sylweddoli hyn a wnaeth Luc, wrth newid cyfeiriad Mathew at 'bethau da' (Math. 7: 11), i 'yr Ysbryd Glân' (11: 13). Trwy ofyn am yr Ysbryd Glân, byddid yn gofyn am Ysbryd Duw ei hunan — dim llai. Dyhead calon Duw, fel y'i hamlygwyd yn Iesu, yw cael mwy a mwy o le i'r Ysbryd Glân yma ar y ddaear. Trwy ddweud 'Ie', ac felly ymuno yng ngweddi Duw, fe ganiataodd Mair i'w chroth wag fod yn fan lle gallai'r Ysbryd Glân blannu bywyd dwyfol Iesu yng nghraidd ein cnawd dynol ni. Rhoi lle i'r Ysbryd Glân oedd cyfrinach twf bywyd Crist yng nghorff yr Eglwys Fore. Gweddïo am i'r cymeriadau mwyaf annisgwyl, y Samariaid, 'dderbyn yr Ysbryd Glân' a wnaeth Pedr ac Ioan, 'a derbyniasant yr Ysbryd Glân'. Yr Ysbryd Glân a roes fywyd i 'Air Duw' ynddynt hwy. Heb yr Ysbryd Glân, geiriau sych yw athrawiaeth Gristnogol, ond trwy'r Ysbryd Glân fe ddaw pregethu'r efengyl yn Air Duw, arswydus o rymus fel y gwelodd y dewin Simon (Actau 8: 14-25). Hyn oedd addewid Iesu i'w ddisgyblion, 'Ond fe dderbyniwch nerth wedi i'r Ysbryd Glân ddod arnoch, a byddwch yn dystion i mi yn Jerwsalem ac yn holl Jwdea a Samaria, a hyd eithaf y ddaear' (Actau 1: 8). Am iddi gredu'r addewid hon, gan 'ddyfalbarhau yn unfryd mewn gweddi', fe gafodd yr Ysbryd Glân droedle cadarn yn yr Eglwys Fore. Daeth ei haelodau yn dystion gweladwy, credadwy i fywyd Iesu yn weithredol yn eu plith. Yn llyfr yr Actau fe adroddodd Luc yr hanes am yr hyn a ddigwyddodd yn sgîl gweddïo yn enw Iesu a gofyn i'r Tad nefol am yr Ysbryd Glân. Dangosodd pa mor syfrdanol o bellgyrhaeddol oedd canlyniadau rhoi lle i Ysbryd Glân Duw. Roedd gan yr Ysbryd Glân y gallu i wneud Iesu Grist yn bresennol iddynt hwy, ac ynddynt hwy.

Ymuno yng ngweddi Iesu

O'i wneud ef yn bresennol i'w ddisgyblion fe addawodd Iesu, 'bydd yr Eiriolwr, yr Ysbryd Glân, a anfona'r Tad yn fy enw i, yn dysgu popeth ichwi, ac yn dwyn ar gof ichwi y cwbl a ddywedais i wrthych' (Ioan 14: 26). Enghraifft o hyn yw gweddi'r Arglwydd. Rhychwantir ugain canrif gan yr Ysbryd Glân a chawn ninnau, fel y disgyblion cyntaf, ymuno yng ngweddi Iesu. Gallwn fynd gam ymhellach a dweud bod Iesu, trwy ei Ysbryd Glân, yn gweddïo ar ei Dad ynom ni. Oherwydd hyn y deisyfodd Francis Fénelon, 'Arglwydd, dysg i mi weddïo, gweddïa dithau ynof fi'. Hyn fu profiad Cristnogion ar hyd yr oesoedd. Yn ôl Andrew Murray, 'Bywyd o weddi yw'r bywyd y bu ef fyw er dy fwyn di a'r bywyd y mae ef yn ei fyw ynot ti', ac fe bwysleisiodd Mary Clare, 'Y wers gyntaf i'w dysgu ynglŷn â gweddïo yw mai gweithgarwch Duw ynom ni ydyw, nid rhywbeth a sbardunwn ni ein hunain'. Am beth y gweddïa Iesu ynom ni? Ac yntau yr un ddoe a heddiw (Heb. 13: 8), gallwn fod yn siŵr mai'r un yw gweddi Iesu ynom ni a thrwom ni heddiw ag oedd ymysg ei ddisgyblion cyntaf. Am beth y gweddïodd ef yn anad dim? Crisialwyd y weddi oesol hon yng ngeiriau Gweddi'r Arglwydd (11: 2-4). O roi lle i'r Ysbryd cawn ninnau'n dwyn i mewn i weddi Iesu. Dyna amod gweddïo am yr hyn y gweddïa ef amdano.

Arddel enw Duw

Gweddïo am i Dduw gael ei gydnabod fel Duw; dyna'r peth cyntaf a wnaeth Iesu (11: 2). O roi'r flaenoriaeth i amcanion Duw, gwyddai y ceid cyfreidiau dyddiol fel bara a maddeuant. Ar ddechrau'r weddi hon rhoes Iesu fynegiant i'w argyhoeddiad ar sail ei brofiad o Dduw, 'Ceisiwch yn gyntaf deyrnas Dduw a'i gyfiawnder ef, a rhoir y pethau hyn i gyd yn ychwaneg i chwi' (Math. 6: 33).

Un o nodweddion teyrnas Dduw, y drefn waredigol, oedd arddel enw Duw. I'r Iddew, roedd enw yn cyfleu natur a chymeriad y person cyfan.

Beth oedd yr enw ar Dduw, y gweddïai Iesu y medrai'i arddel? 'Abba, Dad' yn bendifaddau. Trwy arddel Duw fel Arglwydd ac wrth weddïo am sancteiddio'i enw, fel y gwnâi'n aml, gofynnai'r Iddew am gael parchu arbenigrwydd ac arwahanrwydd Duw. Yn un o'r gweddïau traddodiadol dywedid, 'Sanctaidd wyt ti, a dylid ofni dy enw'. Nid hyn oedd profiad Iesu. O'i berthynas bersonol â Duw fe ddangosodd Iesu mai'r enw mwyaf priodol ar Dduw oedd 'Tad', ac mai sancteiddio enw Duw mewn gwirionedd oedd ei gydnabod a'i gyfarch fel 'Abba, Dad'. Cyfarchiad cyffredin plentyn bach yn ei gartref oedd 'Abba', ac fe wnaeth Iesu argraff annileadwy ar ei ddisgyblion wrth gyfarch y Duw byw fel 'Abba, Dad'. Ni fwriadodd ef i'r cyfarchiad cartrefol, annwyl hwn gael ei gyfyngu iddo ef; roedd yn dysgu'i ddisgyblion i weddïo. Rhannai ei ddull arbennig o sancteiddio ac o arddel enw Duw â hwy. Ni chyfyngwyd y fraint ryfeddol honno i'r disgyblion cyntaf. Fel Paul gallwn ninnau ddweud, 'yn yr Ysbryd yr ydym yn llefain, "Abba! Dad!"' (Rhuf. 8: 15). Heb yr Ysbryd ni all hyn ddigwydd. Pwy feiddiai fod mor hy ar Arglwydd yr arglwyddi! Ond yn yr Ysbryd cawn gyfranogi yng ngweddi oesol y Mab ac arddel enw Duw fel 'Abba! Dad!' Trwy ymddwyn fel ei blant ar air ac ar weithred y sancteiddir enw Duw, ac y caiff Duw fod yr hyn ydyw mewn gwirionedd — ein Tad.

Dyheu am y deyrnas

Er i Iesu ein galluogi i gyfarch Duw fel 'Dad', ni fynnai inni ryfygu yng ngŵydd Duw. Yr un sydd â'i enw'n Dad, yr un sy'n ein caru a'n hanwylo, ef yw'r un sy'n rheoli'r bydysawd. 'Teyrnas Dduw' oedd prif destun pregethu Iesu. Yr hyn y gweddïai amdano yn anad dim, felly, oedd 'deled dy deyrnas'. Er fod yr awenau yn llaw Duw a'r gair olaf ganddo ef, fe wyddai Iesu fod digon o bwerau yn tynnu'n groes i ewyllys Duw. Yn ei fywyd ef ei hun yr oedd trefn Duw yn cael rhwydd hynt, ac yntau'n gwbl ufudd i amcanion ei Dad. Ei weddi oedd am i'w ddisgyblion hwythau ddyheu am yr hyn y dyheai ef amdano, ac y câi trefn Duw fwy a mwy o le yn eu bywydau hwy ac ym mywyd y byd. Ers ei bedwaredd bennod, bu Luc yn dangos arwyddion o deyrnas Dduw ar waith yn Iesu yn trechu'r temtiwr, yn dryllio'r ffiniau rhwng y glân a'r aflan, yr iach a'r afiach, gwragedd a gwŷr, pechaduriaid a saint, ac yn cyfannu'r byd. Duw yn unig a allai gyflawni'r fath wyrth. Pwnc gweddi felly, nid ymegnïo dynol yn unig, yw sefydlu'r deyrnas yn ei chyflawnder. O Dduw, nid o ddyn, y tardda'r deyrnas honno. Fe'n gwahoddwyd ninnau gan Iesu i gael rhan yn nyfodiad teyrnas ei Dad trwy weithgarwch yr Ysbryd Glân. Ef yn unig a all ddwyn bywyd y nef i ganol bywyd y llawr. Dyna ergyd y cymal a ychwanegwyd mewn rhai llawysgrifau, 'gwneler dy ewyllys, ar y ddaear fel yn y nef'. Realiti sy'n bod eisoes, nid breuddwyd, yw teyrnas Dduw. Caiff ei gorchuddio a'i rhwystro'n gyson. Gweddi am iddi gael ei hamlygu yw gweddi Iesu. Nid gweddi wag mohoni ac yntau'n gwybod ei bod wedi'i dadlennu yn ei fywyd daearol ef.

Derbyn bara

Wrth gael eu cynnwys yng ngweddi Iesu, fe welodd y disgyblion fod teyrnas dragwyddol Duw i gael ei dadlennu mewn torth o fara. Yn ogystal â rhoi gweledigaeth o fwriadau Duw ar gyfer y bydysawd cyfan dros holl gwrs amser (Effes. 1: 9-10), mae a wnelo trefn Duw â manylion cyffredin bywyd meidrolion o awr i awr. Wrth i'r disgyblion ystyried am beth y dylent weddïo fe ddangosodd Iesu iddynt nad oedd dim islaw sylw Duw. Gan fod hyn yn oed pob blewyn o wallt eu pen wedi ei rifo(12: 7), doedd hi ddim yn syndod fod Duw yn awyddus i'w bobl gael bara i'w cynnal o ddydd i ddydd. Trwy gynnwys hyn yn ei weddi fe bwysleisiodd Iesu ein bod ni yn greaduriaid dibynnol, yn dibynnu ar gynnyrch y ddaear, yn dibynnu ar Dduw ein Tad a'n cynhaliwr, a greodd fydysawd sy'n medru cynhyrchu bwyd i'n cynnal ni a holl amrywiaeth rhywogaethau'r byd. Pwnc gweddi yw bara felly. Mae derbyn hynny yn golygu cydnabod bod a wnelo Duw â bara; hynny yw, y mae bara'n gysegredig, ac o'r herwydd y mae'r modd y defnyddiwn ni fara yn adlewyrchu ein perthynas â Duw. Gweddi Iesu yw 'dyro inni . . . ein bara' *nid* 'dyro imi . . . fy mara'. I'r graddau y gwrthodwn ninnau rannu'n bwyd a'n cynhaliaeth faterol gyda'n cyd-drigolion ar y ddaear, rydym yn rhwystro dyfodiad trefn teyrnas Dduw a'n cablu yn hytrach na sancteiddio, enw Duw Dad. Cynhwysir hyn oll yn y cymal hwn sydd wedi creu cymaint o anhawster i gyfieithwyr, fel y gwelir wrth droednodiadau'r *Beibl Cymraeg Newydd.* Ceir haen ar haen o ystyron yng ngweddi'r un a'i disgrifiodd ei hun fel Bara'r bywyd. Wrth inni weddïo am y gynhaliaeth ysbrydol, ni fynn Iesu i ni ddilorni arwyddocâd ysbrydol a thragwyddol torth o fara a'r system economaidd sy'n peri bod rhai yn cael eu gweddill a'u gwala, a'r mwyafrif yn derbyn nemor ddim. 'Dyro inni bob dydd y bara sydd ei angen arnom' yw un o'r hanfodion y gweddïa'r Mab amdano yng nghalon pob un o'i frodyr a'i chwiorydd, trwy'r Ysbryd Glân yng ngŵydd ei Dad nefol sy'n awyddus i bawb gael rhagflas, yn y byd hwn, o'r wledd dragwyddol a ddarparwyd ganddo ar gyfer ei bobl ar derfyn amser.

Maddau pechodau

Un arall o gyfreidiau bywyd, sydd mor angenrheidiol â bara, yw maddeuant, yn ôl Iesu. Difawyd bywyd llawer, yn unigolyn a theulu, a chenedl hyd yn oed, am nad oedd maddeuant ar gael. Fe all digofaint a dialedd ddadwneud amcanion teyrnas Dduw, ein Tad, lawn cymaint â chamdrin economi'r byd a chrebachu bara. Dyna pam y dysgodd Iesu i'w ddisgyblion weddïo am faddeuant. Yn y pen draw, Duw yn unig a all faddau pechodau, oherwydd yn ei erbyn ef yr ydym yn pechu pan fyddwn yn gweithredu'n groes i'w drefn.

Y newydd da, fodd bynnag, yw sylweddoli, gan fod Iesu'n annog ei ddisgyblion i weddïo am faddeuant, gallwn fod yn sicr bod maddeuant i'w gael. Un sy'n awyddus i faddau yw ein Tad nefol. Yr arwydd ein bod wedi profi ei faddeuant ar waith yn ein calon ni yw ein rhyddid i faddau i eraill. Dyna rym ail hanner y cymal hwn yn y weddi. Nid amod mohono yn gymaint a chydnabod bod derbyn maddeuant Duw yn arwain yn anochel at faddau i eraill. Yn ôl John Knox, 'Mae maddau yn broses driphlyg: Duw yn maddau i ni; ni yn sylweddoli hyn ac yn derbyn ei faddeuant; ni'n maddau i eraill, neu'n hytrach Duw yn maddau i eraill trwom ni' (t.202). Gwelwyd y broses organaidd hon yn digwydd yn hanes y disgyblion cyntaf: er iddynt gefnu ar Iesu, a Phedr hyd yn oed yn ei wadu, pan gawsant brofiad o'i faddeuant diamod fe'u rhyddhawyd hwythau i faddau yn ei Ysbryd maddeugar ef (Ioan 20: 19-23). Un o'r arwyddion fod y weddi am faddeuant wedi'i hateb yw ein parodrwydd i faddau i eraill, fel mae'r prawf mai gweddi Iesu am fara sy'n cael ei hateb yw ein parodrwydd i rannu'r bara hwnnw ag eraill. Gwelir yma egwyddor y bywyd ysbrydol; er enghraifft, mae Duw yn ein caru, i'n galluogi ni i garu; mae'n maddau i ni, i'n galluogi ni i faddau i eraill; mae'n ein bwydo ni, i'n galluogi ni i fwydo eraill.

Osgoi cael ein dwyn i brawf

Er fod y weddi hon wedi'i sylfaenu ar ddaioni a haelioni ein Tad nefol, fe ddaeth cost derbyn y weddi hon fel ein dyhead mwyaf gwaelodol yng Nghrist i'r golwg. A hithau'n weddi mor chwyldroadol, fe wyddai Iesu am y perygl i ni gael ein baglu. Fe'n dysgodd felly i weddïo am beidio â chael ein profi y tu hwnt i'n gallu i ymddál. Ni olygai wrth hyn fod Duw yn rhoi ei blant ar eu prawf neu'n eu temtio i'w profi. Gwrthwynebwyd yr awgrym hwn yn chwyrn gan Iago (1: 12-15), ac fe ychwanegwyd cyfeiriad at y drwg neu 'yr Un drwg' mewn rhai llawysgrifau o'r efengyl yn ôl Luc (cym. Mathew 6: 13). Serch hyn, fe wyddai Iesu fod byw'r weddi hon yn rhwym o ennyn gwrthwynebiad. Fe brofodd Iesu'i hun 'dreialon' (22: 28), a bu ar brawf ac yntau 'yn llawn o'r Ysbryd Glân' (4: 1-14). Yn nerth yr Ysbryd Glân y medrai'r disgyblion hwythau ddal ei tir yn wyneb temtasiynau lu, ac yn nannedd pob prawf ar eu ffydd a'u hymddiriedaeth yn Nuw. Wrth i deyrnas Dduw ennill ei phlwyf, mwyaf ffyrnig y byddai'r gwrthwynebiad. Mwyaf oll y byddai'r angen felly am adnoddau ysbrydol i wrthsefyll (Effes. 6: 10-20). Gweddi sy'n agor y ddôr i'r adnoddau hyn fedru'n cyrraedd ni. Am beth y'n dysgir i weddïo amdano gan Iesu yn anad dim felly? Am yr Ysbryd Glân (11: 13). Ef yn unig a all ein cynnal rhag inni syrthio o dan bwys treialon y byd, y cnawd a'r diafol. Gweddi ar i Dduw Dad amlygu bywyd y Mab, yn nerth yr Ysbryd Glân, ynom ni, yw Gweddi'r Arglwydd.

TRAFOD

1. Beth yw'r gwahaniaeth rhwng adrodd gweddïau a gweddïo?
2. Pam y mae disgyblion Iesu yn gweddïo?
3. Am beth y gweddïa disgyblion Iesu ym mhob oes? Beth fyddai'n amhriodol i ni weddïo amdano?
4. Pam mae angen i ni ofyn am yr Ysbryd Glân? Ai trwy'r Ysbryd Glân y medrwn ni ymuno yng ngweddi oesol y Mab a'i Dad?
5. Beth yw gweddi? Ai cael ein dwyn i mewn i rywbeth sy'n digwydd yn barhaus, ai cael ein cynnwys yn ymddiddan ac ymwneud y Tad, y Mab a'r Ysbryd Glân yw gweddi?
6. Beth yw rhai o ganlyniadau ymarferol cael ein hailwampio gan y math hwn o weddi?
7. Ai am fod gweddi mor ganolog ym mywyd Iesu y rhoes Luc gymaint o sylw i weddi yn ei efengyl?

Pennod 27

YR UN CRYFACH

Darllen: Luc 11: 14-36

Yn yr adran hon fe roes Luc drefn ar wahanol ddefnyddiau sy'n digwydd yma a thraw yn yr efengylau yn ôl Mathew a Marc. Fframwaith Luc oedd gweithred Iesu (11: 14), yn arwain at ddau ymosodiad ar Iesu (11: 15 a 16), a hynny'n esgor ar ddau ateb gan Iesu (11: 17-28 a 29-36). Un o nodweddion Luc oedd y patrwm 'gweithred — ymosodiad — ateb' hwn (e.e. 5: 17-26; 7: 36-50; 13: 10-17). Yn 11: 14-36 yr hyn a gafwyd oedd gweithred Iesu yn bwrw allan y cythraul mud, y ddau ymosodiad, mai trwy allu cythreulig yr oedd Iesu'n bwrw allan gythreuliaid a'r cais am arwydd i brofi dilysrwydd awdurdod Iesu. Atebion Iesu i'r ddau ymosodiad hyn yw'r rhannau helaethaf o'r adran hon.

Gweithred Iesu

Rhoes Luc grynodeb o un o wyrthiau Iesu yn 11: 14. Credai fod y mudan hwn wedi'i iacháu am fod Iesu wedi bwrw cythraul allan ohono a hwnnw'n un mud. Mae'n ddiddorol sylwi bod yr efengylau yn olrhain yr anallu i siarad i dri achos gwahanol:

(i) Luc 1: 20 — barn Duw ar anghredinaeth Sachareias oedd ei anallu i lefaru am gyfnod.

(ii) Luc 11: 14 — cythraul mud oedd wedi meddiannu'r person hwn a pheri iddo fod yn fud.

(iii) Marc 7: 32 — nid oedd un awgrym bod atal dweud ar y dyn hwn oherwydd barn Duw na'i fod wedi'i feddiannu gan gythraul. Achosion naturiol oedd yn gyfrifol amdano yn ôl pob tebyg.

Mae'n ddiddorol sylwi bod tair ffynhonnell mudandod yn yr efengylau yn adlewyrchu achosion pob math o anhwylderau yn y Beibl cyfan.

(i) Ceir enghreifftiau lle credid bod afiechydon wedi dod yn sgîl cosb Duw am bechod (e.e. II Sam. 12: 14-23; II Bren. 15: 4-5; I Cor. 11: 29-32).

(ii) Mewn mannau eraill Satan oedd yn gyfrifol am adfyd (e.e. Job 2: 6-7; Luc 13: 16; II Cor. 12: 7), er y gallai Duw ddefnyddio hyn i'w ddibenion ei hun.

(iii) Mewn rhannau eraill o'r ysgrythur gwelir nad oedd afiechyd yn deillio o bechod dyn, nac o ymosodiad Satan, ond yn rhan o amherffeithrwydd y greadigaeth bresennol (e.e. Ioan 9: 2-3; Rhuf. 8: 19-23), a oedd yn effeithio ar y ddynoliaeth hithau. Am eu bod yn feidrol, gall y duwiol hwythau fod yn glaf (e.e. II Bren. 13: 14; Dan. 8: 2-7; Gal. 4: 13; Phil. 2: 25-30; II Tim. 4: 20).

Yn ôl Luc (11: 14), yr hyn a achosai fudandod y dyn hwn oedd ei fod wedi'i feddiannu gan gythraul mud. Nid oedd yn cael ei gosbi gan Dduw am ei bechod nac yn dioddef oherwydd amherffeithrwydd y byd. Roedd yn gaeth i allu demonig.

Fel y cyfeiriai'r ysgrythurau at wahanol achosion afiechyd, cyfeirient hefyd at foddion iachâd amrywiol.

(i) Os oedd anhwyldeb yn tarddu o bechod, yr ymateb priodol oedd edifeirwch, cyffes, maddeuant (e.e. Iago 5: 14-16).

(ii) Os mai ymosodiad Satan a oedd yn gyfrifol am afiechyd, ceid dau bosibilrwydd yn ôl yr ysgrythurau. Naill ai fe gâi'r cythraul ei fwrw allan yn enw Iesu (e.e. Actau 16: 18), neu fe allai Duw ohirio symud gormes Satan am gyfnod (e.e. Job) neu tan ar ôl y fuchedd hon (e.e. II Cor. 12: 7-10). Bryd hynny gallai Duw ddwyn gwynfyd o'r adfyd.

(iii) Yn wyneb breuder a thrueni'r greadigaeth, gellid delio â'r clefyd naill ai gan ymyriad gwyrthiol Duw (e.e. I Bren. 17: 17-24; II Bren. 4: 32-37 a iacháu gwyrthiol Iesu yn yr efengylau), neu deuai gwellhad dan law'r meddyg a'i feddyginiaeth (e.e. Ecclus. 38: 1-7). Cyfeiriodd Paul, y bregus ei iechyd, at Luc fel 'y meddyg annwyl' (Col. 4: 14).

Gan mor amrywiol oedd achosion afiechyd a'r un mor amrywiol foddion iachâd, fe bwysleisiodd yr ysgrythurau fod angen dirnadaeth i olrhain achos ac i ganfod modd iacháu clefydau gwahanol. Bwrw allan gythraul mud, trwy air awdurdodol Iesu, oedd y dull o iacháu'r anabl yn 11: 14. Ni chafodd orchymyn i edifarhau ac nis anfonwyd at y meddyg. Roedd yn gaeth i allu'r cythraul, a thrwy nerth yr Ysbryd Glân (4: 14) fe'i gwaredwyd gan Iesu. Yn ôl tystiolaeth unfryd yr efengylau cyfolwg, roedd bwrw allan gythreuliaid yn nodwedd amlwg o weinidogaeth Iesu. Gellid casglu o 13: 32 ei bod yn rhan annatod o'i genhadaeth. Gan fod lle pendant i fwrw allan gythreuliaid yng nghenhadaeth yr Eglwys hithau (9: 49-50; 10: 17; Actau 5: 16; 8: 7; 16: 16; 19: 12-13), roedd angen dangos bod y weinidogaeth hon yn gysylltiedig â gweithgarwch Iesu.

Ymosodiad cyntaf

Ni allai'r tyrfaoedd wadu bod y mudan wedi'i iacháu; llefarodd yn eu clyw. Ond ymosododd rhai arno gan haeru mai trwy Beelsebwl, pennaeth y cythreuliaid, yr oedd Iesu'n bwrw allan gythreuliaid (11: 15). Tywyll iawn yw'r cyfeiriad hwn. Efallai mai amrywiad yw'r enw ar Baal-sebub, un o dduwiau Ecron a lysenwyd yn 'dduw'r cilion'. Ceir hefyd y ffurf Baalsebwl yn nhestunau Ras Shamra fel disgrifiad neu enw duw Syria. Gallai olygu 'duw'r plasty', ac awgrymwyd bod Iesu'n chwarae ar hyn wrth ddisgrifio'r dyn cryf yn gwarchod ei blasty (11: 21). Wrth i Luc a

Marc gyfeirio ato fel 'y pennaeth' gellid casglu bod gan y diafol lengoedd o gythreuliaid, a bod y sylwedyddion yn hawlio bod pennaeth un o'r llengoedd hyn wedi gwrthryfela yn erbyn Satan. Ar y llaw arall, gellid dadlau bod ateb Iesu yn awgrymu nad oedd Beelsebwl yn ddim mwy nag enw arall ar Satan (11: 18).

Ateb Iesu

Rhoes Iesu ateb deublyg i'r haeriad ei fod wedi bwrw allan y cythraul mud trwy nerth dieflig. Yn gyntaf, dangosodd beth na allai'r weithred ei olygu (11: 17-19), ac yn ail dadlennodd beth oedd gwir arwyddocâd y weithred hon (11: 20-23). Defnyddiodd Iesu ddwy ddadl i wrthod y cyhuddiad ei fod ef wedi ymgynghreirio â'r diafol. Byddai'r fath ddadl:
(i) yn afresymol ac
(ii) yn anghyson.

(i) Yn ôl Iesu byddai dweud ei fod ef yn iacháu yn nerth y drwg yn gwbl afresymol. Go brin y byddai'r diafol yn caniatáu gwrthryfel ymhlith ei luoedd gan ei fod yn gwybod o'r gorau mai difa, (yn llythrennol 'diboblogi'), teyrnas a wnâi rhyfel cartref. Doedd Satan ddim mor ffôl â hynny.

(ii) Gan fod disgyblion y rhai a achwynai ar Iesu hwythau yn bwrw allan gythreuliaid, onid anghyson oedd mynnu ei fod ef yn gwneud hynny trwy swyngyfaredd dieflig? Canlyniad haeru hynny fyddai cael eu barnu gan eu cymrodyr hwy eu hunain a wyddai na ellid trechu lluoedd Satan ond â gallu Duw.

Ar ôl dangos beth na allai ei weithred olygu, aeth Iesu yn ei flaen i ddangos beth oedd gwir arwyddocâd ei allu ef i fwrw allan gythreuliaid. Hawliodd mai 'trwy fys Duw' yr oedd ef yn bwrw allan gythreuliaid (11: 20). Fel yr oedd bys Duw ar waith yng nghenhadaeth Moses ac Aaron i ryddhau'r genedl o'r Aifft (Exodus 8: 19), roedd bys Duw ar waith yn nerthol, yn rhyddhau o afael y dieflig ac yn cyfannu, yng ngweinidogaeth Iesu. Er fod Mathew (12: 28) wedi dewis sôn am 'Ysbryd Duw' yn bwrw allan gythreuliaid, gwell gan Luc ddefnyddio ymadroddion o'r Hen Destament am weithredu gwaredigol a iachusol megis 'nerth yr Arglwydd' (5: 17) a 'llaw yr Arglwydd' (Actau 4: 28-30). Trwy sôn am 'fys Duw', dangoswyd bod gweithred Iesu yn amlygiad o weithred waredigol bersonol Duw, ac yn gwbl ddibynnol arno ef. Onid oedd hyn yn profi bod teyrnasiad Duw wedi cyrraedd a'i fod yn tanseilio ymerodraeth Satan? Ymhelaethodd Iesu trwy afael o bosibl yn yr enw Beelsebwl fel 'arglwydd y tŷ mawr'. Disgrifiodd Satan fel yr un cryf yn gwarchod ei blasty, ac yn cadw'i feddiannau'n ddiogel, nes i 'un cryfach nag ef ymosod arno' a'i drechu (11: 22 cym. Es. 49: 24-26). Y darlun a gyflwynodd Iesu oedd byd Duw wedi syrthio dan awdurdod Satan, ond y newydd da oedd bod 'un cryfach' (cym. 3: 16), Iesu'i hunan, wedi ymosod ar deyrnas y diafol ac yn bwrw allan gythreuliaid. Yn y frwydr hon, rhaid ochri gyda'r naill neu'r llall. 'Os nad yw dyn gyda mi, yn fy erbyn i y mae', meddai Iesu (11: 23), gan ddangos bod y sawl a oedd o'i blaid yn casglu pobl Dduw ynghyd, ond bod y sawl a'i gwrthwynebai yn eu gwasgaru i'r pedwar gwynt. Gallai hyn fod yn rhybudd i arweinwyr Israel.

Ar ôl cyflwyno'r frwydr rhwng y da a'r drwg, rhyngddo ef a'r diafol, aeth Iesu yn ei flaen i bortreadu'r un frwydr yng nghalon yr unigolyn (11: 24-26). Nid digon bwrw allan gythreuliaid o galon dyn, rhaid i'r galon honno gael ei meddiannu gan Ysbryd Glân Duw. Mae'r byd ysbrydol, fel yr un naturiol, yn casáu gwagle. Onis llenwir gan y da, fe'i meddiennir gan y drwg. Nid digon mo edmygu Iesu o hirbell chwaith, fel y wraig honno o'r dyrfa (11: 27). Y bywyd llawn, gwynfydedig, oedd derbyn gair Duw, croesawu'r Gair a wnaethpwyd yn gnawd, a gadael i'r bywyd dwyfol hwnnw ddwyn ffrwyth Crist-debyg yn ein bywyd meidrol (11: 28 cym. 6: 43-45; 8: 15).

Yn ogystal â dangos i rai o'r dyrfa (Phariseaid yn ôl Mathew 12: 24, ysgrifenyddion o Jerwsalem yn ôl Marc 3: 22) bod eu cyhuddiad mai trwy alluoedd dieflig yr oedd yn bwrw allan gythreuliaid yn afresymol ac yn anghyson, fe ddangosodd Iesu fod bwrw allan gythreuliaid yn dystiolaeth fod Duw ar waith yn ei weinidogaeth ef yn tanseilio pwerau Satan. Sut bynnag, er mwyn elwa'n llawn ar y gweithredu dwyfol hwn, roedd gofyn ei dderbyn a'i goleddu yn y galon unigol a'i ymarfer yn y gymdeithas gyfan (1: 28 cym. 8: 21).

Ail ymosodiad

Roedd eraill yn amharod i gydnabod dilysrwydd Iesu ar sail clywed yr un mud yn llefaru. Gofynasant hwy am arwydd o'r nef i gael sicrwydd bod gweithred Iesu o Dduw (11: 16).

Ateb Iesu

Condemniodd Iesu'r rhain, a'u cyfoeswyr yn Israel, am eu bod yn disgwyl cael prawf digamsyniol o'i awdurdod dwyfol nad oedd yn gofyn am ddirnadaeth ysbrydol ynddynt hwy. Ofer unrhyw arwydd goruwchnaturiol onid oedd pobl yn barod amdano ac yn fodlon ymateb iddo (cym. 16: 31). Gellir dosbarthu ateb Iesu i dair rhan:

(i) Ni roddai arwydd i'r genhedlaeth hon 'ond arwydd Jona' (11: 29-30). Beth oedd 'arwydd Jona'? Galwad yn enw Duw i edifarhau. Roedd Jona wedi'i anfon i Ninefe i'w hannog i edifarhau o'u pechodau; 'edifarhasant hwy dan genadwri Jona' (11: 32), gan gydnabod bod ei eiriau'n datgan barn Duw. Er i Iesu gyhoeddi barn ar y pwerau demonig, gwrthododd ei genhedlaeth ef gydnabod mai barn Duw ydoedd. Ni roddid unrhyw arwydd arall iddynt oni chydnabuent ei fod ef yn gweithredu yn nerth a gydag awdurdod Duw.

(ii) Am eu bod mor ystyfnig, caiff pobl Israel eu condemnio 'yn y Farn' gan y cenedl-ddynion (11: 31-32). Roedd Brenhines Seba yn barod i gydnabod mai oddi wrth yr Arglwydd y cawsai Solomon yr awdurdod i weinyddu barn a chyfiawnder â'r fath ddoethineb (I Bren. 10: 8-9). Eto i gyd ni fynnai ei gyfoeswyr arddel Duw fel tarddle doethineb mwy nag eiddo Solomon yn Iesu. Am fod y cenhedloedd yn barotach i ymateb i ddoethineb Solomon ac i bregethu Jona nag oedd Israel i ymateb i ddoethineb a phregethu Iesu, byddent yn condemnio pobl Israel yn Nydd y Farn. Gallai Iesu ddweud hyn am ei fod ef yn medru rhagweld beth fyddai'n cyfrif yn Nydd y Farn — ymateb pobloedd i'w ddyfodiad ef, oherwydd ei ailddyfodiad ef fyddai hanfod Dydd y Farn. Eisoes yr oedd y Farn ar droed yn 'yr un cryfach' a oedd yn bwrw allan gythreuliaid ac yn y 'peth mwy' a oedd yn arwydd bod 'teyrnas Dduw wedi cyrraedd atoch' (11: 20). Oni bai eu bod mor ddall yn ysbrydol buasent wedi gweld arwydd 'bys Duw' ar waith.

(iii) Dallineb pobl Israel oedd yn cyfrif am eu bod yn galw am arwydd (pellach). Cymharodd Iesu ei genhadaeth i gannwyll a roddai oleuni i bawb yn y tŷ (11: 33). Nid oedd y goleuni ynghudd. Yn y person yr oedd y diffyg, os oedd yn llawn tywyllwch (11: 34-35) ac o'r herwydd yn methu â gweld arwyddocâd gweithredu Iesu. Prawf o ddallineb ac o dywyllwch Israel oedd cais rhai am arwydd arall. I'r sawl a fedrai weld, Iesu oedd yr un a anfonwyd gan Dduw i fod yn oleuni'r byd (Ioan 8: 12-16). Rhybudd i edifarhau, i'w dderbyn ef, a'i oleuni dwyfol, oedd ateb Iesu i'r rhai a ofynnodd iddo am arwydd o'r nef. Prawf o'r goleuni yn ymlid y tywyllwch, o'r da yn disodli'r drwg, o'r Crist yn trechu Satan oedd 'Iesu'n bwrw allan gythraul' a hwnnw'n un mud. Ef ei hun oedd yr 'arwydd a wrthwynebir' (2: 34) gan yr hunangyfiawn, yr ystyfnig a'r ysbrydol ddall.

TRAFOD

1. Beth sy'n cyfrif am ein hamharodrwydd ym mhob cenhedlaeth i dderbyn bod Iesu yn amlygiad o weithredu Duw? Beth yw'r rhwystrau i weld pwy ydyw ef o ddifrif?
2. A ydym yn credu bod Ysbryd Duw yn drech na phob gallu arall sydd ar waith yn y byd?
3. Beth mae clywed gair Duw a'i gadw (11: 28) yn ei olygu yn eich sefyllfa chi?
4. A oes tuedd i ddibrisio'r da a rhoi'r sylw i gyd i'r drwg yn ein dyddiau ni? Beth yw cyfrifoldeb yr eglwys yn y sefyllfa hon?

Pennod 28

GWAE CHWI GREFYDDWYR

Darllen: Luc 11: 37-54

Yn marn G. B. Caird, 'Go brin fod Iesu wedi traddodi un araith hir danbaid fel hon yn erbyn y Phariseaid. Mae'n fwy annhebygol fyth ei fod wedi gwneud hynny tra oedd yn westai yn nhŷ Pharisead' (t.158). Awgrymodd ef mai casgliad oedd y 'gwaeau' (11: 42-52) a ddefnyddid yn y ddadl rhwng yr eglwys a'r synagog. Fe ddichon bod yr adran hon yn dweud llawn cymaint am y gwrthdaro rhwng y Cristnogion cynnar ag Iddewiaeth â'r ymrafael rhwng Iesu a'r Phariseaid. Annheg fyddai pardduo pob arweinydd crefyddol yng nghyfnod Iesu ar sail yr ymosodiad hwn. Serch hynny, fe roes Iesu ei fys ar berygl crefydda ym mhob oes. Os gwelwn Iesu yn ein rhybuddio ni, yna gall astudio'r adran hon fod yn berthnasol. Ofer fyddai darllen yr adnodau hyn pe baent yn arwain at hunangyfiawnder a'r hunandwyll sy'n awgrymu nad oes temtasiynau tebyg at hyd ein llwybrau ni. Ar ôl sôn am berygl rhoi gormod o sylw i allanolion crefydd (11: 39-41), aeth Iesu yn ei flaen i resynu at dri o dueddiadau'r Phariseaid (11: 42-44), a thri o dueddiadau athrawon y Gyfraith (11: 46-52). Doedd hi ddim yn syndod fod y Phariseaid a'r ysgrifenyddion mor ddig wrtho, ac yn aros eu cyfle i'w ddal (11: 53-54).

Allanolion

Er nad oedd ymolchi cyn bwyta yn angenrheidiol yn ôl y Gyfraith Iddewig, fe aeth hi'n arferiad cyffredin i wneud hynny, fel yr eglurodd Marc: 'nid yw Phariseaid, na neb o'r Iddewon, yn bwyta heb olchi eu dwylo hyd yr arddwrn, gan lynu wrth draddodiad yr hynafiaid' (7: 3-4). Gan fod y traddodiadau hyn wedi cael cymaint o amlygrwydd, fe synnwyd y Pharisead pan welodd nad oedd Iesu wedi cydymffurfio. Rhoes hyn gyfle i Iesu i'w atgoffa am y perygl o roi mwy o sylw i allanolion crefydd na'r sylwedd mewnol. Yn waeth na hynny, gallai canolbwyntio ar yr allanol fod yn ffordd o osgoi gweld y cyflwr mewnol, 'yn llawn anrhaith a drygioni' (11: 39). Un o beryglon crefydd yw rhoi pwys ar y seremonïau a'r defodau allanol, heb sylwi cymaint ar y drwgdeimlad neu'r casineb dan y wyneb. Gall hyn ddigwydd y tu mewn i eglwys leol, neu ym mherthynas eglwysi â'i gilydd. Ym myd busnes gwelir yr un duedd i roi mwy o sylw i'r allanolion nag i'r cynnwys, i'r ddelwedd yn hytrach na'r sylwedd. Dangosodd seicoleg y gall hyn ddigwydd yn achos yr unigolyn hefyd. Gall agwedd allanol fygythiol orchuddio personoliaeth ansicr a phryderus, tra gall gwedd ddiymhongar guddio'r agwedd fwyaf balch. Cymhleth iawn yw perthynas y tu mewn a'r tu allan yn hanes yr unigolyn a'r grŵp. Byrdwn neges Iesu oedd fod y tu mewn yn eiddo i Dduw yn ogystal â'r tu allan. Iddo ef, felly, yr ydym yn atebol am synfyfyrion y galon, lawn cymaint â'n diwyg allanol. Awgrymodd ymhellach y gallai ffrwd elusen a charedigrwydd o'r galon weddnewid bywyd cyfan (11: 41). O'r tu mewn yr oedd gwir lendid a duwioldeb yn tarddu.

Manion

Gwyddai Iesu mai un o ganlyniadau canolbwyntio ar yr allanolion oedd rhoi gormod o sylw i fanion crefydd, ar draul y pethau pwysig. Nid oedd Iesu'n tanseilio deddf y degwm a orchmynnai, 'Bob blwyddyn gofala ddegymu holl gynnyrch dy had sy'n tyfu yn dy faes' (Deut. 14: 22-29; 26: 12-15; Num. 18: 21-32), ond achos gofid iddo ef oedd gweld y Phariseaid yn rhoi pwys mawr ar ddegymu'r manion lleiaf, 'ond yn diystyru cyfiawnder a chariad Duw'. Dyna'r 'union bethau y dylasech ofalu amdanynt,' meddai Iesu (11: 42). Tra oedd y Phariseaid yn ymboeni am gant ac un o fanion y Gyfraith, fe welodd Iesu beth oedd hanfod ffordd Duw, y Torah, sef 'Câr yr Arglwydd dy Dduw â'th holl galon . . . a châr dy gymydog fel ti dy hun' (10: 27). Y fath ryddhad i Paul, a drwythwyd gan y Phariseaid, oedd darganfod bod 'cariad, felly, yn gyflawniad o holl ofynion y Gyfraith' (Rhuf. 13: 8-10).

Mae angen i'r Eglwys gael ei hatgoffa, ym mhob oes, mai 'cyfiawnder a chariad Duw' yw hanfod gwir grefydd. Yn ein cyfarfodydd a'n pwyllgorau, yn ein pregethu a'n dysgu, fe'n temtir byth a hefyd i sôn am y manion dibwys, tra bod ein cymdeithas a'n byd yn erfyn am gyfiawnder ac am gariad. Wrth lunio agenda i'n cynghorau a'n trafodaethau, oni fyddai'n werth rhoi 'hyrwyddo cyfiawnder a chariad Duw' fel y prif bwnc, a rheoli'r amser a neilltuwyd i drafod gwahanol faterion yn ôl eu perthynas â'r nod hwnnw?

Gwelir yr un duedd mewn gwleidyddiaeth i fychanu ac i roi mwy o sylw i'r dibwys yn hytrach na'r hanfodion. Cariad yn ei ffurf gymdeithasol yw cyfiawnder a thegwch i bob un. I osgoi hynny fe'n temtir yn aml i roi'r sylw i fanionach.

Ym myd y cyfryngau gwelir yr un tueddiad. Bellach datblygwyd moddion cyfathrebu a fyddai'n wyrth yng ngolwg ein cyndadau. Onid yw Iesu'n cyhoeddi 'gwae chwi' wrth weld cyfrwng mor wyrthiol (a chostus) â'r teledu yn cael ei ddefnyddio i borthi chwantau am fanion, heb sôn am hau hadau gelyniaeth a thrais?

Balchder

Yn y synagog 'y prif gadeiriau' oedd y rhai yn y tu blaen yn wynebu gweddill y gynulleidfa. O eistedd yn y fan honno, fe gâi'r Phariseaid eu gweld gan bawb. Porthi balchder oedd effaith hyn, fel y 'cyfarchiadau yn y marchnadoedd' (11: 43). Yn ei ymarferion ysbrydol fe gysylltodd Ignatius o Loyola y dyhead am boblogrwydd â balchder ysbrydol. Cwbl groes i agwedd Iesu, 'a'i darostyngodd ei hun gan gymryd ffurf caethwas' (Phil. 2: 5-8), oedd ymffrost crefyddol y Phariseaid. Oherwydd eu crefyddolder tueddent i'w hystyried eu hunain yn well nag eraill, ond yng nghlorian Iesu 'darostyngir pob un sy'n ei ddyrchafu ei hun, a dyrchefir pob un sy'n ei ddarostwng ei hun' (18: 10-14). Rhestrwyd balchder ymhlith y 'saith peth sy'n ffiaidd' gan yr Arglwydd (Diar. 6: 16-19), ac fe esboniodd y Salmydd mai gwreiddyn balchder oedd y duedd i edrych i lawr ar eraill a'u sarhau,

> Pwy bynnag sy'n enllibio'i gymydog yn ddirgel—
> rhof daw arno;
> y ffroenuchel a'r balch—
> ni allaf ei oddef (Salm 101: 5).

Pryd bynnag y cawn ni ein temtio fel unigolion neu fel eglwysi i feddwl ein bod ni'n rhagori ar eraill, mae gofyn inni fod ar ein gwyliadwriaeth.

> Y mae Duw'n gwrthwynebu'r beilchion,
> ond i'r gostyngedig y mae'n rhoi gras,

yw un o'r diarhebion a ddyfynnwyd ddwywaith yn y Testament Newydd (I Pedr 5: 5; Iago 4: 6).

Hyn fu profiad Mair hithau. Ar ôl mawrygu'r Arglwydd 'am iddo ystyried distadledd ei lawforwyn' ychwanegodd 'gwasgarodd ddynion balch eu calon' (1: 46-48, 51). Canolbwyntio ar Dduw, ei fawrhau ef, ac ymhyfrydu yn ei ddaioni i'w bobl ym mhob man ac ym mhob enwad; dyna'r feddyginiaeth orau i falchder ysbrydol. Ochr yn ochr â'i raslonrwydd a'i berffeithrwydd ef, gwelwn mai gweision 'heb unrhyw deilyngdod' ydym — un arall o ddywediadau Iesu a gadwyd gan Luc yn unig (17: 10).

Llygredd

Ystyriai'r Gyfraith Iddewig unrhyw un a gyffyrddai â chorff marw 'neu ei fedd, yn aflan am saith diwrnod' (Num. 19: 11-16). O'r herwydd roedd hi'n arferiad i wyngalchu beddau, i ddynodi lle'r oeddent, rhag bod neb yn cyffwrdd â hwy trwy amryfusedd. Cyhuddodd Iesu'r Phariseaid am fod 'fel beddau heb eu nodi' (11: 44) a phobl yn cael eu llygru ganddynt yn ddiarwybod. Câi pobl eu camarwain gan bwys y Phariseaid ar allanolion crefydd, a'u llygru gan eu balchder ysbrydol a'u hymboeni ynghylch manionach y Ddeddf. Dro ar ôl tro fe arweiniodd rhagrith crefyddol at weithredu annynol. Cyfiawnhawyd 'apartheid' yn

Ne Affrica ar seiliau ysgrythurol, a difa'r Iddewon am resymau crefyddol. Y sefydliadau mwyaf peryglus fu'r rhai a geisiodd guddio'u hamcanion dan gochl crefydd, a gallwn ninnau fod yn fygythiad i farn eraill pan lwyddwn i guddio ein rhagfarnau oddi wrthynt.

Athrawon y Gyfraith

Yn yr adran gyfatebol yn yr efengyl yn ôl Mathew (23: 1-36) fe anelwyd chwe 'gwae' at yr ysgrifenyddion a'r Phariseaid ynghyd. Fe'u rhannwyd gan Luc yn dri 'gwae' wedi'u cyfeirio at y Phariseaid (11: 42-44) a thri at athrawon y Gyfraith (11: 45-52). Nid oedd pob Pharisead yn athro'r Gyfraith, ond roedd bron pob athro'r Gyfraith yn Pharisead, ac o glywed ymosodiad cignoeth Iesu ar y Phariseaid fe brotestiodd un o athrawon y Gyfraith, 'Athro, wrth ddweud hyn yr wyt yn ein sarhau ninnau' (11: 45). Bu ymateb Iesu yn ddi-flewyn-ar-dafod. Fe ddaeth tair tuedd ymhlith yr arweinwyr crefyddol proffesiynol hyn dan ei lach. Dinoethodd Iesu dueddiadau arweinwyr crefyddol a chlerigion ym mhob oes ac ym mhob crefydd.

Beichio eraill

Fel arbenigwyr yn y Ddeddf a thraddodiadau'r tadau, roedd y Phariseaid dan ddylanwad trwm athrawon y Gyfraith. Yr athrawon hyn oedd yn rhoi sylfaen draddodiadol i sêl ymarferol y Phariseaid. Law yn llaw â'i gilydd, fe ddatblygodd y rhain gyfundrefn grefyddol a aeth yn faich yn hytrach nag yn waredigaeth i'r sawl a ymlynai wrthi. Ni lwyddodd yr Eglwys Gristnogol hithau osgoi'r perygl hwn. O'r cychwyn cyntaf bu dadl y tu mewn i'r Eglwys a ddylai pawb gydymffurfio â gofynion y Ddeddf. Adroddodd Luc fel y 'cododd rhai credinwyr oedd o sect y Phariseaid, a dweud, "Y mae'n rhaid enwaedu arnynt, a gorchymyn iddynt gadw Cyfraith Moses"' (Actau 15: 5). Fe ymladdodd Paul ar flaen y gad yn erbyn y beichio diangen hwn, a chytunodd y Cyngor yn Jerwsalem i anfon y datganiad hwn at y Cristnogion o blith y Cenhedloedd yn Antiochia: 'Penderfynwyd gan yr Ysbryd Glân a chennym ninnau beidio â gosod arnoch ddim mwy o faich na'r pethau angenrheidiol hyn: ymgadw rhag bwyta yr hyn sydd wedi ei aberthu i eilunod, neu waed, neu'r hyn sydd wedi ei dagu, a rhag anlladrwydd. Os cadwch rhag y pethau hyn, fe wnewch yn dda' (Actau 15: 28-29). O gofio cefndir Iddewig aelodau'r Cyngor, roedd y penderfyniad hwn yn wyrth ac yn brawf o weithgarwch yr Ysbryd Glân. Beichio dynion a wna rheolau allanol heb gynnig unrhyw help i'w dwyn (11: 46), ond rhyddhau pobl i fyw yn ôl ewyllys Duw a wna'r Ysbryd Glân. Gweithia oddi mewn i amlygu bywyd Iesu ym muchedd y credadun. Er fod gofynion y Bregeth ar y Tir gwastad (6: 20-49) yn gofyn mwy na Chyfraith Moses, fe welwyd cyn ei diwedd fod cynhysgaeth ar gael i ddwyn ffrwyth da, a Iesu'i hun yn graig i adeiladu bywyd cyfan arni. Yn wahanol i athrawon y

Gyfraith, a'r arweinwyr proffesiynol a ddatblygodd gyfundrefn grefyddol feichus o oes i oes, fe addawodd Iesu, 'Y mae fy iau i yn hawdd ei dwyn, a'm baich i yn ysgafn' (11: 28-30).

Ceidwadaeth annioddefgar

Gyda chryn eironi fe nododd Iesu duedd yr arweinwyr crefyddol i barchu proffwydi'r gorffennol trwy godi beddfeini i'w coffáu (11: 47), tra'n lladd ac yn erlid y proffwydi cyfoes (11: 49). Dyna berygl ceidwadaeth o bob math: glynu wrth y gorffennol ar draul y presennol. Bygythiad i'r sefydliad fu'r proffwyd ym mhob cenhedlaeth; gwelodd ef faint o'r gloch oedd hi yn ei gyfnod ei hun yng ngoleuni'r dyfodol. O ddyddiau Abel yn llyfr Genesis (4: 8) hyd at Sechareia yn un o lyfrau hanes diweddar yr hen Destament (II Cron. 24: 17-22), amcan y ceidwadwyr fu cael gwared ar y mentrus a'r beiddgar.

Meddiannwyd arweinwyr eglwysig gan duedd at geidwadaeth hyd ein dyddiau ni. Oni bai am geidwadaeth y clerigwyr, buasai Eglwys Loegr a'r Eglwys Fethodistaidd wedi ymuno â'i gilydd i ymffurfio'n un corff llawer mwy proffwydol, yn ôl pob golwg. A cheidwadaeth y clerigwyr sy'n peri bod yr Eglwys yng Nghymru'n llusgo'i thraed ynghylch ordeinio gwragedd i'r offeiriadaeth ar hyn o bryd. Tybed a oes enghreifftiau tebyg ymhlith arweinwyr proffesiynol enwadau eraill? Er fod unigolion proffwydol ac arloesol ymysg arweinwyr pob eglwys, megis llawer o esgobion Pabyddol America Ladin, ceir cwria ceidwadol digon disymud ym mhob un o'n sefydliadau, a'r rheini yn tanseilio credinedd neges yr Eglwys yn ein dydd. Er gwaethaf hyn oll, mae Duw yn ei ddoethineb yn dal i anfon proffwydi i fynegi ei air ef i'n dydd. Cawn ein barnu fel eglwys (I Pedr 4: 17) ac fel cenhedlaeth, yn ôl ein hymateb i ddoethineb Duw (11: 49-51).

Allwedd gwybodaeth

Ystyriai athrawon y Gyfraith fod eu gwybodaeth o'r Ddeddf yn allwedd i'r bywyd tragwyddol. Y drychineb eithaf, yn ôl Iesu, oedd bod yr athrawon hyn, yn lle defnyddio'u gwybodaeth i agor yr ysgrythurau i alluogi'u cyd-ddynion â hwy eu hunain i adnabod Duw, wedi troi'r wybodaeth hon a'u dehongliad o'r Gyfraith yn faen tramgwydd ac yn rhwystr. Chwedl G. B. Caird, 'Gwaith yr ysgrifenyddion oedd datgloi'r ysgrythurau fel bod dynion yn medru dod i wybod am Dduw drwyddynt; yn lle hynny, trwy ganolbwyntio ar y pethau llai pwysig, ymylol, maent wedi cloi'r llyfr ac wedi taflu'r allwedd i ffwrdd' (t.159).

Rhydd yr adnod hon (11: 52) her i bob un o'n heglwysi i ystyried o ddifrif beth yw amcan yr addysg a roddir i ddarpar arweinwyr yn ein colegau diwinyddol. Nid creu bwlch rhwng yr aelod cyffredin a'r arweinydd proffesiynol yw diben addysg ddiwinyddol. Y nod, yn hytrach, yw agor llygaid arweinwyr i'r adnoddau dihysbydd sydd ar gael, fel y medrant hwy ysbrydoli eu cydaelodau i ymuno yn yr un ymchwil am Dduw. Ni ddaw'r ymchwil honno i ben nes i ni gael gweld wyneb yn wyneb. Yr arweinydd Cristnogol yw'r un sy'n fodlon cyfaddef gyda Phaul, 'Yn awr, amherffaith yw fy ngwybod; ond yna, caf adnabod fel y cefais innau fy adnabod' (I Cor. 13: 12). Allwedd gwybodaeth i'r Cristion yw sylweddoli nad gwybodaeth ond adnabyddiaeth yw'r nod, ac mai cyfrinach yr adnabyddiaeth hon yw adnabyddiaeth Duw ohono ef. I'r Cristion cyfyd addysg Gristnogol o weddi; trwy weddi rhown gyfle i Dduw amlygu'i hun i ni yn ei gariad anfeidrol tuag atom. Er ei fod yn gresynu at ein cyflwr fel unigolion ac fel eglwysi, fe gyfyd rhybuddion Iesu o wae ei galon, sy'n dal ati i'n rhybuddio a'n tywys i adnabyddiaeth lawnach o'i drugaredd a'i gariad ef.

TRAFOD

1. Ar ôl rhestru'r tueddiadau annheilwng a ddinoethodd Iesu ymhlith crefyddwyr da ei ddydd, trafodwch pa rai sy'n poeni Iesu ymysg ei bobl heddiw? Uwchben pa wendidau eraill y byddai Iesu'n cyhoeddi 'gwae chwi' heddiw? A oes arwyddion ei fod ef yn diwygio'i eglwys a'i bobl yn ein dyddiau ni?
2. A yw'r dulliau o bregethu ac addysgu a arferir gan ein gweinidogion yn rhwystr i bobl adnabod Duw?
3. A allech chi awgrymu ffyrdd eraill o gyfathrebu ac o addoli a fyddai'n hyrwyddo gwell adnabyddiaeth o Dduw?
4. Pa elfennau ceidwadol sy'n rhwystro eich eglwys chi rhag cenhadu heddiw?
5. Ar beth ddylai ein colegau diwinyddol roi'r prif bwyslais yn awr?

Pennod 29

RHYBUDDION IESU

Darllen: Luc 12: 1-34, 49-51

Erbyn hyn yr oedd dyfodiad Iesu wedi creu cryn gynnwrf. Ar y naill law, yr oedd ei weinidogaeth iacháu wedi esgor ar edmygedd a phoblogrwydd ymysg y torfeydd (12: 1) ond ar y llaw arall yr oedd ei ddysgeidiaeth ddigymrodedd a'i ymosodiad ar y Phariseaid ac athrawon y Gyfraith wedi ennyn gwrthwynebiad ffyrnig (11: 53-54). Nid oedd hyn yn achos syndod i Iesu. Gyda thyrfa enfawr o'u cwmpas, fe geisiodd Iesu ddangos i'w ddisgyblion mai creu 'ymraniad' oedd un o ganlyniadau anochel ei ddyfodiad ef (12: 51). 'Yr wyf fi wedi dod i fwrw tân ar y ddaear' (12: 49); dyna sut y gwelai ef ei genhadaeth. Golygai hyn mai didol, a dangos beth oedd beth a phwy oedd pwy, oedd canlyniad dyfodiad Iesu (2: 34-35). Pwysleisio hyn oedd amcan ei rybuddion i'r disgyblion (a'r dyrfa yn eu tro), yn y bennod hon. Er fod y defnyddiau wedi'u crynhoi o sawl traddodiad, maentumiodd I. Howard Marshall, 'Yn gyffredinol derbynnir mai dysgeidiaeth Iesu a geir yn yr adran hon' (t.525).

Y gwir a'r gau

Ar ôl gresynu at lu o wendidau'r Phariseaid ar ddiwedd y bennod olaf (11: 39-44), yma fe grisialodd Iesu ei brif gŵyn yn eu herbyn: rhagrith (12: 1). Disgrifiodd G. B. Caird y rhagrithiwr fel hyn, 'Mae'r rhagrithiwr yn un sydd, yn ymwybodol neu yn anymwybodol, wedi aberthu'r gwirionedd er mwyn ymddangosiad: mae'n ymboeni mwy am yr hyn y mae pobl yn ei feddwl ohono nag am gyflwr ei enaid; mae ef mor brysur yn byw'n unol â'i enw da fel nad oes amser ganddo i fod yn fe'i hun. Mae'n rhaid iddo'i gyfiawnhau ei hun yn barhaus, iddo'i hun, i eraill, neu i Dduw. Hwyrach y bydd yn llwyddo i'w dwyllo'i hun, neu eraill, ond ni fydd yn twyllo Duw; ac fe ddaw'r dydd pan ddinoethir pob twyll' (t.160). Dinoethi'r gau, tynnu'r masg oddi ar y ffugiwr rhagrithiol a dadlennu digofaint yr helwyr Phariseaidd (11: 54), dyna a wnâi cyflawni bedydd Iesu yn Jerwsalem (12: 50). 'Nid oes dim wedi ei guddio nas datguddir, na dim yn guddiedig na cheir ei wybod' (12: 2).

Roedd angen y rhybudd hwn ar y disgyblion hwythau. Er iddynt fwriadu'n dda, roedd yna amheuon a sibrydion yn eu plith hwy. Fe ddadlennid eu gwir natur gan argyfwng Iesu yn Jerwsalem. Gwag oedd bwriadau gorau Pedr pan gynheuwyd y tân yn nhŷ yr archoffeiriad (22:

33-34, 55-61 cym. 12: 49). Er mor ingol oedd y profiad, fe ddinoethodd y tân y rhagrith; fe adnabu Pedr ei hun ac edifarhau. Chwedl G. B. Caird, 'Y gwrthwyneb i ragrith yw edifeirwch, sy'n golygu derbyn y gwir amdanom ein hunain, wynebu'n hunain fel ag yr ydym mewn gwirionedd' (t.160). Fel welodd Pedr ei hun fel yr oedd pan edrychodd yr Arglwydd arno. 'Aeth allan ac wylo'n chwerw' (22: 62). Didolwyd y gwir a'r gau.

Ofni Duw ynteu dynion

Fe wyddai Iesu am rym ofn. Gwyddai hefyd mai o'r holl ofnau, ofn marw yw'r pennaf. Eto i gyd rhybuddiodd ei gyfeillion yn ddwys 'peidiwch ag ofni'r rhai sy'n lladd y corff' (12: 4). Gallai rhywbeth gwaeth na chael eu lladd ddigwydd iddynt: cael ei bwrw i dân uffern wedi'r lladd. Byddai hwnnw'n difa'n dragywydd.

Ochr yn ochr â'r rhybudd, fe roes Iesu air o gysur iddynt. Doedd cael eu difa yn uffern ddim yn anochel. Gallent ddewis rhoi eu gwrogaeth lwyr i'r 'hwn sydd ag awdurdod ganddo i fwrw i uffern wedi'r lladd' (12: 5). A'r newydd da oedd fod hwn o'u plaid. Ac yntau'n Greawdwr, nid oedd ef yn ddibris o un o'i greadigaethau. Gan fod pob aderyn y to yn cyfrif yn ei olwg ef, gymaint mwy o werth oedd pob cyfaill i Iesu yng ngolwg Duw. Yma fe gyfeiriodd Iesu at ei ddisgyblion fel 'fy nghyfeillion' am eu bod yn gymdeithion iddo ar y ffordd i Jerwsalem, a'n wynebu'r un peryglon ag ef yno (cym. Ioan 15: 12-15). Pa angen ofni beth all dyn ei wneud inni pan fo'n tynged dragwyddol yn llaw Duw? Trwy ddyfodiad Iesu, a wynebodd angau yn sicrwydd yr atgyfodiad, fe agorwyd llygaid y disgyblion i ragrith y bwgan angau, a'r rhai a ddefnyddiai erledigaeth fel y bygythiad eithaf.

Cyffesu neu wadu

Yn nannedd erledigaeth yn sgîl dyfodiad Iesu fe ddangosid yn glir pwy oedd pwy. Penderfynid tynged dragwyddol pobl yn ôl eu teyrngarwch i Iesu. Roedd ei ddyfodiad ef mor allweddog â hynny. Byddai ei arddel ef gerbron dynion yn arwain i fywyd tragwyddol, tra gallai ei wadu ef olygu bod yn golledig. Yn sicr, 'ni faddeuir i'r hwn sy'n cablu yn erbyn yr Ysbryd Glân' (12: 10).

Bu llawer o ddadlau ynghylch ystyr y cablu anfaddeuol hwn. I Marc (3: 22-30) fe olygai cablu yn erbyn yr Ysbryd Glân haeru'r ysgrifenyddion fod Beelsebwl yn Iesu ac mai 'Trwy bennaeth y cythreuliaid y mae'n bwrw allan gythreuliaid'. Ac yntau'n rhyddhau pobl o afael Satan ac yn eu hiacháu o'u hafiechydon, cabledd yn erbyn yr Ysbryd Glân ar waith yn Iesu oedd mynnu, 'Y mae ysbryd aflan ynddo'. Rhoes Luc gyd-destun gwahanol i'r ymadrodd hwn. Iddo ef yr oedd dilorni'r Ysbryd Glân yn gabledd am ei fod yn gyfystyr â dilorni Duw. Cabledd yn erbyn yr Ysbryd Glân oedd anwybyddu'r 'gallu sydd ganddo o'n plaid ni sy'n credu' (Effes. 1: 19) a rhyfygu gweithredu fel duwiau hollalluog yn ein nerth ein hunain. Ei anrhydeddu fyddai ymddiried fwyfwy yn yr Ysbryd Glân i ddysgu a chyfarwyddo yn wyneb pob argyfwng a gwrthwynebiad (12: 11-12). Trwy ddibynnu arno ef byddai gobaith i'r disgyblion arddel Iesu yn hytrach na'i wadu mewn argyfwng.

Dibynnu ar Dduw neu ar bethau

Synhwyrodd Iesu mai trachwant a barodd i rywun o'r dyrfa chwennych cael ei gyfran o'r etifeddiaeth oddi wrth ei frawd. Ysgogodd hyn rybudd Iesu i 'ymgadw rhag trachwant o bob math, oherwydd, er cymaint ei gyfoeth, nid yw bywyd neb yn dibynnu ar ei feddiannau' (12: 15). Yn wyneb argyfwng, tuedd dyn yw chwilio am sicrwydd, a chaiff ei demtio'n aml i roi ei ymddiriedaeth yn lluosowgrwydd ei feddiannau. Trwy adrodd dameg y gŵr cyfoethog, fe ddangosodd Iesu pa mor ofer oedd y sicrwydd hwnnw. Am fod Iesu 'wedi dod' (12: 49) fe wynebwyd pobl â gwirioneddau sylfaenol bywyd a marwolaeth. Fel tân, fe ddangosodd ef beth oedd dros dro a beth oedd yn arhosol. Pe bai gŵr cyfoethog, yn lle cordeddu ei feddiannau, wedi eu rhoi yn elusen buasai wedi bod yn gyfoethog ym mhethau Duw, a chasglu 'trysor dihysbydd yn y nefoedd, lle nad yw lleidr yn dod ar y cyfyl, na gwyfyn yn difa' (12: 33). Yn ogystal â'i eiriau, roedd bywyd Iesu, ac yntau ar y ffordd i Jerwsalem, yn arddangos mai trwy roi yr oedd cael, a thrwy aberthu'r cyfan yr oedd canfod bywyd tragwyddol. Bywyd o ymddiriedaeth lwyr yn Nuw oedd hyn.

Ymddiriedaeth ynteu pryder

Fel yr oedd rhagrith y Phariseaid wedi ysgogi rhybuddion Iesu wrth ei ddisgyblion ynghylch dewis y gwir yn lle'r gau, ofni Duw yn lle ofni dynion, arddel Iesu yn hytrach na'i wadu, fe arweiniodd trachwant y dyrfa at ddysgeidiaeth Iesu ynglŷn â gwerth ymddiried yn Nuw yn lle pryderu ynghylch hyn ac arall. Wyneb yn wyneb ag argyfwng, tuedd arall ymhlith pobl yw pryderu. Am fod yr argyfwng yn gysylltiedig â dyfodiad Iesu a'r deyrnas, fe geisiodd ef ddiddyfnu ei ddisgyblion oddi wrth bryder. Rhoes bedwar rheswm i'w helpu i weld bod pryderu ynghylch eu cynhaliaeth o ddydd i ddydd yn ddiangen:

(i) 'Oherwydd y mae rhagor i einioes dyn na lluniaeth, a rhagor i'w gorff na dillad' (12: 23). Bwyta i fyw, nid byw er mwyn bwyta oedd egwyddor Iesu. Fe gafodd Iesu ei hun ei demtio i wneud diwallu anghenion corfforol yn un o amcanion ei genhadaeth. Gwrthododd y dewis hwn am ei fod yn gwybod 'Nid ar fara yn unig y bydd dyn fyw' (4: 2-4). I ddyn fe olygai byw mwy na chadw corff ac einioes ynghyd. Bwriadwyd i'w gorff a'i einioes fod yn offeryn yn llaw'r Duw a'i rhoes. Canolbwyntio ar ddiben bywyd yn hytrach na phryderu ynghylch cynnal bywyd oedd rhybudd Iesu.

(ii) 'Gymaint mwy gwerthfawr ydych chwi na'r adar!' (12: 24). Gan fod Duw yn bwydo'r brain, doedd dim angen i'r disgyblion bryderu ynghylch eu lluniaeth; a gan ei fod yn dilladu blodau'r maes, doedd dim rheswm dros bryder y disgyblion ynglŷn â dillad. Arwydd o ddiffyg ymddiriedaeth yn Nuw, y Rhoddwr a'r Cynhaliwr, oedd hynny.

(iii) 'Y tu hwnt i'ch gallu' (12: 26). Yn lle pryderu ac ymboeni ynghylch pa beth i'w wneud i sicrhau cynhaliaeth, fe rybuddiodd Iesu ei ddisgyblion i dderbyn na allent hwy greu un gronyn o ŷd na thyfu un edefyn o wlân. Roeddent ar drugaredd Duw am ffrwyth y ddaear ac am anadl einioes; ni allai neb ychwanegu munud at ei oes trwy bryderu (12: 25). Pa ddiben ymboeni felly?

(iv) 'Y mae gennych chwi Dad sy'n gwybod fod arnoch eu hangen' (12: 30). Yn wahanol i'r Cenhedloedd a'r paganiaid a oedd 'heb obaith a heb Dduw yn y byd' (Effes. 2: 12), fe wyddai'r disgyblion fod Duw yn 'Dad' iddynt hwy (11: 2). Sancteiddio'i enw oedd ei gydnabod fel 'Tad' trwy ymddiried yn ei ofal; sarhau ei enw a dilorni ei ofal oedd pryderu. Yn ogystal â'u dysgu i gyfarch Duw fel 'Abba! Dad!' yn eu gweddïau, fe roes Iesu esiampl fyw o un a ymddiriedai'n llwyr yn ei Dad nefol hyd yn oed pan nad oedd ganddo le i roi ei ben i lawr ond ar groesbren (23: 46). Sail ei ymddiriedaeth ef a'i ddisgyblion oedd yr argyhoeddiad fod ganddynt Dad sy'n gwybod fod arnynt angen am gynhaliaeth.

'Ceisiwch yn hytrach ei deyrnas ef, a rhoir y pethau hyn yn ychwaneg i chwi' (12: 31). Pa ddiben pryderu felly? Fel y dangosodd C. F. Evans, 'Bellach nid yw digonedd o bethau bydol yn wobr am addoli Duw a chadw ei orchmynion, fel yr awgrymodd Deuteronomium. Yn hytrach, rhywbeth dros ben i'r bywyd o ddefosiwn yw'r rhain' (t.529). Y pwynt, o ddifrif, yw mai'r ffordd orau i osgoi pryderu am bethau eilradd yw canolbwyntio'r sylw ar y peth canolog. I Iesu trefn Duw, cyflawni ewyllys Duw, ufuddhau i fwriadau Duw, treulio pob eiliad fel deiliaid yn nheyrnas Dduw, oedd yr unig beth a âi â'i fryd yn gyfan gwbl. Gallai hyn fod yn ffordd o fyw i'r disgyblion hwythau. A rhag ofn i'r disgyblion ddechrau pryderu ynglŷn ag amodau'r deyrnas honno, fe'u sicrhawyd gan Iesu nad oedd angen iddynt ymgyrraedd at y ffordd hon o fyw yn eu nerth eu hunain. Rhodd rad Duw oedd y bywyd hwnnw; rhodd a gynigiai i bwy bynnag a fyddai'n fodlon ei derbyn, a gadael i ewyllys a threfn Duw gael lle yn ei fywyd. 'Peidiwch ag ofni, fy mhraidd bychan, oherwydd gwelodd eich Tad yn dda roi i chwi'r deyrnas' (12: 32). Y fath ryddid fyddai derbyn y ffordd hon o fyw, rhyddid i roi yn hytrach na chordeddu, awydd i helpu eraill yn lle'u hysbeilio, rhannu yn ffordd hunanaberthol Duw yng Nghrist trwy'r Ysbryd Glân, byw'r bywyd hwnnw na allai dim ei ddifa, bywyd tragwyddol, bywyd Duw. Dyna'r trysor a gynigiwyd i ddisgyblion Iesu ym mhob oes: byw'n ddibryder trwy adael i'w fywyd dwyfol ef ein meddiannu, yn lle byw bywyd o bryder trwy chwennych mwy a mwy o feddiannau. Trwy ddyfodiad Iesu, fe ddadlennwyd beth oedd beth a phwy oedd pwy.

TRAFOD

1. Sylwodd Charles H. Talbert, 'Yn Luc ac yn llyfr yr Actau gwelir mai pwrpas cyfoeth yw ei rannu' (t.141). O gofio pa mor fach yw'r byd heddiw, ai rhannu cyfoeth fyddai'r egwyddor ddoethaf o hyd? Beth fyddai hyn yn ei olygu inni:
   (i) fel gwlad;
   (ii) fel unigolion?
2. Beth a olygir wrth ofni Duw? A yw ofni Duw yn dileu pob ofn arall? Yn ôl G. B. Caird, 'Mae ofni Duw yn hollol wahanol i ofni dynion; nid ofn perygl ydyw ond dyn yn cydnabod ei sofraniaeth ef' (t.160).
3. Pam y rhybuddiodd Iesu'r disgyblion rhag pryderu? Ai un rheswm oedd y perygl y byddai pryder ynghylch bwyd a dillad yn tanseilio ymroddiad llwyr y disgyblion i'r deyrnas?
4. Gan na sonnir yn unman arall yn yr efengylau cyfolwg am yr angen i chwilio am y deyrnas, beth a olygai Iesu yn ddiwinyddol ac yn ymarferol wrth ddweud, 'Ceisiwch yn hytrach ei deyrnas ef' (12: 31)?
5. Dywedodd Iesu, 'Oherwydd lle mae eich trysor, yno hefyd y bydd eich calon' (12: 34). Beth ydych chi yn ei drysori fwyaf? (Gallwch ddarganfod yr ateb trwy ofyn, 'Ar beth y gwariaf y rhan helaethaf o'm harian? Ar beth y treuliaf y rhan fwyaf o'm hamser?')
6. Pa mor berthnasol yw'r anogaeth i beidio â phryderu i bobl wirioneddol dlawd ac i drigolion y Trydydd Byd? Chwedl C. F. Evans, 'Y cwestiwn wedyn yw pryd y mae achos ymboeni go iawn yn troi'n bryder di-alw-amdano' (t.526).

Pennod 30

TRWY DDŴR A THÂN

Darllen: Luc 12: 35—13: 9

Er fod Iesu yn dal ati i ddysgu ei ddisgyblion, fe newidiodd y thema o beidio â phryderu ynghylch meddiannau i fod yn barod ar gyfer dyfodiad Mab y Dyn (12: 40). A hwythau wedi'u hannog i ymddihatru o ofalon bydol trwy ymddiried yng ngofal tadol Duw, ni châi'r disgyblion ymollwng i ddiogi hunanddigonol, 'a bwyta ac yfed a meddwi' (12: 45). Yn hytrach, fe'u cymhellwyd i fod yn effro, gyda'u gwisg laes wedi'i thorchi dan eu gwregys yn barod am waith yng ngwasanaeth eu Meistr. Roedd ei ddyfodiad ef yn sicr o greu argyfwng. Eisoes clywyd rhybuddion yn y bennod hon bod yna argyfwng dyngedfennol ar droed (12: 2, 5, 8-9, 10-12, 20, 32, 33). Yn ail hanner y bennod fe ddadlennwyd beth oedd yr argyfwng hwn (12: 49-51); clywyd Iesu'n edliw i'r tyrfaoedd am nad oeddent wedi dehongli'r amserau argyfyngus yr oeddent yn byw ynddynt (12: 54-59); a'n rhybuddio'r disgyblion ar ddamhegion i ymbaratoi ar gyfer ei ddyfodiad ef (12: 35-48).

Disgwyl

Yn y tair dameg pwysleisiwyd pa mor annisgwyl y daw Mab y Dyn. Fe'i disgrifiwyd fel meistr yn cyrraedd adref yn annisgwyl ac fel lleidr yn torri i mewn yn ddirybudd. Gwerth bod yn effro oedd ergyd y ddameg gyntaf (12: 35-38). A hithau'n hanner nos, neu hyd yn oed yn yr oriau mân, pan gyrhaeddodd y meistr yn ôl o briodas, 'Gwyn eu byd y gweision hynny a geir ar ddihun gan eu meistr pan ddaw' (12: 37). Pam? Beth oedd y wobr anhygoel a addawyd i'r gweision disgwylgar ac effro hyn? Eglurodd Iesu gydag awdurdod, 'yn wir, 'rwy'n dweud wrthych y bydd ef yn torchi ei wisg, ac yn eu gosod wrth y bwrdd, ac yn dod ac yn gweini arnynt' (12: 37). Gweithred cwbl anarferol oedd i feistr weini ar ei weision. Am beth oedd Iesu'n sôn? Onid rhagweld y noson honno ac yntau 'wedi dod' i Jerwsalem a wnaeth Iesu, pan dywalltodd ddŵr i'r badell i 'olchi traed y disgyblion, a'u sychu â'r tywel oedd am ei ganol' (Ioan 13: 5)?

Rhybudd i fod yn barod bob amser oedd yr ail ddameg hithau (12: 39); fe'i hanelwyd yn uniongyrchol at y disgyblion: 'Chwithau hefyd, byddwch barod, oherwydd pryd na thybiwch y daw Mab y Dyn' (12: 40). Ai cyfeirio at ei ddyfodiad i Israel yn y cnawd ac yn ei ddioddefaint a'i atgyfodiad, ynteu sôn am ei ailddyfodiad ar derfyn amser, a wnaeth Iesu yma?

Yn y drydedd ddameg anogodd Iesu ei ddisgyblion i fod yn ffyddlon yn yr amser presennol gan ddynwared agwedd gyntaf y goruchwyliwr yn hytrach na'r ail (12: 42-48). Ymateb yn anuniongyrchol oedd Iesu i gwestiwn Pedr, trwy egluro bod derbyn cyfrifoldeb am eraill yn medru arwain at eu camdrin. Am fod yr addewid (12: 35-38) a'r rhybudd (12: 39-40) yn berthnasol i bawb, gymaint mwy oedd eu pwysigrwydd i'r apostolion ac o'r herwydd i arweinwyr yr eglwysi yn ddiweddarach. Rhoddid rhagor o gyfrifoldeb i'r goruchwyliwr ffyddlon, ond câi'r gwas annheilwng ei gosbi. Bernid y goruchwylwyr yn ôl eu gwybodaeth o ewyllys y meistr a gofynnid rhagor gan y sawl yr ymddiriedwyd llawer iddo (12: 47-48).

Argyfwng

Beth oedd yr argyfwng mawr y rhybuddiodd Iesu ei ddisgyblion i fod mor barod ar ei gyfer? Rhoes Mathew ddwy o'r damhegion hyn yng nghyd-destun dysgeidiaeth Iesu ynghylch 'dyfodiad Mab y Dyn' ar derfyn amser (Math. 24: 36-51), ond fel y cawn weld, aeth Luc ymlaen yn syth i sôn am benllanw cenhadaeth ddaearol Iesu ac wedyn y farn a oedd ar fin goddiweddyd cenedl Israel. Yn ôl Luc, meddai G. B. Caird, 'Yr oedd Iesu . . . yn disgwyl un argyfwng mawr, a fyddai'n golygu marwolaeth iddo ef, profi ei ddisgyblion yn llym, a barnu Israel; er iddo ymddangos yn fethiant y digwyddiad hwn fyddai'r fuddugoliaeth olaf y proffwydodd Daniel amdani (7: 13), pan fyddai Duw yn rhoi arglwyddiaeth y byd i Fab y Dyn, a gynrychiolai bobl Dduw.

'Does dim amheuaeth, mai dehongliad Luc sy'n gywir ac nid un Mathew. Beth bynnag a ddywedai Iesu am ei ailddyfodiad a chyflawniad hanes, nid yw'n debygol y buasai'n dymuno i'w ddisgyblion i fod ar eu gwyliadwriaeth ddydd a nos yn disgwyl rhyw argyfwng na fuasai'n digwydd tan ar ôl ei farwolaeth. Ond os nad oedd yn gwybod pa bryd y deuai'r gwrthwynebiad swyddogol i'w weinidogaeth, yr oedd yn sicr yn mynd i rybuddio ei ffrindiau i fod yn barod amdano bob amser . . . Serch hyn, mae Luc yn rhoi help llaw i ni weld sut y daeth dehongliad Mathew i fodolaeth. Parhaodd y damhegion sy'n sôn am fod yn wyliadwrus ar ôl cyfnod y croeshoelio, felly roedd yn rhaid i Gristnogion holi ai dim ond i'r deuddeg yr oedd y rhybuddion hyn wrth iddynt wynebu'r argyfwng a laddodd y Meistr, neu a oedd iddynt ystyr mwy cyffredinol a pharhaol (cym. Marc 13: 37). Ateb Mathew oedd mynd ati i olygu'r rhybuddion a gwneud iddynt gyfeirio at y parousia. Dim ond cyffwrdd â'r broblem a wnaeth Luc . . . Gwnaeth ef Bedr yn llefarydd ar ran Eglwys ei ddydd, a'i ateb ef yw nad oes angen i Gristnogion ymboeni am ddyddiadau tra'u bod yn parhau i fod yn weision teyrngar ac ufudd (cym. Actau 1: 7-8)' (tt. 165-166).

Dŵr a thân

Er fod C. F. Evans, yn groes i G. B. Caird, yn dal mai at ddiwedd amser a'r oedi cyn ailddyfodiad Mab y Dyn y cyfeiriai'r damhegion hyn, cytunodd ag ef wrth hawlio bod yr adran hon (12: 49-53) yn ymwneud â 'chenhadaeth bresennol Iesu ymhlith dynion' (t.538). Ac fel yr haerodd Paul mai 'â thân y datguddir y Dydd hwnnw' (I Cor. 3: 13-15) ar derfyn amser, fe ddisgrifiodd Iesu ei genhadaeth ddaearol fel hyn, 'Yr wyf fi wedi dod i fwrw tân ar y ddaear' (12: 49). Am fod tân yn puro ac yn gloywi ar y naill law, ac yn difa a dinistrio ar y llaw arall, daeth yn arwydd o farn. 'Oherwydd trwy dân y bydd yr ARGLWYDD yn barnu', medd Eseia (66: 15-24). Yn nhyb I. Howard Marshall, 'Mae'r dehongliad hwn yn unol â 3: 16 lle mae'r Un sy'n dod yn mynd i fedyddio â'r Ysbryd ac â thân. Mae'r tân yn symbol o'r farn sy'n disgyn ar y drwg. Ar yr un pryd, fodd bynnag, mae'r tân yn syrthio ar y cyfiawn ac efallai ei bod hi'n iawn i'w weld e'n effeithio ar Iesu ac ar ei ddisgyblion sy'n gorfod ymostwng i gael eu bedyddio fel y disgrifir yn yr adnod nesaf... Yr oedd Iesu wedyn yn rhannu'r farn sy'n mynd i ddod ar y byd' (t.547). Pa ryfedd ein bod yn cael achlust o artaith meddwl ac o ing eneidiol Iesu yn yr adnodau hyn (12: 49-50). Am ei fod ef 'wedi dod' y mae barn Duw wrth law. Caiff pawb a phopeth eu cloriannu yn ôl eu hymateb i Iesu. Bydd y farn honno yn cyrraedd ei hanterth yn nioddefaint Iesu pan welir yn glir pwy fydd o'i blaid a phwy fydd yn ei erbyn. Yma gwelwyd Iesu yn dyheu, mewn ofn a dychryn, am i'r farn honno gael ei chyflawni, 'O na fyddai eisoes wedi ei gynnau!' (12: 49). Mynegodd yr un ymdeimlad yn hollol yn yr adnod nesaf, ond ei fod yn defnyddio dŵr yn lle tân (12: 50). Gan ei fod yn golchi ymaith, neu'n boddi, ar y naill law, ac yn glanhau a'n rhoi bywyd ar y llaw arall, daeth dŵr yntau yn arwydd o farn. Chwedl C. F. Evans, 'Yn y dywediad rhyfeddol ond dirgel hwn mae gweinidogaeth Iesu yn cael ei gyfeirio tuag at argyfwng a ragordeiniwyd' (t.540) — 'y mae'n rhaid' (12: 50). Clywyd y 'rheidrwydd' hwn yn adleisio fel cnul ar hyd yr efengyl hon — y rheidrwydd i wynebu'r argyfwng eithaf, y rheidrwydd i farw. Yn sŵn y dŵr a'r tân fe wynebodd Iesu arwyddocâd proffwydoliaeth Ioan Fedyddiwr (3: 16-17). Nododd G. B. Caird pa mor syfrdanol o chwyldroadol oedd hyn, 'Yr oedd Ioan wedi proffwydo dyfodiad un a fyddai'n bedyddio â thân y farn ddwyfol: nid oedd erioed wedi breuddwydio mai'r Un sy'n Dod a fyddai'r cyntaf i gael ei fedyddio â'r bedydd hwnnw. Yr oedd llenyddiaeth Iddewig yn y cyfnod rhwng y ddau Destament yn llawn o ddisgrifiadau o'r "gwaeau" a fuasai'n goddiweddyd y byd cyn i deyrnas Dduw gael ei sefydlu: ond ni chafwyd unrhyw awgrym y buasai'r Meseia yn gorfod mynd trwy'r dyfroedd dyfnion hyn' (t.167). Fel y troes Iesu ei wyneb i fynd i Jerwsalem (9: 51), ni chefnodd y Meseia ar y bedydd tân hwn. Cyfieithodd I. Howard Marshall hanner olaf 12: 50 fel hyn, 'Hyn sy'n fy rheoli nes y gorffennir ef!' (t.547). Cyflawnwyd ei fedydd trwy'r groes a'r atgyfodiad, a phrofodd rym bywyd yn nyfnderoedd angau. Addawodd y câi eraill ymuno ag ef yn y bedydd hwn (Marc 10: 39) a daeth marw gyda Christ a chael ei gyfodi gydag ef (Rhuf. 6: 3-11) yn brofiad byw i'r Cristion ym mhob oes. Ni bu hyn ddim llai na bedydd tân. fel y dywedodd Iesu, yn ôl 'Efengyl Thomas', 'Mae pwy bynnag sy'n agos ataf fi yn agos i'r tân; mae pwy bynnag sy'n bell oddi wrthyf fi yn bell oddi wrth y deyrnas' (82). Yng ngwres y cariad ar bren y groes cynheuwyd tân sy'n dal i losgi. Trawyd Edith Sitwell gan effeithiau pellgyrhaeddol y tân dwyfol hwn,

> Fires on the hearth! Fires in the heavens! Fires in the hearts
> of Men!
> I who was welded into bright gold in the earth by Death
> Salute you! All the weight of Death in all the world
> Yet does not equal Love—the great compassion
> For the fallen dust and all fallen creatures, quickening
> As is the sun in the void firmament.
> It shines like fire. O bright gold of the heat of the sun
> Of Love across dark fields—burning away rough husks of Death
> Till all is fire, and bringing all to harvest!
>
> (*Collected Poems,* t.267)

Dyma brofiad Symeon y Diwinydd Newydd (949-1022),

> I was enflamed, I burned,
> my whole being was on fire (*Hymns of Divine Love,* 30).

Disgrifiodd Howell Harris brofiad tebyg, 'Mehefin 18, 1735, pan oeddwn mewn gweddi ddirgel, myfi a deimlais yn ddisymwth fy nghalon yn toddi o'm mewn fel cŵyr o flaen tân, o gariad at Dduw fy Iachawdwr . . . Cafodd fy enaid fel hyn ei lenwi a'i ddiwallu, hyd onid oeddwn yn llefain allan, "Digon, digon, cefais fy moddloni; dyro i mi nerth, ac mi a'th ddilynaf trwy ddwfr a thân"' (yn *Ar Drothwy Goleuni,* t.29). Crisialwyd effeithiau bwrw'r tân dwyfol ar y ddaear gan William Williams Pantycelyn,

> Fflam o dân o ganol nefoedd
> yw, ddisgynnodd yma i'r byd,
> tân i losgi'm natur gyndyn,
> tân i lanw'm heang fryd;
> hwn nis diffodd
> tra parhao Duw mewn bod.
>
> Ac ni alla'i fyth fynegi
> pe anturiwn tra fawn byw,
> pa mor hyfryd, pa mor felys,
> pa mor gryf ei gariad yw;
> fflam ddi-derfyn
> ddaeth o ganol nef i lawr.

Enynnaist ynof dân,
perffeithiaf dân y nef,
nas gall y moroedd mawr
i ddiffodd mono ef;

O, fflam angerddol, gadarn, gref,
o dân enynnwyd yn y nef!
Tragwyddol gariad ydyw Ef,
wnaeth Dduw a minnau'n un.
(o *Gweithiau,* Cyf. II, yn *Ar Drothwy Goleuni,* t.7)

Ymraniad

Er mai nod y tân nefol hwn oedd gwneud Duw a dyn 'yn un', fe welodd Williams fod hyn yn cynnwys 'tân i losgi'm natur gyndyn' — tân i farnu ac i ddifa popeth nad oedd o Dduw yn ei fywyd. Fe'n rhagrybuddiwyd o hyn gan Iesu (12: 51). Ni chelodd fod ei fedydd tân yn golygu 'ymraniad'. Hyn oedd y creisis a ysgogai ef yng nghraidd y ddynoliaeth ar ôl mynd trwy'r bedydd tân ei hun. Trwy ei ddyfodiad ef ac yn sgîl ei dynged ef yn Jerwsalem, fe rennid pobloedd, a theuluoedd hyd yn oed, yn ôl eu hymateb iddo ef. Chwedl E. E. Ellis, 'Mae'r alwad i benderfynu yn alwad i ymrannu' (t.182). Roedd y farn ar droed 'o hyn allan' (12: 52 cym. 2: 34). Fe ragwelodd y proffwydi y byddai'r math hwn o ymrannu yn anochel cyn i iachawdwriaeth Duw gael ei chyflawni (Es. 66: 5; Sech. 14: 13). Adleisiwyd geiriau Micha (7: 6), os nad eu dyfynnu gan Iesu (12: 53). Roedd yr ymraniadau a oedd ymhlyg yng ngalwad Iesu i'w ganlynwyr (9: 59-60; 14: 26), heb sôn am yr ymrafael a barodd rhwng y Phariseaid a'r disgyblion, yn arwyddion clir bod y digwyddiadau tyngedfennol a newidiai gwrs hanes ar gerdded yn eu plith.

Argoelion

Er gwaethaf yr argoelion hyn, ni fedrai'r tyrfaoedd ddehongli arwyddion yr amseroedd. Fe edliwiodd Iesu iddynt eu bod yn adnabod arwyddion y tywydd ond heb fedru dehongli arwyddocâd ei ddyfodiad ef, a'i genhadaeth ar ei ffordd i Jerwsalem (12: 54-56). Fel yr achubai'r dyledwr y blaen ar y gyfraith cyn iddo gael ei fwrw i garchar, fe rybuddiwyd y tyrfaoedd gan Iesu i synhwyro faint o'r gloch oedd hi arnynt hwy yn eu perthynas ag ef, yng ngoleuni barn Duw. Gallai fod yn rhy ddiweddar (12: 57-59). Roedd yr 'amser hwn' (*kairos*) yn allweddol felly (12: 56).

Eu hanhawster oedd na welent fod dim o'i le. Am nad oedd rhyw drychineb wedi'u goddiweddyd, credent eu bod dan fendith Duw. Gallent dderbyn fod y Galileaid a lofruddiwyd gan Pilat (13: 1) a'r deunaw yn Jerwsalem a laddwyd pan syrthiodd y tŵr arnynt (13: 4) dan farn Duw. Gwrthododd Iesu y dehongliad hwnnw. Nid oeddent hwy yn fwy pechadurus na neb arall. Y gwir amdani oedd fod pawb yn bechaduriaid ac fe'u rhybuddiwyd gan Iesu, 'os nad edifarhewch, fe dderfydd amdanoch oll yn yr un modd' (13: 3, 5).

Trwy adrodd dameg y ffigysbren ddiffrwyth, aeth Iesu i'r afael â dadl arall yn ei ddydd: gan nad yw barn Duw wedi disgyn arnom, mae'n rhaid ein bod ni'n iawn. Ateb Iesu oedd mai arwydd o ras ac amynedd Duw yn hytrach na'i fendith arnynt hwy oedd yr oedi hwn. Roedd am roi un cyfle arall iddynt (13: 9). Er fod barn Duw ar y gorwel, ei ddyhead ef oedd iachawdwriaeth eu bobl. Crynhowyd ergyd yr adnodau hyn gan Charles H. Talbert, 'O'u cymryd gyda'i gilydd mae'r dair elfen yn 13: 1-9 yn dweud na ddylai pobl gymryd eu bod yn plesio Duw os nad ydynt yn cael dioddefaint yn eu bywydau. Nid yw dioddef yn arwydd o bechadurusrwydd na diffyg dioddefaint yn arwydd o gyfiawnder. Mae pawb — y rhai sy'n cael bywydau trist a'r rhai sy'n cael bywydau tawel — yn bechaduriaid, ac mae'n rhaid i bob un ohonynt edifarhau (newid cyfeiriad eu bywyd) cyn bod barn Duw yn disgyn arnynt' (t.145). O edifarhau, fe gaent ei adnabod ef, a grym ei atgyfodiad, yng nghymdeithas i ddioddefiadau, wrth iddynt gael eu tanio gan wreichion o'i galon gariadus ef a brofai, ar ôl yr ymraniad, mai ef yw ein heddwch ni. Trwy ddŵr a thân y cyflawnwyd hyn.

TRAFOD

1. Beth yw rhai o arwyddion ei ddyfodiad ef yn ein byd ni heddiw? A ydym ni'n ymateb iddynt o ddifrif?
2. Rhestrwch yr elfennau annisgwyl yn nyfodiad Mab y Dyn. Sut y medrwn ni fod yn barod i'w groesawu bob amser?
3. Beth yw'r cysylltiad rhwng dyfodiad Iesu yn ei weinidogaeth ddaearol a'i ailddyfodiad ar derfyn hanes? Sut y gellir ei adnabod fel yr un Un?
4. Pam oedd dyfodiad Iesu yn gymaint o argyfwng (*krisis*) yn hanes y ddynoliaeth? A yw 'ymraniad' yn anochel cyn y gall cymod ddigwydd?
5. A yw C. G. Jung wedi mynegi profiad y sawl sydd yng Nghrist, 'Mae dwy wedd ddychrynllyd ar Dduw, môr o ras yn cyfarfod â llyn berw o dân, ac mae goleuni cariad yn llewyrchu â gwres tywyll, tanbaid, y gellir dweud amdano, *ardet non lucet* — mae'n llosgi ond nid yw'n goleuo' (*Answer to Job*).
6. Beth a olygai Iesu wrth ddweud, 'Yr wyf fi wedi dod i fwrw tân ar y ddaear'? Ai'r Ysbryd Glân yw'r tân hwnnw yn ein byd heddiw?
7. A gyfranogodd Iesu ym marn Duw ar y ddynoliaeth? Pa wahaniaeth a wnaeth hyn i ni?

Pennod 31

IACHAWDWRIAETH A BARN

Darllen: Luc 13: 10-35

Yn y bennod olaf fe welsom fod y dewis a wynebai Israel yn dod yn fwyfwy amlwg. Yn yr adran hon (13: 10-35) fe barhaodd Luc i danlinellu'r dewis rhwng iachawdwriaeth a barn. I ddwysáu ei apêl, fe soniodd ef am Iesu yn cyfarch pobl yn uniongyrchol dro ar ôl tro. Ar ben hyn fe ychwanegodd Luc y rhybudd y byddai llawer o Iddewon yn golledig tra câi'r Cenhedloedd eu cynnwys yn y deyrnas. Trwy nodi hyn fe osododd Luc sylfaen yn nysgeidiaeth Iesu i thema ganolog yn llyfr yr Actau, sef gwrthod Israel fel cenedl oherwydd ei hanghrediniaeth a chynnwys llawer o blith y Cenhedloedd ynghyd â chredinwyr Iddewig yn nheyrnas Dduw, ac yn aelodau o'r Eglwys Fore. Ar Iesu y dibynnai'r cyfan, ac amlygwyd ei awdurdod ef fel athro, barnwr ac iachawdwr yn yr adran hon.

Barn, brwydr, iachawdwriaeth

Mae'n rhaid fod Iesu yn athro o fri neu ni buasai wedi'i wahodd i 'ddysgu yn un o'r synagogau ar y Saboth' (13: 10). Dyma'r enghraifft olaf o Iesu'n dysgu yn y synagog yn yr efengyl hon, a'r unig dro y soniwyd amdano'n gwneud hyn yn ystod ei daith i Jerwsalem. Yn yr hanesyn hwn, a adroddir gan Luc yn unig, mor drawiadol oedd y gwrthgyferbyniad rhwng y wraig fach druenus yn gogoneddu Duw ac 'arweinydd y synagog' a oedd 'yn ddig fod Iesu wedi iacháu ar y Saboth (13: 13-14).

Enynnodd ymateb y crefyddwr blaenllaw farn Iesu, 'yr Arglwydd'. (Trwy ei alw'n 'Arglwydd' rhoes Luc deitl ac awdurdod y Crist atgyfodedig iddo). Wrth iacháu'r wraig wargrwm, roedd Iesu wedi cyflawni arwydd a oedd yn amlygu bod teyrnas Dduw ar waith yno, o flaen eu llygaid. Am na fedrai (neu am na fynnai), yr arweinwyr crefyddol weld arwyddocâd y weithred waredigol hon, syrthiasant dan farn Iesu: 'Chwi ragrithwyr'. Dyma'r farn yn y bennod flaenorol ar y rhai na fedrent ddehongli arwyddion yr amserau ac arwyddocâd ei ddyfodiad ef (12: 56).

Beth oedd asgwrn y gynnen? Er fod arweinydd y synagog 'yn ddig', nid ymosododd ar Iesu yn uniongyrchol. Yn hytrach, ceisiodd daro'r post i'r pared glywed, trwy annerch y dyrfa (13: 14). Seiliodd ei gŵyn ar y pedwerydd o'r deg Gorchymyn (Exod. 20: 9; Deut. 5: 13) gan hawlio mai am chwe diwrnod yn yr wythnos y caniateid gweithio, gan gynnwys iacháu; roedd hynny'n waharddedig ar y Saboth felly. Fe ddadleuodd Iesu, ar sail arferiad a ganiatawyd gan y Mishna, os oedd hawl i ollwng anifail yn rhydd o'r preseb a mynd ag ef allan i'r dŵr ar y Saboth, pa faint mwy y dylesid rhyddhau'r wraig hon 'a fu yn rhwymau Satan ers deunaw mlynedd' ar y dydd Saboth (13: 15-16)?

Trwy ddweud hyn fe gododd Iesu'r argyfwng o lefel dadl rhyngddo ef ac arweinydd y synagog i lefel brwydr rhwng yr un cryfach a Satan. Hyn oedd y 'rheidrwydd' a ysgogodd weithredu Iesu, yr holl ffordd i'r groes (9: 22). Yn ôl esboniad G. B. Caird, 'Yr oedd Iesu'n ufuddhau i reidrwydd sy'n cael blaenoriaeth ar bob rhwymedigaeth arall, gan gynnwys y ddeddf ynglŷn â'r Saboth. Yr oedd teyrnas Dduw wedi torri i mewn i deyrnas Satan, ac roedd yn rhaid i'r gwaith o ryddhau carcharorion Satan fynd yn ei flaen, saith diwrnod yr wythnos. Felly yn hytrach na bod yn ddiwrnod anaddas ar gyfer gwneud hynny, mewn gwirionedd y Saboth oedd y diwrnod gorau ar gyfer cyflawni gweithredoedd trugarog o'r fath. Oherwydd yr oedd y Saboth — y diwrnod a roes Duw i'r bobl i fod yn ddydd o orffwys o'u llafur bob wythnos — hefyd yn rhagflas wythnosol o'r gorffwys a oedd yn aros i bobl Dduw yn y deyrnas, y rhyddhad olaf o bob caethiwed. Yr oedd rhyddhau gwŷr a gwragedd o afael Satan, felly, yn cyflawni pwrpas y Saboth, nid yn ei halogi' (t.171).

Credid bod y wraig afiach hon wedi bod 'yng ngafael ysbryd' ac i danlinellu awdurdod a grym Iesu dros yr ysbryd hwn pwysleisiodd ei bod hi 'ers deunaw mlynedd yng ngafael ysbryd oedd wedi bod yn ei gwanychu nes ei bod yn wargrwm ac yn hollol analluog i sefyll yn syth' (13: 11). Ei thynnu i'r llawr a wnaeth 'rhwymau Satan', ei rhyddhau a'i gwaredu, ei hunioni a'i chyfannu, a wnaeth Iesu.

I Iesu yr oedd y diolch am yr iachawdwriaeth hon. Ef a gyfarchodd y wraig gyntaf, ni bu angen iddi fynd ar ei ofyn. Ynganodd yr un cryfach y gair gwaredigol heb ei dilorni am ei bod hi'n wraig. Yn wir pwysleisiodd hyn trwy ei chyfarch fel gwraig (13: 12) a mynnu 'dyma un o ferched Abraham' (13: 16). Ni chyfyngwyd etifeddiaeth pobl Dduw i ddynion nac i'r iachus yn unig. Trwy ddodi ei ddwylo arni fe'i harddelwyd gan Iesu a'i bendithio, ac ar unwaith gwelwyd arwyddion iachawdwriaeth lawn: 'ymunionodd drachefn, a dechrau gogoneddu Duw' (13: 13). Daeth yn rhan o'r dystiolaeth i natur cenhadaeth Iesu: llawenychodd y dyrfa i gyd oherwydd ei holl weithredoedd gogoneddus' (13: 17 cym. 5: 25-26; 7: 16). Yn ogystal â barn, roedd Iesu yn gyfrwng iachawdwriaeth i blant Abraham.

'Gan hynny'

Gyda'r ymadrodd 'gan hynny' (13: 18), fe gysylltodd Luc ddamhegion yr hedyn mwstard a'r lefain â'r hyn oedd newydd ddigwydd. Iddo ef byrdwn y rhain oedd egluro arwyddocâd y weithred yn y synagog. O'i dechreuadau bychain yr oedd teyrnas Dduw yn sicr o dyfu ac ehangu, fel yr oedd yr ychydig lefain yn 'lefeinio'r cwbl', a'r planhigyn mwstard yn tyfu'n goeden i ddenu adar yr awyr—darlun o gasglu'r holl Genhedloedd ynghyd (Dan. 4: 10-12). Er mai un enghraifft oedd iacháu gwraig wargrwm, roedd yn arwydd fod teyrnas Dduw ar waith yn rhyddhau pobl o afael rhwymyn Satan, ac yn addewid o bethau mawr yn y dyfodol. Chwedl I. Howard Marshall, 'Mae'r rhagflas yn ernes o fuddugoliaeth sicr, er gwaethaf y gwrthwynebiad a gafodd Iesu gydol ei weinidogaeth' (t.560). Ennill tir fyddai hanes teyrnas Dduw. Yn llyfr yr Actau cafodd Luc y boddhad o sôn am dyfiant y tu hwnt i bob disgwyl. Yn wyneb pob anhawster a barn, iachawdwriaeth a orfu.

Y drws cul

Eto i gyd, ni ellid cymryd iachawdwriaeth yn ganiataol. Yn y bennod hon fe bwysleisiodd Luc iachawdwriaeth a barn bob yn ail. Ar ôl sôn am dyfiant diamheuol teyrnas Dduw (13: 18-21), aeth yn ei flaen i nodi'r anawsterau a'r siomedigaethau (13: 22-30). Yr oedd ef ei hun 'ar ei ffordd i Jerwsalem' (13: 22) a'n barod i ymegnïo i fynd i mewn trwy'r drws cul ar drothwy ffordd y groes. Oherwydd hyn anogodd ei wrandawyr, 'Ymegnïwch i fynd i mewn trwy'r drws cul' (13: 24). Sôn yr oedd, wrth gwrs, am y fynedfa i deyrnas Dduw, ac ychwanegodd y ffaith frawychus y deuai dydd pryd y byddai'r drws hwn wedi'i gau. Ofer fyddai apelio am fynediad wedyn. Nid oedd gwrando ar ddysgeidiaeth Iesu, na bwyta ac yfed wrth ei fwrdd (y gair a'r sacrament?) yn ddigon (13: 26). Neu yn ôl dehongliad Robert J. Karris, 'Nid yw bwyta ac yfed yn hamddenol yng nghwmni Iesu yn ddigon. Mae'n rhaid bod yn rhan o'i fywyd, sy'n cael ei amlygu yn ei barodrwydd i rannu ei fwrdd gyda'r distadl' (t.706). I osgoi colledigaeth, yr un amod oedd derbyn ei wahoddiad cyn i'r drws gau. Llawer pwysicach felly oedd gweithredu'n ddiymdroi i dderbyn y gwahoddiad, na thrafod yn ddiwinyddol neu ddyfalu'n academig 'ai ychydig yw'r rhai sy'n cael eu hachub' (13: 23). Fe ddangosodd IV Esdras (7: 45—9: 22) fod hwn yn bwnc llosg ymhlith yr Iddewon. Ateb Iesu i'r cwestiwn a holwyd (13: 23) oedd y byddai llaweroedd yn cael eu hachub, ond nad Iddewon mohonynt i gyd. Yn wir, fe gâi'r diedifar o Israel eu hamddifadu o gwmnïaeth Abraham, Isaac a Jacob a'r holl broffwydi yn nheyrnas Dduw (13: 28), tra byddai eraill o blith y Cenhedloedd o bedwar ban byd yn cymryd eu lle yn y wledd yn nheyrnas Dduw (13: 29). Fel y nododd C. F. Evans, 'Tanlinellir y cyfnewid lle hwn sy'n digwydd rhwng Iddew a Chenedl-ddyn yn adnod 30a. Mae'n ffurf gyffredinol ar wirionedd sydd wrth graidd yr efengyl' (t.558). Cawn enghraifft o hyn yn y bennod nesaf (14: 8-11, 16-24). Buan iawn y gwireddwyd y darlun hwn o Ddydd y Farn yn hanes yr Eglwys Fore, gyda rhai a gyfrifid yn olaf (y Cenhedloedd) yn flaenaf, a'r blaenaf (yr

Iddewon) yn olaf (13: 30). Gwelwyd iachawdwriaeth a barn ar lwyfan hanes.

O safbwynt Luc, yn y dyfodol yr oedd hanes yr eglwys a Dydd y Farn. Credai ef fod dyfodiad Iesu yn gyfrwng iachawdwriaeth a barn eisoes. Fel yr oedd iachawdwriaeth wedi'i gynnig i bawb a'i derbyniai, ni châi neb osgoi'r farn chwaith. Crisialodd ei farn ar Herod i un gair: 'cadno'. Dadlennwyd twyll Herod maes o law. Yma yr oedd y brenin ymhonnus a'i fryd ar ei ladd, ond pan aeth hi i'r pen bu'n rhaid i Herod gyfaddef na chafodd Iesu'n euog o un o'r cyhuddiadau yn ei erbyn (23: 15).

Ni lwyddodd y Phariseaid hwythau i osgoi'r farn. Pa un ai dod at Iesu yn rhith cyfeillion i'w rybuddio rhag cynllwyn Herod, ai dod ato fel cynffonwyr Herod (Marc 3: 6) a oedd yn rhan o'r ystryw i gael gwared ar Iesu, fe roes ef y cyfrifoldeb arnynt hwy i hysbysu Herod o'r farn. Yn wyneb y rheidrwydd dwyfol a osodwyd ar Iesu, ni allai un Herod ei rwystro ef rhag mynd ar ei daith anorfod (13: 33). Fel y sylwodd C. F. Evans, 'Er gwaethaf ei awdurdod, ei rym tybiedig a'i ymhonni yr oedd Herod, o safbwynt Iesu, yn neb o ddyn a oedd yma dros dro'n unig. Daw i wybod hyn trwy weithgarwch sofran Iesu, sy'n mynd yn ei flaen yn ddi-droi'n-ôl, a thrwy ei farwolaeth, a oedd, er iddo ymddangos yn rhywbeth cyfleus a wnaed gan yr awdurdodau tymhorol, yn rhan o'r bwriad dwyfol cyfrin ac a oedd i Iesu yn ffordd at ei nod bersonol' (t.560). Trwy gyrraedd ei nod byddai'n dwyn iachawdwriaeth a barn i'r byd — 'a'r trydydd dydd cyrhaeddaf gyflawniad fy ngwaith' (13: 32). Eironi'r sefyllfa oedd mai'r union bethau yr oedd y Phariseaid yn eu dilorni — Iesu'n bwrw allan gythreuliaid ac yn iacháu — oedd meini prawf Iesu o'i awdurdod a oedd yn fwy nag awdurdod gwleidyddol Herod, neu awdurdod crefyddol y Phariseaid (13: 32). Fe'u barnwyd gan yr iachawdwriaeth ddwyfol honno a oedd yn egino o'u cwmpas.

Yn ogystal â bod yn achos iachawdwriaeth a barn, fe brofodd Iesu iachawdwriaeth a barn ei hun. Ac yntau'n cyfranogi o'r un cig a gwaed â phlant dynion, fe wnaeth Duw 'tywysog eu hiachawdwriaeth yn berffaith trwy ddioddefiadau' (Heb. 2: 10-15). Daeth yn amlwg bellach mai'r 'bedydd y mae'n rhaid fy medyddio ag ef' (12: 50) oedd marw fel proffwyd yn Jerwsalem (13: 33). Nid bod ar drugaredd yr awdurdod secwlar mo hyn, ond derbyn barn proffwydi Duw ar hyd yr oesoedd yn Jerwsalem. Ond arweiniodd ei daith ef ymhellach na'r un proffwyd. Bu'n ufudd hyd angau, 'a'r trydydd dydd cyrhaeddaf gyflawniad fy ngwaith' (13: 32) — dyma iachawdwriaeth lawn. Agorwyd drws cul iachawdwriaeth i bawb a dderbyniodd ei wahoddiad i 'ymwadu ag ef ei hun a chodi ei groes bob dydd a'm canlyn i' (9: 22-24).

Clywyd llais y proffwyd yn galw, yn ymbil, yn rhybuddio ac yn addo, yn adnodau olaf y bennod hon (13: 34-35). Y farn eithaf oedd bygwth, 'Wele, y mae eich tŷ yn cael ei adael yn amddifad' (13: 35). Trwy wrthod Iesu roedd pobl Dduw yn cefnu ar Dduw. Ochr yn ochr â'r farn hon, roedd yr apêl ingol, o galon Duw: 'Jerwsalem, Jerwsalem'. Roedd iachawdwriaeth Jerwsalem yn rhan o genhadaeth Iesu ar ei daith i ddwyn iachawdwriaeth i'r byd. Enwyd Jerwsalem 90 gwaith yn yr efengyl yn ôl Luc o'i gymharu â 49 gwaith yng ngweddill y Testament Newydd cyfan. Fe'i dyrchafwyd uwchlaw holl ddinasoedd y ddaear gan bechod dyn ac iachawdwriaeth Duw. 'Jerwsalem, Jerwsalem,' meddai Iesu, 'mor aml y dymunais gasglu dy blant ynghyd'. Adleisiai'r gair 'casglu' weledigaeth y proffwydi o'r hyn a olygai iachawdwriaeth: dwyn ynghyd i gymdeithas â'i gilydd ac â Duw. Er enghraifft,

> Yr un a wasgarodd Israel fydd yn ei gasglu;
> bydd yn gwylio drosto fel bugail dros ei braidd (Jer. 31: 10).

'Casglaf ragor eto at y rhai sydd wedi eu casglu,' meddai'r Arglwydd Dduw (Eseia 56: 8).

Er i blant Israel wrthod cael eu casglu ynghyd dan ofal a diogelwch y Meseia, 'fel y mae iâr yn casglu ei chywion dan ei hadenydd' (13: 34), ac o'r herwydd gael eu hamddifadu o bresenoldeb Duw ac o wyneb Iesu, fe arhosodd addewid iachawdwriaeth yn y pen draw i'r rhai a ddywedent, 'Bendigedig yw'r un sy'n dod yn enw'r Arglwydd' (13: 35). Gyda dyfodiad Iesu i Jerwsalem (19: 28-40), fe synhwyrodd rhai y presenoldeb dwyfol yno yn y ddinas. Â dagrau (19: 41) y cynigiodd ef iachawdwriaeth i'r ddinas, â llys barn buont hwy yn mynnu cael gwared ohono. Troes hyn yn farn arnynt hwy, 'a'r trydydd dydd, cyrhaeddaf gyflawniad fy ngwaith,' meddai Iesu wrth brofi grym iachawdwriaeth Duw, gan ddal i gynnig iachawdwriaeth a barn i'r byd, hyd nes y daw ar ddiwedd amser.

TRAFOD

1. 'I beth y mae teyrnas Dduw yn debyg'? (13: 18). 'Y mae'n debyg i . . .' Awgrymwch restr o gymariaethau/ddamhegion cyfoes y gallech gyffelybu teyrnas Dduw â hwy.
2. 'Ai ychydig yw'r rhai sy'n cael eu hachub? (3: 23). Beth oedd a beth yw ateb yr Arglwydd i'r cwestiwn hwn?
3. Beth a olygai Iesu wrth 'gyflawniad fy ngwaith' (13: 32)? Sut y cyflawnodd ei waith?
4. 'Wele, y mae eich tŷ yn cael ei adael yn amddifad' (13: 35). Wrth fyfyrio ar y geiriau hyn fe sylweddolodd Eduard Schweizer, 'Yr elfen frawychus yn hyn oll yw mai dinas y duwiol yn unig sydd â hawl i ladd y proffwydi, am mai hi, yn fwy na Phariseaid adnod 31, sy'n credu ei bod hi'n gwybod popeth sydd i'w wybod am Dduw. Ond pan mae'r Duw byw yn gadael y tŷ, hwyrach y bydd waliau'r temlau a'r eglwysi cain yn dal i sefyll (cym. 21: 5), ond ni all yr holl weithgarwch crefyddol na'r holl arbenigedd diwinyddol guddio'r ffaith eu bod nhw'n wag, bod yr holl ysbrydion da wedi eu gadael. Cyn bo hir byddant yn adfeilion (adnod 35). Dim ond twristiaid gyda diddordeb

mewn hanes celfyddyd fydd yn ymweld â nhw, gydag arweinwyr sy'n adleisio'r eco dychrynllyd, "Teml yr Arglwydd yw hon" (Jer. 7: 4)' (t.232). Pa mor berthnasol yw hyn i'n cyfnod ni?

5. Pa bryd y mae gobaith inni weld Iesu? A all ddigwydd unrhyw adeg pan addefwn o eigion ein calonnau, 'Bendigedig yw'r un sy'n dod yn enw'r Arglwydd' (13: 35)?
6. Ai temtio Iesu i ddilyn cyngor dynol, yn hytrach na bwriad Duw ar gyfer ei weinidogaeth, oedd rhybudd y Phariseaid (13: 31)?

Pennod 32

GWAHODDIAD I WLEDD

Darllen: Luc 14: 1-24

Fel y bu cinio'r Sul yn rhan o draddodiad Cymru, roedd gan yr Iddewon ddigon o hamdden ar y Saboth i fwynhau pryd o fwyd gyda'u teuluoedd, ac yn aml iawn fe wahoddent westeion i ymuno â hwy. Rhywun amlwg i'w wahodd oedd ymwelydd â'r synagog fel Iesu. Gan fod 'tyrfaoedd niferus yn teithio gydag ef' (14: 25), roedd hi'n hawdd gweld ei fod yn athro poblogaidd — rhy boblogaidd o bosibl. Dyna pam yr oedd un o 'arweinwyr' y Phariseaid am gyfle i gael sgwrs iawn ag ef (14: 1). Roedd hi'n arferol trafod cwestiynau diwinyddol a chrefyddol dros bryd o fwyd ar y Saboth. Cafodd y Pharisead a'i westeion fwy nag y bargeiniodd yr un ohonynt amdano, fodd bynnag. Oherwydd eu hagwedd tuag ato fe rybuddiodd Iesu'r hunangyfiawn, yr hunanbwysig a'r hunanddigonol heb flewyn ar ei dafod. Ac yntau ar ganol pryd o fwyd, gwnaeth hyn trwy ddefnyddio eglurebau yn tarddu o gefndir gwledda. O leiaf dyna'r edefyn a ddefnyddiodd Luc i gysylltu'r defnyddiau amrywiol hyn wrth ei gilydd.

Rhybuddio'r hunangyfiawn

Eironig iawn yw'r darlun o'r meidrolion hyn yn awchu i bwyso Iesu yn eu clorian hwy. Trwy sylwi arnynt yn ei lygadu i weld a fyddai'n gwneud rhywbeth o'i le yn ôl eu safonau hwy, fe gyflwynodd Luc yr awyrgylch amheus a beirniadol. Dichon fod y 'dyn â'r dropsi arno' wedi ei 'blannu' yno i weld beth fyddai ymateb Iesu. O leiaf cafodd ei 'anfon ymaith' (14: 4) heb gyfranogi o'r pryd bwyd.

Anhwyldeb digon blin oedd y dropsi (neu 'endema' fel y gelwir ef yn awr). Mae'n golygu bod gormod o ddŵr yn cronni yn y corff gan wneud iddo chwyddo. Mae hyn yn ei dro yn effeithio ar gylchrediad y gwaed. Enynnwyd tosturi Iesu o'i weld yno 'ger ei fron'. Ond nid tosturi dall mo hwn; gwyddai y byddai iacháu ar y Saboth yn codi gwrychyn athrawon y Gyfraith a'r Phariseaid. Aeth i'r afael â hwy trwy holi, 'A yw'n gyfreithlon iacháu ar y Saboth, ai nid yw?' (14: 3). Nid cwestiwn damcaniaethol mo hwn i Iesu. Roedd wyneb yn wyneb ag angen neilltuol, a gofynnai am ateb ymarferol. Hyn oedd problem athrawon y Gyfraith a'r Phariseaid. Treulient oriau yn trafod ac yn dadlau ynghylch egwyddorion cyffredinol ac athrawiaethau diwinyddol, ond pan gawsant eu herio i anelu dysgeidiaeth y Gyfraith at sefyllfa benodol o'u blaen 'ni ddywedasant hwy ddim' (14: 4). Mor ddiffrwyth oedd eu holl ddysg felly. Ond nid rhoi'r ateb i ddirgelion y Gyfraith a wnaeth Iesu, ond rhoi ateb i argyfwng y dyn â'r dropsi arno, trwy ei iacháu. Dadlennodd fod teyrnas Dduw yno ar waith, a nerthol weithredoedd Duw yn cyfannu ac iacháu. Serch hyn, nid oedd wedi disodli ysbryd y Gyfraith a fyddai'n caniatáu i Iddew dynnu anifail o bydew dwfn, hyd yn oed ar y Saboth. Pa faint mwy y gellid cyfiawnhau rhyddhau'r dyn hwn o beryglon y dropsi? Unwaith eto yr oedd Iesu wedi dangos ei fod 'yn arglwydd ar y Saboth' (6: 5), a'i weithredu'n rhybudd teg i'r cyfreithwyr a'r Phariseaid beidio â chael eu caethiwo gan hunangyfiawnder truenus, ar sail manion y Gyfraith yn unig. Wrth ymboeni am bethau bach, roeddent hwy yn colli gwir fawredd y Gyfraith a'r Saboth fel cyfle i amlygu natur a gallu Duw ei hun. Er eu holl hunangyfiawnder, ni allai athrawon y Gyfraith, na'r Phariseaid, gynnig unrhyw ateb i'r anghenion penodol yno wrth eu traed.

Rhybuddio'r hunanbwysig

Er ei fod yn ymwybodol o agwedd feirniadol y Phariseaid, ni ddallwyd Iesu gan bryder ynghylch hyn. Gallai weld y gwesteion eraill hwythau, a 'sylwi sut yr oeddent yn dewis y seddau anrhydedd' (14: 7). Yn ei gyfnod ef, roedd cryn ddadlau ynghylch y drefn briodol i osod gwesteion wrth y bwrdd. Yn ddiweddarach daeth yn arferiad i roi blaenoriaeth i bobl yn ôl eu hoed, yn hytrach na'u hurddas neu eu heiddo, i osgoi tramgwydd. Hunanbwysigrwydd y gwesteion a drawodd Iesu, a rhybuddiodd hwy rhag cael cam gwag. Seiliodd ei gyngor ar ddoethineb Diarhebion (25: 6-7).

Nid 'arfer tai' a blaenoriaeth wrth y bwrdd oedd gofal pennaf Iesu. Arwydd oedd yr ymddygiad hwn o wendid gwaelodol pobl a geisiai bwysigrwydd iddynt eu hunain ar draul eraill. Fe'u rhybuddiwyd gan Iesu bod yr hunanbwysigrwydd hwn yn wag, 'Oherwydd darostyngir pob un sy'n ei ddyrchafu ei hun, a dyrchefir pob un sy'n ei ddarostwng ei hun' (14: 11). Canlyniad bod yn rhydd i ymddarostwng fyddai bod ar drugaredd Duw. Y fraint fwyaf a allai ddod i ran unrhyw un fyddai cael y profiad o gael ei gadw a'i gynnal gan Dduw; byddai hynny'n sicr o'i waredu o'r angen i fod yn hunanbwysig ac i ddibynnu'n unig ar ei ymdrechion cystadleuol ef ei hun.

Cyfeiriodd Iesu yr un ddysgeidiaeth at y gwahoddwr. Fel y tueddai'r gwesteion i borthi'u hunanbwysigrwydd trwy ddewis y prif seddau, roedd perygl i'r gwahoddwr feithrin ei bwysigrwydd a'i enw da trwy wahodd ei dylwyth a'i gymdogion cyfoethog i ginio neu i swper. Cynghorodd Iesu ef yn hytrach i wahodd y tlawd a'r gwrthodedig. Ni châi unrhyw elw materol o wahodd y rhain, eto byddai rhoi lle i'r 'tlodion, yr anafusion, y cloffion a'r deillion' (14: 13) yn golygu ei fod yn croesawu'r un gwesteion ag y gwnâi Duw, yn ôl y ddameg nesaf (14: 21).

Trwy wneud hyn byddai wedi cael rhagflas eisoes o'r wledd nefol, ac yn fwy tebygol felly o deimlo'n gartrefol wrth gyfranogi yn y wledd yn nheyrnas Dduw. Dyna'r tâl gorau posibl yn y bywyd tragwyddol (14: 14).

Rhodd Duw yw'r tâl hwnnw. Ef sy'n rhoi safle ac urddas a phwysigrwydd tragwyddol i'w bobl. Cwbl ofer felly yw pob arlliw o hunanbwysigrwydd.

Rhybuddio'r hunanddigonol

Pan glywodd un o gyd-westeion Iesu gyfeiriad at 'atgyfodiad y cyfiawn' fe gyhoeddodd yn hyderus, 'Gwyn ei fyd yr hwn a gaiff gyfran yn y wledd yn nheyrnas Dduw' (14: 15). Mae'n siŵr ei fod yn cymryd y câi yntau gyfranogi ohoni. Sail ei hyder hunanddigonol oedd ei aelodaeth o'r genedl Iddewig. Ond tybed a oedd hynny'n ddigon? Dyna'r cwestiwn a gododd Iesu wrth ymateb i'r person hunangyfiawn hwn.

Fe dderbyniodd Iesu'r darlun traddodiadol o'r bywyd tragwyddol fel gwledd fawr ym mhresenoldeb Duw. Gwrthododd, fodd bynnag, yr awgrym y gallai'r Iddewon gymryd yn ganiataol y byddent yn cyfranogi o'r wledd hon. Adroddodd stori ar gorn arferiad digon cyffredin yn ei ddydd. Pan fyddai dyn yn trefnu gwledd ym Mhalesteina, fe gyhoeddai'r dyddiad ymlaen llaw, ond ddim yr amser. Câi'r gwahoddiadau eu rhoi a'u derbyn bryd hynny, ac yna ar y diwrnod penodedig fe âi'r gweision allan i alw'r gwahoddedigion gan eu hysbysu fod popeth yn barod. Sarhad mawr fyddai derbyn y gwahoddiad ac yna ei wrthod ar y diwrnod.

Yn ôl rhai ysgolheigion gellir trafod y ddameg hon fel alegori. Safai'r dyn am Dduw. Y gwahoddedigion oedd yr Iddewon. Yn lle sôn am weision (Math. 22: 3), fe anfonodd y dyn hwn 'ei was' (14: 17), sef Iesu'i hunan. Wrth bwysleisio 'bod popeth yn barod' yn awr (14: 17), awgrymodd fod teyrnasiad Duw wedi cyrraedd gyda dyfodiad Iesu. Eironi'r stori hon oedd fod yr Iddewon, a fu'n disgwyl am ddyfodiad y deyrnas gyhyd, wedi hel esgusion a'i cholli pan ddaeth yr awr. O gau eu hunain allan o'r wledd nefol cawsent brofi digofaint y meistr. Hwy a ddewisodd roi'u bryd ar bethau eraill, nid Duw a'u rhwystrodd rhag profi'r wledd. Yn ôl G. B. Caird, 'Yr un pechod sy'n difreinio pobl yw eu bod nhw'n ymgolli mewn petheuach yn hytrach na mwynhau cyfeillgarwch Duw' (t.177).

Rhyfeddod y sefyllfa hon oedd bod y crefyddwyr wedi colli'r wledd ond bod yr anghenus, gan gynnwys pechaduriaid a chasglwyr trethi, wedi derbyn y gwahoddiad a chyfranogi o'r wledd trwy rannu ym mywyd Iesu, mab Duw. Ar ben hyn fe agorwyd y drysau i'r Cenhedloedd 'fel y llenwir fy nhŷ' (14: 23). Gwahoddwyd pawb, croesawyd pawb, ac eithrio'r sawl a ddewisodd fynd i gyfeiriadau eraill.

Mae'n werth sylwi ar yr esgusodion. Wedi prynu cae ac am gael golwg arno oedd esgus y cyntaf. Mor aml y disodlwyd gwahoddiad Duw gan alwadau busnes. Roedd yr ail wedi prynu pum pâr o ychen ac ar ei ffordd i roi prawf arnynt. Dro ar ôl tro fe ddaeth rhywbeth newydd i fynd â bryd pobl ar draul eu Duw. Gall eiddo newydd, hobi newydd, arferiad newydd gael y flaenoriaeth ar alwadau Duw. Ni thrafferthodd y trydydd ymddiheuro hyd yn oed. (Mae'n debyg y gallai gyfiawnhau ei ymddygiad ar sail Deut. 24: 5, a esgusodai dyn newydd briodi o'i ddyletswyddau cymdeithasol.) Y peth trist ynglŷn â'r enghreifftiau hyn oedd gweld pobl yn rhoi'u bryd ar bethau da ar draul y gorau. Chwedl William Barclay, 'Mae'n un o drasiedïau bywyd pan fydd galwad Duw yn cael ei wthio o'r neilltu gan bethau da. Nid oes dim byd sy'n brydferthach na chartref ac eto ni fwriadwyd i gartref gael ei ddefnyddio'n hunanol. Y rhai sy'n cyd-fyw orau yw'r rhai sydd hefyd yn gwasanaethu eu cyd-ddynion; mae awyrgylch cartref ar ei orau pan fydd y rhai sy'n byw yno'n cofio eu bod hefyd yn aelodau o deulu mawr Duw' (t.194).

Trwy adrodd y stori hon fe rybuddiodd Iesu ei gyd-westeion hunanddigonol fod Duw yn cynnig llawer rhagor iddynt:

(i) Roedd ef yn cynnig bywyd yn lle marwolaeth iddynt. Nodweddid gwledd gan fwyd; roedd anwybyddu bwyd yn gyfystyr â gwrthod bywyd. Adleisiai hyn o'r dewis dwyfol, 'Edrych, yr wyf am roi'r dewis iti heddiw rhwng bywyd a marwolaeth . . . Dewis dithau fywyd' (Deut. 30: 15-20).

(ii) Roedd Duw yn cynnig bywyd yn ei holl gyflawnder iddynt. Trwy sôn am 'wledd fawr', roedd Iesu am gyfleu hwyl a bwrlwm bywyd. Nid y crefyddwyr sychdduwiol, hunanddigonol, oedd gwir gynrychiolwyr y bywyd hwnnw a fwriadodd Duw ar gyfer y ddynoliaeth. Dathliadau'r wledd briodas oedd un o'r darluniau mwyaf addas am drefn y Tad a theyrnas Dduw (Dat. 19: 9).

(iii) Bywyd mewn cymdeithas, nid bywyd annibynnol, unig, oedd cynnig Duw i'w bobl. Mor druenus o unig oedd y gŵr a ddewisodd fynd allan i gael golwg ar ei gae, yn hytrach nag ymuno yng nghwmnïaeth y wledd. Ni fwriadodd Duw i'w bobl fod ar eu pennau'u hunain. Dod i greu cymdeithas a wnaeth Iesu. Fe ddaeth ei gymundod, ei eglwys ef, yn gnewyllyn cymdeithas y ddynoliaeth gyfan.

(iv) Yn Iesu Grist fy gynigiodd Duw fywyd mewn cymdeithas â'i Fab i feidrolion cyffredin. Wrth sefydlu'r eglwys fe gychwynnodd Iesu rywbeth gwahanol i glwb dynol. Rhoes gyfle i bobl gymdeithasu ag ef ei hun a chael eu gweddnewid ganddo. Trawyd y Cyngor Iddewig gan effeithiau hyn, 'Wrth weld hyder Pedr ac Ioan, a sylweddoli mai lleygwyr annysgedig oeddent, yr oeddent yn rhyfeddu. Yr oeddent yn sylweddoli hefyd eu bod hwy wedi bod gydag Iesu' (Actau 4: 13).

(v) Erbyn hyn roedd y disgyblion wedi gweld bod Duw yn cynnig mwy hyd yn oed na bywyd gydag Iesu; roedd yn cynnig bywyd Iesu ei hun iddynt. Trwy gyfranogi o Swper yr Arglwydd roeddent yn cyfranogi o fywyd Iesu. Ef oedd eu cynhysgaeth a'u bywyd. Fe addefodd Paul, 'i mi, Crist yw byw' (Phil. 1: 21). Gwireddwyd addewid Iesu, 'Y mae'r hwn sy'n bwyta fy nghnawd i ac yn yfed fy ngwaed i yn aros ynof fi, a minnau ynddo yntau' (Ioan 6: 56).

(vi) Golygai hyn fod Duw yng Nghrist yn cynnig bywyd tragwyddol iddynt. 'Y mae gan yr hwn sy'n bwyta fy nghnawd i ac yn yfed fy ngwaed i fywyd tragwyddol yn ei feddiant, a byddaf fi'n ei atgyfodi ef yn y dydd olaf' (Ioan 6: 54). Dyma'r gwir fwyd, dyma'r wir ddiod. Gwyn fyd y sawl a gâi gyfranogi o'r wledd hon.

Trychineb yr hunanddigonol oedd eu bod yn credu bod digon ganddynt eisoes, a hwythau heb ymateb i wahoddiad Iesu i 'brofi fy ngwledd' (14: 24), i ddrachtio o'r bywyd llawn, i gyfranogi o fywyd dwyfol dynol Iesu Grist ei hun. Pe bai'r amaethwr wedi cael blas ar fywyd Iesu, buasai'n medru trin ei dir yn well; buasai'r llall wedi gofalu'n well am ei ychen yn nerth Iesu, ac yn sicr buasai'r trydydd wedi darganfod sylfaen bywyd priodasol o brofi cariad diamod Iesu Grist. Annog pobl i dderbyn gwahoddiad Duw i fyw bywyd Iesu, yng ngrym yr Ysbryd Glân, yn hytrach nag ymfodloni ar ddim byd llai. Dyna ergyd y stori hon. Ond ganddynt hwy yr oedd y dewis; gallent wrthod. Cam â'r stori fu defnyddio'r geiriau 'myn ganddynt hwy ddod i mewn' i orfodi pobl i gael eu bedyddio a mabwysiadu Cristnogaeth. Fel y dangosodd J. Jeremias, adlais o un o arferion y Dwyrain Canol oedd hyn: 'mae hyd yn oed y tlotaf, gyda chwrteisi'r dwyrain, yn gwrthod y gwahoddiad i ddod i'r adloniant, tan fod rhywun yn ei dywys i'r tŷ yn dyner gerfydd ei law' (*Parables*, t.177). Yr Ysbryd Glân sy'n ein tywys i dderbyn gwahoddiad Duw yng Nghrist i'r bywyd llawn, yng nghymdeithas y Tri yn Un. 'Gwyliwch beidio â gwrthod yr hwn sydd yn llefaru' (Heb. 12: 25).

TRAFOD

1. A ddylai Iesu fod wedi 'cadw draw' o dŷ un o 'arweinwyr' y Phariseaid, ynteu trwy dderbyn ei wahoddiad y cafodd gyfle i sôn am y wledd fawr eschatolegol?
2. Pa agweddau ar ein bywyd crefyddol sy'n fwyaf tueddol i arwain at hunangyfiawnder?
3. Sut mae osgoi hunanbwysigrwydd yn yr eglwys?
4. Beth yw rhai o nodweddion y wledd o fywyd a gynigiwyd gan Iesu? A gawsoch chi rywfaint o'i blas yn barod?
5. Pa esgusodion sy'n eich temtio chi i golli'r wledd fawr a gynigir gan Dduw?

Pennod 33

COST BOD YN DDISGYBL

Darllen: Luc 14: 25-35

Ochr yn ochr â'r bwyslais ar ras Duw yn gwahodd pawb yn ddiwahân (14: 16-23), fe ddangosodd Luc fod derbyn y gwahoddiad yn gostus, yn wir yn costio'r cyfan (14: 26-33). Wrth weld y torfeydd niferus yn dewis cyd-deithio gydag ef (14: 25), fe droes Iesu atynt i'w hatgoffa ei fod ef ar ei ffordd i Jerwsalem o hyd (9: 51), ac er fod y llwybr yn arwain at y Jerwsalem nefol a'r wledd yn nheyrnas Dduw, *via dolorosa*, ffordd dioddefaint, oedd hi, yn arwain at droed y groes. Byddai hynny'n costio'r cwbl (9: 57-62). Fe rybuddiodd bob un felly dair gwaith, 'ni all fod yn ddisgybl imi' (14: 26, 27, 33) heb iddo gyfrif y gost, a bod yn barod i ymryddhau'n llwyr o ofalon hunanol. Rhestru rhai o ofynion bod yn ddisgybl a wnaeth Iesu yn y fan hon.

Teyrngarwch llwyr

I serio gwirionedd ar gof ei wrandawyr, ni fyddai Iesu'n ymatal rhag rhoi sioc iawn iddynt. O leiaf, mae'n achos syndod inni pan glywn ef yn dweud mai un o ofynion bod yn ddigybl iddo ef yw 'casáu' ein teulu agosaf. Camddehongli ei eiriau fyddai eu deall felly yn ôl G. B. Caird: 'Ar wefusau Iesu nid yw casáu mam a thad yn golygu yr hyn a olyga i ddarllenydd o'r gorllewin (cym. Marc 7: 9-13). Mae'r meddwl semitaidd yn hoff o eithafion — golau a thywyllwch, gwirionedd a chelwydd, cariad a chasineb — lliwiau craidd heb unrhyw arlliw o gyfaddawd rhyngddynt. Y ffordd semitaidd o ddweud 'Mae'n well gen i hwn na hwnna' yw 'Rydw i'n hoffi hwn ac yn casáu hwnna' (cym. Gen. 29: 30-31; Deut. 21: 15-17). Felly i ddilynwyr Iesu, roedd casáu eu teulu yn golygu rhoi'r ail le i'w teulu ymhlith y rhai a garent. Ni ddylai cwlwm teulu amharu ar eu hymrwymiad llwyr i'r deyrnas' (tt. 178-179). Gwelir felly bod Mathew yn cyfleu ystyr yr hyn a ddywedodd Iesu, heb gadw mor llythrennol at ei eiriau â Luc, 'Nid yw'r sawl sy'n caru tad neu fam, yn fwy na myfi yn deilwng ohonof' (10: 37). Hawlio'r teyrngarwch cyntaf i'r deyrnas a wnâi Iesu, ac yna fe syrthiai perthynas pobl â'u teuluoedd i'w briod le. Roedd Iesu'i hun wedi gadael cartref a chefnu ar ei dylwyth (8: 19-21); eto i gyd, am iddo gyflwyno'i fywyd yn llwyr i wasanaeth ei Dad nefol, gallai ymgymryd â chyfrifoldeb am ei fam, trwy ei throsglwyddo i ofal Ioan (Ioan 19: 26-27). Yn sgîl ei hunanaberth, fe ddaeth ei frawd Iago yn arweinydd yr Eglwys Fore yn Jerwsalem. Gwelwyd ei deyrngarwch ef i achos Iesu yn anad dim arall yn ei barodrwydd i dderbyn yr archerlidiwr, Saul (Gal. 1: 18-19), ac i groesawu'r 'Cenhedloedd sy'n troi at Dduw' i fod yn aelodau llawn o'r eglwys (Actau 15: 13-20; 21: 18-19), a hynny ar draul ymwadu â'r hen draddodiadau crefyddol. Yn ôl hanesion diweddarach, wynebwyd Iago â chost eithaf bod yn ddisgybl, pan gafodd yntau ei ferthyru.

Nid gwneud rhinwedd o hunanymwadiad a wnaeth Iesu, ond herio pobl i roi'u teyrngarwch cyntaf i deyrnas Dduw. Gwyddai ef mai ymuniaethu ag amcanion Duw a'i gyfiawnder ef (Math. 6: 33) oedd amod gosod bywyd teuluol a chymdeithasol ar sylfaen briodol. O'i anwybyddu ef, fe gollid y cyfan (14: 20), ond o fod yn deyrngar i Iesu fe gâi'r disgybl ragflas o'r wledd nefol yn ei fywyd teuluol yn awr. Dyma addewid bendant Iesu, 'Yn wir, 'rwy'n dweud wrthych nad oes neb a adawodd dŷ neu wraig neu frodyr neu rieni neu blant, er mwyn teyrnas Dduw, na chaiff dderbyn yn ôl lawer gwaith cymaint yn yr amser hwn, ac yn yr oes sy'n dod fywyd tragwyddol' (18: 29-30).

Fe wyddom am lawer sydd wedi gorfod ymadael â'u cartrefi i ymateb i alwad Iesu yn ein dyddiau ni. Ar yr un pryd mae'n bwysig cofio am y rhai sydd wedi aberthu'u cyfleustra'u hunain i aros gartref i ofalu am anwyliaid. Y peth sy'n cyfrif yw'r ysgogiad y tu ôl i unrhyw benderfyniad neu weithred. Bod yn deyrngar i Iesu yw'r amod i droi pob sefyllfa yn gyfle i fyw fel disgybl iddo ef, a hynny yw'r bywyd llawn — bywyd llawn o ing y groes a llawenydd y wledd dragwyddol. Rhannu bywyd Crist; dyna nodwedd bywyd y Cristion. Manylodd Iesu trwy bwysleisio mai cario croes oedd un o ofynion bod yn ddisgybl.

Cario'r groes

Trwy nodi bod teyrngarwch i Dduw yn dod o flaen y reddf naturiol i achub ei groen a'i 'fywyd ei hun' (14: 26), fe bwysleisiodd Iesu fod parodrwydd i farw er ei fwyn yn un o ofynion bod yn ddisgybl. Ac yntau ar ei ffordd i Jerwsalem, roedd Iesu'n barod i farw dros ei ddisgyblion yn hytrach na throi cefn ar ddaioni a chyfiawnder Duw. Golygai bod yn ddisgybl yr un parodrwydd i farw yn hytrach na'i wadu ef. Darlun byw o'r amod eithaf hon oedd erchylltra croes. O gofio bod Varus wedi croeshoelio rhyw ddwy fil ar ôl marw Herod Fawr, byddai'r ymadrodd hwn yn sicr o ddychryn ei wrandawyr. Serch hynny, fe ddaliodd y tyrfaoedd ati i deithio gydag ef i Jerwsalem. Ond yng nghysgod y groes diflannu a wnaethant fel niwl y bore. Un a fu'n barod i 'gario ei groes' gan ymddiried yn Iesu a'i deyrnas ef yn unig, a glywodd y gwahoddiad mwyaf bendigedig, 'Yn wir, 'rwy'n dweud wrthyt, heddiw byddi gyda mi ym Mharadwys' (23: 42-43).

Ni ddisgwyliai ef i'w ddisgyblion gario eu croes yn eu nerth eu hunain. 'Yn llawn o'r Ysbryd Glân' y cyflwynodd Steffan ei ysbryd a'i gorff i ofal

Iesu yn nannedd merthyrdod (Actau 7: 55-60). Ef oedd y cyntaf o blith miloedd, hyd at ein dyddiau ni, a fu'n barod i wynebu'r amod hon yn llythrennol ac aberthu'i fywyd ar allor teyrnas Dduw. Mynnodd pobl Dduw nad gwastraff ffol mo'r aberth hwn, ond rhyddid eithaf disgyblion Iesu i gyflwyno'u bywyd yn llwyr iddo ef. A daeth gwaed y merthyron yn egin i'r eglwys.

Gwahanol iawn yw gofynion Iesu i wahoddiad rhai eglwysi cyfoes sy'n annog pobl i ymuno â hwy i gael esmwythâd. Nid bywyd esmwyth, ond croes, oedd amod bod yn ddisgybl yn ôl Iesu. A golygai'r amod honno 'ymwadu ag ef ei hun, a chodi ei groes bob dydd a'm canlyn i' (9: 23). Yn ei hunanymwadiad dyddiol yr oedd dyn i godi ei groes. Trwy wneud hyn byddai'n 'canlyn Iesu'. Rhannu yn nhynged ei Arglwydd, yn ei groes a'i atgyfodiad, dyna dynged y disgybl, trwy nerth Duw. Doedd hi ddim yn syndod fod Iesu wedi rhybuddio'r torfeydd mai un o ofynion bod yn ddisgybl oedd cyfri'r gost.

Cyfri'r gost

Diwerth yw pob dyhead
Heb yr hir ddyfalbarhad,

meddai Emrys Edwards. Dyna ergyd y ddwy eglureb a gyflwynodd Iesu yma. Testun gwawd fyddai gŵr a ddechreuodd adeiladu tŵr ond yn methu â fforddio'i orffen. Mae'n bosibl bod y torfeydd wedi gweld sawl tŵr tebyg. I arddangos ei rodres arferai Herod adeiladu palasau, ond ni lwyddodd i gwblhau pob un ohonynt. Byddai llawer perchennog gwinllan yn adeiladu tŵr i warchod ei winllan; dichon bod sawl un o'r rheini heb eu gorffen hefyd. Diwerth oedd adeiladau o'r fath; ni allent weithredu fel amddiffynfeydd. Ac yn waeth na hynny, roeddent yn cyhoeddi methiant y perchennog i'r byd. Oherwydd hyn mynnai Iesu na allai neb fod yn ddisgybl iddo ef 'oni fydd yn gyntaf yn eistedd i lawr i gyfrif y gost' (14: 28). Nid rhywbeth i ruthro iddo heb ystyried yr oblygiadau'n llwyr yw bod yn Gristion. Mae angen pwysleisio hyn heddiw, yn arbennig cyn derbyn plant a phobl ifainc i fod yn aelodau o'r eglwys. Mewn byd lle mae Iesu a'r safbwynt Cristnogol yn mynd yn fwyfwy annerbyniol, teg yw rhybuddio pobl y gallent fod yn amhoblogaidd ymysg llawer o'u cyfoedion wrth iddynt ymuniaethu ag achos Crist. Yr un modd fe ddaw aelodau eglwysig hŷn wyneb yn wyneb â'r gwrthdaro rhwng egwyddorion Cristnogol â dulliau byd busnes a masnach. Os na fydd Cristion yn y sefyllfa honno yn medru cynnal ei safonau, try'n destun gwawd gan ddwyn anfri ar achos Iesu.

Gofyn i ni gyfrif y gost a wnaeth Iesu, nid gofyn i ni gyflawni'r amhosibl yn ein nerth ein hunain. Fel y dug ef amhoblogrwydd a sen, heb ddifenwi, mae ei Ysbryd ar gael i ni heddiw i'n goleuo â'i wirionedd, i'n cyfarwyddo â'i gyfiawnder, i'n calonogi â'i faddeuant, i'n cynnal â'i ddyfalbarhad, i'n nerthu i ddal ati hyd yr eithaf. Nid yn ein gallu ein hunain y disgwylir inni adeiladu'r deyrnas, ond gadael iddo ef i'n defnyddio fel offer parod yn ei law, i gyflawni'r hyn na all y byd ei amgyffred, trwy wrthsefyll yr un sy'n ymosod arno ef ag ugain mil o filwyr gyda hanner yr adnoddau.

Er fod yr ail eglureb yn pwysleisio'r angen i gyfrif y gost ymlaen llaw, mae'n awgrymu ei bod hi'n werth 'ystyried' a ellir cyflawni'r amhosibl (14: 31). O'r dechrau fe haerodd yr efengyl yn ôl Luc, 'ni bydd dim yn amhosibl gyda Duw' (1: 37). Oherwydd hyn mae gofyn darllen y rhybudd hwn ochr yn ochr â'r addewid bod adnoddau digonol ar gael yn Nuw i wynebu'r frwydr ysbrydol. Wrth gyfrif y gost mae'n werth troi at yr anogaeth a'r addewid yn Effes. 6: 10-19. Wedi ei wisgo â holl arfogaeth Duw, sef bywyd Iesu, fe gaiff y disgybl ei gynnal a'i gadw nes profi bod y bywyd sydd o Dduw yn drech na holl fygythion twyllodrus y drwg. Un o amodau bod yn disgybl felly yw cyfrif y gost, ac ymegnïo yng ngrym 'aruthrol fawredd y gallu sydd ganddo o'n plaid ni sy'n credu, y grymuster hwnnw a gyflawnodd yng ngrym ei nerth yng Nghrist pan gyfododd ef oddi wrth y meirw, a'i osod . . . yn feistr ar bob tywysogaeth ac awdurdod a gallu' (Effes. 1: 17-23).

Ffarwelio â meddiannau

Yn *Y Beibl Cymraeg Newydd* defnyddiwyd 'ymwrthod' i gyfieithu'r gair prin a ddefnyddiodd Luc yn gynharach i sôn am 'ffarwelio' â theulu (9: 61). Wrth egluro bod angen i'r sawl a dderbyniai ei wahoddiad ef i fod yn barod i ymryddhau o afael meddiannau, nid oedd Luc yn awgrymu bod Iesu yn ffieiddio'r byd a'i bethau, a'n disgwyl i'w ddisgyblion wrthod creadigaethau Duw. Yn llyfr yr Actau rhoddwyd lle canolog i dröedigaeth Pedr wrth iddo gael ei argyhoeddi, 'Yr hyn y mae Duw wedi ei lanhau, paid ti â'i alw'n halogedig' (Actau 10: 15). Ailadroddwyd y profiad yn y bennod nesaf. Roedd hyn yn golygu newid agwedd chwyldroadol, ac yn enghraifft o'r gost o fod yn ddisgybl i Iesu. Crisialodd Donald Evans y wedd hon ar agwedd Iesu at y greadigaeth:

Carai fachludoedd ceirios yn ymdrymhau ar ganghennau'r hwyr;
Carai blygain liw blagur yn agoryd o weryd y dwyrain.

Carai'r môr yn ymorol yn wyrdd ei lawenydd am y lan;
Carai ei weld yn curio'n ôl o'i frig yn garegog i'w rigol.

Carai gymeriad adar, yr haid a ymddiriedai'n Ei Dad;
Carai ŵyn, y cywreiniaf: yr ŵyn, y diniweitiaf eu natur.

Carai fwystfilod y cyrion: y rhai a drigiannai'n y gwyllt;
Carai'u dibyniad cadarn ar yr hyn a gyfrannai yr anial.

Carai wenith yn crynu wrth bendrymu'n felyn gan faeth;
Carai'r mynydd-dir caerog, yr anghyfannedd lle tyfai heddwch.

Carai'r ddaear, ei charu fel câr, am mai daear Duw yw hi;
Carai hi, gan y'i crewyd gan Ei Dad o'r dim yn deml i Fywyd
(*Cread Crist,* t.23).

Am ei bod hi'n 'deml i Fywyd' gwyddai Iesu y gallai'r ddaear a'i phethau gael eu gwyrdroi yn deml i farwolaeth, trwy ymhonni blaenoriaeth ar hawliau Duw 'a'i gyfiawnder ef'. I sicrhau na syrthient i fagl y temtasiwn hwn y mynnodd Iesu na allai neb fod yn ddisgybl iddo ef heb fod yn barod i ffarwelio â'i holl feddiannau.

Galwyd rhai i adael eu holl feddiannau a'i ddilyn ef i'r anialwch, neu i gymuned Gristnogol. Deil yr alwad hon i'r bywyd asgetig yn fyw o hyd i'n hatgoffa ni, yng nghanol materoliaeth yr ugeinfed ganrif, o eithafrwydd radical galwad Crist. Hyd yn oed os na chawsom ein galw i'r ymddihatru llwyr hwn, daw geiriau ac esiampl Iesu i'n hatgoffa na thâl hi i ni gael ein caethiwo gan ein meddiannau. Ei nod ef yw ein rhyddhau o afael gofalon bydol i'w wasanaethu ef, naill ai trwy ddefnyddio'r meddiannau a ymddiriedodd i ni yn unol â'i ewyllys ef er lles ein cymdeithas a'n byd, neu trwy gefnu arnynt yn llwyr. Ein galluogi i fod yn rhydd; dyna rodd eithaf y Gwaredwr i'w ddisgybl. Byw yng ngrym y rhyddid hwnnw yw amod mwynhau'r bywyd llawn a gynigir gan Iesu. Nid dweud y bydd hi'n rhaid inni ymwrthod â'n holl meddiannau yn gymaint â thanlinellu'r angen am i ni fod yn barod, yn barod i ffarwelio â'n holl feddiannau er mwyn Iesu, pan fo'r galw am wneud hynny yn dod. Dyna ergyd yr amod bellgyrhaeddol hon (14: 33).

Halen cymdeithas

Unwaith eto fe rybuddiodd Iesu mai di-fudd oedd disgyblion llugoer a'u teyrngarwch wedi pylu. Ychwanegodd eglureb i bwysleisio'r angen i ddal ati hyd yr eithaf, oherwydd diwerth oedd halen a gollodd ei flas. Crynhowyd ei ddadl ddelweddol gan C. E. Carlston, 'Adeiladydd a aeth yn fethiant, brenin a goncrwyd, halen a gollodd ei flas — dyma'r darluniau annymunol a ddefnyddia Luc i egluro beth yw sefyllfa disgybl sydd, oherwydd digalondid neu ryw achos arall, yn cilio oddi wrth y broffes a wnaed ganddo gynt' (*The Parables of the Triple Tradition,* t.89).

Er mai Luc yn unig a groniclodd y defnyddiau yn yr adran hon, mae'r adnodau hyn yn adleisio'r cyfeiriad at halen mewn perthynas â bod yn ddisgybl yn yr efengylau cyfolwg eraill. Yn ôl Mathew, 'Chwi yw halen y ddaear' (5: 13) a phwysleisiodd Marc, 'Bydded gennych halen ynoch eich hunain, a byddwch heddychlon tuag at eich gilydd' (9: 49). Gwelir yma wedd gymdeithasol yr eglureb. A hwythau'n byw mewn gwlad boeth fel Palesteina, da y gwyddai gwrandawyr Iesu am werth halen i gadw bwyd. Hebddo byddai eu cynhaliaeth yn cael ei lygru. Ym mhob oes, caiff cymdeithas ei bygwth gan lygredd. Galwodd Iesu ar ei ddisgyblion i gadw at eu buchedd neilltuol er lles y gymdeithas gyfan.

Beth oedd yn neilltuol ynghylch buchedd disgyblion Iesu? Sut y gellid disgrifio honno fel halen? Yn yr Hen Destament cysylltid halen ag aberth (Lef. 2: 13; Esec. 43: 24). Roedd 'halen cyfamod dy Dduw' yn cyfleu'r berthynas barhaol rhwng Duw ag Israel. Yn yr un modd yr oedd disgyblion Iesu, fel pobl Dduw, i feithrin perthynas sefydlog, iach a chymodlon yn y gymdeithas gyfan. Un o amodau hyn oedd parodrwydd i aberthu. Ni cheir cymdeithas heb hunanaberth. Dyma'r gymdeithas a sefydlodd Iesu; gyda'i ddisgyblion ym mhob oes daeth cnewyllyn cymdeithas go wahanol i'r byd.

Trwy fod yn deyrngar i Iesu a chario'r groes, gan gyfrif y gost a bod yn barod i ymryddhau o hualau meddiannau, y cafodd disgyblion Iesu flas ar fyw, a bod yn addewid parhad cymdeithas yn wyneb bygythiad pydredd. 'Yr hwn sydd ganddo glustiau i wrando, gwrandawed' (14: 35 cym. 8: 8), gan fod yn ufudd i anogaeth Iesu i ddal ati, costied a gostio, yn nerth ei Ysbryd ef.

TRAFOD

1. Soniwch wrth eich gilydd am rai o'r achlysuron y bu'n rhaid i chi ddewis llwybr anodd er mwyn bod yn deyrngar i Iesu.
2. Ym mha ffordd y mae bod yn ddisgybl i Iesu wedi ymyrryd â'ch bywyd teuluol, â'ch bywyd cyhoeddus neu â'ch bywyd chi yn eich gwaith?
3. Gan nad yw bod yn ddisgybl yn golygu cefnu ar deulu ac eiddo bob amser, ai pwysleisio'r angen am fod yn *barod* ac yn fodlon i wneud hynny er mwyn Iesu a wna'r adran hon?
4. Sut y gall disgybl Iesu fod yn halen yn ei fro, ac eglwys Iesu fod yn halen yn y gymdeithas gyfan yn awr?
5. Beth yw cost bod yn ddisgybl i Iesu heddiw?

Pennod 34

GORFOLEDD CAEL HYD I'R COLLEDIG

Darllen: Luc 15: 1-32

Yn hytrach na rhoi taw arno, fe ysgogodd grwgnach ei wrthwynebwyr rai o ddamhegion mwyaf cofiadwy Iesu. Gan Luc yn unig y cafwyd pedair o'r pum dameg a groniclwyd ym mhenodau 15 a 16.

Er fod Mathew (18: 12-14) wedi cynnwys dameg y ddafad golledig, rhoes ef gyd-destun gwahanol iawn iddi. Fe'i hanelwyd at y disgyblion, ac er iddynt holi, 'Pwy sydd fwyaf yn nheyrnas nefoedd?' (Math. 18: 1), mae'n debyg mai perthynas y Cristnogion â'i gilydd oedd y pwnc llosg, a'u hagwedd at rai fyddai'n cael eu temtio i wrthgilio. Sôn am 'yr un sydd ar grwydr' a wnaeth ef (Math. 18: 12), tra bu Luc yn cyfeirio at 'y ddafad golledig'. Nid annerch y disgyblion yn benodol yr oedd Iesu yn ôl Luc, ond ymateb i'r grwgnach ymhlith y Phariseaid a'r ysgrifenyddion, 'Y mae hwn yn croesawu pechaduriaid ac yn cydfwyta â hwy' (15: 2). Y colledig, y rhai oedd y tu allan i gylch derbyniol Pobl Dduw yn ôl yr arweinwyr crefyddol, oedd consyrn Iesu yn ôl Luc. I danlinellu cymaint yr oeddent yn cyfrif iddo ef, ac i Dduw ei hun, adroddodd ddwy ddameg i gyflwyno'r un neges.

Gwerth y colledig

Tra oedd y Phariseaid a'r ysgrifenyddion yn dilorni ac yn dibrisio'r 'pechaduriaid', fe roes Iesu werth arbennig arnynt. Fe adawodd y bugail y naw deg naw dafad ar eu porfa a 'mynd ar ôl y ddafad golledig nes dod o hyd iddi' (15: 4). Trawyd yr ysgolhaig Iddewig Montefiore gan newydd-deb dysgeidiaeth Iesu yn hyn o beth: 'Mae rhinweddau edifeirwch yn cael eu canmol yn ogoneddus yn llenyddiaeth y Rabinaid, ond y mae'r chwilio a'r ymbil hwn ar y pechadur yn nodweddion o bwys ac arwyddocâd mawr sy'n cyffwrdd â'r galon. Ffigur newydd yw'r bugail da sy'n chwilio am y ddafad golledig, yn ei chael hi ac yn llawenhau. Mae'n dal i fod â rhan allweddol yn natblygiad moesol a chrefyddol y byd' (*Synoptic Gospels*, 11, tt. 520-21). Er i ysgolheigion diweddarach awgrymu bod Montefiore wedi gorbwysleisio newydd-deb dysgeidiaeth Iesu, ni allodd neb wadu gwerth y genadwri bod y bugail yn barod i fynd i chwilio am y ddafad golledig, yn hytrach nag aros iddi hi i ddychwelyd i'w chynefin. Yn ogystal â dangos trugaredd a thosturi'r bugail, fe brofodd y ddameg hon pa mor werthfawr oedd y ddafad golledig yn ei olwg. Mentrodd ei fywyd hyd yr eithaf, gan chwilio 'nes dod o hyd iddi' (Luc 15: 4 yn unig). Yr oedd yn barod i roi ei einioes (Ioan 10: 15) am fod y ddafad golledig yn cyfrif cymaint iddo.

Gwerth y colledig oedd neges gyntaf dameg y darn arian hefyd. Er fod ganddi naw darn arian arall, fe aeth y wraig i drafferth di-ben-draw i 'chwilio'n ddyfal nes dod o hyd iddo' (15: 8). Prawf oedd hyn o'i werth arbennig yn ei golwg: ni wnâi un o'r lleill y tro yn ei le, roedd hi'n rhaid dod o hyd i'r darn arian hwn. I sicrhau hynny, fe aeth hi ati i chwilio, yn lle cysuro'i hun y deuai'r darn arian ar glawr ryw ddydd.

Gorfoledd y cael

'Ac wedi dod o hyd iddo . . .' — y fath orfoledd (15: 9). Am fod y darn arian yn cyfrif cymaint iddi, ni allai guddio maint ei llawenydd o'i gael. Gwahoddodd ei ffrindiau a'i chymdogion ynghyd i rannu yn ei gorfoledd, 'Llawenhewch gyda mi, oherwydd yr wyf wedi cael hyd i'r darn arian a gollais' (15: 9). Dyma brif ergyd y ddameg yn ôl llawer o esbonwyr: gwrthgyferbynnu gorfoledd y cael â grwgnach pitw y Phariseaid a'r ysgrifenyddion.

Yr un modd disodlwyd trychineb y ddafad golledig gan lawenydd y cael hyd iddi. 'Wedi dod o hyd iddi y mae'n ei gosod ar ei ysgwyddau yn llawen' (15: 5). Nid baich mohoni ond testun gorfoledd i'r bugail, i'w gyfeillion a'i gymdogion. Rhoddwyd cryn dipyn mwy o sylw i orfoledd y cael nag i drueni'r colli. Pam tybed?

Delw Duw

Fe feiddiodd Iesu awgrymu bod gorfoledd y bugail, a'r wraig, yn adlewyrchu llawenydd y nef, yn wir llawenydd Duw ei hun, 'am un pechadur sy'n edifarhau' (15: 7, 10). Trwy ddweud hyn, roedd yn awgrymu bod ei agwedd ef at bechaduriaid, yn eu croesawu ac yn cydfwyta â hwy, yn nes at agwedd Duw nag eiddo'r Phariseaid a'r ysgrifenyddion, sef arweinwyr crefyddol ei oes. Yn ôl G. B. Caird, 'Mae Iesu'n cyfiawnhau ei agwedd at y gwrthodedig trwy honni mai dyna agwedd Duw hefyd; nid yw cariad trugarog Duw yn aros i'r pechadur edifarhau, mae e'n cymryd y cam cyntaf i'w adfer' (t.180). Pa ryfedd felly fod 'yr holl gasglwyr trethi a'r pechaduriaid yn nesáu ato i wrando arno' (15: 1); caent glywed awdurdodol eiriau'r nef, a gweld ymwneud Duw â'i bobl ac â'i fyd. Nid Duw hunangyfiawn, sychdduwiol, pellennig mohono, ond Duw a fyddai'n chwilio am wŷr a gwragedd gwrthodedig ac annerbyniol, gan eu dwyn yn ôl i gymdeithas ag eraill, ar ôl eu cymodi ag ef ei hun. 'Hynny yw,' chwedl Paul, 'yr oedd Duw yng Nghrist yn cymodi'r byd ag ef ei hun, heb gyfrif troseddau dynion yn eu herbyn, ac y mae wedi ymddiried i ni neges y cymod' (II Cor. 5: 19). Trasiedi'r Phariseaid a'r ysgrifenyddion oedd eu bod hwy wedi gwrthod neges y cymod. Ni chredent yn y lle cyntaf fod angen eu cymodi â Duw a hwythau'n 'ddynion cyfiawn' (15: 7), os nad hunangyfiawn. Am na phrofasant wefr y cymod, collasant orfoledd y cael. Ni chawsant flas ar y bywyd a darddai o Dduw. Fel y dywedodd Robert J. Karris, 'Hapusrwydd yn ei hanfod yw parodrwydd i rannu yn llawenydd Duw ei hunan wrth iddo rannu iachawdwriaeth' (t.707). Bwrlwm gorfoledd, yn codi o'r profiad o gymod, a pharodrwydd i'w rannu ag eraill, oedd disgrifiad Iesu o fywyd newydd yr edifeiriol, yn ôl Luc.

Edifeirwch

Gan fod angen cryn ddychymyg i gysoni edifeirwch gyda'r sôn am ddafad neu ddarn arian colledig, fe aeth Luc yn ei flaen i adrodd dameg Iesu am y ddau fab colledig a'r tad rhadlon. Fe brofodd yr ieuengaf ohonynt 'yr edifeirwch a rydd fywyd' (Actau 11: 18). Ond beth a digwyddodd i'r hynaf tybed? Trwy adrodd hynt cwbl wahanol y ddau fab, fe ddangosodd Iesu fod angen i bawb edifarhau. Ni fyddai neb yn amau'r angen am i'r ieuengaf weld tro ar fyd; trwy fynd i warchod moch, roedd wedi cyrraedd y gwaelod isaf o safbwynt yr Iddew. Beth allai fod mor wrthun â rhannu pryd gyda'r anifeiliaid aflan hynny? Carob oedd y plisg yn ôl pob tebyg, ac fe ddywedodd y Rabbi Acha am y bwyd tlodaidd hwnnw, 'Pan fydd yr Israeliaid yn gorfod bwyta carob yna maent yn edifarhau.' Pan ddaeth y mab afradlon 'ato'i hun' (15: 17), fe sylweddolodd y gallai pethau fod yn wahanol. Dyna'r cam cyntaf yn y broses o edifarhau: cofio bod gan y Tad rywbeth gwell ar ein cyfer. Ni ddychmygodd faint y newid byd. Ar ôl byw gyda'r moch, buasai rhannu bywyd gweision ei dad wedi bod yn chwyldro. Ond ewyllys ei dad oedd ei arddel fel mab. I adfer ei urddas, fe'i dilladwyd â'r wisg orau, rhoddwyd modrwy ar ei fys a sandalau am ei draed fel dyn rhydd — caethweision a gerddai'n droednoeth. Paratowyd gwledd fawr i gydlawenhau. Arwain at hyn a wnaeth edifeirwch. Roedd Iesu am i'r Phariseaid weld mai dathlu, cydfwyta a chydlawenhau oedd y darlun gorau i gyfleu hanfod teyrnas Dduw. Nid byw fel seren tan gwmwl, yn porthi hunangyfiawnder, trwy ladd ar eraill oedd y nod.

Trychineb y mab hynaf oedd ei fod heb weld yr angen am edifeirwch, am newid byd. Ond er iddo gyflawni ei ddyletswyddau tuag at ei dad dros y blynyddoedd, nid oedd yn adnabod ei dad o ddifrif. Yn lle ymhyfrydu yn ei safle fel mab, fe'i gwelodd ei hun yn 'was bach' i'w dad. Roedd angen iddo yntau edifarhau a derbyn bod rhagor i fywyd na byw fel gwas bach ufudd i'w dad. Fe'i gwahoddwyd i rannu llawenydd ei dad a gorfoledd y teulu cyfan. Ceisiodd ei dad ei berswadio i ddathlu bod ei frawd yn fyw. Tybed a ildiodd i gymell taer ei dad? Ni roes Iesu yr ateb i'r cwestiwn hwn. Adleisiai'r mab hynaf gyflwr y Phariseaid a'r ysgrifenyddion. Roedd Iesu am iddynt wybod fod Duw yn eu cymell i orfoleddu am fod pechaduriaid a chasglwyr trethi yn edifarhau ac yn cael eu hadfer i gymdeithas pobl Dduw. Trwy gydlawenhau, yn hytrach na grwgnach, fe gaent hwythau flas ar y bywyd newydd, teyrnas Dduw; buasent wedi cael eu denu i edifarhau, i weld pethau'n wahanol, i newid byd, i brofi cymdeithas lawn a'u cyd-ddynion. Dyma'r dröedigaeth yr oedd Iesu am ei hysgogi ym mhob un: 'Yr wyf fi wedi dod er mwyn i ddynion gael bywyd, a'i gael yn ei holl gyflawnder' (Ioan 10: 10). Profi'r llawnder hwn yw nod edifeirwch; dyna lawenydd edifeirwch yn wir.

Stori am bwy?

Er gwaethaf y pennawd yn *Y Beibl Cymraeg Newydd,* bu llawer o ddadlau wrth geisio ateb y cwestiwn: Stori am bwy oedd y ddameg hon? Stori am y tad meddai J. Jeremeias, 'Y tad, nid y mab sy'n dychwelyd yw'r person canolog . . . Mae'r ddameg yn disgrifio gyda symlrwydd sy'n cyffwrdd â'r galon sut un yw Duw, ei ddaioni, ei ras, ei drugaredd diderfyn, ei gariad dibendraw' (*The Parables of Jesus,* tt. 128-131). Gellid dadlau mai llawenydd y tad oedd uchafbwynt y stori a'r cyfan yn arwain at y diweddglo, 'Yr oedd yn rhaid gwledda a llawenhau, oherwydd yr oedd hwn, dy frawd, wedi marw, a daeth yn fyw; yr oedd ar goll, a chafwyd hyd iddo' (15: 32). Fel yn achos y bugail a'r ddafad golledig, neu'r wraig a'r darn arian colledig, fe adleisiodd llawenydd y tad y rheidrwydd i lawenhau am fod Duw ei hun yn llawenhau wrth i un pechadur edifarhau. Stori am y tad; stori am ddisgwyl ac am lawenydd Duw Dad — dyna oedd y ddameg hon ym marn rhai.

Stori am y mab colledig oedd hi yn ôl eraill. Fe'i hadnabuwyd ar lafar fel dameg y mab afradlon. Ond roedd llawer mwy o hanes i'r mab ieuangaf na'i afradlonedd. I gysylltu'r ddameg hon â'r ddwy a groniclodd Luc o'i blaen, fe'i galwyd nid yn fab colledig ond yn fab y cafwyd hyd iddo, am ei fod wedi edifarhau. Mae'n amlwg fod Luc wedi mwynhau ailadrodd y stori hon — yr hiraf o'r holl ddamhegion. Ond nid canolbwyntio ar y mab ieuangaf yn unig a wnaeth. Roedd gan y mab hynaf ran hanfodol yn ergyd y stori hon. Fel yr oedd profiad yr ieuangaf yn ei berthynas â'i dad yn ddrych o brofiad pechaduriaid yn eu perthynas â Duw trwy Iesu, roedd ymateb anfoddog y mab hynaf yn adleisio perthynas y Phariseaid ag Iesu. Yn ôl G. B. Caird, 'Adroddwyd y ddameg nid i gynnig pardwn hael i afradloniaid y genedl, ond i ymbil ar yr Iddewon parchus i ymlawenhau gyda Duw am y pechaduriaid a adferwyd, a'u rhybuddio y buasent hwy a Duw yn ddieithr i'w gilydd, ac na fuasent yn gwybod beth yw ei wir gymeriad, nes iddynt ddysgu gwneud hyn' (t.184).

Felly nid stori am y tad yn unig, na stori am y meibion yn unig mo'r ddameg hon, ond stori am y meibion yn eu perthynas â'u tad a'r tad yn ei berthynas â'r meibion, a hynny'n ddrych o'u perthynas â Duw. Oherwydd hyn, ein stori ni yw'r ddameg hon: stori gwahoddiad Duw yn Iesu i fyw bywyd yn ei holl gyflawnder, bywyd yn llawenydd Duw Dad, yn nannedd helbulon a syrffed y byd. Heblaw am Iesu ni fyddem wedi clywed y ddameg hon; trwy Iesu y mae gobaith i Dduw ddod o hyd i ni, ac i ninnau feidrolion gael dod yn fyw a chyfranogi o'r wledd ddwyfol. Fel y pwysleisiodd Eduard Schweizer, 'Nid yw Iesu'n ymddangos yn y ddameg, ond am mai ef sy'n ei hadrodd ac yn ei byw hyd at angau y mae llawenydd yr adferiad y mae'n sôn amdano'n cael ei wireddu' (t.252). Nid stori i'w hadrodd, ond gwahoddiad i fyw ym mherthynas y Tad, y Mab a'r Ysbryd Glân yw'r ddameg hon.

TRAFOD

1. Beth mae edifarhau yn ei olygu i chi? Gan mai llawenydd edifeirwch a bwysleisiai Iesu, a oes angen i ni ailddarganfod y wedd honno ar edifarhau?
2. Pan ddadlennwyd agwedd y mab hynaf tuag at ei dad, oni fyddai'n gywirach galw'r stori hon yn 'ddameg y meibion colledig'?
3. A fyddech chi'n cytuno ag I. Howard Marshall, 'yn y diwedd nid edifeirwch y mab yn gymaint â llawenydd y teulu a gyfannwyd ac a adferwyd yw uchafbwynt y ddameg' (t.604)?
4. Ai eich profiad chi yw fod ymchwil Duw am ddyn yn rhagflaenu ymchwil dyn am Dduw?
5. A ydyw'r Bugail Da wedi dod o hyd i chi? Os ydyw, sut fyddech chi'n disgrifio'r profiad?
6. Pa agwedd sydd amlycaf yn eich eglwys chi—beirniadu'r colledig ynteu gorfoleddu yn y sicrwydd bod modd dod o hyd iddo?
7. Yn ôl Charles H. Talbert, 'Gosodiad triphlyg am lawenydd Duw wrth i bechadur edifarhau yw Pennod 15 felly, ynghyd â chwestiwn: A fedrwch chi gyfranogi o'r llawenydd hwnnw? Os na fedrwch chi, pam?' (t.151).

   Ceisiwch wynebu'r cwestiwn hwn yn agored:
   (i) fel eglwys;
   (ii) fel unigolyn.

Pennod 35

DUW AC ARIAN

Darllen: Luc 16: 1-13

Gan Luc yn unig y cafwyd dameg y goruchwyliwr anonest. Fe'i cynhwysodd ar ganol adran go helaeth yn ymestyn o 15: 8 hyd at 16: 31 a groniclwyd yn unig ganddo ef. Beth oedd yr edefyn a gysylltai'r deunydd amrywiol yn yr adran hon? Arian. Ar ôl dameg y darn arian colledig cafwyd hanes y mab ieuangaf yn derbyn ei gyfran o'r ystad, ac yn 'newid y cwbl am arian' cyn ei wastraffu ar fyw'n afradlon (15: 13). Hanes am ddyn cyfoethog, a'i oruchwyliwr gwastraffus, a gychwynnodd yr ymdriniaeth ar berygl a gwerth arian, yn ogystal â'r angen am ddoethineb wrth ei drafod (16: 1-13). Adroddwyd stori am dynged dyn cyfoethog arall wrth ymateb i watwar y Phariseaid 'ariangar' (16: 14-31). Y thema ganolog felly oedd arian.

Perygl arian

Roedd awduron y Testament Newydd yn ymwybodol o beryglon arian. Rhybuddiodd Iago y gynulleidfa yr ysgrifennodd ati i fod ar ei llw rhag dangos ffafriaeth tuag at y cyfoethog ar draul y tlawd (2: 1-7), a phwysleisiodd Paul na ddylai esgob, fel goruchwyliwr yng ngwasanaeth Duw, fod 'yn un sy'n chwennych elw anonest' (Titus 1: 7). Yn ei lythyr cyntaf at Timotheus, nododd Paul rai o beryglon cyfoeth, megis balchder, a'r temtasiwn i ymddiried mewn arian. Ceir digon o enghreifftiau o falchder yn sgîl golud o'n cwmpas bob dydd, a phobl yn ymffrostio yn eu swyddi bras, eu tai crand, a'u heiddo helaeth. Ond perygl pennaf cyfoeth yw temtio pobl i 'sefydlu eu gobaith' ar arian. Mae'n werth darllen I Tim. 6: 17-19 ochr yn ochr â Luc 16: 9-13. Yn ôl pob tebyg, rheswm Luc dros ddisgrifio arian fel 'mamon anghyfiawn' oedd y perygl i arian ac eiddo gystadlu â Duw am wrogaeth pobl. Dinoethi'r perygl hwn a wnaeth wrth ddyfynnu rhybudd Iesu, 'Ni all unrhyw was wasanaethu dau feistr' (16: 13). Roedd y gair 'gwasanaethu' yn golygu bod yn gaethwas i, ymddiried, ymddibynnu ac addoli o bosibl. Tanlinellwyd y perygl hwn, a oedd yn ymhlyg yn arian, trwy gyfeirio ato fel *mamon* (16: 9, 11, 13), gair a darddodd o wreiddyn yn golygu 'yr hyn yr ymddiriedir ynddo'. Perygl gwaelodol arian oedd ei fod yn bygwth disodli Duw fel unig wrthrych cariad a theyrngarwch pobl. Sylwodd Luc fod angen rhybuddio'r disgyblion hwythau o'r perygl hwn (16: 1). Maes o law fe ddisgynnodd Jwdas Iscariot i'r magl (22: 5). Yn wyneb y peryglon arswydus a oedd ynghlwm wrth arian, beth oedd cyngor Iesu i'w ddisgyblion wrth drin arian? Gweithredu'n gall.

Defnyddio arian

Ni throes Iesu ei gefn ar system economaidd ei ddydd, a gwarafun i'w ddisgyblion gyffwrdd ag arian. Mewn gwirionedd gwelwyd cryn hyblygrwydd yn ei agwedd at bres. Cynghorodd rai i gael gwared ar eu heiddo. Pan ddaeth aelod ifanc o'r Cyngor at Iesu 'dywedodd wrtho, "Un peth sydd ar ôl i ti ei wneud: gwerth y cwbl sydd gennyt, a rhanna ef ymhlith y tlodion".' Eironi hyn oedd ei fod 'yn gyfoethog dros ben' (18: 18-23). Nid i fod yn bryfoclyd y dywedodd Iesu hyn; yn ôl Marc fe edrychodd Iesu arno 'ac fe'i hoffodd' (10: 21). Yn hytrach, fe gyfeiriodd Iesu ei olygon at berffeithrwydd, 'Os mynni fod yn berffaith', meddai Mathew, 'dos, gwerth dy eiddo a dyro i'r tlodion' (19: 21). Ar hyd yr oesoedd apeliodd y 'perffeithrwydd' hwn at ddychymyg a chydwybod credinwyr Cristnogol. Nid yn unig yn yr Eglwys Fore (Actau 2: 45; 4: 32-37), ond yng nghyfnod y saint yn yr anialwch a'u disgyblion ymhlith y saint Celtaidd, yn nyddiau Ffransis o Asisi a'i ddilynwyr ef, a llaweroedd tebyg, hyd at ein cyfnod ni, gwelwyd myrdd yn ymddihatru o'u meddiannau a'u rhoi i'r tlawd.

Nid hyn oedd unig gyfarwyddyd Iesu ynglŷn ag arian. Er ei fod wedi gorchymyn i'w genhadon fynd allan heb na phwrs na chod (9: 3; 10: 4), fe ddaeth adeg pan ddywedodd wrthynt, 'Ond yn awr, bydded i'r hwn sydd â phwrs ganddo fynd ag ef i'w ganlyn, a'i god yr un modd' (22: 36). Roedd gan Iesu a'i ddisgyblion rywfaint o arian i brynu cyfreidiau ac i roi elusen (Ioan 13: 29), ond yn ôl y dystiolaeth ysgrythurol, byw yn syml a wnaent. Fe afaelodd y symlrwydd hwn yn nychymyg llaweroedd yn ein canrif ni. Yn hytrach na gweithredu asgetigiaeth lem, gyda thuedd hynny i fwrw sen ar ddaioni creadigaeth Duw, fe fu llawer o Gristnogion, ac eraill, yn galw ar unigolion ac eglwysi i fyw yn symlach, 'Live simply that others may simply live', fu arwyddair y garfan hon. Crisialwyd yr egwyddor hon gan John V. Taylor, *Enough is Enough,* a Ronald J. Sider (gol.), *Living More Simply.*

Yn ogystal â hunanymwadiad, neu symlrwydd buchedd, fe roes Iesu awgrym arall wrth sôn am ddefnyddio arian: 'gweithredu yn gall'. Pwysleisio hyn oedd ei amcan wrth adrodd dameg y goruchwyliwr anonest. Dylid cofio mai tanlinellu un gwirionedd a wnâi Iesu fel arfer wrth adrodd stori. Camddefnyddio'r ddameg hon fyddai awgrymu ei bod hi'n cyfiawnhau anonestrwydd. Sylwi a wnaeth Iesu fod pobl y byd yn medru bod yn effro iawn yn eu hymwneud â'i gilydd. Yn wyneb y tebygrwydd y byddai'n colli'i swydd am wastraffu eiddo'i feistr, roedd y goruchwyliwr wedi ysgafnhau baich dyledwyr ei feistr yn y gobaith y byddent hwy yn talu'r chwech yn ôl iddo yntau a'n rhoi croeso iddo i'w cartrefi pan ddiswyddid ef. Fel yr oedd y goruchwyliwr wedi bod yn ddigon call i ddefnyddio arian i sicrhau llety dros dro, gymaint mwy y dylai'r disgyblion fod yn ddoeth wrth ddefnyddio arian fel y caent groeso gan Dduw yn y nef dragwyddol. (Adlais oedd 'pebyll' (16: 9) o'r dyddiau yn yr anialwch pan gâi'r bobl gymundeb â Duw ym mhabell y cyfarfod, a rhagflas o'r 'tragwyddol bebyll' yn y nef). Trwy adrodd stori'r dyn cyfoethog a Lasarus yn ddiweddarach, fe ddangosodd Luc fod defnydd dyn o'i arian yn gysylltiedig â'i dynged dragwyddol. Addawodd i'r llywodraethwr ifanc cyfoethog yntau y gallai gael 'trysor yn y nefoedd', pe bai'n mentro ufuddhau i Iesu (18: 22).

Nid dilorni arian na cheisio'i anwybyddu a wnaeth Iesu felly, ond annog ei ddisgyblion i'w ddefnyddio'n gall, yng ngwasanaeth Duw a'u cyd-ddyn. Yng ngoleuni hyn clywyd Cristnogion yn dadlau o blaid cyfalafiaeth ryddfrydol. 'Mae creu cyfoeth yn beth da. Mae'r amheuon a deimla llawer ynglŷn â gosodiad o'r fath yn ymwneud â'r ffordd ddiegwyddor ac anwastad y rhennir cyfoeth. Nid yw hyn yn newid galwad Duw i lawer i ymdaflu'n frwd i'r busnes o greu cyfoeth' (David Sheppard, *Bias to the Poor,* tt. 129-130). Fe brofodd pob un ohonom fanteision lu a ddaeth yn sgîl ffyniant economaidd: gofal meddygol, amgylchedd iachach, cartrefi mwy cysurus, hwylustod mewn gwaith, cyfryngau teithio a chyfathrebu, ac oes hirach. Gellid dadlau bod hyn yn agwedd ar y bywyd helaeth hwnnw, bywyd yn ei holl gyflawnder (Ioan 10: 10), y daeth Iesu i'w roi i'r byd. Y gwir ddoethineb yw cofio mai dod i'w roi i'r *byd*, nid i leiafrif bach, breintiedig, a wnaeth Iesu. Oherwydd hyn gwelwyd awdur fel Ronald H. Preston yn dadlau yn ei gyfrol *Religion and the Ambiguities of Capitalism* bod angen amodau pendant i reoli gweithgareddau'r farchnad. Yn eu plith nododd:

(i) harneisio hunan-les yr unigolyn er lles pawb, fel mewn rheoli llygredd.

(ii) mae'n rhaid i'r wladwriaeth les amddiffyn y rhai diamddiffyn.

(iii) dylid sicrhau na fydd canolfannau grym economaidd yn dod yn fwy grymus na llywodraeth.

(iv) dylai pob dinesydd ymwneud â'r penderfyniadau a wneir.

Dim ond pan fydd holl ddinasyddion y byd yn cael llais yn y penderfyniadau economaidd sy'n effeithio ar eu bywydau hwy, y gellir dweud bod y ddynoliaeth yn 'gweithredu yn gall', mewn gwirionedd. Tan bod hynny'n digwydd fe fydd mamon yn gynnyrch anghyfiawnder a thrais, yn hytrach na bod yn gyfrwng i hyrwyddo cyfeillgarwch.

Gwerth arian

Gyda'i awdurdod dwyfol fe orchmynnodd Iesu i'w ddisgyblion, 'gwnewch gyfeillion i chwi eich hunain ag arian' (16: 9). Fe weithredodd Iesu yr egwyddor chwyldroadol hon. Sefydlodd gymundod o bobl a oedd yn barod i fyw fel cyfeillion (Ioan 15: 15), yn rhannu'u hadnoddau ariannol yn ogystal â'u profiadau ysbrydol. Ar ôl astudio amgylchiadau economaidd a chymdeithasol diwedd y ganrif gyntaf, fe ddangosodd P. F. Esler pa mor anarferol oedd hi i gyfoethogion a thlodion berthyn i'r un gymuned. 'Ni ddylid anghofio newydd-deb trawiadol y berthynas y mae Luc yn ei hargymell rhwng y tlawd a'r cyfoethog' (*Community and Gospel in Luke-Acts,* t.198). Fe gynhwysai *koinonia* y gymuned hon rannu arian ac eiddo (Actau 4: 32). Yn ôl Luc fe darddai'r rhyddid hwn i ddileu gwahanfuriau a grewyd gan arian oddi wrth Iesu ei hun. Yn lle gadael i arian fagu balchder nes gwenwyno perthynas, a phorthi hunanoldeb nes difetha pob cymdeithas, fe ddangosodd Iesu mai gwerth pennaf arian oedd bod yn gyfrwng i wneud cyfeillion, yn unol â bwriadau gwaredigol Duw. Trwy wasanaethu Duw gellid defnyddio *mamon* anghyfiawn i fod yn ddrych o gyfiawnder Duw, yn gyfrwng cymod trwy ddileu'r agendor rhwng y cyfoethog a'r tlawd. Dyma'r unig weithredu call; gweithredu yn ôl doethineb Duw, yng ngrym ei Ysbryd ef.

Nid breuddwydio gwag mo hyn. Yn *The Mustard Seed Conspiracy,* fe gasglodd Tom Sine hanesion am lu o gymundodau ledled y byd sy'n mentro byw'r cymod hwn. Diben eglwys yw bod yn fan i wneud cyfeillion yn lleol ar draws ffiniau eiddo neu ddosbarth, a bod yn enghraifft fyd-eang o'r modd y gellir pontio rhwng y cyfoethog a'r tlawd, a phrofi'n weladwy i lywodraethwyr byd bod 'gwneud cyfeillion i chwi eich hunain ag arian' yn bolisi callach nag amddifadu miliynau o'u hawliau mwyaf sylfaenol trwy gamdrin yr arian a'r adnoddau materol a ymddiriedwyd iddynt. Trwy fod yn gyfiawn ac yn gywir yn y pethau ariannol hyn y dengys arweinwyr eu bod yn deilwng i arwain, ac y dengys yr eglwys ei bod hi'n haeddu'r ansoddair 'Cristnogol' (16: 10-12). Er i ni ganolbwyntio ar arian, fe ddangosodd yr adnodau hyn fod 'y gwir olud' yn llawer mwy nag arian. Fodd bynnag, 'mae ffyddlondeb wrth drin arian yn gymhwyster ar gyfer pethau mwy' (C. F. Evans, tt. 597-598).

TRAFOD

1. Rhestrwch rai canllawiau i'ch helpu chi:
   (i) fel unigolion ac
   (ii) fel eglwys
   i 'weithredu yn gall' wrth drin arian.
2. A yw hi'n ddyletswydd ar Gristnogion i fyw'n fwy syml yn yr ymgyrch i argyhoeddi llywodraethau i 'weithredu yn gall' wrth ddefnyddio adnoddau materol y byd?
3. Sut y gallwch chi fel eglwys
   (i) yn lleol
   (ii) ar raddfa ehangach
   wneud cyfeillion i chwi eich hunain ag arian?
4. Ai gwasanaethu Duw yw'r amod cyntaf i sicrhau gwir gyfeillach a chymundod rhwng carfanau a chenhedloedd?
5. Sut y mae cywirdeb wrth drin arian yn berthnasol i'n bywyd ysbrydol?

Pennod 36

DUW YNTEU ARIAN?

Darllen: Luc 16: 13-31

Pam roedd y Phariseaid 'yn codi'u trwyn' ar Iesu ac yn ei watwar (16: 14)? Am iddo feiddio dweud, 'Ni allwch wasanaethu Duw ac Arian' (16: 13). Roeddent hwy'n credu y medrent wasanaethu Duw a rhoi'u bryd ar Arian. Fe heriodd Iesu'r ddeuoliaeth hon trwy bwysleisio na allai neb roi ei deyrngarwch llwyr i fwy nag un gwrthrych. Tarddodd y gair *mamon* ('Arian') o'r gwreiddyn Aramaeg *mm* a olygai 'yr hyn yr ymddiriedir ynddo.' Trwy ddefnyddio'r gair hwn fe gododd Iesu'r cwestiwn, Ar bwy neu beth y dibynnai pobl? Pwy neu beth oedd eu duw o ddifrif? Pwy neu beth yr oeddent yn ei wasanaethu? Os mai dibynnu ar Arian ac eiddo yr oeddent, yna ni allent fod yn dibynnu'n llwyr ar y Duw byw. Eilunaddolwyr oeddent felly, pobl wedi caniatáu i Arian reoli'u bywydau, pobl wedi'u meddiannu gan eu meddiannau, a'u heiddo wedi mynd yn dduw. Wrth ddehongli Deut. 15: 9, fe welodd esboniwr o blith y rabiniaid fod amharodrwydd i rannu â'r tlawd yn gyfystyr ag eilun-addoliaeth, 'Bydd yn ofalus i beidio â gwrthod rhoi, oherwydd mae pob un sy'n gwrthod rhoi yn cael ei gyfrif yn yr un dosbarth â'r eilunaddolwyr?' (*Siffre Deuteronomium,* 116-118).

Duw ynteu duw

Tra byddwn ni yn dueddol o wrthgyferbynnu ffydd ac anffyddiaeth, credu ac anghrediniaeth, Duw ac atheistiaeth, fe wrthgyferbynnodd Iesu ffydd ac eilunaddoliaeth, Duw a *mamon.* Fe wyddai ef fod pobl yn sicr o roi eu bryd yn gyfan gwbl ar rywbeth neu'i gilydd. Os nad oeddent yn gwasanaethu Duw, yn gwbl deyrngar iddo ef, yn gadael iddo ef lywio'u bywydau, yna byddent yn cael eu gyrru gan ystyriaethau bydol ac ariannol. Fe ddangosodd E. F. Schumacher fod yr un eilun yn bygwth rheoli'n byd ni, 'Fe allwch alw rhywbeth yn anfoesol neu'n hyll, yn rhywbeth sy'n lladd yr enaid neu'n diraddio dyn, yn peryglu heddwch y byd neu lles cenedlaethau'r dyfodol; os nad ydych wedi dangos ei fod yn "aneconomaidd" nid ydych wedi amau ei hawl i fodoli, i dyfu ac i lwyddo' (*Small is Beautiful*). Wrth ein galw ni'n 'genedl y geiniog', fe addefodd Alan Llwyd na lwyddodd y Cymry i osgoi troi ystyriaethau economaidd yn dduw, gan roi'u gwrogaeth lwyraf iddynt hwy.

Trwy adrodd stori'r dyn cyfoethog a Lasarus fe ddangosodd Iesu ffolineb eilunaddoliaeth bydol. Yng ngoleuni'r stori hon, gwelwyd mai

Duw oedd Dduw yn y pen draw, a thelerau ei deyrnas ef a orfu. Cafodd hyn ei gyfleu gan y manylion bach yn ogystal â gan yr hanes yn ei gyfanrwydd. Er enghraifft, y truan tlawd a gafodd ei enwi, nid y dyn cyfoethog, er mae'n siŵr fod hwnnw'n bur enwog yn ei ddydd. Ac ystyr yr enw 'Lasarus' oedd 'yr un a gafodd ei helpu gan Dduw' — cwbl groes i ystyr y gair *mamon*. Gan fod Lasarus yn cael ei lyfu gan gŵn aflan, fe'i hystyrid ef yn aflan gan grefyddwyr ei ddydd. Roedd dangos mai ef oedd yn gadwedig yn gymaint o sioc i'w wrandawyr â haeriad Iesu mai'r Samariad aflan, nid yr offeiriad a'r Lefiad, a gyflawnodd y Gyfraith a allai arwain at etifeddu bywyd tragwyddol (10: 25-37). Mor druenus o unig oedd y dyn cyfoethog yn y diwedd: pan fu farw 'claddwyd ef' (16: 22). Ond pan fu farw Lasarus, 'dygwyd ef ymaith gan yr angylion i wledda wrth ochr Abraham' (16: 22), mewn cymundeb llawn â'i hil a'i Dduw. Cafodd Lasarus ei ddyrchafu a'r dyn cyfoethog ei ddarostwng (16: 23). Gwelwyd tro ar fyd (16: 25). O safbwynt teyrnas Dduw, bu bywyd y dyn cyfoethog yn fethiant llwyr.

Methiant y dyn cyfoethog

Ar ba gyfrif y bu bywyd y dyn cyfoethog yn fethiant? Bu'n fethiant am iddo wrthod rhannu'i gyfoeth â'r tlawd. Yn ôl yr Hen Destament yr oedd cyfoeth yn arwydd o fendith Duw (Deut. 28: 11-12), ond diben meddu ar gyfoeth oedd ei ddefnyddio i fod yn fendith i eraill (Deut. 15: 4-11).

Pwysleisiodd Iesu nad oedd y Gyfraith hon i golli'i grym yn y manylyn lleiaf (16: 17), a bod holl ddysgeidiaeth Moses a'r proffwydi ynglŷn â'r ddyletswydd i rannu yn ddigon i argyhoeddi unrhyw un (16: 31). Yn hytrach na rhannu'i olud, fe anwybyddodd y dyn cyfoethog Lasarus. Nid anwybodaeth oedd ei broblem. Roedd yn adnabod Lasarus yn iawn (16: 23); yn ei adnabod wrth ei enw (16: 24). Ond hyd yn oed yn Nhrigfan y Meirw tueddai i anwybyddu Lasarus gan apelio at Abraham i'w drafod fel ci bach (16: 24). Trwy anwybyddu Lasarus a gwrthod rhannu'i gyfoeth ag ef, fe gloddiodd y dyn cyfoethog agendor rhwng y ddau a barhaodd hyd dragwyddoldeb. Yn hytrach na defnyddio'i feddiannau i feithrin perthynas ac agosatrwydd rhwng y ddau, fe droes y golud yn achos ymwahanu'r ddau ddyn, a'r Arian yn eilun a wahanodd y dyn cyfoethog oddi wrth Dduw. Chwedl William Barclay, 'Rhybudd difrifol yw gweld nad gwneud pethau anghywir oedd pechod Dives, ond peidio â gwneud dim' (t.214). (Y gair Lladin am 'cyfoethog' oedd *dives*.)

Rhybudd i ni

Mae'r stori hon yn rhybudd teg i'n dyddiau ni. Ni allwn ni hawlio anwybodaeth ynghylch argyfwng y tlawd yn ein byd. Beunydd fe welwn gyrff cornwydlyd a thruenus ein cyd-ddynion tlawd ar dudalennau'n papurau dyddiol; rhytha wynebau plant y tlawd arnom o'r sgrîn a galwant arnom ar y radio. Cawn ein hatgoffa'n gyson gan un adroddiad ar ôl y llall fod chwarter poblogaeth ein planed fechan yn hawlio tri chwarter adnoddau'r ddaear, a thri chwarter poblogaeth y byd yn gorfod ymlafnio byw ar y gweddill prin. Ni all yr anghyfiawnder hwn ddal am byth. Ffolineb sy'n rhwym o arwain at hunanladdiad yw'r polisi sy'n anwybyddu Lasarus ein byd a'n bro heddiw. Mor ofnadwy o wir yw geiriau Iesu, 'Ni chânt eu hargyhoeddi hyd yn oed os atgyfoda rhywun o blith y meirw' (16: 31). Nid argyhoeddwyd y Phariseaid pan gyfodwyd y Lasarus arall o feirw, ac ni chawsom ninnau ein hargyhoeddi o ffordd y bywyd er i Iesu gael ei atgyfodi o blith y meirw. Onid 'ffieiddbeth' yng ngolwg Duw (16: 15) yw gweld gwleidyddion Ewrop ac America yn ceisio 'cyfiawnhau eu hunain' wrth gyfyngu ar gynhyrchu bwyd ar sail eu dogmâu economaidd 'aruchel' mewn byd newynog? Yr eironi eithaf yw mai'r gorllewin 'Cristnogol' sy'n bennaf gyfrifol am anwybyddu'r tlawd yn ein byd. Cydiodd D. R. Thomas yn hyn yn ei gerdd 'Y Newynog':

Buom newynog ac ni roesoch inni fara
Ond cawsom lu o esgusion ysmala:

"Ar gomiwnyddion y byd mae'r bai
Fod cynnyrch gwledydd y byd ar drai."

"Mae mapio'r gofod yn costio'n ddrud.
Ni allwn fforddio bwydo'r byd."

"Mae chwilio'r planedau'n fwy anturus
Na phoeni am gyni pobl anghenus."

"Nid oes gennym gynllun i goncro newyn,
Ond fe drefnwn bwyllgor cyn diwedd y flwyddyn."

"Rydym yn hen gynefin â'ch pryder—
Onid yw'r tlodion gennym bob amser?"

"Er cael eich siomi am oesoedd maith,
'Caffed amynedd ei pherffaith waith'."

"Rhaid cydnabod, er gwaeled eich llun,
Fe helpa Duw'r sawl a'i helpo'i hun."

"I gadw'n statws mae'n rhaid cael arfau;
Pan chwythir y byd fe'ch helpwn chwithau."

"Ni yw ceidwaid cadarn y Ffydd,
Ni sy'n cadw'r byd yn rhydd."

At bwy yr awn ni yn ein newyn?
Onid yw'n dirfod yn wae diderfyn? (*Gwynfyd a Gwae*, t.18)

Ai'r math hwn o ymddygiad a olygir wrth geisio mynediad i deyrnas Dduw 'trwy drais' (16: 16)? Awgryma C. F. Evans gyfieithu'r geiriau yn hytrach fel 'ymwthio i mewn' neu 'dyrru i mewn' i'r deyrnas (cym. 14: 25). Fel yn y ganrif gyntaf (I Cor. 1: 26-31), nid y cyfoethog na'r crefyddol, ond y distadl a'r di-nod a ddewisodd Duw i dyrru i mewn i'w deyrnas ef heddiw. Duw yw eu gobaith a'u hunig ymffrost hwy. Nis maglwyd gan eilunaddoliaeth faterol.

Wrth ddisgrifio'r Eglwys Fore cyfeiriodd Luc at barodrwydd yr aelodau i werthu eu heiddo a'u meddiannau 'a'u rhannu rhwng pawb yn ôl fel y byddai angen pob un' (Actau 2: 45; 4: 32-37). Y tu allan i gloriau'r Beibl ceir tystiolaeth Iestyn Ferthyr, 'Ac y mae'r rhai sy'n medru ac yn fodlon gwneud hynny yn cyfrannu yr hyn y mae'n ei ystyried sy'n addas, ac mae'r hyn a gesglir yn cael ei roi i'r llywydd. Mae yntau'n ymgeleddu'r amddifaid a'r gweddwon, y rhai sydd mewn angen oherwydd salwch neu ryw achos arall, y rhai sydd mewn cadwynau a'r dieithriaid sy'n trigo yn ein plith ni. Mewn gair mae'n gofalu am bawb sydd mewn angen' (*Apologia,* 1, 67). Datganodd Tertullian yntau, 'Nid ydym yn petruso wrth rannu ein heiddo bydol â'n gilydd. Mae pob peth yn gyffredin yn ein plith, ac eithrio ein gwragedd' (*Apologia,* 39: 10).

Dichon fod y cyfeiriad at wragedd gan Tertullian yn help i ni ddeall pam y cynhwysodd Luc yr adnod ynghylch ysgaru yn y fan hon (16: 18). Fe'i croniclwyd mewn cyd-destun gwahanol gan Marc (10: 11-12) a dyfynnodd Mathew hi, gydag amrywiad, yn y Bregeth ar y Mynydd (5: 31-32). Mewn oes pan oedd dynion yn dueddol i grafangu arian, ond i rannu eu gwragedd fe bwysleisiodd Iesu ei fod ef am gynnal gwerthoedd Cyfraith oesol Duw a roddai bwys ar gadw'n ffyddlon i'w gwragedd, tra'u bod yn rhydd i rannu popeth arall. Awgrymodd C. F. Evans, 'Yng nghyd-destun 16: 16-17 mae'n bosibl ei fod ef yn cyflwyno priodas Gristnogol fel enghraifft nodedig o gadw'r Gyfraith yn fanwl. Daw hyn yn bosibl trwy bregethiad y deyrnas' (t.610). Nid disodli'r Gyfraith oedd amcan y deyrnas eithr galluogi pobl i gyflawni ei hegwyddorion. Grymusterau teyrnas Dduw yn unig a fedrai alluogi pobl i fod yn ffyddlon hyd yr eithaf, ac i rannu eu meddiannau ag eraill.

Gweithredoedd, nid geiriau, oedd y prawf fod pwerau dwyfol cariad anhunanol Duw ar waith. Nid oedd cyfarch Abraham fel 'fy nhad' (16: 24) yn ddigon i gynnwys y dyn cyfoethog ymhlith teulu cadwedig Israel. Fel y dangosodd G. W. E. Nickelsburg, 'Nid yw honiad Difes mai Abraham yw ei dad yn tycio, oherwydd nid yw wedi arddangos y gweithredoedd cariadus a fuasai wedi dangos ei fod wedi edifarhau, ac wedi newid ei ffordd hunanganolog, dideimlad o fyw' (NTS 25, 338). Gwag yw geiriau, ac ofer yw datganiadau o du'r tlawd, heb weithredu i newid yr amgylchiadau sy'n ehangu'r agendor rhwng y cyfoethog a'r tlawd. Ers blynyddoedd bu llysoedd yr eglwysi yn datgan yn huawdl o blaid y tlawd. Ni fu un mwy beiddgar nag Ail Gyngor y Fatican, yn enwedig wrth gyhoeddi, 'Os yw person mewn angen dirfawr, mae ganddo hawl i gymryd yr hyn y mae ei angen arno o gyfoeth eraill'. Mae'n werth dyfynnu'r paragraff cyfan o'r *Gaudium et Spes* (par. 69),

'Bwriadodd Duw i'r byd a phob peth sydd ynddo fod at ddefnydd pob person dynol. Felly, pe bai pawb yn gweithredu'n gyfiawn ac yn ymuno mewn cariad, dylai pawb gael digonedd rhesymol o bethau crëedig. Beth bynnag yw'r ffurfiau perchnogaeth, wedi iddynt gael eu haddasu i sefydliadau cyfreithlon pobl yn ôl amgylchiadau amrywiol a chyfnewidiol, dylid rhoi sylw i'r pwrpas cyffredinol y bwriadwyd hwy ar ei gyfer. Wrth eu defnyddio felly fe ddylai rhywun ystyried ei feddiannau cyfreithiol nid fel yr eiddo ef yn unig ond hefyd fel eiddo pawb yn yr ystyr y dylent fod o fudd i eraill yn ogystal ag iddo ef ei hun.

'Oherwydd, ynglŷn â'r gweddill, mae gan bawb yr hawl i gael digon o bethau daearol ar ei gyfer ef a'i deulu. Coleddai Tadau a Doctoriaid yr Eglwys y syniad hwn, gan ddysgu bod pobl at helpu'r tlawd, ac nid o'r hyn sy'n weddill ganddynt yn unig. Os yw person mewn angen dirfawr, mae ganddo hawl i gymryd yr hyn y mae ei angen arno o gyfoeth eraill. Gan fod cymaint o bobl yn ein byd ni'n dioddef o newyn, mae'r Cyngor sanctaidd yn ein cymell ni i gyd, yn unigolion ac yn lywodraethau, i gofio dywediad y Tadau: "Bwydwch yr hwn sy'n marw o newyn, oherwydd os na fyddwch wedi ei fwydo fe fyddwch wedi ei ladd." Bydded i bob unigolyn a phob llywodraeth fynd ati i rannu'i nwyddau'n ddilys, yn ôl ei allu. Boed iddynt ddefnyddio'r nwyddau hyn yn arbennig i roi i unigolion a chenhedloedd y modd i helpu ac i ddatblygu eu hunain' (W. M. Abbott, *The Documents of Vatican II,* tt. 278-279).

Er gwaethaf yr holl ddatganiadau eglwysig a gwleidyddol, gwaethygu fu tynged y tlawd a chynyddu a wnaeth eu rhif. Oni fu Iesu'n barod i uniaethu'i hun â'r tlodion, a chael ei godi o blith y meirw, i'n hargyhoeddi bod amharodrwydd i rannu yn arwain at farwolaeth, a bod grym ar gael yn ei air ef i'n rhyddhau ni i fywyd o rannu? Bu hanes Lasarus yn achos chwyldro ym mywyd Albert Schweitzer; gwelodd Affrica fel Lasarus yn gorwedd wrth ddrws Ewrop, a sefydlodd ysbyty yn Lambarené. Erbyn hyn fe welsom bod angen gwneud mwy na sefydlu ysbytai; mae angen chwyldroi'r drefn economaidd sy'n peri i gynifer barhau'n dlawd ar gorn trachwant lleiafrif bach. Gwasanaethu Duw yn hytrach nag Arian yw'r unig amod i wireddu'r chwyldro hwn.

TRAFOD

1. A yw gwasanaethu Mamon yn awgrymu bod arian wedi disodli Duw?
2. Beth fyddai'r arwyddion bod Arian wedi mynd yn dduw yn ein bywydau? Ai rhoi pethau o flaen pobl fyddai un o'r arwyddion hyn?
3. Ai teg yw dweud bod yr hyn y gwariwn ein harian arno yn dadlennu pwy ydym a beth yw'n blaenoriaethau?
4. Beth sy'n cyfrif am ein tuedd i anwybyddu cri'r tlawd yn ein cymdeithas leol ac ym mherthynas gwledydd y byd?
5. Sut y gall yr eglwysi fynd i'r afael ag argyfwng tlodi'r byd? A oes angen i ni fod yn fwy parod i rannu ag eraill cyn y medrwn ddylanwadu ar wladweinwyr i wneud hynny?

Pennod 37

DYSGU AR AIR A THRWY BROFIAD

Darllen: Luc 17: 1-19

Fe awgrymodd Luc fod Iesu, 'ar ei ffordd i Jerwsalem', wedi anelu'i ddysgeidiaeth at garfanau gwahanol fel y torfeydd, y Phariseaid, a'r disgyblion yn eu tro. Casgliad o gynghorion i'r disgyblion a gafwyd ar ddechrau'r bennod hon ynghylch y perygl o achosi cwymp i eraill (17: 1-2), yr angen i faddau i'w gilydd (17: 3-4), i gael rhagor o ffydd (17: 5-6), ac i gyflawni eu dysletswyddau (17: 7-10). Yn ôl C. F. Evans, 'Hwyrach bod Luc yn crynhoi'r hyn a ddywedodd eisoes gydag adran fer o ddysgeidiaeth i'r disgyblion' (t.618).

Achosi cwymp

Aeth W. Grundmann cyn belled ag awgrymu bod y cyfeiriad at achosi cwymp (17: 1) yn cysylltu â'r ddameg a'i rhagflaenodd; trwy beidio â thosturio wrth Lasarus roedd y dyn cyfoethog yn achos cwymp, yn sgandal (*skandalon* yw'r gair Groeg yma), a'i dynged ef yn enghraifft o'r farn a syrthiai ar ei debyg. Fodd bynnag, yn nhyb I. Howard Marshall, 'Ymddengys hyn braidd yn artiffisial' (t.640).

Er fod G. B. Caird yn dadlau mai cyfeirio at blant yn llythrennol a wnâi Iesu wrth sôn am y 'rhai bychain hyn' (17: 2), fe ddadleuodd y mwyafrif o esbonwyr, ar sail 9: 46-48, mai perthynas y disgyblion â'i gilydd oedd pwnc y cyfarwyddyd. Fe'u rhybuddiwyd yn llym gan Iesu i beidio â gosod magl, dyna ystyr llythrennol *skandalon*, i rwystro eu cyd-ddisgyblion neu i'w tramgwyddo. Gallai'r fath drosedd arwain at ddamnedigaeth dragwyddol; dyna rym y datganiad 'gwae'r hwn' sy'n gyfrifol am osod maglau o'r fath. Fe ddangosodd hanes yr eglwys yn ddiweddarach fod galw am rybudd Iesu (e.e. Actau 15: 10-29; I Cor. 8: 13; Rhuf. 14: 13). Byddai'n well i ddisgybl farw na bod 'yn achos cwymp i un o'r rhai bychain hyn'. Chwedl William Barclay, 'Bydd Duw yn cael y dyn sy'n anfon brawd iau, neu wannach, ar gyfeiliorn yn euog' (t.216).

Maddau iddo

Ar ôl rhybudd i beidio ag achosi tramgwydd i eraill, fe roes Iesu gyngor ynghylch sut i ymateb pe bai cyd-grediniwr yn peri tramgwydd i ddisgybl. Yn ôl eglurhad G. B. Caird, 'Mae'n rhaid i'r person a dramgwyddwyd warchod rhag peryglon llid, dal dig a siarad sbeitlyd. Dylai fynd yn syth at yr un a oedd wedi ei dramgwyddo i drafod y mater unwaith ac am byth, trwy faddau ar y naill law ac edifarhau ar y llall. Pa mor aml bynnag y tramgwyddir mae'n rhaid dilyn yr un drefn, gydag ewyllys da diderfyn' (t.194). Ni fwriadodd Iesu i'r 'saith gwaith mewn diwrnod' fod yn derfyn ar y maddau. Yn ôl yr efengyl yn ôl Mathew fe ddywedodd Iesu wrth Pedr, 'Nid hyd seithwaith a ddywedaf wrthyt, ond hyd saith deg seithwaith' (18: 22), hynny yw, yn ddi-ben-draw, gan ddirymu egwyddor dialedd Lamech (Gen 4: 23-24).

Dyro ffydd

Haws dweud na gwneud. Roedd Pedr yn ystyried ei fod yn hael wrth gynnig maddau 'hyd seithwaith'. Pwy allai faddau yn ddiddiwedd? Neb yn ei nerth ei hunan. Pa ryfedd, felly, fod yr 'apostolion', sef y Deuddeg, wedi gofyn i Iesu 'yr Arglwydd' am ffydd, neu am gryfhau eu ffydd. O wybod bod Duw yn maddau'n ddiderfyn iddynt hwy, gallent hwythau wneud yr amhosibl gan faddau'n ddiamod i'w gilydd. Ac mor bell-gyrhaeddol fyddai'r gweithredu maddeuol hwnnw. Yn sgîl eu ffydd yng ngallu Duw i ddal ati i faddau byddent hwythau'n gyfrwng i faddeuant mor anhygoel â dadwreiddio morwydden a'i phlannu yn y môr. (Rhag ofn i rywun dybio bod y cyfieithwyr yn chwarae ar eiriau, dylid nodi nad 'môr' a 'gwŷdd', coeden, yw tarddiad 'morwydden' (17: 6) eithr y Lladin *mor(us)* a 'gwŷdd', sef coeden o'r tylwyth *Morus* sy'n dwyn aeron tebyg i fwyar duon, gyda gwreiddiau go gadarn — yn Saesneg, *mulberry tree*. Fe darddodd yr ymadrodd llafar, 'sŵn ym mrig y morwydd' am ryw ddatblygiad newydd ar droed, o II Sam. 5: 24.) Fe'n rhybuddiwyd, fodd bynnag, i beidio â difetha darluniau byw Iesu trwy gymryd ei eiriau'n brennaidd llythrennol gan T. W. Manson, 'Nid yw geiriau Iesu'n gwahodd Cristnogion i fod yn gonsurwyr neu'n ddewiniaid, ond yn hytrach i fod yn arwyr fel y rhai y dethlir eu campau yn yr unfed bennod ar ddeg o Hebreaid' (*The Sayings of Jesus*, t.141). Agor y drws i weithred syfrdanol Duw, a'i faddeuont dwyfol ef, a wna ffydd.

Cyflawni dyletswydd

Er nad oedd cysylltiad amlwg rhwng yr adran hon (17: 7-19) â'r adnodau blaenorol neu'r hanesyn a'i dilynodd, fe ddichon bod Luc wedi cynnwys y ddysgeidiaeth hon, ar le gweithredu, i sicrhau cydbwysedd ar ôl pwysleisio ffydd a maddeuant. Dylid darllen y ddameg hon yng nghyd-destun caethwasiaeth y cyfnod, a pheidio â gadael i ystyriaethau ynglŷn â pherthynas cyflogwr a chyflogedig heddiw gymylu'r dehongliad. Ergyd y ddameg oedd na ddylai'r caethwas gredu bod ganddo hawl i ddim, er ei fod wedi cyflawni ei holl orchwylion. Felly'r apostolion, neu'r arweinwyr eglwysig yn ddiweddarach; ni allent fynnu eu bod yn haeddu unrhyw freintiau gan Dduw oherwydd eu hymdrechion yn ei wasanaeth. Gras a chariad a dderbynient ar law Duw, nid ad-daliad. Chwedl John Calvin, 'Yr ydym ni, popeth yr ydym a phopeth sydd gennym, yn eiddo i Dduw; dyna paham y mae hi mor ynfyd ein bod am setlo'n cownt gyda Duw'. Ar ôl gwasanaethu Duw hyd yr eithaf, 'cyflawni ein dyletswydd a wnaethom' (17: 10).

Y Samariad diolchgar

Gan nad oedd Luc wedi atgoffa'i ddarllenwyr ers 13: 22 bod Iesu 'ar ei ffordd i Jerwsalem', fe awgrymodd y rhan fwyaf o esbonwyr fod adran newydd yn dechrau yn y fan hon (17: 11). Eto i gyd, ni welodd neb berthynas agos iawn rhwng yr hanesyn hwn a'r hyn a oedd yn dilyn. Ym marn I. Howard Marshall, y peth gorau yw 'edrych arno fel darn sy'n pontio' (t.648). Gallai Luc fod wedi penderfynu cynnwys yr hanes hwn yn y fan hon am fod cyfeiriad Iesu at ffydd y Samariaid yn ategu'r bwyslais ar ganlyniadau ffydd yn gynharach yn y bennod hon (17: 5-6). Rhoi hanes digwyddiad penodol a wnaeth Luc yma, ond yn sgîl y digwyddiad hwnnw cafwyd dysgeidiaeth go bendant.

Oherwydd bod ei gyfeiriadau daearyddol mor niwlog, gellid dadlau nad oedd Luc yn gyfarwydd iawn â Phalesteina. Trwy leoli Iesu ar daith 'trwy'r wlad rhwng Samaria a Galilea' (17: 11), roedd yn medru cyflwyno grŵp o wahangleifion a oedd yn cynnwys Iddewon a Samariaid. Ni châi'r gwahanglwyfus fynediad i'r trefi a'r pentrefi, ond yn aml fe arhosent ar y cyrion er mwyn codi'r elusen a'r bwyd a adawai pobl iddynt. Ni chaniateid iddynt gyffwrdd â neb, ac o weld Iesu safasant 'bellter oddi wrtho a chodi eu lleisiau arno' (17: 12-13). Yn hytrach na'u hiacháu yn y fan a'r lle, fe orchmynnodd Iesu iddynt fynd a dangos eu hunain i'r offeiriaid; rhywbeth y disgwylid i wahangleifion a lanhawyd ei wneud yn ôl y Ddeddf (5: 14). Yn sgîl eu hufudd-dod i orchymyn Iesu fe iachawyd y deg. Dyma'r unig dro yn yr efengylau y soniwyd am gynifer yn cael eu hiacháu ar y cyd o'r un clefyd. Gan Luc y cafwyd yr hanesyn hwn, ac fel yn achos hanesion eraill, ef yn unig a ychwanegodd elfen arall at yr iacháu.

'Ym mhob achos nid y digwyddiad yw'r weithred wyrthiol ond y gair o ddysgeidiaeth a darddodd ohono' (E. E. Ellis, t.209). Yma cafwyd dysgeidiaeth ynglŷn â phwy oedd Iesu, iachadwriaeth Iesu, a nod Iesu.

Pwy oedd Iesu?

Fe lanhawyd y deg ar eu ffordd at yr offeiriaid. Trwy ddangos bod Iesu'n gwybod hyn, fe awgrymwyd bod ganddo alluoedd goruwchnaturiol. O gofio am Eliseus, 'gŵr Duw', yn rhoi gorchymyn o bell, gan anfon Naaman yr estron i ffwrdd i gael ei iacháu o'r gwahanglwyf, a hwnnw'n dychwelyd i arddel yr unig wir Dduw (II Bren. 5: 9-14), roedd hi'n amlwg fod Iesu yntau'n broffwyd, a'i air iachusol yn wirioneddol effeithiol. Ar ben hyn fe uniaethwyd Iesu â Duw. Gallasai'r Samariad fod wedi 'gogoneddu Duw' ar ei ffordd at yr offeiriad. Uchafbwynt y stori hon oedd ei fod wedi dod yn ôl a syrthio 'ar ei wyneb wrth droed Iesu gan ddiolch iddo'. Dehonglodd Iesu'r weithred hon fel dychwelyd 'i roi gogoniant i Dduw' (17: 18). Pwy oedd Iesu felly? Roedd yn broffwyd, yn ŵr Duw, yn fwy na hynny yn Dduw yr iachawdwr.

Iachawdwriaeth Iesu

Yn yr hanes hwn gwelwyd bod Iesu wedi dylanwadu ar dair haen ym mywyd y dyn a ddychwelodd ato. Yn y Groeg gwreiddiol defnyddiwyd tri gair gwahanol am iacháu yn 17: 14, 15, 19. Yn gyntaf fe'i glanhawyd o'i wahanglwyf, cafodd iachâd corfforol. Yn ail fe'i iachawyd yn gymdeithasol. O deimlo'r cyfanrwydd corfforol daeth ysfa arno i ddychwelyd at Iesu. Yn lle sefyll 'bellter oddi wrtho' syrthiodd 'wrth draed Iesu' (17: 12, 16), gan ddod yn agos ato. Gwelodd ei gorff iach fel cyfrwng i gyfathrebu ac i ddiolch. Yn drydydd profodd iachawdwriaeth lawn; nid arhosodd gyda'i iechyd corfforol yn unig. Yng ngeiriau H. D. Betz, 'Dim ond y Samariad a welodd ac a ddeallodd yn llawn beth sydd wedi digwydd o ddifrif. Arweiniodd y gweld hwnnw ef i ddeall nid yn unig ei fod wedi cael ei iacháu, ond ei fod hefyd wedi dod o hyd i iachawdwriaeth Duw. Ei dröedigaeth i bob pwrpas oedd ei ddychweliad at Iesu' (JBL 90 (1971), t.318). Cydnabu fod Duw ar waith yn Iesu. Dangoswyd ei ffydd yn Iesu gan ei gais cychwynnol gyda'r lleill, 'Iesu, feistr, trugarha wrthym' (17: 13). Profwyd ei ffydd a'i ddibyniaeth ar air Iesu gan ei barodrwydd i ufuddhau, a chyfeirio'i lwybr at yr offeiriaid cyn gweld unrhyw dystiolaeth o rym Iesu. Pan welodd ei gnawd yn cael ei lanhau a theimlo iechyd a chyfanrwydd yn meddiannu'i fywyd, fe synhwyrodd fod Duw ar waith. Trwy arddel hyn rhoes gyfle i Iesu rannu'i iachawdwriaeth lawn ag ef. Cafodd godi ar ei draed yn adnabod Iesu fel Duw a oedd yn ei anfon ar ei hynt i fod yn dyst o'r iachawdwriaeth lawn sydd ar gael i'r ddynoliaeth. Dro ar ôl tro fe ddangosodd Luc fod iachawdwriaeth yn fwy na gwaredigaeth; yn ogystal â chael ei waredu o'i adfyd fe brofodd hwn fendith cymdeithas lawn â Duw ac â'i gyd-ddynion.

Nod Iesu

Trwy ddwyn sylw at yr 'estron hwn' (17: 18) yn rhoi gogoniant i Dduw, fe bwysleisiodd Iesu nad oedd iachâd nac iachawdwriaeth Duw wedi'i gyfyngu i'r Iddewon. Er fod y naw Iddew wedi'u glanhau o'u clefyd, ni chawsant brofi'r iachawdwriaeth lawn a ddaeth yn sgîl addoliad a diolchgarwch y Samariad. Roedd ffydd yr Iddewon yn anghyflawn am nad esgorodd ar ddiolchgarwch i Iesu, a rhoi'r gogoniant i Dduw. Yn ôl I. Howard Marshall, 'cynigir trugaredd Iesu i bawb, ond mae'n rhaid iddynt gydnabod beth a wnaeth Duw drwyddo ef; mae'n rhaid ychwanegu diolchgarwch at ffydd' (t.649).

Eirioni'r sefyllfa oedd mai Samariad a brofodd yr iachawdwriaeth lawn. Dyma ergyd y stori yn ôl C. F. Evans, 'Pwynt adrodd y stori, ac ni ellir mo'i wneud hebddi, yw Iesu'n cymeradwyo, nid ffydd fel y cyfryw, na diolchgarwch yn gyffredinol, ond duwioldeb dilys un nad oedd yn Iddew yn cael ei arddangos mewn diolchgarwch' (t.623). Droeon fe dynnwyd sylw at hyn yn yr efengyl yn ôl Luc (4: 24-27; 7: 9; 10: 25-37), gan baratoi at yr hanes yn llyfr yr Actau am 'estroniaid' fel yr eunuch o Ethiopia (8: 26-39) a Cornelius, y canwriad o'r fintai Italaidd, ynghyd â phobl o genhedloedd eraill (10: 1-48), yn dod yn aelodau llawn o deulu Duw. Hyn oedd nod amlwg Iesu. Trwy ddefnyddio'r gair 'estron', yr union air a welwyd ar y gwaharddiad yn y deml i'r Cenhedloedd gamu'n nes at y cysegr, fe ddangosodd Iesu mai iachawdwriaeth lawn oedd dileu'r gwahanfur rhwng yr Iddewon a'r Cenhedloedd a chreu 'o'r ddau un ddynoliaeth newydd ynddo ef ei hun' (Effes. 2: 15). Dyma wedd ar efengyl Iesu Grist, yr iachawdwr, a danlinellwyd yn arbennig gan Luc, a'i gydweithiwr, Paul.

Doedd ryfedd fod Luc wedi croniclo'r hanes hwn. Yn ogystal â bod y stori mor gyfoethog ynddi'i hun, roedd hi'n raglun o'r efengyl yn cael ei dibrisio gan Iddewon a'i gwerthfawrogi gan estroniaid. Profiad byw oedd hyn i Luc erbyn iddo fynd ati i ysgrifennu'i efengyl a'r Actau. Daliodd ati i alw am ffydd yn Iesu, cymodwr y credinwyr, ac iachawdwr y byd.

TRAFOD

1. Ym mha ffordd y gallwn ni fod yn dramgwydd ac yn achos cwymp i eraill?
2. Pan gawn ein tramgwyddo gan eraill, pa gamre a gymerwn i adfer y berthynas? Beth yw peryglon cuddio'r briw yn hytrach na'i wynebu'n agored ar y cyd?
3. Pam mai cymod yw'r nod bob amser? Sut y gall ffydd yn Nuw hyrwyddo ysbryd maddeuant a chymod ymhlith ein gilydd?
4. A yw'r weinidogaeth iacháu, trwy arddodi dwylo ynghyd â gweddi, yn cael y lle priodol yn eich eglwys chi? A fyddech chi'n cytuno â sylw Eduard Schweizer, 'Mae cymuned Gristnogol lle nad yw'r cleifion yn cael eu hiacháu yn gymuned dlawd yn ysbrydol. Mae cymuned sy'n gosod yr iacháu yn y canol er mwyn propoganda, yn hytrach na'i wneud yn dawel, yn gymuned sydd mewn perygl yn ysbrydol. Nid a yw'r iacháu'n digwydd trwy ddulliau anghyffredin fel gweddi neu drwy ddulliau 'cyffredin' fel gofal ffyddlon meddyg yw'r cwestiwn pwysig. Yr hyn sydd o bwys yw a yw'r iachâd corfforol yn arwain at fywyd newydd yn Nuw. Yn y fan hon gall yr arwydd o iacháu trwy weddi fod o gymorth, ac mae'n beth annaturiol os nad yw'n digwydd o gwbl mewn cynulleidfa' (t.269).

5. Yng ngoleuni hanes y Samariad diolchgar, sut fyddech chi'n disgrifio iachawdwriaeth?
6. Yng nghanol ein holl brysurdeb, ai teg yw gorfod cydnabod 'gweision ydym, heb unrhyw deilyngdod'? A anelodd Iesu'r ddameg hon (17: 7-10) at arweinwyr eglwysig yn benodol?

Pennod 38

DYFODIAD TEYRNAS DDUW: PA BRYD? PA LE? PA FODD?

Darllen: Luc 17: 20 - 18: 8

Yn yr adran hon fe gadwodd Luc at y fframwaith a ddefnyddiodd droeon; sef Iesu'n manylu ymhlith ei ddisgyblion ar ddysgeidiaeth a roesai eisoes i eraill. Yn wahanol i Fathew, a gadawodd y pynciau hyn tan fod Iesu wedi cyrraedd Caersalem (24: 23-28, 37-41), fe roes Luc ran o'r ddysgeidiaeth yn y fan hon, o bosibl am fod y Phariseaid, fel y naw dyn gwahanglwyfus a lanhawyd (17: 11-17), wedi methu â gweld presenoldeb a grym teyrnas Dduw ar waith yng ngweinidogaeth Iesu. Aeth Iesu i'r afael â thri chwestiwn llosg ynglŷn â theyrnas Dduw: pa bryd? pa le? a pha fodd y deuai?

Pa bryd?

Trwy holi 'pryd y deuai teyrnas Dduw' (17: 20) rhoes y Phariseaid fynegiant i gwestiwn cyffredin iawn yn yr hen fyd (e.e. Dan. 12: 5-13; IV Esdras 4 a 7; II Baruch 24). Ateb Iesu oedd na ellid rhagweld pa bryd y deuai ar sail rhyw arwyddion penodol. Yn ôl dehongliad I. Howard Marshall o'i eiriau, 'Ni fydd arwyddion y gall dynion eu gweld yn rhagfynegi nac yn dod gyda'r deyrnas. Mae edrych am y cyfryw rai yn golygu camddeall natur y deyrnas' (t.655). Yn hytrach na gwastraffu amser a chwilio ym mhob man, fe anogodd Iesu'r Phariseaid: 'edrychwch, y mae teyrnas Dduw yn eich plith chwi' (17: 21).

Fel y gwelir yn nhroednodyn *Y Beibl Cymraeg Newydd* bu llawer o ddadlau ynghylch cyfieithu'r adnod hon. Ar ôl trafod yr holl bosibiliadau, rhoes C. F. Evans ei gefnogaeth i'r trosiad a fabwysiadwyd yn nhestun *Y Beibl Cymraeg Newydd,* gan faentumio bod Iesu yn credu bod teyrnas Dduw ymhlith ei bobl yn barod 'yng nghanol cymuned Israel efallai' (t.629). Nid rhywbeth i chwilota amdani mo'r deyrnas felly; roedd hi'n bresennol yn barhaus ym mywyd ac yng ngweinidogaeth Iesu. Y dystiolaeth orau i deyrnas Dduw oedd gweithgarwch nerthol yr Ysbryd Glân, Ysbryd y dyddiau diwethaf, yng nghenhadaeth Iesu (4: 18-19; 11: 20, 32).

Pe le?

Ar ôl pwysleisio bod teyrnas Dduw wrth law fe gododd y cwestiwn, ym mha le yn hollol? Ac a oedd rhywbeth ychwanegol i edrych ymlaen ato? Er fod grymusterau'r deyrnas ar waith yn barod, roedd Iesu am i'w ddisgyblion wybod bod rhagor i gael ei ddadlennu. Ni fynnai iddynt gredu bod holl drefn y cadw wedi digwydd. Roedd pethau ar droed ond heb eu cwblhau, neu yn ôl ieithwedd yr ysgolheigion, 'eschatoleg a gychwynnwyd', ac nid 'eschatoleg a wireddwyd' oedd ei ddysgeidiaeth ef. I osgoi'r cysylltiadau â grym a oedd ymhlyg yn y term 'teyrnas', fe fabwysiadodd Iesu ddelwedd 'Mab y Dyn' i gyfleu ei ailddyfodiad mewn gogoniant i achub ac i farnu'r byd. Nid yn ddirgel y digwyddai hynny ond 'fel y fellten sy'n fflachio o'r naill gwr o'r nef hyd y llall, felly y bydd Mab y Dyn yn ei ddydd ef' (17: 24). Fodd bynnag, cyn hynny 'y mae'n rhaid iddo ddioddef llawer, a chael ei wrthod gan y genhedlaeth hon' (17: 25). Trwy ddweud hyn fe ddangosodd Iesu nad oedd digwyddiadau arswydus y dyddiau diwethaf yn Jerwsalem y tu hwnt i bwrpas achubiaeth Duw. Yn wir, roedd parodrwydd i ddioddef ac i farw yn rhan o'r drefn.

Er fod pethau mor dyngedfennol yn digwydd o'u cwmpas, yr eironi oedd fod pobl yn bwyta ac yn yfed, yn prynu ac yn gwerthu, yn bwrw ymlaen â'u gweithgareddau beunyddiol yn gwbl ddidaro, yn union fel y bu hi yn nyddiau Noa a Lot (17: 26-28). Yng nghanol y difrawder hwn câi Mab y Dyn ei ddatguddio (17: 30). Diwrnod o waredigaeth ac o farn fyddai hwnnw. Rhybuddiwyd y disgyblion i beidio â rhoi'u bryd ar feddiannau ac ar 'bethau' (17: 31). 'Pwy bynnag a gais gadw ei fywyd ei hun, fe'i cyll, a phwy bynnag a'i cyll, fe'i ceidw yn fyw' (17: 33). Yn ôl yr egwyddor hon y bu Iesu fyw a marw. Fe'i gweithredodd hyd yr eithaf gan brofi bod bywyd ar gael y tu hwnt i angau. Dyma'r ffordd o fyw a gynigiodd i'w ddisgyblion: llwybr ffydd (18: 8) a fentrai'r cyfan gan ddibynnu ar Dduw, rhoddwr bywyd. Rhennid teuluoedd (17: 34) a chydweithwyr (17: 35) pan ddatguddid Mab y Dyn ar sail hyn. Câi'r sawl a fu byw trwy ffydd yn Nuw eu cadw, tra byddai'r sawl a geisiodd ei waredu ei hun yn ei nerth ei hun yn cael ei adael ar ôl a'i golli (17: 33-36). Dyma wirionedd a oedd mor amlwg â haul canol dydd. Afraid holi, 'Ble, Arglwydd?' Fel yr adwaenai'r adar ysglyfaethus y gelain o bell, byddai Mab y Dyn yn adnabod y sawl a roes eu hymddiriedaeth a'u ffydd ynddo ef, a deuai canlyniadau hynny yn amlwg i bawb. Fel yr esboniodd I. Howard Marshall, 'Dim ond y rhai sy'n fodlon colli eu bywyd fydd yn goroesi'r farn a fydd yn dod i ddidoli pobl. Mae gofyn am fap ar gyfer yr hyn sydd i ddigwydd mor ddisynnwyr â gofyn am amserlen: fel y mae lleoliad celain yn yr anialwch yn amlwg oddi wrth y dorf o fulturod sy'n cylchdroi uwch ei ben, felly bydd Mab y Dyn yn ymddangos i farnu'r ddaear mewn modd na ellir mo'i gamgymryd, ac ni fydd angen holi ble y mae' (t.656).

Pa fodd?

Gan fod dyfodiad Mab y Dyn mor dyngedfennol, sut y dylai'r disgyblion ymbaratoi ar ei gyfer? Roedd 'yn rhaid iddynt weddïo bob amser yn ddiflino,' meddai Luc (18: 1). I gefnogi hyn fe ailadroddodd ef, ac ef yn unig, un o ddamhegion Iesu. Gan fod y wraig wedi dioddef rhyw gam, roedd hi'n ysu am 'ddedfryd gyfiawn' (18: 3). A hithau'n weddw, roedd hi ar drugaredd y barnwr. Gan ei fod yntau mor ddidaro, ei hunig arf oedd ei blagio'n ddiddiwedd. O ddal ati fe enillodd hi'r dydd.

Ni fynnai Iesu awgrymu bod Duw yn ddidaro fel y barnwr. Ei ddadl ef yn hytrach oedd hyn: os oedd barnwr esgeulus yn rhoi dedfryd gyfiawn yn y pen draw, pa faint mwy y rhoddai Duw 'gyfiawnder i'w etholedigion', ac os oedd barnwr dibris yn ymateb i daerni'r weddw, pa faint mwy y byddai'r Duw graslon yn rhoi cyfiawnder i'r rhai 'sy'n galw'n daer arno ddydd a nos?' (18: 7-8a). Nid parodrwydd Duw i farnu'n gyfiawn oedd y cwestiwn allweddol, ond tybed a welai ef 'ffydd ar y ddaear?' (18: 8). Heb ffydd, heb awydd i dderbyn yr hyn yr oedd Duw yn ei gynnig, ni allai ef roi'r 'cyfiawnder', y bywyd go iawn yr oedd ef yn awchu i'w roi i'w bobl ar y ddaear. Fodd bynnag, lle câi ffydd gallai blannu'r cyfiawnder hwnnw a ddeilliai o berthynas berffaith y Tad, a'r Mab a'r Ysbryd Glân, ac a ragorai ar unrhyw gyfiawnder yr ymdrechai dyn i'w sefydlu ar ei ben ei hun. Llurgunid cyfiawnder dynol gan y duedd hunanol i sicrhau cyfiawnder i'r hunan ar draul eraill, tra byddai'r cyfiawnder a darddai o Dduw yn sicrhau tegwch i bawb. Dyna nod Duw, dyna'r pendraw y daeth Iesu i'w gynnig a'i hyrwyddo trwy weithgarwch ei Ysbryd Glân, er gogoniant Duw Dad, ac er lles dynolryw a'r ddaear gyfan. Pa fodd y gellid ymbaratoi i dderbyn y rhodd ddwyfol hon? Trwy ymddiriedaeth a ffydd yn cael ei borthi'n barhaus gan weddïo'n ddiflino. Afraid holi wedyn pa bryd, na pha le? Yn hytrach, y cwestiwn allweddog yw pa fodd y medrwn ni dderbyn dyfodiad teyrnas mor annisgwyl?

Anelwyd y cwestiwn hwn at ein sefyllfa ni gan Michael Marshall, 'Mae'r pethau sydd i ddod yn wahanol iawn i'r hyn y byddech yn ei ddisgwyl o edrych ar hanes yn nhermau esblygiad dyn yn unig, yn hytrach nag edrych arno yn nhermau chwyldro. Hyd yma yng nghroniclau hanes y cryfaf sydd wedi goroesi, pawb drosto'i hun, a chafwyd bywyd newydd trwy drechu a gorthrymu'r tlawd a'r gwan. Yn y deyrnas sydd i ddod, fodd bynnag, fe fydd popeth o chwith . . . Yn nheyrnas Dduw byddwn yn darganfod y pŵer eithaf yng nghanol gwendid; bydd pawb dros eraill nid pawb drosto'i hun, a rhoddir bywyd newydd lle bynnag y bydd bywyd yn cael ei roddi o wirfodd. Bydd y cyntaf yn olaf, a'r olaf yn gyntaf; bydd y diffrwyth yn ffrwythlon; bydd hynafgwyr yn breuddwydio breuddwydion a'r gwŷr ifainc yn gweld gweledigaethau. Mae'n ddryslyd iawn! Amlygir brenhiniaeth ar ei hamlycaf yn y deyrnas hon trwy wasanaethu'n gariadus. Darganfyddir awdurdod trwy ufudd-dod a grym sy'n cael ei ddiosg yn wirfoddol. Daw pob bywyd newydd *trwy* farwolaeth. Ym mhob cyfeiriad at deyrnas Dduw ni roddir i ni haniaethau, côd neu reolau. Tynnir ein sylw at ddigwyddiadau sy'n ein herio i ddatrys beth sy'n ymhlyg yn y fath arwyddion dryslyd!' (*The Gospel Connection,* t.45). Yng ngoleuni bywyd Iesu, o'i eni i'w ddyrchafu y mae gobaith gweld pa le a pha bryd yr amlygir teyrnas Dduw. Gall pob digwyddiad ddadlennu'i bresenoldeb ef.

TRAFOD

1. A ydych chi'n credu bod y ddynoliaeth i gael ei barnu? Ynteu at argyfwng fel cwymp Jerwsalem y cyfeiriai Iesu? Ai gan Iesu y bernir y byd? Pam ei bod hi'n 'rhaid iddo ddioddef llawer a chael ei wrthod' yn gyntaf? (17: 25).
2. Ai yn annisgwyl pan fo pobl yn dal ati gyda'u gweithgareddau dyddiol y 'datguddir Mab y Dyn' (17: 30)? A all hyn fod yn digwydd eisoes o ddydd i ddydd ynteu rhyw ddigwyddiad syfrdanol ar derfyn amser fydd hwn?
3. Gan fod Mab y Dyn yn dod i waredu yn ogystal ag i farnu, sut mae ymbaratoi ar gyfer ei ddyfodiad ef? A yw'r cynghorion a geir yn 17: 33; 18: 1, 7-8 yn perthyn i'w gilydd?
4. Beth yw canlyniadau anochel datguddiad Mab y Dyn?
5. Yn wyneb y temtasiwn i roi'r ffidil yn y to, beth oedd cyngor Iesu i'w ddisgyblion dros y cyfnod cyn ei ailddyfodiad? Ai cysur oedd cofio mai ef a adroddodd ddameg y weddw a'r barnwr?
6. Beth yw lle gweddi yn wyneb yr argyfwng eithaf? A fyddech chi'n cytuno â H. A. Williams, 'wrth weddïo rydym yn mynd i mewn i realiti ac yn gweld pethau fel y maent mewn gwirionedd o safbwynt Duw' (*The Simplicity of Prayer,* t.69)?
7. A yw Michael Marshall wedi gorliwio gwedd annisgwyl teyrnas Dduw?

Pennod 39

TEYRNAS DDUW: I BWY?

Darllen: Luc 18: 9-30

Ar ôl wynebu cwestiynau fel 'Pa bryd? Pa le? Pa fodd y deuai teyrnas Dduw?' (17: 20 - 18: 8), fe aeth Iesu i'r afael â'r cwestiwn, 'I bwy y rhoddir teyrnas Dduw?' Fe awgrymodd eisoes fod Duw yn awyddus i roi cyfiawnder i'w bobl, ond tybed a geid y ffydd a'r ymddiriedaeth angenrheidiol i dderbyn rhodd Duw? (18: 8). Yn yr adran hon (18: 9-30) fe ddangosodd Iesu nad y rhai oedd 'yn sicr eu bod hwy eu hunain yn gyfiawn' a gafodd eu cyfiawnhau (18: 9, 14). Y casglwyr trethi a fwriodd eu hunain ar drugaredd Duw a brofodd ei gyfiawnder ef, nid y Phariseaid hunangyfiawn; y plant a ddibynnai'n llwyr ar drugaredd, nid y cyfoethogion a ddibynnai ar eu golud, a gafodd fwynhau llawenydd teyrnas Dduw. Cymeriad annisgwyl fel y cardotyn dall ger Jericho a welodd Dduw ar waith yn Iesu, yn sgîl ei ffydd (18: 42), yn gliriach hyd yn oed na'r Deuddeg (18: 33-34), a daeth Mab y Dyn i ganol bywyd Sacheus o bawb. Pa bryd? A pha le? '"Heddiw," meddai Iesu wrtho, "daeth iachawdwriaeth i'r tŷ hwn"' (19: 9). Wrth ddwyn ei adran hir am y daith i Jerwsalem i ben (9: 51 - 19: 28), fe grisialodd Luc yr amodau hynny a ystyriai ef yn angenrheidiol i fedru derbyn teyrnas Dduw, y bywyd newydd hwnnw y daeth Iesu i'r byd i'w roi yn rhodd.

I bwy y rhoddodd y bywyd dwyfol hwn? Nid i'r crefyddwr ond i'r pechadur edifeiriol y rhoddwyd cyfiawnhad; nid i'r prysur-bwysig ond i blant y perthynai teyrnas Dduw; nid i'r cyfoethog ond i'r sawl a adawodd bob peth i ganlyn Iesu yng nghymdeithas ei ddisgyblion yr addawyd bywyd tragwyddol. Gras Duw yn ennyn ffydd ac ymddiriedaeth dyn oedd amod y bywyd hwn.

Nid i'r crefyddwr ond i'r pechadur edifeiriol

Fe adroddodd Iesu un o'i ddamhegion mwyaf cofiadwy 'wrth rai oedd yn sicr eu bod hwy eu hunain yn gyfiawn, ac yn dirmygu pawb arall' (18: 9). Yn ychydig linellau'r cartŵn hwn fe welwyd yn eglur i bwy y gallai Duw roi ei gyfiawnder penodol ef. Credai'r Phariseaid ei fod yn gyfiawn yn barod; rhestrodd ei ymdrechion i ragori ar y Gyfraith Iddewig hyd yn oed. Yn ôl y Ddeddf (Deut. 14: 22-23) roedd disgwyl i'r Iddew ddegymu ŷd, gwin, olew, gwartheg a defaid, ond fe dalai'r Pharisead hwn ddegwm ar bopeth a gâi. Yn ychwanegol at yr ymprydio swyddogol fe ymprydiai hwn ddwywaith yr wythnos (18: 12). Beth oedd o'i le felly ar ei grefydd ef? Pam nad oedd yn iawn yng ngolwg Duw? Yn ogystal â bod yn hunangyfiawn, heb weld yr angen am ei gyfiawnhau gan Dduw, ei drosedd ef oedd 'dirmygu pawb arall' (18: 9, 11). Agwedd cwbl groes i agwedd Duw a chyfiawnder Duw oedd y dirmyg hwn. Tra'r ymffrostiai yn ei gyfiawnder ei hun ac ymhonni yn ei ddirmyg at eraill, aeth adref heb ei gyfiawnhau gan Dduw. Ofer oedd ei holl ymdrechion crefyddol.

Fodd bynnag, roedd yno un y gallai Duw ei gyfiawnhau. Adwaenai'r casglwr trethi ei hun — fel pechadur. Safodd ymhell i ffwrdd o'r cysegr, heb feiddio dyrchafu'i freichiau, a chodi'i olygon tua'r nef — ystum gweddi draddodiadol. Yn hytrach, curodd ei fron gan ei fod yn ystyried ei galon fel mangre pechod. Yn ogystal ag adnabod ei hun, fe adwaenai'r casglwr trethi ei Dduw, fel un a allai fod yn drugarog wrtho. Cronnodd ei weddi i un deisyfiad, 'O Dduw, bydd drugarog wrthyf fi, bechadur' (18: 13). Adleisiodd ffydd y Salmydd yn nhosturi ac yn ffyddlondeb dibynadwy Duw:

> Bydd drugarog wrthyf, O Dduw, yn ôl dy ffyddlondeb;
> yn ôl dy fawr dosturi dilea fy meiau (Salm 51: 1).

Gydag awdurdod un a wyddai feddwl Duw ei hun fe ddywedodd Iesu, ''Rwy'n dweud wrthych, dyma'r dyn a aeth adref wedi ei gyfiawnhau, nid y llall' (18: 14). Lle cafwyd ffydd gallodd Duw roi cyfiawnder yn ebrwydd (18: 8). Nid cyfiawnder a enillwyd trwy ymdrechion crefyddol neu foesol mo hyn ond rhodd Duw. Yn y fan hon, fe ddefnyddiwyd y gair 'cyfiawnder' yn yr ystyr a oedd yn gyffredin yn llythyron Paul (e.e. Rhuf. 1-4; Gal. 2-3), ond yn bur eithriadol yn yr efengylau. O daflu'i hun ar drugaredd Duw fe ddaeth y casglwr trethi i'r fan lle gallai Duw ei ddiddyfnu oddi wrth ei bechodau, ei feddiannau'n eiddo iddo'i hun a'i ail-greu ar ei ddelw ei hun i fod yn ddyn go iawn. Yn sgîl yr adnewyddiad hwn y deuai'r fuchedd newydd, fel yn achos Sacheus (19: 8). Canlyniad cyfiawnhad, nid ei amod, oedd gweithredu cyfiawn.

Unwaith eto tanlinellwyd un o agweddau annisgwyl cenhadaeth Iesu gan Luc: 'i alw pechaduriaid i edifeirwch, nid rhai cyfiawn yr wyf fi wedi dod' (5: 32). Dro ar ôl tro tynnodd sylw at y chwyldroadol a'r annisgwyl yn ei efengyl, fel yn hanes y geni (1: 51-53) ac yn nysgeidiaeth Iesu ar y tir gwastad (6: 20-26). Troes y drol trwy ganmol y Samariad ar draul yr offeiriad a'r Lefiad (10: 29-37) a chynnwys y mab afradlon yn y wledd fawr o flaen y mab hynaf (15: 11-32), heb sôn am Lasarus ym mynwes Abraham yn lle'r dyn cyfoethog (16: 19-31). Un o themâu Luc oedd mai i'r annisgwyl y deuai rhywfaint o flas teyrnas Dduw. Nid i'r crefyddol a geisiai ei gyfiawnhau ei hun ond i'r pechadur edifeiriol y daeth cyfiawnhad Duw. Fe ymddiriedodd y casglwr trethi yn nhrugaredd Duw, a phrofwyd bod y trugaredd dwyfol hwn yn rym achubol a allai ryddhau dyn o afael pechod a'i gyfannu yn sgîl ei berthynas iawn â Duw; perthynas un a oedd wedi 'darostwng ei hun' gan ddibynnu'n llwyr ar drugaredd Duw i'w ddyrchafu (18: 14). Dyma'r berthynas iawn â Duw. I berson o'r fath y deuai cyfiawnhad a chyfiawnder Duw yn rhodd, rhodd a allai ei wneud yn iawn o'r newydd. Yr un oedd neges adnodau nesaf Luc, gan gyfeirio'n benodol at dderbyn teyrnas Dduw.

Nid i'r hunanbwysig ond i blant

'Yn wir, 'rwy'n dweud wrthych, pwy bynnag nad yw'n derbyn teyrnas Dduw yn null plentyn, nid â byth i mewn iddi' (18: 17). Gyda'r hanes hwn fe ailafaelodd Luc yn yr efengyl yn ôl Marc. Y tro diwethaf y gwelwyd Luc yn dilyn fframwaith Marc, roedd Iesu yn dal i genhadu yng Ngalilea (9: 49-50 = Marc 9: 38-40). Wrth adrodd hanes y daith i Jerwsalem fe ddibynnodd Luc ar ffynonellau eraill — rhai ohonynt yn gyffredin â Mathew, (fel y gwelir wrth y croesgyfeiriadau o dan y penawdau yn *Y Beibl Cymraeg Newydd*). Ond er iddo droi yn ôl at Marc yn y fan hon, fe ddefnyddiodd Luc yr hanes i'w ddiben ei hun. Cynhwysodd Marc yr hanes am Iesu'n bendithio plant bach (10: 13-16) yng nghyd-destun dysgeidiaeth Iesu ar fywyd tragwyddol ac ysgariad. Cyfle i ddangos i bwy y perthynai teyrnas Dduw oedd yr hanesyn hwn i Luc. Tra oedd Marc wedi sôn am bobl yn dod â phlant at Iesu, fe danlinellodd Luc eu diymadferthedd trwy nodi eu bod wedi dod â'u babanod ato (18: 15). Er eu hanallu i wneud dim drostynt eu hunain, 'i rai fel hwy y mae teyrnas Dduw yn perthyn' (18: 16).

Mor chwydroadol oedd dysgeidiaeth a gweithredu Iesu. Er i'w ddisgyblion deithio gydag ef i gyfeiriad Jerwsalem, roeddent yn dal heb fedru dirnad yn llawn drefn annisgwyl Duw yng ngweinidogaeth Iesu (cym. 18: 34). Yn ôl arfer eu hoes digon dibris oeddent hwy o fabanod a phlant bach (18: 15). Ni châi plant lais yn nhrafodaethau crefyddol a diwinyddol oedolion. (Dyna pam y syfrdanwyd Mair a Joseff ac y rhyfeddodd y gwrandawyr at atebion deallus Iesu yn y deml, pan oedd yntau'n ddeuddeng mlwydd oed (2: 47-48).) Yn groes i'r drefn 'galwodd Iesu'r plant ato', ac o ddod ato ef cawsant fod yn awyrgylch ac yng nghymdeithas teyrnas Dduw. Nid oedd dim ynddynt hwy yn haeddu hyn; nid ffrwyth eu hymdrechion oedd ennill teyrnas Dduw. Rhodd oedd y gwmnïaeth ddwyfol hon i'r sawl a ymatebodd i wahoddiad Iesu i ddod ato ef. Nid rhywbeth plentynnaidd mo hyn, ond hanfod y bywyd newydd a gynigiodd Iesu i'r sawl a oedd yn barod i ymddiried ynddo ef beth bynnag fo'i oed. I bwy y perthyn teyrnas Dduw? Nid i'r hunanbwysig a'r annibynnol ond i bawb a arddelai ddigon o ffydd yn Iesu i ddod ato ef 'iddo gyffwrdd â hwy' (18: 15). Droeon fe ddangosodd Luc mai cyffyrddiad Iesu a gyfryngodd y bywyd llawn a nodweddai deyrnas Dduw i bobl a oedd yn barod i'w dderbyn yn rhodd (5: 13; 6: 19; 7: 14; 8: 46). I'r bach a'r gostyngedig y medrai Iesu roi blas ar berthyn i deyrnas Dduw; ni wnaethant hwy ddim i haeddu'r fraint hon, dim ond ei derbyn yn llawen. Ond rhagflas yn unig oedd hyn. Yn wahanol i Farc (10:

16) ni chyfeiriwyd yma at Iesu'n bendithio'r plant. Yn ôl Luc ni fendithiodd Iesu neb hyd nes iddo yntau gael ei ddyrchafu ar ôl darostwng ei hun hyd angau (24: 51). Wedyn bendithiodd ei bobl â'i Ysbryd ef ei hun, Ysbryd ac anian plant Duw. Yn ngeiriau C. F. Evans, 'Yr unig ffordd i dderbyn y deyrnas yn ei ffurf bresennol, a roddwyd iddi gan neges a gweithgarwch Iesu, yw trwy roi'r gorau i ymhonni ynghylch mawredd a champau' (t.648).

Nid i'r cyfoethog ond i'r sawl a adawodd bopeth

I bwy yr addawyd bywyd llawn y deyrnas? Nid i'r cyfoethog ond i'r sawl a adawodd bopeth i ganlyn Iesu yng nghymdeithas ei ddisgyblion, yr addawyd bywyd tragwyddol. Os mai 'yn null plentyn' yr oedd mynd i mewn i'r deyrnas, mor wahanol oedd sefyllfa'r llywodraethwr cyfoethog. I bwysleisio hyn fe newidiodd Luc rai o'r manylion ym Marc. Yn lle sôn am 'rhyw ddyn' (Marc 10: 17) cyfeiriodd Luc ato fel 'llywodraethwr', sef aelod o'r Cyngor a wrthwynebai Iesu'n chwyrn (23: 13, 35; 24: 20) a'r eglwys hithau yn ôl llyfr yr Actau (3: 17; 4: 5, 8; 13: 27). I Luc tueddai safle bwysig a chyfoeth gydredeg (16: 14-15). Fe ddileodd ef y manylion ym Marc a roddai ddarlun derbyniol o'r dyn hwn fel 'rhedodd' ato, 'a phenlinio o'i flaen' ac Iesu'n edrych arno a'i hoffi (Marc 10: 17, 21). Nid wrth ei ddisgyblion (Marc 10: 23), ond yn ôl pob golwg wrth y llywodraethwr cyfoethog y dywedodd Iesu'r geiriau caled (18: 24-25). I yrru'r neges adref gwrthgyferbynnwyd y llywodraethwr cyfoethog a 'aeth yn drist iawn' â pharodrwydd eraill i adael popeth i ganlyn Iesu yng nghymdeithas ei ddisgyblion, 'er mwyn teyrnas Dduw'. Iddynt hwy yr addawyd y 'bywyd tragwyddol' (18: 30) yr oedd y llywodraethwr yn holi amdano (18: 18).

Camsyniad y llywodraethwr oedd credu mai rhywbeth i'w etifeddu a'i feddiannu fel ei gyfoeth, neu ei swydd, oedd bywyd yn nheyrnas Dduw. Fe ymdrechodd i gadw'r gorchmynion o'i ieuenctid (18: 21). Ceisiodd haeddu cael lle yn y deyrnas. Eto i gyd, yr oedd rhywbeth ar goll. Daliai i holi, 'Athro da, beth a wnaf i etifeddu bywyd tragwyddol?' Ar ôl rhoi cyfle iddo restru ei ymdrechion ei hun, fe roes Iesu ei fys ar ei broblem waelodol: ar bwy neu ar beth, ar Dduw ynteu ar ei eiddo, y dibynnai yn y pen draw? I'r sawl a ddibynnai ar Dduw yn unig y rhoddai ef y bywyd newydd hwnnw. Dyma'r 'un peth' a oedd yn cyfrif (18: 22 cym. 10: 42). Dyna pam na fynnai Iesu i'w ddaioni personol ef gyfrif yng ngolwg y llywodraethwr. Ffynhonnell daioni oedd Duw, a thrwy ddibynnu'n llwyr arno ef yr oedd gobaith mwynhau bywyd daionus y deyrnas (18: 19).

Am fod y cyfoethog yn cael ei demtio i ddibynnu ar ei feddiannau, gan eu cyfrif yn dduw, fe addefodd Iesu, 'Mor anodd yw hi i'r rhai goludog fynd i mewn i deyrnas Dduw!' Yn wir buasai'n haws i'r camel, yr anifail mwyaf y gwyddai amdano, fynd i mewn drwy'r twll lleiaf, crau nodwydd, 'nag i ddyn cyfoethog fynd i mewn i deyrnas Dduw' (18: 25). Er gwaethaf hyn nid oedd yn gwbl amhosibl. Fe allai Duw gyflawni'r wyrth waredigol honno (18: 27). Dyna pam y rhoes Iesu gyfle i'r llywodraethwr cyfoethog rannu'i eiddo ymhlith y tlodion a chael y trysor eithaf, bywyd tragwyddol, yng nghwmni Iesu (18: 22).

Soniodd Jim Wallis am y perygl o anghofio bod Iesu wedi gwahodd y llywodraethwr cyfoethog, ar ôl gwerthu'r cwbl a'i rannu, i ymuno ag ef yng nghymdeithas ei ganlynwyr. Wrth bregethu, meddai 'Roeddwn i bob amser yn gorffen yn y fan lle roedd Iesu'n dweud wrth y llywodraethwr ifanc i werthu ei holl eiddo a'i roi i'r tlodion. Roeddwn i'n dweud wrth y Cristnogion cyfoethog bod yn rhaid iddynt hwythau wneud hyn. Mewn gwirionedd roeddwn i'n dweud, "Gwerthwch y cwbl sydd gennych, ei roi i'r tlawd, ac anfonwch gerdyn ataf fi i ddweud yr hanes". I bobl sydd yn gaeth, sydd wedi cael eu meddiannu gan eu meddiannau, sydd mewn dyled hyd at eu clustiau, sydd yn berchen mwy nag y dylai unrhyw un ei gael ond sydd eto'n ofni na fydd ganddynt ddigon — roedd fy ngeiriau i "rhowch y cyfan i eraill' yn dangos diffyg sensitifrwydd. Nid oeddent yn cyfleu'r neges yn ei chyfanrwydd, oherwydd aeth Iesu gam ymhellach. Yn ogystal â dweud "gwerth y cwbl sydd gennyt, a rhanna ef ymhlith y tlodion" dywedodd "a thyrd, canlyn fi". Pryd bynnag y mae Iesu'n dweud "tyrd, canlyn fi", mae'n dweud: "hoffwn i dy wahodd di i ymuno â fy nghymuned i. Fe hoffwn i ti gasglu dy fywyd ynghyd, pacio dy fagiau a dod i fyw gyda ni. Tyrd, ymuna â ni, i brofi'r sicrwydd newydd yr ydym ni wedi ei ddarganfod trwy ymddiried yn Nuw gyda'n gilydd. Fe fyddi'n dod o hyd i bobl sy'n debyg iawn i ti, pobl gyda'r un math o ofnau, problemau, a hanes, ond pobl sydd am ddysgu ffordd newydd o fyw ynghyd, ffrindiau a fydd yn dy dywys gerfydd dy law. Gyda'ch gilydd fe gewch eich tywys i le newydd. Tyrd i fyw yn ein plith ni i ddysgu am y drefn newydd hon".

'Os ydym yn ymboeni am yr hualau y mae'r drefn economaidd wedi eu gosod ar fywyd yr eglwys, mae'n rhaid i ni greu cymunedau sy'n gwahodd pobl i mewn iddynt, lle mae edifeirwch yn fwy na gair, lle mae ffyrdd eraill diriaethol gweladwy o fyw yn cael eu harddangos. Dyna ystyr yr alwad i edifeirwch a geir mewn tröedigaeth. Nid yw edifeirwch byth yn cael ei wahanu oddi wrth greu pobl newydd sydd i fod i dadlennu yn eu bywyd ynghyd y blaenffrwyth, y cynllun arbrofol, hedyn y drefn newydd y mae Duw wedi'i fwriadu ar gyfer y greadigaeth gyfan. Os nad yw'n hadnewyddiad ni'n cynhyrchu'r grym i ymryddhau o afael mamon ar fywyd yr eglwys yn y wlad hon, nid yw'n werth sôn amdano. Ond os medrwn ni brofi'r Ysbryd yn yr un ffordd â'r Cristnogion cynnar, os gallwn ni ymddiried yn Nuw i ddiwallu'n hanghenion a sefyll gyda Christ ymhlith y tlodion, yna fe fydd grym ein tröedigaeth ni yn amlwg i bawb' (*The Call to Conversion*, tt. 64-66).

Dyna'r math o gymuned a sefydlodd Iesu. Fe synhwyrodd Pedr fod yr 'hyn sy'n amhosibl gyda dynion yn bosibl gyda Duw' (18: 27-28); roedd wedi digwydd yn eu hachos hwy. Cafodd sicrwydd Iesu'i hun bod y gymdeithas honno, a oedd yn rhydd o hualau pethau, yn derbyn yn ôl 'lawer gwaith cymaint yn yr amser hwn' (18: 30), yn derbyn bywyd llawn o ing a llawn o wynfyd yng nghwmni Iesu ar ei ffordd i Jerwsalem, 'ac yn yr oes sy'n dod fywyd tragwyddol' (18: 30). I bwy yr addawyd y trysor hwn, bywyd yng nghwmni Duw a'i bobl, teyrnas Dduw? Nid i'r crefyddol, na'r hunanbwysig, na'r cyfoethog, ond i'r sawl a wyddai ei fod ar drugaredd Duw, yn fodlon derbyn ei rodd, a byw heb ddibynnu ar bethau'r byd eithr ar Dduw yn unig, yng nghymdeithas ei ddisgyblion.

TRAFOD

1. Pwy yw'r math o bobl sy'n medru derbyn ffordd Duw, trefn Duw, teyrnas Dduw, bywyd Duw?
2. Beth yw rhai o'r prif rwystrau i dderbyn y bywyd newydd hwn? Pwy all symud y rhwystrau hyn?
3. Ai ar ein pennau'n hunain yn unig y cawn flasu bywyd teyrnas Dduw, ynteu a yw cyfoeth y bywyd hwnnw yn dod yn fwy amlwg yn ein cymdeithas â'n gilydd?
4. Pa bethau sy'n angenrheidiol i ni fod y rhydd i'w rhannu ag eraill i fedru profi gwerth bywyd ynghyd?
5. I bwy y rhoddir 'bywyd tragwyddol'? Ai i'r sawl sy'n rhydd i ymwadu â'u safle a'u heiddo ac ymuno yng nghymdeithas dilynwyr Iesu?
6. Wrth roi ei elw i ffwrdd ar ddiwedd pob blwyddyn a yw Cymuned Taizé yn profi bod modd gweithredu yn ôl cyngor Iesu o hyd? Onid ydynt hwy yn gweithredu'r ddwy egwyddor (i) hunanymwadu a (ii) chymdeithasu?

Pennod 40

AGORIAD LLYGAID

Darllen: Luc 18: 31 - 19: 27

Ers 9: 51-53 bu Luc yn atgoffa'r darllenydd fod Iesu 'ar ei ffordd i Jerwsalem'. Yno y cyrhaeddai'r efengyl ei huchafbwynt, ac Iesu'n cael 'ei gymryd i fyny' (9: 51). Fel yn 'dyrchefir fi' yr efengyl yn ôl Ioan (3: 14; 8: 28; 12: 32) fe gynhwysai hyn y 'mynd i fyny' i Jerwsalem, y cyfodi ar groes, yr atgyfodiad a'r esgyniad, sef holl broses cymryd Iesu i fyny i'r nef i bresenoldeb Duw ei hun. Yn yr adran hon (18: 31 - 19: 27) gwelwyd y broses honno'n cyflymu'n fygythiol: rhubuddiodd Iesu'r Deuddeg, 'Dyma ni'n mynd i fyny i Jerwsalem . . .' (18: 31). Disodlwyd cyfeiriadau daearyddol annelwig Luc gan 'Wrth iddo nesáu at Jericho' (18: 35) ac 'Yr oedd wedi dod i mewn i Jericho' (19: 1), cyn cloi'r adran hon 'yn agos i Jerwsalem' (19: 11). Byddai darn olaf ei efengyl (19: 28 - 24: 53) yn dechrau ac yn diweddu gyda chyfeiriad at Jerwsalem. Mae'n amlwg ein bod wedi cyrraedd carreg filltir bwysig ar y daith anorfod i Jerwsalem yn ôl Luc.

Dallineb y Deuddeg

Gan mai dyma'r tro diwethaf i Iesu sgwrsio gyda'r Deuddeg fel grŵp cyn cyrraedd pen y daith fe berthyn rhyw ddwyster arbennig i'w ymadroddion. Am y trydydd tro fe'u rhybuddiwyd ynghylch ei dynged yn Jerwsalem (18: 31-32). Erbyn hyn mae Luc wedi ailafael yn yr hanes fel y'i ceir gan Marc. Trwy gymharu'r ddau, a sylwi ar y newidiadau a gyflwynodd Luc, cawn awgrym go glir ynglŷn â'i ddealltwriaeth ef o bwrpas ymweliad Iesu â Jerwsalem, ac o arwyddocâd ei ddioddefaint a'i atgyfodiad. Yn ôl Marc, soniodd Iesu wrth y Deuddeg 'am yr hyn oedd i ddigwydd iddo' (10: 32), ond yn ôl Luc dywedodd y cyflawnid ar Fab y Dyn 'bob peth sydd wedi ei ysgrifennu trwy'r proffwydi'. Cyflawni'r proffwydi oedd esboniad Luc ar ddioddefaint Iesu, a daeth hyn yn rhan o bregethu'r Eglwys Fore (e.e. Actau 13: 27-29). Yn y fan hon (18: 31) rhoes Luc sylfaen yng ngeiriau'r Iesu daearol i'r dehongliad hwn. Maes o law fe ehangai ei sylfaen trwy ddyfynnu'r Iesu atgyfodedig (24: 25-27, 44-46). Rhoes hyn gyfiawnhad i ymchwil y Cristnogion cynnar am destunau o'r Hen Destament a fyddai'n taflu goleuni ar arwyddocâd y groes a'r atgyfodiad. Yn hyn o beth gweithredent dan gyfarwyddyd yr Iesu daearol ac atgyfodedig ei hun.

Yr ail wahaniaeth rhwng Luc a'i ffynhonnell, Marc, yn yr adran hon oedd ei gyfeiriad at ddallineb y Deuddeg. Teirgwaith y pwysleisiodd ef, ac ef yn unig, 'Nid oeddent hwy yn deall dim o hyn; yr oedd y peth hwn wedi ei guddio rhagddynt, a'i eiriau y tu hwnt i'w hamgyffred' (18: 33-34). Fe wyddent pwy oedd Iesu: 'Meseia Duw' (9: 20). Yr hyn na allent ei grebwyll oedd y sôn am y Meseia yn dioddef a'n cael ei wrthod. Chwedl C. F. Evans, 'Yn Luc fe symudwyd anallu hyd yn oed y grŵp mewnol i ddeall beth y mae Iesu'n ei ddweud, gan Iesu ar ôl yr atgyfodiad, pan esboniodd fod yr athrawiaeth yn hanfodol trwy gyfeirio at yr ysgrythur (24: 25-27, 45-46), er mwyn iddi ddod yn neges yr eglwys. O'i gosod yma dengys yr adran hon fod Iesu yn rheoli ei dynged yn llwyr, yn gwybod fod y dynged honno'n rhan o bwrpas oesol Duw, ac mai iddo ef yn unig yr oedd hi'n hysbys' (t.656). Pan groeshoeliwyd Iesu, roedd ei ddisgyblion 'yn gweld y pethau hyn' (23: 49). Roedd angen mwy na geiriau i agor eu llygaid i gariad tragwyddol Duw yn Iesu o ddifrif.

Agor llygaid y dall

Er mor ddall oedd y Deuddeg i ddechrau, roedd 'adferiad golwg i ddeillion' yn rhan o genhadaeth y Meseia (4: 18; 7: 21-22). I brofi y gallai hyn ddigwydd o hyd fe adroddodd Luc yr hanes am Iesu'n adfer ei olwg i'r cardotyn dall ger Jericho. Ganddo ef yn unig y cafwyd yr ymadrodd, 'Derbyn dy olwg yn ôl' (18: 42), prawf o rym iachusol gair Iesu. Canlyniad yr iachâd oedd bod y cardotyn wedi dod yn un o ddilynwyr Iesu. Ar ben hyn fe ychwanegodd Luc, a dim ond Luc, ei fod wedi canlyn Iesu 'gan ogoneddu Duw. Ac o weld hyn rhoddodd yr holl bobl foliant i Dduw' (18: 43). I Luc, penllanw tröedigaeth ac iachawdwriaeth oedd mawl. Fel yr awgrymodd Charles H. Talbert, 'Arweiniodd diwallu angen corfforol at dröedigaeth ysbrydol gan gynhyrchu gorlif o fawl. Dyma un paradeim o dröedigaeth gynt a nawr' (t.176). Fel yn achos yr estron gwahanglwyfus a iachawyd (17: 15-18), gellid disgrifio'r ymateb fel un 'fertigol'.

Gweld yr iachawdwriaeth

Gellid dadlau bod yr hyn ddigwyddodd yn achos Sacheus yntau yn 'baradeim o dröedigaeth' ond bod yr ymateb yn 'llorweddol': 'Dyma hanner fy eiddo, syr, yn rhodd i'r tlodion' (19: 8). Trwy adrodd y ddwy stori hyn ar derfyn y daith hirfaith, roedd Luc am sicrhau bod Iesu'n cyrraedd Jerwsalem fel iachawdwr (cym. 23: 35). 'Heddiw, daeth iachawdwriaeth i'r tŷ hwn' (19: 9) oedd prif ergyd stori Sacheus. Gellid edrych arni felly fel portread o'r hyn a olygai tröedigaeth. Yn gyntaf dangoswyd yr angen am gael gweld Iesu (19: 1-4 cym. Ioan 12: 20-23). Fel yr oedd angen i'r Deuddeg 'weld', fel y dyheodd y cardotyn dall am gael gweld, fe ddringodd Sacheus i ben sycamorwydden 'er mwyn gweld Iesu' (19: 4 cym. Salm 105: 4).

Yn ail dangoswyd yr angen am i Iesu weld Sacheus. 'Pan ddaeth Iesu at y fan, edrychodd i fyny a dweud wrtho, 'Sacheus' (18: 5). Porthi cywreinrwydd yn unig fyddai wedi digwydd pa bai Sacheus wedi gweld Iesu'n mynd heibio heb i Iesu ei weld yntau. Fe'i gwelwyd gan Iesu, 'edrychodd i fyny' ar y dyn bach yr edrychai pawb arall i lawr arno (19: 3) — y Meseia yn edrych i fyny at y pechadur a'i adnabod fel yr hyn a allai fod: 'yr un cyfiawn' — dyna ystyr llythrennol yr enw 'Sacheus'. O'i weld a'i adnabod, fe'i gwahoddwyd gan Iesu i ddod i lawr o'i oruchelder annibynnol, i ddod ato ef. Yn llygaid Iesu gwelodd Sacheus adlewyrchiad o'i wyneb fel y gallai fod. Doedd hyn ynddo'i hun ddim yn ddigon.

Fel trydydd cam yn ei dröedigaeth, roedd angen i Iesu ymweld ag ef yn ei gartref: 'y mae'n rhaid imi aros yn dy dŷ di heddiw' (19: 5). Nid rhyw fraidd gyffwrdd â Iesu mo tröedigaeth wirioneddol, ond ei groesawu ef i gilfachau mwyaf dirgel bywyd. Clywyd yma adlais o brofiad Ioan (14: 23) a'r Datguddiad (3: 20), heb sôn am Paul (Gal. 2: 20; Col. 1: 27). Yn yr hanes hwn yr oedd Luc yn dal i ddirwyn yr edefyn a gychwynnodd gydag emyn ysbrydoledig Sachareias,

> Bendigedig fyddo Arglwydd Dduw Israel am iddo ymweld â'i bobl a'u prynu i ryddid (1: 68).

Fe ddigwyddodd y wyrth honno yn achos Sacheus. Ar ôl i Iesu 'ymweld' â'i aelwyd, fe'i rhyddhawyd o feddiant ei feddiannau ac o'i siomedigaeth yn nannedd grwgnach y bobl. Y cam nesaf yn ei dröedigaeth oedd troi at 'yr Arglwydd' a chydnabod wrtho ei fod yn gweld ei gyd-ddyn mewn goleuni newydd, a'i fod am drin arian mewn ffordd wahanol — i fod yn fendith yn hytrach nag yn dreth ar eraill (19: 8). Meddiannwyd ei enaid gan haelioni ei Arglwydd a'i gydwybod gan awydd i dalu iawndal mwy na'r disgwyl (Lef. 6: 5; Num. 5: 7). O'i weld yn dod ato, yn gwrando ar ei eiriau ac yn eu gwneud, fe wyddai Iesu fod Sacheus wedi gosod sylfaen ei dŷ ar y graig (6: 47-48) a chyhoeddodd 'Heddiw, daeth iachawdwriaeth i'r tŷ hwn' (19: 9). Cam pwysig yn nhröedigaeth Sacheus oedd y sicrwydd hwn o iachawdwriaeth (yn groes i ddyfarniad 'pawb' arall (19: 7). Sicrhawyd ef a'i deulu y caent fod yn rhydd i fyw bywyd yn ei holl gyflawnder yng ngŵydd Iesu, heddiw.

Ond roedd un cam ar ôl: yr angen am gael perthyn i gymdeithas pobl Dduw. Fe'i arddelwyd fel 'mab i Abraham' gan Iesu (19: 9); fe'i cynhwyswyd ymhlith y rhai a weithredai ar sail addewidion Duw, fe'i mabwysiadwyd yn aelod o deulu Iesu fel un o'r rhai 'sy'n gwrando ar air Duw ac yn ei weithredu' (8: 21). Nid gwrthodedig mo'r prif gasglwr trethi mwyach ond cynwysedig. Roedd y gŵr cyfoethog hwn (19: 2) wedi mynd i mewn trwy grau y nodwydd i deyrnas ei Dduw. Gwireddwyd yr addewid, 'Y mae'r hyn sy'n amhosibl gyda dynion yn bosibl gyda Duw' (18: 25-27). Fe achubwyd y mwyaf annisgwyl gan Iesu. Hyn mewn gwirionedd oedd amcan ei genhadaeth. 'Daeth Mab y Dyn i geisio ac i achub y colledig' (19: 10) — dyna grynhoi diben cenhadaeth Iesu yng Ngalilea a'i daith tua Jerwsalem i un gosodiad.

Dirgelwch pendant

Cyn mynd ymlaen i gyflwyno'r bennod olaf yn hanes Iesu 'yn Jerwsalem', fe welodd Luc fod gofyn cynnwys dameg (19: 12-27) i awgrymu ystyr yr hyn oedd ar ddigwydd. Wrth geisio dehongli'r ddameg hon mae gofyn cofio rhybudd Iesu (8: 9-10) a chydnabod yn ostyngedig nad oes gobaith inni ei deall heb ei arweiniad ef. Ar ôl treulio blynyddoedd lawer yn astudio'r efengyl hon, fe addefodd C. F. Evans, 'Mae'r ddameg hon . . . mor ddyrys ag unrhyw ran o'r Efengyl' (t.665). Er fod y ddameg hon yn cyfateb i ddameg y codau arian (Math. 25: 14-30), fe'i cynhwyswyd gan Luc i'w ddibenion ei hun. Yn ei dyb ef, fe'i hadroddwyd gan Iesu wrth ei ganlynwyr 'am ei fod yn agos i Jerwsalem a hwythau'n tybied fod teyrnas Dduw i ymddangos ar unwaith' (19: 11-12). Ar ôl sôn am agor llygaid y dall (18: 42-43) a Sacheus, fel Simeon gynt (2: 30), yn cael gweld yr iachawdwriaeth am fod yr Arglwydd wedi ymweld â'i dŷ a chwyldroi ei fywyd, roedd perygl i'r bobl ddisgwyl gweld teyrnas Dduw yn ymddangos ar unwaith yn Jerwsalem, 'dinas y Brenin mawr' (Math. 5: 35; Salm 48: 2). Yn wahanol i'r Deuddeg (neu'r un ar ddeg o leiaf), a oedd yn fodlon aros gyda'r dirgelwch (18: 34) nes i'r Arglwydd atgyfodedig ddatguddio'r gyfrinach iddynt, roedd perygl i'r bobl ddisgwyl gweld teyrnas Dduw yn ymddangos yn ôl eu hamgyffrediad hwy, gyda'r bwyslais ar ryddid cenedlaethol a gwleidyddol. Yn hytrach na chael ei goroni ar eu telerau hwy fe awgrymodd Iesu fod y dyn wedi mynd ymaith 'i gael ei wneud yn frenin' (19: 12). Er i Iesu farchogaeth i Jerwsalem yn sŵn holl dyrfa ei ddisgyblion yn bonllefain,

> Bendigedig yw'r un sy'n dod
> yn frenin yn enw'r Arglwydd (19: 38),

ar ôl ei gymryd ymaith oddi wrthynt a'i ddyrchafu ar y groes y cafodd Iesu 'ei wneud yn frenin' gydag arysgrif uwch ei ben: 'Hwn yw Brenin yr Iddewon' (23: 38).

Roedd yr hyn a ddigwyddodd ar lefel weladwy yn amlygiad o'r hyn oedd yn digwydd yn y dirgel. Am fod Iesu yn fodlon cael ei gymryd ymaith, a'i ddarostwng ei hun hyd yr eithaf, y 'tra-dyrchafodd Duw ef a rhoi iddo'r enw sydd goruwch pob enw' (Phil. 2: 9), 'a'i osod i eistedd ar ei ddeheulaw yn y nefoedd' (Effes. 1: 20), 'ei wneud yn frenin' yn wir. Yn ôl awgrym C. F. Evans, 'Hwyrach mai'r neges y mae Luc am i'r ddameg ei chyfleu yn y fan hon yw fod Iesu y brenin *de jure* (19: 38) yn mynd ymaith i dderbyn ei frenhiniaeth *de facto* (ysbrydol) oddi wrth y Tad' (t.670). Yn y cyfwng cyn ei fod yn 'dychwelyd i'w deyrnas' (19: 12) gofynnir am wasanaeth buddiol. Golyga hynny fod ei ddisgyblion yn gwneud defnydd llawn o'r adnoddau sydd ganddynt. Cyll y di-fudd ei gyfle yn hwyr neu'n hwyrach. Gall hyn olygu'r Phariseaid a'u tebyg a wrthododd elwa ar y cyfle, yn ogystal â'r sawl a geisiodd feddiannu Jerwsalem trwy drais. Fe gawsant hwy eu lladd yng Nghwymp Caersalem yn 70 O.C. Trwy gyfrwng y ddameg hon fe symudodd Iesu sylw'r bobl o'r cwestiwn 'Pa bryd y byddai teyrnas Dduw yn ymddangos?' i'r cwestiwn, 'Pwy fyddai ymhlith etifeddion y deyrnas a phwy fyddai'n ei cholli?' Dyna'r peth allweddol bwysig o'i safbwynt ef.

O'n safbwynt ni yn yr ugeinfed ganrif, 'yr hwn sydd i ddod' (7: 19) yw'r un sydd wedi dod ac a roes eu golwg yn ôl i'r deillion ac sy'n ein gwahodd ni i ymuno ag ef ar ei daith i gael ei wneud yn frenin ar groes, a'i roi gan Dduw 'yn ben ar bob peth i'r eglwys' (Effes. 1: 22). Ei gydnabod ef yn frenin yw amod bywyd. Fel Brenin mae Iesu'n chwarae rhan allweddol yn nhynged y ddynoliaeth; ein hymateb iddo ef sy'n esgor ar fywyd neu farwolaeth.

TRAFOD

1. Gan gyfeirio at stori Sacheus fe ddywedodd I. Howard Marshall, 'Bwriedir y stori olaf yn hanes taith Iesu i Jerwsalem i fod yn uchafbwynt gweinidogaeth Iesu. Mae'n amlygu sawl nodwedd arbennig a oedd yn bwysig yng ngolwg Luc' (t.694). Rhestrwch rai o'r 'nodweddion arbennig' a ystyriai Luc yn bwysig ar sail y stori hon.
2. Pam yr oedd geiriau Iesu y tu hwnt i amgyffred y Deuddeg (18: 31-34)? Sut y cawsant agoriad llygaid?
3. Ym mha ystyr y gellir disgrifio agor llygaid y cardotyn dall a phrofiad Sacheus yn 'baradeimau tröedigaeth'?
4. Pam y ceisiodd Iesu ddadrithio'r rhai oedd yn 'tybied fod teyrnas Dduw i ymddangos ar unwaith' (19: 11)? Beth oedd ergyd y ddameg a adroddodd 'gan hynny' (19: 12-27)?

Pennod 41

CYRRAEDD CAERSALEM

Darllen: Luc 19: 28-48

O'r diwedd cafwyd hanes Iesu'n cyrraedd Caersalem. Ers 9: 51 fe gyfeiriodd Luc rhyw naw o weithiau at Iesu ar ei ffordd i Jerwsalem. Wrth ddod yn nes dwysawyd y cyfeiriadau hyn (18: 31; 19: 11, 37, 41). Mae'n rhaid fod arwyddocâd arbennig i Jerwsalem yng ngolwg Luc. O'r 143 o weithiau yr enwyd y ddinas yn y Testament Newydd cafwyd 94 ohonynt gan Luc. Uchafbwynt ymweliad Duw â'i bobl (1: 68) oedd yr ymweliad hwn â Jerwsalem (19: 45). Yn Jerwsalem y meddiannodd Iesu'r deml i fod yn bencadlys i'w ddysgeidiaeth derfynol; yn Jerwsalem y rhannwyd y sawl a oedd 'yn gwrando arno ac yn dal ar ei eiriau' (19: 48) a'r rhai a oedd 'yn ceisio modd i'w ladd' (19: 47). Yn Jerwsalem y rhoddwyd Iesu ar ei brawf a'i groeshoelio. Yno hefyd yr atgyfododd Iesu gan ymddangos i'w ddisgyblion, a rhoi comisiwn iddynt i fod yn dystion i'r pethau hyn i'r holl genhedloedd, 'gan ddechrau yn Jerwsalem' (24: 46-48). Ar ôl iddo gyflawni ei genhadaeth ddaearol yn Jerwsalem, fe gyrhaeddodd Iesu pen ei daith anorfod pan ddygwyd ef 'i fyny i'r nef' (24: 51). Dyma'r *exodos*, 'y weithred yr oedd i'w chyflawni yn Jerwsalem' (9: 31). Yn sgîl y daith hon at Dduw, fe anfonodd Iesu nerth 'oddi uchod' ar ei ddisgyblion yn Jerwsalem. Yn nerth yr Ysbryd Glân hwn fe aethant allan ar daith, i fod yn dystion i Iesu 'yn Jerwsalem, ac yn holl Jwdea a Samaria, a hyd eithaf y ddaear' (Actau 1: 8). I Luc roedd Jerwsalem yn symbol ddaearyddol o barhad mawrion weithredoedd Duw yn Iesu Grist, trwy'r Ysbryd Glân. Pa ryfedd felly fod Caersalem wedi'i chyfrif yn bencadlys i'r eglwys a ymledodd cyn belled â Rhufain, yn ôl llyfr yr Actau.

Yr hyn a gawn ni felly yn yr adran hon yw cyffro'r Crist yn cyrraedd Caersalem. Adroddodd Luc amdano'n dod yn dangnefeddus, yn alarus, ac yn gyfrwng barn.

Dod yn dangnefeddus

Er fod Iesu wedi rhagweld beth fyddai ei dynged yn Jerwsalem (18: 31-33), nid o'i anfodd yr aeth i fyny yno. Fe nododd Luc, a Luc yn unig, ei fod wedi mynd rhagddo ar ei ffordd i fyny i Jerwsalem, 'gan gerdded ar y blaen' (19: 28). Iesu oedd yn rheoli'r sefyllfa drwyddi draw. Ef a anfonodd ddau o'i ddisgyblion i gyrchu'r ebol o'r pentref gyferbyn

(Bethffage?). Fe wyddai ef ymhle y caent hyd i'r ebol (asyn) a'i eiriau ef, 'Y mae ar y meistr ei angen', a sicrhaodd fod ei berchnogion yn caniatáu i'r disgyblion fynd â'r ebol ato. Gan nad oedd neb wedi bod ar gefn yr ebol nid oedd cyfrwy ganddo, felly taflodd y disgyblion eu mentyll arno, a gosod Iesu ar ei gefn. 'Wrth iddo fynd yn ei flaen, yr oedd pobl yn taenu eu mentyll ar y ffordd' (19: 36). Arwydd oedd hyn o'u gwrogaeth i Iesu fel brenin (cym. II Bren. 9: 13).

Wrth iddo nesáu at ael Mynydd yr Olewydd fe ddatganwyd hyn ar air,

> Bendigedig yw'r un sy'n dod
> yn frenin yn enw'r Arglwydd (19: 38).

Luc yn unig o blith yr efengylwyr cyfolwg a ychwanegodd y cyfeiriad at y 'brenin' wrth ddyfynnu salm draddodiadol yr ŵyl (Salm 118: 26), gan osod y llwyfan ar gyfer y dadlau ynglŷn â'i awdurdod (20: 2; 23: 2-3) a'i groeshoelio dan yr arysgrif, 'Hwn yw Brenin yr Iddewon' (23: 38). O'i gymharu â Marc bu Luc yn ofalus iawn wrth ddisgrifio dyfodiad Iesu fel brenin i Jerwsalem. Nid torfeydd gwyllt yn torri canghennau deiliog a'n gweiddi 'Hosanna' a gafwyd gan Luc, ond 'ei ddisgyblion' yn eu llawenydd yn moli Duw â llais uchel. Am beth yr oeddent yn moli Duw? Am 'yr holl wyrthiau yr oeddent wedi eu gweld' (19: 37) ers dechrau ei weinidogaeth yng Ngalilea. Moli Duw am Iesu oedd ei ddisgyblion. Amcan Luc oedd cyflwyno'r brenin Iesu yn dod i Jerwsalem yn dangnefeddus. Trwy adleisio proffwydoliaeth Sechareia (9: 9 LXX), fe ddangosodd Luc fod Iesu wedi dod i Jerwsalem ar hyd llwybr tangnefedd, i rannu 'ffordd tangnefedd' (19: 42) â'r genedl a'r ymerodraeth. Dyma weledigaeth y llu nefol wrth foli Duw yng nghlyw'r bugeiliaid (2: 14). Fe welodd y disgyblion fod tangnefedd ar y ddaear yn tarddu o'r tangnefedd 'yn y nef' (19: 38). Dwyn tangnefedd Duw i'n daear ni oedd gwyrth y brenin Iesu. Ac fe olygai'r 'ddaear', oherwydd pe na bai'r disgyblion yn rhoi mynegiant i emyn y greadigaeth gyfan, byddai'r cerrig yn codi'u llais, yn ôl Iesu (19: 40).

Dod yn alarus

Ar ôl yr holl gyfeiriadau at fynd i Jerwsalem a chreu disgwylgarwch mawr wrth ddilyn trywydd Iesu yn dod yn nes ac yn nes (19: 11, 28, 37), pan welodd ef y ddinas 'wylodd drosti' (19: 41). Ac eithrio'r adeg pan rannodd brofedigaeth Mair a Martha o golli Lasarus (Ioan 11: 35), dyma'r unig dro y soniwyd am Iesu'n wylo. Fodd bynnag, defnyddiwyd gair Groeg gwahanol ar y ddau achlysur, ac awgrymwyd bod wylofain Iesu pan welodd Jerwsalem am y tro cyntaf yn beth gwahanol iawn. Yn ôl C. F. Evans, 'Yn y fan hon nid yw'r rheswm dros wylo yn un preifat a phersonol, ond yn un cyhoeddus a diwinyddol, sef, rhagwybodaeth Iesu am ddinistr terfynol dinas Dduw am iddi fethu â chydnabod ymwneud Duw â hi' (t.683). Er iddi gael ei galw'n 'Jerwsalem', i gadw'r weledigaeth o dangnefedd a diogelwch yn gyson yng nghof ei thrigolion, methodd ag adnabod 'ffordd tangnefedd' pan ymwelodd Tywysog tangnefedd â hi (19: 42 cym. 13: 34). Wylodd Iesu ddagrau'r proffwydi gynt (e.e. Jer. 8: 18-21), wylodd ddagrau Duw dros Jerwsalem. Chwedl D. L. Tiede, 'Cydymdeimlad y proffwyd dioddefus, Moses yn llyfr Deuteronomium, Jeremeia, Eseia a Hosea, yn un â dicter, ing, rhwystredigaeth a galar Duw dros Israel, yw pathos y stori hon' (*Prophecy and History in Luke – Acts,* t.78). Clywyd tinc y proffwyd yn y rhybudd y câi Caersalem ei hamgylchynu a'i dymchwel hyd ei seiliau (19: 43-44). Y rheswm dros ddistrywio Jerwsalem oedd ei bod heb adnabod yr amser pan ymwelwyd â hi (19: 44). O'r dechrau bu Luc yn sicrhau'r darllenydd bod Duw wedi ymweld â'i bobl (1: 6-8; 7: 16), a chynlluniwyd y rhan ganolog o'i efengyl fel arweiniad maith at y dydd pan fyddai'r brenin a weithredodd yn nerth teyrnas Dduw i gyfannu ac i iacháu yn dod i weld Jerwsalem. Am ei bod heb adnabod Iesu, na synhwyro arwyddocâd ei ymweliad ef, fe droes yr ymweliad, a fwriadwyd i fod yn waredigaeth, yn farn ac yn ddistryw i'r ddinas. Er mai trwy law'r Rhufeiniaid y digwyddodd hyn yn 70 O.C. fe'i gwelwyd gan Luc fel rhan o'r hanes dwyfol a oedd ar droed yng nghenhadaeth a marwolaeth Iesu. Trwy wrthod 'ffordd tangnefedd' Iesu fe ddewisodd Israel ffordd trais y Selotiaid. Canlyniad hynny fu dinistrio'r ddinas hedd, Caersalem.

Dod yn farnwr

Mynd 'i mewn i'r deml' oedd y peth cyntaf a wnaeth Iesu ar ôl cyrraedd Caersalem (19: 45). Pam? Yn ôl Hans Conzelmann, 'Yn y Deml y rhoddir yr amlygiad olaf o pwy yw Iesu, gan fod ei Ddioddefaint ar ddigwydd' (*The Theology of Saint Luke,* t.78). Trwy wneud hyn fe gyflawnodd y broffwydoliaeth, 'yn sydyn fe ddaw'r Arglwydd yr ydych yn ei geisio i mewn i'w deml . . . Pwy a all ddal dydd ei ddyfodiad, a phwy a saif pan ymddengys? Y mae fel tân coethydd ac fel sebon golchydd' (Mal. 3: 1-2). Er na chyfeiriodd Luc at y geiriau hyn, glanhau'r deml oedd gweithred gyntaf Iesu. Gwireddodd broffwydoliaeth Sechareia, 'Ni fydd marchnatwr yn nhŷ ARGLWYDD y Lluoedd ar y dydd hwnnw' (14: 21). Beth oedd arwyddocâd hyn? Trwy ddisodli'r 'rhai oedd yn gwerthu' fe feddiannodd Iesu'r deml i'w ddibenion ei hun. 'Fel hyn,' medd C. F. Evans, 'y mae bryn y deml neu ei llysoedd yn cael eu "glanhau" gan Iesu fel y gall ef eu defnyddio ar gyfer eu ddibenion ei hun — dysgu yng nghadarnle Iddewiaeth am weddill ei weinidogaeth i Israel o dan gysgod y gwrthod a ddeuai i'w ran' (t.688). Do, fe'i gwrthodwyd gan 'y prif offeiriaid a'r ysgrifenyddion, ynghyd â gwŷr blaenaf y bobl' (19: 47), ond ar yr un pryd yr oedd eraill 'yn gwrando arno ac yn dal ar ei eiriau' (19: 48). Esgor ar farn a wnaeth ei ymweliad ef gan ddadlennu'n glir pwy oedd o'i blaid a phwy oedd yn ei erbyn. Hyn oedd proffwydoliaeth Simeon adeg ymweliad cyntaf Iesu â'r deml, 'Wele, gosodwyd hwn er cwymp a chyfodiad llawer yn Israel, ac i fod yn arwydd a wrthwynebir' (2: 34).

Yr eironi oedd mai'r gwrthwynebwyr pennaf i ymweliad Iesu â'r deml a'i ddysgeidiaeth yno oedd arweinwyr swyddogol Israel (19: 47). Dyma'r gelynion 'na fynnent fi yn frenin arnynt' (19: 27). Cynhwysai'r rhain y prif offeiriaid o blith y teuluoedd offeiriadol a oedd yn gyfrifol am addoliad a threfn y deml a'i thrysorfa, gyda seddau yn y Sanhedrin, y prif Gyngor. Yn ail, yr ysgrifenyddion, sef yr esbonwyr a hyfforddwyd ac a awdurdodwyd i ddehongli'r Ddeddf a'r Ysgrythurau Sanctaidd; erbyn y ganrif gyntaf O.C. hwy oedd diwinyddion Iddewiaeth, gyda chynrychiolwyr yn y Sanhedrin. Y trydydd dosbarth ymysg yr arweinwyr a wrthwynebai Iesu oedd y 'gwŷr blaenaf' neu'r 'henuriaid' (20: 1) a berthynai i deuluoedd dylanwadol (ar wahân i'r teuluoedd offeiriadol), a gadwodd eu lle amlwg yn Israel ers cyfnod y Persiaid neu'r Groegiaid; fe'u cynrychiolwyd hwythau yn y Sanhedrin. Câi'r tri dosbarth hyn gyda'i gilydd eu cydnabod fel Iddewiaeth swyddogol. Yn ôl Luc roeddent yn elynion marwol i Iesu (19: 47).

Er gwaethaf y gwrthwynebwyr hyn, fe gyfeiriodd Luc at lu o gefnogwyr i Iesu. Yr enw a roes ar y dosbarth hwn oedd 'y bobl' (*laos*). O holl ysgrifenwyr y Testament Newydd, gan Luc y cafwyd y gair hwn amlaf; fe'i defnyddiodd 37 gwaith yn ei efengyl (o'i gymharu â 3 gwaith gan Farc), a 48 gwaith yn llyfr yr Actau. Eisoes gwelwyd sawl enghraifft o'r gair 'pobl' i ddynodi cynulliadau a roes groeso i Iesu (3: 21; 6: 17; 7: 1, 29; 18: 43), ond o'r fan hon tan ddiwedd ei efengyl fe ddefnyddiodd 'pobl' neu'r 'holl bobl' i gyfeirio at drigolion Jerwsalem, fel cynulleidfa bendant, a oedd yn gwrando ar Iesu, 'ac yn dal ar ei eiriau' (19: 48)—ymadrodd grymus nas defnyddiwyd yn un man arall yn y Testament Newydd. Trwy eu cefnogaeth frwd, fe lwyddodd y rhain i rwystro cynllwynion yr arweinwyr droeon (19: 48; 20: 9, 19, 26, 45; 21: 38; 22: 2) tan i Pilat fygwth dysgu gwers i Iesu (23: 13-18). Wedyn, hyd yn oed, fe ddilynodd 'tyrfa fawr o'r bobl' Iesu i'r fan lle croeshoeliwyd ef, i alaru a gwylio, o'i gymharu ag aelodau'r Cyngor a oedd yn ei wawdio (23: 27, 35, 48). Yn ôl llyfr yr Actau fe barhaodd y bobl i gefnogi'r disgyblion ac fe ddechreuodd Luc arfer y gair *laos* am y gymdeithas Gristnogol (Actau 15: 14; 18: 10), gan awgrymu mai'r eglwys bellach oedd y wir Israel, pobl Dduw.

Er mai'r dyhead oesol oedd y byddai ymweliad 'yr un sy'n dod', y brenin meseianaidd, â Jerwsalem yn dwyn gwaredigaeth a thangnefedd, pan ddaeth Iesu yn dangnefeddus, ond yn alarus, methwyd ag adnabod ei ymweliad fel 'yr amser' tyngedfennol. O'r herwydd troes yr ymweliad yn achlysur barn. Chwedl C. F. Evans, 'Portreada Luc Iesu yn Jerwsalem ac yn y deml, ei chalon, fel y rhannwr mawr sy'n rhwygo Iddewiaeth â'i ddysgeidiaeth, gan rannu'r bobl sydd trwy ymateb iddo wedi dangos y gallent fod yn ddisgyblion ac yn aelodau o'r wir Israel, a'r cynrychiolwyr swyddogol sydd trwy ei wrthod ef a'i ddysgeidiaeth wedi eu hesgymuno eu hunain' (t.689). Chwyldroadol fu canlyniadau'r Crist yn cyrraedd Caersalem.

TRAFOD

1. O edrych ar yr hanes yn yr efengyl yn ôl Luc a llyfr yr Actau a fyddech chi'n cytuno ag Eduard Scheizer, 'Bron na ddaeth Jerwsalem yn "symbol ddaearyddol" o barhad gweithrediadau Duw' (t.301)? A oes yna leoedd eraill, er enghraifft yng Nghymru, sydd yn eich profiad yn fannau lle gallwch synhwyro fod Duw ar waith?
2. Wrth gyflwyno'r adran hon a yw C. F. Evans yn llygad ei le pan ddywed, 'Canolir y sylw ar Iesu. Ei stori ef a'i daith ef yw hi ac ef sy'n eu rheoli' (t.678)?
3. Gan mai yn y deml y cychwynnodd barn Iesu Grist a allwn ni, yr eglwys, feiddio anwybyddu barn Duw (I Pedr 4: 17)? Beth yw arwyddocâd y geiriau, 'A bydd fy nhŷ i yn dŷ gweddi'? A yw geiriau K. Baltzer yn berthnasol i hyn: 'Pan fo Iesu yn y Deml, neu'n mynd i mewn i'r Deml, mae'r Deml yn Deml yn wir' (yn NJBC, t.712).
4. Ai nod Iesu oedd glanhau tŷ ei Dad (2: 49) o'r defnydd amhriodol a wnaed o arian? Sut y gall eglwysi ddefnyddio arian yn briodol?
5. Beth fu rhai o ganlyniadau ymweliad Iesu â Jerwsalem?

Pennod 42

DYSGU YN Y DEML (1)

Darllen: Luc 20: 1-26

Roedd dysgeidiaeth Iesu yn allweddol bwysig i Luc. Yn ystod rhan gyntaf ei weinidogaeth gyhoeddus yng Ngalilea nododd Luc ei fod 'yn dysgu yn y eu synagogau' (4: 14-15), a chyflwynodd ail ran ei weinidogaeth fel taith ddysgu o Galilea i Jerwsalem (9: 51 - 19: 27). Yr un modd yn y rhan olaf o'i weinidogaeth, yn Jerwsalem, rhoes Luc le amlwg i ddysgeidiaeth Iesu yn y deml. Yn nannedd croeshoelio a gwrthwynebiad arweinwyr y Sefydliad yng Nghaersalem daeth hi'n fwy amlwg pwy oedd Iesu, a hynny yng nghlyw'r holl bobl a oedd 'yn gwrando arno ac yn dal ar ei eiriau' (19: 48). Er fod Luc yn arddel y deml fel canolfan i'r cwlt Iddewig a'i aberthau (1: 8-10; 2: 22-24), fel lle i ddysgu ynghylch pethau Duw y gwelai ef brif arwyddocâd y deml (2: 46-49; 19: 47; 20: 1). Gan fod arweinwyr y genedl wedi colli'r cyfle i ddysgu'r bobl yn deilwng, fe'u disodlwyd yn y deml gan Iesu a oedd yn dysgu'r bobl, 'ac yn cyhoeddi'r newydd da' iddynt (20: 1).

Trwy ba awdurdod

Dadlennol iawn oedd ymateb yr arweinwyr. Nid holi pwy oedd Iesu nac amau ei ddysgeidiaeth a wnaethent. Y peth cyntaf a boenai'r gwŷr awdurdodol hyn oedd pwy a roes awdurdod i Iesu i ddysgu yn y deml? A oedd wedi cael ei 'ordeinio' a chan ba rabbi? Ymboenent fwy am awdurdodi a hawl nag am bregethu'r efengyl a'r gwirionedd.

Rhoes Iesu ei fys ar y gwendid hwn yn syth. Cyfeiriodd at ddiwygiad crefyddol poblogaidd Ioan Fedyddiwr a chododd y cwestiwn, gan bwy yr awdurdodwyd Ioan? Ai wedi'i awdurdodi gan y fiwrocratiaeth grefyddol, ddynol, Iddewig i 'gyhoeddi bedydd edifeirwch yn foddion maddeuant pechodau' (3: 3) oedd ef, ynteu o'r nef, drwy air Gabriel, ac yn llawn o'r Ysbryd Glân (2: 11-19), y tarddodd ei awdurdod ef? Oni allai'r arweinwyr crefyddol hyn gydnabod bod Ioan wedi'i awdurdodi gan Dduw i genhadu, pa obaith oedd iddynt weld y gallai Duw fod wedi awdurdodi Iesu? Mynd i'r afael â'r dallineb ysbrydol a wnaeth Iesu, a thrwy hynny ddangos na fedrent adnabod na gwerthfawrogi'r hyn a ddeilliai o'r nef. Profwyd hyn gan eu hadwaith politicaidd. Yn lle olrhain awdurdod Ioan i'w ffynhonnell ddwyfol bu'n rhaid iddynt gyfaddef 'nad oeddent yn gwybod o ble'r oedd' (20: 7). Dinoethwyd cyflwr ysbrydol truenus arweinwyr crefyddol ei ddydd gan Iesu. Gwelwyd eu bod yn rhoi pwys ar y modd, ar draul y sylwedd; ar awdurdodi yn hytrach nag ar efengylu. Yn wyneb hyn, ni allai ef egluro iddynt trwy ba awdurdod yr oedd ef yn dysgu a'n cyhoeddi'r newydd da ar air ac ar weithred; nid oeddent ar yr un donfedd ag ef. Roeddent yn fyddar i'r hyn a darddai 'o'r nef', tra oedd y bobl yn medru cael eu dysgu ganddo yn y deml. Ni chollodd Luc unrhyw gyfle i ddangos bod bwlch yn ymagor rhwng y 'bobl' a'r arweinwyr mwyaf dylanwadol yn y Sanhedrin.

Dameg y winllan a'r tenantiaid

Aeth Iesu yn ei flaen i adrodd dameg wrth y bobl a oedd yn dinoethi ymhellach y modd y bradychwyd Duw a'r genedl gan ei harweinwyr. Trwy wrthod Ioan, roeddent yn cynnal yr hen duedd ymhlith yr arweinwyr i wrthod y proffwydi, gweision Duw. Buan iawn y sylweddolodd yr ysgrifenyddion a'r prif offeiriaid 'mai yn eu herbyn hwy y dywedodd y ddameg hon' (20: 19), oherwydd adleisiai'r stori gân Eseia (5: 1-7) lle nodwyd mai 'gwinllan ARGLWYDD y Lluoedd yw tŷ Israel'. Troes y ddameg yn alegori gan uniaethu'r perchennog â Duw, y gweision â'r proffwydi, y mab â Iesu, y tenantiaid â'r arweinwyr Iddewig, ac 'eraill' â'r apostolion (neu'r Cenhedloedd). Yn groes i Marc (12: 8), bwriodd y tenantiaid y mab 'allan o'r winllan a'i ladd', yn unol â'r traddodiad fod Iesu wedi 'dioddef y tu allan i'r porth' (Heb. 13: 12). Beth fyddai canlyniadau hyn? Fe ddeuai'r perchennog i 'ddifetha'r tenantiaid hynny' (20: 16).

Esboniodd C. F. Evans fod ymateb y bobl, 'Na ato Duw!' yn awgrymu bod perygl iddynt gefnogi eu harweinwyr ac mai diben dyfynnu o Salm 118 oedd eu rhybuddio i beidio â chydymffurfio ag agwedd eu harweinwyr a chael eu gwrthod (tt. 702-703). Gwnaeth C. F. Evans ymdrech deg i ddangos y cysylltiad rhwng y dyfyniad o'r salm a'r alegori, ond er fod esboniad Eduard Schweizer cryn dipyn yn symlach, efallai ei fod yn nes ati. Dyfynnodd ef ddihareb Iddewig, 'Os yw'r garreg yn syrthio ar y llestr, druan o'r llestr; os yw'r llestr yn syrthio ar y garreg, druan o'r llestr', gan ychwanegu 'Y rhai sy'n bygwth Iesu yw'r rhai sydd o dan fygythiad mewn gwirionedd' (t.305).

Yn ogystal â gwedd fygythiol y maen, ceir y gwirionedd annisgwyl mai

> Y maen a wrthododd yr adeiladwyr,
> hwn a ddaeth yn faen y gongl

— 'conglfaen ar y llawr a ddefnyddid gan yr adeiladydd i roi cyfeiriad i'r holl adeilad' (C. F. Evans, t.703). Gafaelodd E. Schweizer yn y gwirionedd annisgwyl a rhyfeddol hwn: 'Fel y garreg a wrthodwyd y daeth Iesu'n garreg sylfaen yr hyn y mae Duw'n dymuno ei adeiladu a hefyd yn ddistryw i'r rhai sy'n ei wrthod ef. Felly tanlinellir bod Dydd Gwener y Groglith a'r Pasg yn ddiwedd ac yn ddechrau newydd' (t.305).

Beth oedd y cychwyn newydd hwn? Pa adeilad oedd ar waith? O gofio mai yn y deml yr oedd Iesu'n dysgu ar y pryd, fe gyfeiriai ef at y deml newydd yr oedd yn ei chodi, nid o waith llaw. Ef, y gwrthodedig, fyddai maen y gongl a roddai ei ffurf a'i gyfeiriad i deml ei gorff, corff o bobl a gâi eu defnyddio ganddo i amlygu presenoldeb Duw yn ei fyd. Pan fyddai teml Jerwsalem wedi'i difetha'n llwyr, byddai'r corff hwn o bobl yn dal i fod yn gyfrwng i fynegi natur a gweithgarwch y Duw byw, a dwyn pobl yn agos ato trwy addoliad, a gwasanaeth a hunanaberth.

Unwaith eto gwelwyd gwrthdaro rhwng 'y bobl' a'r arweinwyr. Gan gymaint eu dicter fe geisiodd yr arweinwyr crefyddol ddal Iesu 'y pryd hwnnw', hynny yw, yn y fan a'r lle, 'ond yr oedd arnynt ofn y bobl' (20: 19).

Talu trethi i Gesar

Er iddynt ofni'r bobl, ni pheidiodd yr ysgrifenyddion a'r prif offeiriaid ag ymlid Iesu. Y nod oedd 'ei ddal ar air o flaen y bobl' (20: 26) i sicrhau eu cefnogaeth swnllyd hwy gerbron brawdlys y rhaglaw, Pontius Pilat. Ar ôl cael eu trechu gan Iesu, eu cynllwyn nesaf oedd 'anfon ysbïwyr, yn rhith dynion gonest, i'w ddal ef ar air' (20: 20). Yn eironig ddigon, roedd eu geiriau gwenieithus yn dweud calon y gwir: 'dysgu ffordd Duw yn gwbl ddiffuant' oedd amcan ei ddysgeidiaeth gywir (20: 21). Yn llyfr yr Actau fe ddisgrifiodd Luc y bywyd a ddeilliodd o Iesu fel 'Ffordd yr Arglwydd' a 'Ffordd Duw' (18: 25-26). Fodd bynnag, yng ngoleuni'r sylwadau ar ddechrau'r hanes (20: 20), fe wyddai y darllenydd am eu bwriadau maleisus yn gosod y fagl, 'A yw'n gyfreithlon inni dalu treth i Gesar, ai nid yw?' (20: 22). Nid cyfeirio at dalu trethi'n gyffredinol a wnaethent ond canolbwyntio ar dreth y pen a osodwyd gan yr ymerawdwr ar bob person ym mhob talaith o'i ymerodraeth. Petai Iesu wedi dweud 'Nac ydyw', gellid ei ddwyn gerbron y rhaglaw am ddiffyg teyrngarwch (23: 2), ond pe bai wedi dweud 'Ydyw', byddai wedi cythruddo'r rhai a wrthwynebai dalu treth y pen i ymerawdwr paganaidd. Yn lle syrthio i'r fagl hon, fe ofynnodd Iesu i'r ysbïwyr ddangos darn o arian y dreth iddo. Trwy wneud hyn fe ddinoethodd eu hystryw. Fel yr eglurodd G. B. Caird, 'Trwy ofyn am gael gweld *denarius* arian, roedd Iesu wedi dadlennu anonestrwydd ei wrthwynebwyr. Gwyddai fod y *denarius* ar gael yn Jwdea, mae'n debyg ei fod wedi ei weld mewn pentyrrau ar fyrddau'r cyfnewidwyr arian, tybiai fod rhai gan y sawl a oedd yn ei holi. Trwy dderbyn yr arian Rhufeinig, ynghyd â'r manteision fel sefydlogrwydd economaidd a threfn wleidyddol a ddeuai yn ei sgîl, yr oeddent wedi cynnig ateb i'w cwestiwn hwy eu hunain' (t.222).

Wrth holi ynglŷn â'r llun ar y darn arian, fe roes Iesu wedd arall ar y pwnc. Fel yr oedd delw'r ymerawdwr ar y darn arian yn profi mai ef oedd yn berchen arno, roedd delw Duw ar bobl (Gen. 1: 26-27) yn profi mai ef oedd piau hwy. Oherwydd hyn gallodd Iesu annog eu wrandawyr, 'talwch bethau Cesar i Gesar, a phethau Duw i Dduw' (20: 25). Nid awgrymu bod hollt rhwng y sanctaidd a'r secwlar oedd nod Iesu wrth ddweud hyn, ond pwysleisio undod bywyd cyfan. 'Mae'r dywediad yn cadarnhau sofraniaeth Duw . . . O safbwynt yr efengylydd nid oes y fath beth â dwy deyrnas yn bod, un Cesar ac un Duw. Teyrnas Dduw yw'r unig deyrnas' (Charles H. Talbert, t.191). Yng nghyd-destun gwrogaeth i Dduw y caniataodd dalu teyrnged i Gesar, nid ar draul hynny. Chwedl Richard J. Casidy, 'Felly'r unig le y gall Cesar ddisgwyl cael gwrogaeth yw yn y mannau hynny lle mae ei batrymau ef yn cydfynd â phatrymau Duw' (*Jesus, Politics and Society*, t.58). Arwydd bod Iesu wedi llwyddo i lorio ei wrthwynebwyr oedd eu bod wedi mynd 'yn fud' a hynny yng ngŵydd y bobl (20: 26).

TRAFOD

1. A oes perygl i arweinwyr eglwysig roi mwy o bwys ar drefn, ac awdurdod a hawl, nag ar efengyl, a gwirionedd a'r bywyd Cristnogol, hyd yn oed heddiw?
2. A oes arwyddion fod perchen y winllan yn cael gwared ar ei denantiaid yng Nghymru heddiw, ac yn rhoi'r winllan 'i eraill'? Beth yw ein hymateb i hyn?
3. Beth yw ystyr yr ysgrythur hon:

   Y maen a wrthododd yr adeiladwyr,
hwn a ddaeth yn faen y gongl?

   Nodwch yr agweddau bygythiol a'r rhai creadigol yn y dyfyniad hwn o Salm 118: 22.
4. Yn wyneb dysgeidiaeth Iesu ynghylch talu pethau Cesar i Gesar, a phethau Duw i Dduw (19: 25), beth yw'r agwedd Gristnogol briodol tuag at y wladwriaeth? A fyddech chi'n cytuno â chasgliad Charles H. Talbert, 'Nid oedd Iesu'n elyniaethus i'r wladwriaeth fel y cyfryw. Yng nghyd-destun ymostyngiad llwyr i Dduw yr oedd Iesu'n argymell ymostwng i'r wladwriaeth' (t.192)?

Pennod 43

DYSGU YN Y DEML (2)

Darllen: Luc 20: 27 - 21: 4

Ar ôl i Iesu roi taw ar y prif offeiriaid a'r ysgrifenyddion, ynghyd â'r ysbïwyr, fe ddaeth dosbarth arall o'r gwŷr blaenaf i geisio'i ddal: rhai o'r Sadwceaid. Ac eithrio Actau (23: 6-8), dyma'r unig dro i Luc sôn amdanynt. Gan na lwyddodd y Sadwceaid oroesi cwymp Caersalem yn 70 O.C. nid oes fawr o wybodaeth amdanynt ar gof a chadw, ond gellir casglu o'r manylion prin sydd ar glawr eu bod yn bur gyfoethog, ac o ran eu safbwynt gwleidyddol a'u crefydd draddodiadol yn cynrychioli pegwn ceidwadol y gymdeithas. Yn ôl C. F. Evans, 'Ymddengys eu bod yn grŵp clòs, gyda'r aelodau'n dod yn bennaf o blith y lleygwyr aristocrataidd, er bod rhai o'r aelodau'n offeiriaid. Roeddent bob amser yn gysylltiedig â'r deml, ac yn ei rheoli, hyd yn oed os oeddent yn gorfod derbyn trefn eu gwrthwynebwyr, y Phariseaid, o bryd i'w gilydd. Prif asgwrn y gynnen rhwng y ddwy garfan oedd bod y Sadwceaid yn mynnu y dylid dehongli'r Hen Destament mewn ffordd blaen, llythrennol am mai ef oedd yr unig ffon fesur. Felly gwrthwynebent honiadau'r Phariseaid a geisiai gyfiawnhau arferion sefydledig, a chyflwyno rhai eraill, trwy eu dulliau eu hunain o ddehongli, a'r traddodiadau llafar a darddai o hynny . . . Felly ystyriai'r Sadwceaid athrawiaethau a oedd yn brigo i'r wyneb ddiweddaraf, megis yr atgyfodiad, fel breuddwydion y duwiol, a gwrthodent ddyrchafu'r traddodiad esboniadol, lle yr honnai'r Phariseaid y caent athrawiaethau o'r fath, i lefel ysgrythur' (tt. 712-713).

Holi ynglŷn â'r atgyfodiad

Nid ymholiad diffuant mo hwn, fodd bynnag. Fe wyddai'r darllenydd, ar gorn dameg Lasarus a'r dyn cyfoethog (16: 19-31), fod Iesu yn credu yn yr atgyfodiad (cym. 14: 14). Gwawdio'r gred hon a wnaeth y Sadwceaid trwy geisio dangos ei bod hi'n afresymol. O sylfaenu eu dadl ar gyfarwyddyd y Ddeddf y dylai ei brawd-yng-nghyfraith gymryd gwraig weddw ddi-blant 'i godi plant i'w frawd' (20: 28) fel bod 'y mab cyntaf a enir iddi yn cymryd enw'r brawd a fu farw, rhag dileu ei enw o Israel' (Deut. 25: 5-10), roeddent yn hawlio ymhellach bod eu cred hwy yn unol â dysgeidiaeth Moses. Petai Moses yn credu yn yr atgyfodiad ni fyddai wedi gosod cymaint o bwys ar osgoi 'dileu ei enw o Israel'.

Roedd ateb Iesu yn un deublyg. Yn y lle cyntaf dangosodd nad oeddent wedi dechrau dirnad sut fywyd oedd y bywyd atgyfodedig. Gan 'na allent farw mwyach' (20: 36), ni fyddai angen i'r rhai a atgyfodwyd briodi i gael plant i gynnal eu henw i'r dyfodol. A hwythau'n blant yr atgyfodiad, hynny yw yn cyfranogi yn y bywyd atgyfodedig, nid cael plant fyddai yn cyfrif mwyach ond bod yn blant Duw (20: 36).

Yn ail, fe atebodd Iesu'r Sadwceaid ar sail profiad Moses ei hun. Pan welodd Moses 'y berth ar dân ond heb ei difa' fe ddywedodd Duw wrtho, 'Duw dy dadau wyf fi, Duw Abraham, Duw Isaac a Duw Jacob' (Exod. 3: 1-6). Rhaid bod y cyndadau hyn yn fyw i Dduw felly. 'Nid Duw'r meirw yw ef, ond y rhai byw', meddai Iesu (20: 38). Felly yn ôl y Pum Llyfr a dderbynnid fel yr awdurdod gan y Sadwceaid, roedd tystiolaeth bendant bod Duw yn gallu rhoi bywyd atgyfodedig i'r rhai a ymadawodd â'r fuchedd hon. Addefodd rhai o'r ysgrifenyddion ei fod wedi rhoi ateb da ac ni feiddient hwy, na'r Sadwceaid, ei holi ymhellach am ddim (20: 39-40). Trwy ddweud hyn fe argraffodd Luc ar y darllenydd fod Iesu, fel athro, wedi trechu arweinwyr ei ddydd.

Ond yn bwysicach na hynny, roedd dysgeidiaeth Iesu ynglŷn â'r atgyfodiad yn hollbwysig i Luc. Hyn oedd yn esbonio pam yr ychwanegodd gymaint (20: 34-36) at yr hanes ym Marc (12: 24-25) yn ôl C. F. Evans, 'Nid yn unig y mae mwy o bwyslais ar yr atgyfodiad yn llyfr yr Actau nag yn unman arall yn y Testament Newydd (Actau 1: 3ff; 2: 24, 32; 3: 15; 4: 1f, 10f, 33; 5: 30; 10: 40ff; 13: 30-37; 17: 3, 31) ond mae gwirionedd y neges Gristnogol yn cael ei drafod yno, yn anad unman arall, trwy gyfeirio at y syniad o atgyfodiad cyffredinol (Actau 4: 2f; 17: 18), y mae Iesu'n enghraifft gyntaf ohono (Actau 3: 15; 26: 33); a dyma ddadl arbennig Paul fel y'i cyflwynir ef yno (Actau 23: 6; 24: 14f; 26: 5ff). Fe fyddai'n bwysig felly i Luc sefydlu'r gwirionedd am yr atgyfodiad yn ei Efengyl, nid yn unig ar gyfer person Crist (fel ym mhennod 24), ond hefyd trwy ddysgeidiaeth Iesu ynglŷn ag ef' (t.711).

Beth oedd hanfod y bywyd atgyfodedig yn ôl Luc felly? Fe'i crisialwyd gan Eduard Scheizer, 'O'i gyferbynnu â syniadau Groegaidd am enaid sy'n gynhenid anfarwol, mae Luc yn pwysleisio'r atgyfodiad o'r meirw sy'n rhodd. Fe'i rhoddir i'r rhai sy'n "byw i Dduw", sydd wedi profi bod Duw, sy'n ewyllysio bywyd nid marwolaeth, wedi addo iddynt hwy'n bersonol y bydd yn Dduw iddynt. Mae'r parhad rhwng bywyd daearol ac atgyfodiad yn y dyfodol yn trigo felly gyda Duw, y mae ei fywyd eisoes yn meddiannu bodolaeth y credadun. Nid yw'r bywyd hwn yn gorffen gyda marwolaeth corfforol ond fe fydd rhyw ddydd yn cael ei gyflawni yn yr atgyfodiad' (t.308).

Fel yr oedd hanes atgyfodiad Iesu yn uchafbwynt i'r efengyl, fe ddefnyddiodd Luc yr hanes hwn fel diweddglo i ymosodiadau'r arweinwyr ar ddysgeidiaeth Iesu yn y deml. O hyn ymlaen fe ddangosodd ef Iesu yn ymosod ar ddysgeidiaeth ac arferion yr ysgrifenyddion, gan brofi bod Iesu yn dal i reoli'r sefyllfa.

Holi ynglŷn â mab Dafydd

Ar sail dysgeidiaeth yr Hen Destament (e.e. Es. 9: 1-7; 11: 1-10; Jer. 23: 5-6; Esec. 34: 23; Salm 89: 20-37), roedd hi'n gred gyffredin ymhlith yr Iddewon y deuai arweinydd o linach Dafydd i'w hachub. Dro ar ôl tro fe bwysleisiwyd yn y Testament Newydd fod Iesu o dŷ a theulu Dafydd (Math. 1: 20; Luc 1: 27; 2: 4; Rhuf. 1: 3; Dat. 5: 5; 22: 16). Beth felly oedd ergyd cwestiwn Iesu yn y fan hon (20: 44) a pham y dyfynnodd adnod gyntaf Salm 110? Yn ôl pob tebyg, roedd am i'w wrandawyr sylweddoli bod rhywbeth mwy na llinach ddynol yn nodweddu'r Meseia. Nododd fod un o leisiau awdurdodol yr Hen Destament, Dafydd ei hun, yn derbyn y byddai'r 'un sydd i ddod' yn rhannu yn Arglwyddiaeth Duw. Roedd hynny'n cyfrif llawer mwy na'i fod yn eistedd ar orseddfainc Dafydd.

Trwy godi'r cwestiwn hwn roedd Iesu yn peri i'w wrandawyr holi pwy oedd ef — y Meseia a oedd yn Arglwydd o darddiad dwyfol yn ogystal â dynol. Dangosodd hefyd na ellid cyfyngu ei genhadaeth i ddisgwyliadau Israel am 'fab Dafydd'; roedd ef yn waredwr i holl fyd yr Arglwydd Dduw, nid i'r genedl Iddewig yn unig.

Rhybudd i'w ddisgyblion

Ar ôl dangos pa mor annigonol oedd dysgeidiaeth arweinwyr Israel fe droes Iesu at ei ddisgyblion (20: 45), arweinwyr yr Israel newydd, yn wir, y ddynoliaeth newydd. Fe'u rhybuddiodd nid yn unig i beidio â choleddu eu syniadau hwy ond i ymgadw rhag dynwared eu hymarweddiad. Amlygwyd ffalster crefydd yr ysgrifenyddion gan eu balchder, eu trachwant a'u rhagrith. Yn ôl I. Howard Marshall, 'Ymosodir ar yr ysgrifenyddion am ddefnyddio eu safle fel athrawon i hybu eu pwysigrwydd yn y byd secwlar ac yn y byd crefyddol. Ar yr un pryd, fel cyfreithwyr roeddent yn gwneud llawer o elw trwy gamddefnyddio ymddiriedaeth pobl yr oeddent yn gwarchod eu heiddo; er mwyn gwneud hyn yr oeddent yn ceisio ymddangos yn grefyddol gan obeithio y byddai pobl yn fodlon mentro eu materion busnes i'w gofal' (t.749). A hwythau'n cael eu cyfrif fel gwarcheidwaid bywyd crefyddol Israel, fe gâi'r 'rhain drymach dedfryd' (20: 47, cym. Iago 3: 1). Er fod Iesu wedi dweud hyn wrth ei ddisgyblion yn benodol, roedd yr 'holl bobl yn gwrando' (20: 45). Daliodd Luc i bwysleisio'r bwlch rhwng yr arweinwyr a'r bobl.

Offrwm y weddw

Os oedd y bobl wedi sefyll o du Iesu, fe ddaeth hi'n amlwg yn yr hanesyn hwn (21: 1-4) fod Iesu'n gadarn o blaid y bobl, yn enwedig y tlawd a'r diymgeledd. Yn wahanol i Marc (12: 41), fe gysylltodd Luc y stori hon â'r sefyllfa flaenorol. Roedd yn dal i ddysgu yn y deml. Gan mai'r ystum arferol i athro oedd eistedd, bu'n rhaid iddo 'godi ei lygaid' i weld yr hyn oedd yn digwydd o'i gwmpas. Fe'i trawyd gan y gwahaniaeth rhwng y bobl gyfoethog, yr ysgrifenyddion o bosibl a oedd yn ymelwa ar wragedd gweddwon (20: 47), a'r weddw dlawd a roes y ddwy hatling yng nghist y drysorfa yng Nghyntedd y Gwragedd. Yn ôl I. Howard Marshall, 'Mae'r digwyddiad yn unol â phwyslais Luc ar y ffordd y mae gwir grefydd yn effeithio ar agwedd person at gyfoeth, ac yn tanlinellu'r wers mai'r hyn sy'n cyfrif yw nid faint mae rhywun yn ei roi ond faint y mae'n ei gadw iddo'i hun; yn yr achos hwn fe roes y weddw y cyfan a oedd ganddi gan ddatgan ei bod hi'n ffyddiog y buasai Duw yn rhoi popeth angenrheidiol iddi' (t.750). Yn ogystal â bywoliaeth, roedd y gair a ddefnyddiodd Iesu yma (21: 4) yn golygu bywyd. Trwy ddangos Iesu'n cymeradwyo hunanaberth y weddw hon, roedd Luc yn paratoi'r darllenydd i weld haelioni hunanaberthol Iesu maes o law (22: 24-30). Penllanw dysgeidiaeth Iesu yn y deml oedd tynnu sylw at natur hunanaberthol gwir addoliad (cym. 12: 1-2); yn ogystal â rhoi eiddo, fe olygai roi'r hunan i wasanaeth Duw.

TRAFOD

1. Er fod Iesu wedi dadlau ar sail yr ysgrythurau fwy nag unwaith yn yr adran hon, a yw dadl y Sadwceaid yn profi y gellir camddefnyddio'r Beibl? Beth oedd gwendid eu dull hwy?
2. Pa sail a roes Iesu yn yr adran hon dros gredu bod Duw yn atgyfodi'r meirw? Ym mha ystyr y gellir dweud bod 'pawb yn fyw' i Dduw? (20: 38)?
3. Sut y llwyddodd Iesu i godi'r disgwyliadau am waredwr cenedlaethol i wastad uwch ac ehangach yn yr adran hon (20: 41-44)?
4. Yn ogystal â rhai o'u credoau, pa agweddau eraill ar fuchedd a bywyd arweinwyr Israel a feirniadodd Iesu? Ar ba sail y gellir dweud ei fod yn rhybuddio arweinwyr ei ddilynwyr ef wrth wneud hynny?
5. Sut y medrai Iesu ddweud 'fod y weddw dlawd hon wedi rhoi mwy na phawb' (21: 3), er mai'r ddau ddarn lleiaf posibl o arian a roes yng nghist y drysorfa?

Pennod 44

DYSGU YN Y DEML (3)

Darllen: Luc 21: 5-38

'Yn ystod y dydd byddai'n dysgu yn y deml, . . . deuai'r holl bobl ato yn y deml i wrando arno' (21: 37-38). Dyna oedd diweddglo Luc i'w grynodeb o ddysgeidiaeth feunyddiol Iesu a gychwynnodd gyda'r geiriau, 'Yr oedd yn dysgu o ddydd i ddydd yn y deml' (19: 47). Yn yr adran hon (21: 5-36) fe gyflwynodd Luc benllanw dysgeidiaeth Iesu yn y deml, a dangoswyd ei fod ef wedi rhagweld beth fyddai tynged Israel, y ddynoliaeth a'r eglwys yn y dyfodol. Galwyd y math hwn o ddysgeidiaeth yn 'apocalyptig'. Yn ôl C. F. Evans, 'Rhoddwyd yr enw "apocalyptig" — o'r Groeg *apokalupsis* = "dadorchuddio" — iddo am mai un o'i nodweddion arbennig yw datguddio cyfrinachion (dirgelion) y dyfodol a diwedd pob peth, megis o Dduw' (t.729).

Fe gynhwyswyd y math hwn o ddysgeidiaeth gan Fathew (24) a Marc (13) cyn croniclo hanes dioddefaint a chroeshoeliad Iesu. Yn ôl pob tebyg fe sylfaenwyd adroddiad Luc ar yr efengyl yn ôl Marc. Efallai ei fod wedi codi ambell adnod o ryw ffynhonnell arall, ond ar y cyfan gellid esbonio'r gwahaniaethau rhwng testun Luc a Marc 13 ar sail ystyriaethau llenyddol, lle gwelwyd geirfa ac arddull Luc yn brigo i'r wyneb, yn ogystal â'i ystyriaethau diwinyddol. Gan ei fod yn ysgrifennu beth amser yn ddiweddarach na Marc, roedd hi'n naturiol i Luc geisio gweld sut oedd dysgeidiaeth Iesu yn berthnasol i amgylchiadau'r eglwys yn ei gyfnod ef. Er enghraifft, yn llyfr yr Actau fe synhwyrodd fel y câi eglwysi eu gwarchod gan alluoedd goruwchnaturiol yn nannedd pob gwrthwynebiad ac erledigaeth.

Eisoes cafwyd rhywfaint o ddysgeidiaeth apocalyptaidd Iesu gan Luc. Yn 12: 35-48 rhoddwyd rhybuddion i fod yn wyliadwrus bob amser, 'oherwydd pryd na thybiwch y daw Mab y Dyn'. Pwysleisiwyd hefyd na fyddai unrhyw amheuaeth pan fyddai Mab y Dyn wedi dod yn 17: 20-37. Pam oedd angen felly i Luc ychwanegu'r adran hon? Er fod Luc wedi cynnwys cyfeiriadau Iesu at ddinistr Jerwsalem (19: 41-44), nid oedd wedi cysylltu hyn â dyfodiad Mab y Dyn. Fe'u hwynebwyd felly â'r cwestiwn, 'A oedd cysylltiad amseryddol rhwng cwymp Caersalem a'r Diwedd?' Yn nysgeidiaeth y bennod hon fe ddangosodd Luc (yn gliriach na Marc), nad oedd cysylltiad amseryddol uniongyrchol rhwng y ddau ddigwyddiad, er fod distrywio'r deml a'r ddinas yn gyflawni proffwydoliaethau ynghylch y dyddiau diwethaf.

Pwnc arall a drafodwyd yn y ddysgeidiaeth hon oedd 'arwyddion' y diwedd. Roedd tuedd yn llenyddiaeth apocalyptaidd y cyfnod i awgrymu 'arwyddion' penodol i alluogi pobl i wybod bod y Diwedd ar ddigwydd. Fe ddangosodd Luc yn barod fod Iesu yn gwrthwynebu defnyddio arwyddion i ragweld pryd y deuai teyrnas Dduw, gan bwysleisio y deuai Mab y Dyn yn sydyn ac yn annisgwyl. O'r herwydd ni allai pobl fyw yn anghyfrifol gan gredu y caent gyfle i ymddiwygio pan ddeuai'r arwyddion bod y Diwedd ar eu gwarthaf. Nod Luc felly oedd dangos na ellid dibynnu ar 'arwyddion', oherwydd gwelwyd nad oedd digwyddiadau y gellid eu dehongli fel 'arwyddion' yn golygu bod y Diwedd wedi dod. Ni ddaeth y Diwedd yn union ar ôl cwymp Caersalem hyd yn oed.

Er fod Iesu wedi cael sgwrs adeg y swper olaf gyda nifer fechan o'i apostolion, hwn oedd ei gyfle diwethaf i annerch ei holl ddisgyblion. Pwysleisiodd y caent eu herlid, a'u temtio i roi'r gorau i'w ffydd ynddo ef, ond anogodd hwy i ddal ati hyd yr eithaf. Dyna a wnaeth ef ei hun.

Dinistr y Deml

Mae'n rhaid fod y deml yn adeilad rhyfeddol. Trawyd Tacitus gan ei chyfoeth a disgrifiodd Joseffus ei phrydferthwch gwych. Fe ddichon mai cyfeirio at y 'rhoddion cysegredig' a wnaeth Joseffus wrth nodi, 'O gwmpas y deml i gyd gosodwyd y pethau a ddygwyd oddi ar y barbariaid (h.y. y Cenedl-ddynion). Cyflwynodd Herod y rhain i gyd, ynghyd â'r rhai a gymerodd oddi ar yr Arabiaid' (*Antiquitates Judaicae*, 15: 402).

Ni thwyllwyd Iesu gan y gwychder a'r golud hwn. Gwyddai ef na fyddai dim daearol yn para am byth. Ar ben hyn, efallai ei fod ef wedi rhagweld dinistr anochel Jerwsalem gan y Rhufeiniaid yn sgîl yr anniddigrwydd a synhwyrai yn y ddinas ac yn y wlad gyfan. Un peth sy'n sicr, Iesu oedd yr unig un yng Nghaersalem y dyddiau hynny a oedd yn fodlon cydnabod y gallasai'r deml gael ei thynnu i'r llawr. Prawf o'i ddewrder oedd ei barodrwydd i ddatgan yn gyhoeddus bod hynny yn bosibl. Er fod bygythiad o'r fath yn achos tristwch iddo (19: 41), ni olygai difa'r deml hyd yn oed ei bod hi ar ben ar bobl Dduw. Nid y cwlt, ond y Crist, oedd carreg sylfaen teml ei gorff ef.

Arwyddion

Unwaith eto rhybuddiodd Iesu ei wrandawyr i beidio â rhoi gormod o goel ar unrhyw haeriad ynghylch 'arwyddion' penodol (21: 8). Er gwaethaf yr holl sôn am ryfeloedd a gwrthryfeloedd, nid oedd hynny'n profi bod y 'diwedd i fod ar unwaith' (21: 9). Dyma'r unig dro i'r gair 'diwedd' gael ei ddefnyddio gan Luc fel ymadrodd technegol i ddynodi diwedd pob peth yn y cynllun dwyfol. Yn ogystal â'r adnodau cyfatebol (Marc 13: 7; Math. 24: 6), fe'i gwelwyd yn I Cor. 15: 24 a I Pedr 4: 7.

Gan y byddai'r Diwedd yn amlwg i bawb (cym. 17: 24, 37), rhybuddiodd Iesu ei ddisgyblion i beidio â rhedeg i ganlyn ymhonwyr meseianaidd twyllodrus, nac i wrthgilio yn wyneb y peryglon ar drothwy dinistr Jerwsalem. Gyda'r gair 'rhaid', a fu'n britho'r efengyl hon, fe ddangosodd Iesu nad oedd y digwyddiadau brawychus hyn y tu allan i lywodraeth Duw; roeddent yn rhan o'r drefn. Gan Dduw yr oedd yr awdurdod terfynol ac ef fyddai'n gyfrifol am y Diwedd, pan weithredid ei waredigaeth a'i farn yn amlwg i bawb.

Erlid

Ar ôl rhybuddio'i ddisgyblion i fod yn wyliadwrus i beidio â chael eu camarwain, fe anogodd Iesu hwy i ddal eu tir dan erledigaeth. Gwelai'r bygythiad hwn yn dod o ddwy ffynhonnell. Câi'r disgyblion eu herlid yn y synagogau i ddechrau. Enghraifft arswydus o hyn oedd ymgyrch Saul 'o synagog i synagog yn carcharu ac yn fflangellu' (Actau 22: 19; 9: 2). Fe ychwanegodd Luc y gair 'i garchar' (21: 12) oherwydd taflwyd y disgyblion i garchar droeon yn ôl llyfr yr Actau.

Pam y bu'r fath erledigaeth? Fe ddywedodd Iesu yn ôl Marc (13: 9 'o'm hachos i', ond yn ôl Luc 'o achos fy enw i' (21: 12). Fel y gwelwyd wrth drafod 9: 49, roedd yr 'enw' yn dynodi'r person cyfan. Trwy ddefnyddio'i enw, roedd grym iachusol Iesu ar gael i'r disgyblion. Gellid dadlau bod y frwydr rhwng y disgyblion a'r awdurdodau Iddewig ar ddechrau'r Actau wedi canolbwyntio ar eu defnydd o'r enw, a'u bod wedi'u herlid 'o achos fy enw i' (e.e. Actau 4: 7-12).

Yn lle gweld hyn fel trychineb lwyr fe ddadlennodd Iesu mai 'hyn fydd eich cyfle i dystiolaethu' (21: 13). Gwireddwyd hynny yn ôl llyfr yr Actau. Ond ni adawodd Iesu i'w ganlynwyr fod ar drugaredd yr erlidwyr; addawodd ef roi huodledd a doethineb iddynt yn ôl Luc (21: 15), ei ddoethineb ef ei hun (cym. I Cor. 1: 30). Pa amddiffyniad gwell oedd arnynt ei angen? Gerbron y Cyngor gwelwyd yr 'apologia' hwn ar waith yn llyfr yr Actau, yn achos Pedr ac Ioan (3-5) Steffan (6-7) a Paul 13-28). Am mai Iesu ei hun (yn yr Ysbryd Glân, yn ôl Marc 13: 11), a fyddai'n llefaru trwyddynt, ni fyddai eu holl wrthwynebwyr yn medru'u gwrth-sefyll na'u gwrth-ddweud (21: 15).

Ail ffynhonnell yr erledigaeth a ragwelodd Iesu oedd eu perthnasau a'u ffrindiau. 'A chas fyddwch gan bawb o achos fy enw i' (21: 16-17). Byddai'r disgyblion yn sicr o wynebu erledigaeth ar lefel bersonol yn ogystal â chyhoeddus. Ni fyddai unrhyw gylch ar fywyd na châi ei gyffwrdd a'i gyffroi gan fodolaeth disgyblion Iesu. Er i rai teuluoedd drosglwyddo perthnasau a oedd yn gredinwyr i law'r awdurdodau i'w traddodi i farwolaeth, fe addawodd Iesu y caent eu hamddiffyn gan Dduw hyd yn oed ym mheryglon angau (21: 18). Felly fe'u hanogwyd ganddo i ddal ati hyd y diwedd, a thrwy hynny feddiannu'r bywyd tragwyddol (21: 19). Yn ddiweddarach gwelwyd Paul a Barnabas yn dilyn y cyngor hwn 'a chadarnhau eneidiau'r disgyblion a'u hannog i lynu wrth y ffydd, gan ddweud, "Trwy lawer o gyfyngderau yr ydym i fynd i mewn i deyrnas Dduw"' (Actau 14: 22).

Dinistr Jerwsalem

Craidd y ddysgeidiaeth oedd rhagfynegi dinistr Jerwsalem fel gweithred o ddial yn unol â'r ysgrythur; lladd a chaethiwo ei thrigolion, a chyfnod pan fyddai Jerwsalem dan draed estroniaid. Nid disgrifiad o ddigwyddiad eschatolegol a gafwyd gan Luc; diwygiodd gryn dipyn ar Farc i gyfleu profiad hanesyddol.

Ai manylu ar gwymp Caersalem a wnaethpwyd yma? Yn ôl C. F. Evans, 'Os yw'r gosodiad hwn yn cyfeirio at ymosodiad y Rhufeiniaid ar Jerwsalem yn 70 O.C., dyma'r unig gyfeiriad penodol yn y Testament Newydd at ddigwyddiad a oedd mor drychinebus i Iddewiaeth y cyfnod fel y buasai'n rhaid i unrhyw hanesydd cyfoes a oedd yn ymwneud â'r Iddewon fod wedi cyfeirio ato. Buasai hyn yn arbennig o wir am Luc. Nid digwyddiad cyffredin mo hwn iddo, ond un a ddileodd un o brif dirnodau Iddewiaeth. Yng nghyd-destun Luc a'r Actau, Jerwsalem yw dinas sanctaidd addoliad Iddewig, cartref credinwyr Cristnogol a'r ganolfan y lledodd yr eglwys ohoni, ond yr oedd hi yn ogystal yn elyn Duw (13: 34) ac wedi ei thynghedu i gael ei dinistrio am ei bod hi'n euog o ladd Iesu (9: 31, 51; 13: 33; 19: 37-44)' (t.749).

Pan ddeuai si fod byddin yn cyrchu tuag at rhyw ddinas, yr hen arfer oedd i bobl y wlad o gwmpas ruthro i mewn i'r ddinas gaerog i gael eu hamddiffyn. Gan eithafrwydd y gwarchae ar Jerwsalem a'i dinistrio, fe rybuddiodd Iesu drigolion Jwdea i ffoi i'r mynyddoedd, ac i ddinasyddion Caersalem ddianc oddi yno (21: 20-21).

Beth oedd yn cyfrif am y fath anfri ac am gyfyngder mor erchyll? Luc yn unig a gynigiodd esboniad o enau Iesu. Gwelai'r byddinoedd estron fel offeryn Duw i ddwyn barn a dial ar y ddinas (21: 22). Er na welai Luc gwymp Caersalem fel arwydd o'r Diwedd, roedd yr ysgrythurau wedi rhybuddio mai dinistr fyddai ei thynged pe bai hi'n gwrthod 'ffordd tangnefedd' (19: 42). Cyflawni'r proffwydoliaethau hynny (e.e. I Bren. 9: 6-9; Dan. 9: 26; Micha 3: 12) a wnaethai'r difodi hwn. Dyma'r unig dro y clywyd y gair 'digofaint' ar enau Iesu (21: 23), gan fygwth y caent eu cosbi gan eu pechodau os nad am eu pechodau.

Os nad oedd cwymp Caersalem wedi esgor ar y Diwedd, beth fyddai'n dilyn y fath argyfwng? Unwaith eto Luc yn unig a gynigiodd ateb gan Iesu. Soniodd am gyflawni 'amserau' y cenhedloedd. Trwy ddefnyddio'r ymadrodd hwn rhoes Luc ddisgrifiad o'r cyfnod hwnnw yn nhrefn Duw yr oedd ef a'i gyfoeswyr yn byw ynddo — y cyfnod ar ôl disodli'r hen Israel ond cyn y Diwedd. Er fod yr estroniaid yn cael bod yn geffylau blaen yn ystod y cyfnod hwn, roedd yr awenau yn dal yn llaw Duw. Ef a benderfynai adeg 'cyflawni eu hamserau hwy' (21: 24).

Dyfodiad Mab y Dyn

Beth fyddai'r rhagolygon am y cyfnod rhwng dinistr Jerwsalem a'r Diwedd? Brawychus. 'Bydd dynion yn llewygu gan ofn, wrth ddisgwyl y pethau sy'n dod ar y byd' Pam? 'Oherwydd ysgydwir nerthoedd y nefoedd' (21: 26). Roedd hi'n gred gyffredin fod y ddaear yn cael ei chynnal gan alluoedd yn y nefolion leoedd. Fe gâi'r rhain eu hysgwyd. Byddai gan y digwyddiadau hyn arwyddocâd cosmig felly. Ar hyd yr oesoedd fe synhwyrodd beirdd a llenorion fod gan rai digwyddiadau oblygiadau cosmig. Mynegodd Gruffudd ab yr Ynad Coch hyn yn ei Farwnad i Lywelyn ap Gruffudd, pan laddwyd ef ar 11 Rhagfyr, 1282. Pa faint mwy oedd effeithiau cosmig lladd Iesu a difrodi Jerwsalem! Ysgwyd y seiliau; dyna brofiad Luc. Dangosodd fod Iesu yn ymwybodol o hyn, ac yr oedd yn addo gwaredigaeth yng nghanol yr argyfwng. 'A'r pryd hwnnw gwelant Fab y Dyn yn dyfod mewn cwmwl gyda nerth a gogoniant mawr' (21: 27).

Yn lle gweld Mab y Dyn yn dod yn y 'cymylau' (Marc 13: 26 cym. Dan. 7: 13), fe fynnodd Luc ei fod yn dyfod mewn 'cwmwl'. Symbol oedd y 'cwmwl' hwn o'r gogoniant a'r presenoldeb dwyfol (9: 34), ac yn ôl pob tebyg fe olygai yr un cwmwl a dderbyniodd Iesu adeg ei esgyniad; yn y 'cwmwl' hwn y dychwelai o'r nef i'r ddaear (Actau 1: 9-11). Trwy newid yr un gair hwn, fe ddug Luc uchafbwynt apocalyptaidd dysgeidiaeth Iesu i mewn i drefn yr hanes dwyfol yr oedd yn bwriadu'i hamlinellu yn llyfr yr Actau. Er gwaethaf yr holl erlid a'r bygythion o'u cwmpas, gallai'r disgyblion godi'u pennau felly, oherwydd yr oedd eu gwaredigaeth wrth law (21: 28).

Teyrnas Dduw yn agos

Yn wyneb siglo'r seiliau a'r holl sôn am erledigaeth a difodi, fe fynnodd Iesu 'fod teyrnas Dduw yn agos' (21: 31). I gyfleu'r gwirionedd hwn fe adroddodd ddameg gartrefol wrth ei ddisgyblion. Er gwaethaf rhaib y gaeaf byddai'r ffigysbren a'r holl goed yn dechrau deilio, gan brofi bod 'yr haf bellach yn agos' (21: 29-30). Yn yr un modd, pan welai'r disgyblion 'y pethau hyn yn digwydd', byddent yn gwybod bod teyrnas Dduw yn ei holl ogoniant a'i chyflawnder grymus ger llaw. Wrth nodi'r 'pethau hyn', roedd y darllenydd yn cael ei gyfeirio'n ôl at y 'pethau hyn' a grybwyllwyd eisoes (21: 28). Cynhwysai'r rhain holl gynllun gwaredigol Duw, gan gynnwys y digwyddiadau a ragfynegwyd yn y bennod hon. Yn wir byddai'r ddysgeidiaeth hon yn sefyll pan fyddai popeth arall wedi diflannu (21: 33 cym. 6: 47-48). Nid oedd ei gyfoeswyr yn gwadu y gwelid Diwedd. Yr hyn a hawliodd Iesu oedd mai yn y modd y disgrifiodd ef y deuai'r Diwedd. Yng nghanol diffeithwch blagurai'r ffigysbren, o safn angau gweithredid gwaredigaeth, o ganol marwolaeth fe atgyfodai bywyd. Yn wir fe gyflawnid popeth angenrheidiol i sicrhau'r Diwedd hwn yn ystod oes y sawl a wrandawai arno (21: 32).

Byddwch effro

Erbyn hyn fe ddaeth hi'n amlwg mai anogaeth foesol oedd amcan pennaf Iesu yn ei ddysgeidiaeth feunyddiol yn y deml. Y nod oedd paratoi disgyblion a fyddai'n medru 'sefyll yng ngŵydd Mab y Dyn' (21: 36). Gyda'r frawddeg gloi hon fe bortreadwyd Iesu fel Barnwr pawb a drigai ar wyneb y ddaear gyfan (21: 35). Yn ôl C. F. Evans, 'Dyma'r gosodiad mwyaf uniongyrchol yn Luc bod Mab y Dyn yn meddu safle Duw trwy wynebu dynion fel eu barnwr, yn hytrach na wynebu Duw fel amddiffynnwr dynion, neu fel tyst yn eu herbyn (9: 26; 12: 8), neu hyd yn oed 'fel yr un sy'n dod' fel cyfrwng Duw i achub neu i ddinistrio, gan edrych am ffydd neu edifeirwch ymhlith dynion (18: 8)' (t.764). Ac yntau'n Farnwr pawb oll, gwyn fyd y sawl a gâi fynd trwy ddydd brawd yn fuddugoliaethus, a mwynhau'r fraint o gael aros 'yng ngŵydd Mab y Dyn' (21: 36). Dyna ddiweddglo trawiadol i ddysgeidiaeth Iesu yn y deml, a phenllanw'r efengyl i'r gwrandawyr.

TRAFOD

1. Yng ngoleuni ei sylwadau am y deml (21: 6) beth yw agwedd Iesu at ein hadeiladau eglwysig? Ai dyna'n hagwedd ni?
2. A oes cyfnod o amhoblogrwydd (ac erledigaeth efallai), yn wynebu Cristnogion yng Nghymru o bosibl? Sut y byddai hyn yn effeithio ar eich cynulleidfa chi?
3. Beth fu canlyniadau erledigaeth ar eglwysi mewn gwledydd tramor?
4. A ydych yn credu bod Diwedd i fod i'r byd? Sut y rhagwelai Iesu'r Diwedd hwn yn dod? A yw ei eiriau ef yn berthnasol o hyd?
5. Beth yw cyfrinach medru 'sefyll' yn Nydd y Farn (cym. Effes. 6: 14-18)?

Pennod 45

SWPER YR ARGLWYDD

Darllen: Luc 22: 7-20

Er mai dathlu'r cymod rhwng Duw a dyn a'r undod rhwng pobl â'i gilydd yng Nghrist oedd nod y swper olaf, di-ben-draw fu'r dadlau a'r ymrafael yn ei gylch hyd heddiw. Yn hytrach na cheisio dilyn trywydd y dadleuon hynny a'r esboniadau amrywiol y tu ôl iddynt, fe ymfodlonwn yn y bennod hon ar ganolbwyntio ar y ddwy elfen neilltuol sy'n nodweddu hanes Luc o'i gymharu â'r efengylwyr eraill. Pwysleisiodd ef fod swper yr Arglwydd wedi'i gynnal yng nghyd-destun gwledd y Pasg, a'i fod wedi'i fwriadu i sefydlu'r cyfamod newydd.

Gwledd y Pasg

Luc yn unig a danlinellodd ei bod hi 'yn rhaid' lladd oen y Pasg (22: 7). Unwaith eto fe ddangosodd fod Iesu yn barod i gydymffurfio ag arferion crefyddol ei genedl. Ond nid cydymffurfio'n gaeth a difeddwl a wnâi Iesu. Gallodd ddefnyddio'r hen wyliau traddodiadol i'w ddibenion ei hun. I brofi mai yn llaw Iesu yr oedd yr afwynau, fe newidiodd Luc rywfaint ar y drefn. Yn ôl Mathew a Marc, ei ddisgyblion a gododd y pwnc gyntaf ynghylch pe le y dylent baratoi gwledd y Pasg, ond yn ôl Luc Iesu a gymerodd y cam cyntaf trwy roi gorchymyn i'r arweinwyr, Pedr ac Ioan, 'Ewch a pharatowch inni gael bwyta gwledd y Pasg' — geiriau sy'n digwydd efengyl Luc yn unig (22: 8). Wedyn yr ymatebodd y ddau gan holi, 'Ble yr wyt ti am inni ei pharatoi?' (22: 9). Roedd hi'n amlwg fod Iesu wedi dechrau cynllunio'r swper eisoes oherwydd addawodd fod yna 'oruwchystafell fawr wedi ei threfnu' yn barod, â bwrdd ac â chadeiriau i'w galluogi i ledorwedd yn y dull arferol wrth fwyta y Pasg. (Daeth yr un nad oedd lle iddo yn y gwesty (2: 7) yn westeiwr i'r ddynoliaeth gyfan!)

Pan holodd y ddau disgybl sut y deuent o hyd i'r oruwchystafell hon, fe roes Iesu arwydd hynod iddynt: 'fe ddaw dyn i'ch cyfarfod, yn cario stenaid o ddŵr' (22: 10). Peth anarferol iawn oedd gweld dyn yn cario dŵr ar ei ben mewn gwlad lle'r oedd hi'n gyffredin i'r gwragedd fod yn gyfrifol am wneud hynny. Ar ôl cael hyd i'r oruwchystafell fe aeth y disgyblion ati i ddarparu'r bara croyw, y gwin a'r llysiau ar gyfer gwledd y Pasg.

Byddai gŵyl y Pasg yn dechrau gyda machlud haul ar gychwyn y pymthegfed dydd o Nisan, sef mis cyntaf y flwyddyn Iddewig (Mawrth/

Ebrill yn ein calendr ni). Yn ystod prynhawn Nisan 14 câi ŵyn y Pasg eu haberthu yng nghyffiniau'r deml. Âi cynrychiolwyr y teuluoedd gyda'u hŵyn i gyntedd y deml, gan ymffurfio'n dair rhes. Pan fyddai'r cyntedd yn llawn, câi'r clwydi eu cau, a chenid yr utgyrn i gyhoeddi bod popeth yn barod. Tra cenid Salmau Hallel 112-118 fe leddid yr ŵyn gan eu perchnogion, a'r offeiriaid yn sefyll yn rhes i ddal y gwaed mewn cawgiau aur neu arian. Wedyn byddai'r offeiriaid yn estyn y celanedd ar hyd y llinell nes cyrraedd yr offeiriaid nesaf at yr allor lle caent eu hoffrymu'n aberth. Ar ôl tynnu'r coluddion rhoddid y gelain yn ôl i'w pherchnogion i'w rhostio ar gyfer gwledd y Pasg.

Pan ddaeth 'yr awr', rywdro rhwng machlud haul a thoriad gwawr ar 15 Nisan, fe ymgasglodd Iesu a'i ddisgyblion o gylch y bwrdd. Ar Iesu yr hoeliodd Luc sylw'i ddarllenwyr (22: 14), a phwysleisio'i awydd i fwyta gwledd y Pasg gyda'i apostolion. Luc yn unig a ddyfynnodd eiriau Iesu, 'Mor daer y bûm yn dyheu am gael bwyta gwledd y Pasg hwn gyda chwi cyn imi ddioddef!' (22: 15). Pam yr oedd Iesu mor awyddus i wneud hyn? Am ei fod yn sylweddoli y byddai yntau wedi cael ei ladd cyn pen dim, ac yr oedd yn dyheu am i'w ddisgyblion weld ei farwolaeth fel gwaredigaeth, fel yr *exodos* yr oedd i'w chyflawni yn Jerwsalem' (9: 31). Coffáu a dathlu'r exodus oedd diben gwledd y Pasg.

Beth oedd yr exodus hwn a ddethlid yn flynyddol gan wledd y Pasg? Dathlu a wnâi'r Iddewon bod eu cyndadau wedi'u rhyddhau o gaethiwed yr Aifft. Yn lle bod yn gaethion o dan draed eu meistri, rhoddwyd urddas arnynt unwaith eto. Gwelsant eu hunain fel pobl ac fel cenedl. Rhoesant y diolch i Dduw am eu gwaredu. Wrth gynnal gwledd y Pasg roedd yr Iddewon ym mhob cenhedlaeth yn ymhyfrydu yn y rhyddid hwn —dyna pam y lledorweddent ar glustogau cysurus. Nid coffáu digwyddiad yn y gorffennol yn unig a wnaent ond dathlu bod y digwyddiad hwnnw yn dal i gyrraedd hyd atynt hwy, gan roi urddas arnynt fel pobl Dduw, ac addewid rhyddid llawnach trwyddo ef. Yng ngwledd y Pasg caent gyfranogi o ryddid ac o statws pobl Dduw. Yn ogystal â'u rhyddhau o gaethiwed yr Aifft, fe'u galluogwyd i fwynhau bendithion Gwlad yr Addewid.

I ganol y dathlu a'r disgwyl hwn fe ddug Iesu exodus newydd: rhyddid o afael yr hunan, rhyddid i roi, i roi er mwyn eraill; exodus y caent ei goffáu a chyfranogi ohono i'r dyfodol. Yn unol ag arfer gwledd y Pasg, cymerodd fara, ac wedi'i fendithio trwy ddiolch i Dduw amdano, fe'i torrodd a'i roi i'w ddisgyblion. Ond rhoes arwyddocâd cwbl newydd i'r weithred hon pan ddywedodd, 'Hwn yw fy nghorff, sy'n cael ei roi er eich mwyn chwi' (22: 19). Rhywbeth i'w warchod a'i gadw hyd yr eithaf yw'r corff; ym mhob un ceir greddf sylfaenol i gadw'i einioes. Ond fe welodd Iesu mai caethiwed oedd hyn, ac mai'r waredigaeth, yr exodus eithaf, oedd bod yn rhydd i roi ei gorff a'i anadl einioes. Pam y rhoes Iesu ei fywyd cyfan? Beth oedd ei gymhelliad? Luc oedd yr unig un o blith yr efengylwyr a nododd mai rhoi ei gorff 'er eich mwyn chwi' a wnaeth Iesu.

Crynhowyd amcan holl arfaeth Duw yng Nghrist yn y geiriau 'er eich mwyn chwi' (22: 19 a I Cor. 11: 24). Ai er eu lles hwy yn unig y rhoes Iesu'i fywyd? Nage. I'r graddau y byddent hwy yn ymborthi arno ef, yn derbyn ei einioes ef fel anadl einioes iddynt hwy, ei ffordd o fyw fel eu ffordd hwy o fyw, byddent yn cyfranogi o'i hunanymwadiad a'i hunanymroddiad ef, ac yn fendith i eraill. Trwy gyfranogi yn ei gorff ef, fe fyddent hwy yn rhydd i roi eu hunain er mwyn Iesu i eraill. Fe'u rhybuddiwyd eisoes: 'pwy bynnag a gyll ei fywyd er fy mwyn i, fe'i ceidw' (9: 23-24). Bellach roedd y rhyddid eithafol hwn ar gael iddynt hwy trwy gyfranogi o gorff Iesu — ei fywyd ef a fyddai'n ffordd o fyw i gorff o bobl a adnabyddid yn ddiweddarach fel corff Crist, trwy nerth yr Ysbryd Glân. Dyma'r corff a fyddai'n gwneud hyn er cof amdano, yn cydaddoli yn ei Ysbryd ef, yn cael ei blygu i'w amcanion ef a'i ryddhau i roi, i rannu, i fyw ei fywyd er mwyn eraill, ac i amlygu (gogoneddu) bywyd Duw.

Pa sail sydd dros gredu mai cyfleu hyn oedd bwriad Luc wrth adrodd hanes sefydlu swper yr Arglwydd fel y gwnaeth? A oes sylfaen ysgrythurol i'r dehongliad hwn? O gymharu hanes Luc â'r traddodiad a groniclwyd yn I Cor. 11: 23-26, gwelir bod Luc a Paul yn gweld swper yr Arglwydd yn yr un goleuni. Gan fod dealltwriaeth Paul o weithgarwch Duw yng Nghrist trwy'r Ysbryd Glân wedi'i grisialu i un adnod, mae hi'n berthnasol i ddehongli arwyddocâd a diben sefydlu swper yr Arglwydd: 'Oherwydd *er eich mwyn chwi* y mae'r cyfan, fel y bo i ras Duw fynd ar gynnydd ymhlith mwy a mwy o bobl, ac amlhau'r diolch fwyfwy er gogoniant Duw' (II Cor. 4: 15). Fe roes Iesu'i gorff '*er eich mwyn chwi*' (22: 19; 1 Cor. 11: 24), nid er mwyn iddynt hwy ei gadw iddynt eu hunain, ac ymffrostio eu bod yn ysbrydol. I'r gwrthwyneb, trwy gyfranogi o'i ras ef, ei allu i roi, cawsant hwythau eu rhyddhau i roi fel y bo i ras Duw, i fywyd Iesu, bywyd o roi, fynd ar gynnydd ymhlith eraill, fel y câi Duw ei ogoneddu, a bywyd cyfan ym mhob gweithred anhunanol droi yn ddiolchgarwch, yn ewcharist, i Dduw, rhoddwr bywyd, yr un a'n rhyddhaodd i fyw trwy roi. Y fath exodus! Y fath ryddid! I Dduw y bo'r diolch. Cadwn wledd y Pasg i ddathlu'r exodus newydd 'er cof' amdano. Dyma gofio sy'n dwyn y digwyddiad hanesyddol gymaint i'r presennol fel y bo'n effeithio'n benodol arnom ni heddiw. Dyma gofio gwirioneddol effeithiol — gweddnewidiad yn wir.

Y Cyfamod Newydd

Beth oedd un o effeithiau mwyaf pellgyrhaeddol swper yr Arglwydd? Sefydlu'r cyfamod newydd. Ar ôl swper fe gymerodd Iesu'r cwpan a gynhwysai'r gwin ac meddai, 'Y cwpan hwn yw'r cyfamod newydd yn fy ngwaed i, sy'n cael ei dywallt er eich mwyn chwi' (22: 20). O blith y tair efengyl cyfolwg, Luc yw'r unig un i nodi'r cyfamod newydd. Unwaith eto fe adleisiodd draddodiad a etifeddodd Paul (I Cor. 11: 25). Ers dyddiau'r gaethglud i Fabilon bu'n arferol i sôn am berthynas Duw â'i bobl fel cyfamod. Yn wir fe awgrymodd rhai o ysgrifenwyr a golygyddion yr Hen Destament y gellid disgrifio perthynas Duw â Noa, Abraham a Moses fel cyfamod (Gen. 9: 15; 17: 2; Exod. 24: 8) heb sôn am Dafydd a'i hiliogaeth (Salm 89).

Beth oedd sail y cyfamod hwn rhwng Duw a'i bobl? Nid unrhyw rinwedd arbennig yn y genedl Iddewig a esgorodd ar y berthynas neilltuol hon. Yn hytrach, sylweddoli a wnaeth y proffwydi bod Duw yn eu caru fel pobl hyd yr eithaf. Dathlu hyn a wnaeth y Salmydd,

> Canaf byth am dy gariad, O ARGLWYDD,
> ac â'm genau mynegaf dy ffyddlondeb
> dros y cenedlaethau;
> oherwydd y mae dy gariad wedi ei sefydlu dros byth,
> a'th ffyddlondeb mor sicr â'r nefoedd.
> Dywedaist, 'Gwneuthum gyfamod â'm hetholedig,
> a thyngu wrth Ddafydd fy ngwas,
> "Gwnaf dy had yn sefydlog am byth,
> a sicrhau dy orsedd dros y cenedlaethau"' (89: 1-4).

Er holl ffyddlondeb cariad Duw tuag atynt hwy, ni fu pobl Israel yr un mor ffyddlon i'w Duw. Am iddynt gefnu arno ef y troes eu gwynfyd yn adfyd, a'u rhyddid yn gaethiwed a chaethglud. Serch hynny, fe sylweddolodd proffwydi fel Jeremeia ac Eseia fod cariad Duw yn drech nag anffyddlondeb ei bobl. '"Y mae'r dyddiau'n dod", medd yr ARGLWYDD, "y gwnaf gyfamod newydd â thŷ Israel ac â thŷ Jwda"'. Dyma'r addewid a wireddwyd adeg swper yr Arglwydd. Beth oedd nodwedd arbennig y cyfamod newydd hwn? '"Ond dyma'r cyfamod a wnaf â thŷ Israel ar ôl y dyddiau hynny," medd yr ARGLWYDD; "rhof fy nghyfraith o'u mewn, ysgrifennaf hi ar eu calon, a byddaf fi'n Dduw iddynt hwy a hwythau'n bobl i mi"' (Jer. 31: 31-34). Golygai hyn mai o'r tu mewn y deuai'r awydd a'r gallu i fyw mewn perthynas iawn â Duw. Nid gorfodaeth o'r tu allan ond cymhelliad mewnol oedd y cyfamod newydd. 'Rhof i chwi galon newydd, a bydd ysbryd newydd ynoch' —dyna addewid yr Arglwydd yn ôl Eseciel (36: 26-27). Trwy dywallt ei waed ar y groes fe ryddhawyd einioes Iesu i fod ar gael i'w bobl. Yn y swper olaf cafodd y disgyblion ragflas o'r bywyd dwyfol hwn. Yn ôl Dr. Isaac Thomas, 'Gellid aralleirio geiriau'r Iesu fel hyn: Fel yr ymborthwch ar fara, ymborthwch ar fy mherson i; fel yr ymborthwch ar win, ymborthwch ar fy marwolaeth; dyma'r ffordd i chwi ddod yn rhydd o ormes pechod ac i afael y cyfamod graslon y mynn Duw ei wneud â phawb' (*Trosom Ni*, t.43). Ym mhrofiad yr Eglwys Fore fe wireddwyd y cyfamod newydd. Daeth bywyd Iesu Grist yn fywyd iddynt hwy. Medrai Paul ddweud, 'i mi, Crist yw byw' (Phil. 1: 21), ac ymhelaethodd ar hyn yn ei ymdriniaeth â'r cyfamod newydd (II Cor. 3: 1 - 4: 15). Canlyniad tywallt gwaed Crist, 'er eich mwyn chwi', fu rhyddhau bywyd Iesu, ei farw a'i fyw, i fod yn fywyd i'w bobl. 'Yr ydym bob amser yn dwyn gyda ni yn ein corff farwolaeth yr Arglwydd Iesu, er mwyn i fywyd Iesu gael ei ddwyn i'r amlwg yn ein corff ni'. Sylwer fel yr ailadroddodd Paul y gwirionedd rhyfeddol hwn, gan bwysleisio bod bywyd Iesu i gael 'ei ddwyn i'r amlwg yn ein cnawd marwol ni', yma ar y ddaear (II Cor. 4: 10-11). Beth oedd canlyniadau hyn? Ai creu corff o bobl a oedd yn nodedig o ysbrydol? Gwir nodwedd y rhai a ganiataodd i fywyd Iesu gael ei amlygu trwyddynt, meddai Pal, oedd eu bod yn fodlon i'w hunanoldeb gael ei roi i farwolaeth er mwyn bod yn gyfrwng bywyd i eraill. 'Felly y mae marwolaeth ar waith ynom ni, a bywyd ynoch chwi' (II Cor. 4: 12). Nodwedd y rhai sydd wedi drachtio o gwpan y cyfamod newydd yw eu bod yn cyfranogi o hunanymroddiad llwyr Iesu, yn rhydd i roi eu hunain er mwyn eraill, ynddo ef, meddai Paul. Gallai hyn ddigwydd yng nghanol pob adfyd, heb i'r 'gallu tra rhagorol', bywyd Iesu Grist ei hun gael ei ddiffodd ynom (II Cor. 4: 5-9). Pery'r profiad yn wir hyd at ein dyddiau ni:

> Pechadur wyf, pechadur mawr,
> Yn methu cael fy meiau lawr;
> O! Iesu byw, dy fywyd Di
> Fo'n fywyd yn fy mywyd i.
> (J. E. Davies, *Llyfr Emynau y Methodistiaid*, 629)

Dyma'r ymateb priodol i gynnig Iesu i'w apostolion adeg y swper olaf. Trwy'r Ysbryd Glân fe ddaw Iesu Grist i gymundeb â ni, lle bynnag y bo dau neu dri wedi ymgynnull yn ei enw ef, i goffáu ac i gyfranogi yn swper yr Arglwydd. Erys y cyfamod newydd yn ei rym wrth i ni dderbyn ei gorff a'i waed, ei fywyd ef, i fod yn fywyd ac yn ffordd o fyw i ni, i'n ryddhau ni o gaethiwed yr hunan i fod ar gael i eraill gan amlygu'r rhoi tragwyddol sy'n nodweddu bywyd a chymdeithas y Tri yn Un. O'r dechrau nod Duw oedd creu cymdeithas trwy ei gyfamod â chorff penodol o bobl. 'Mater cymunedol oedd y statws cyfamodol hwn yn ei hanfod, nid rhywbeth yr oedd unigolion yn ymuno ag ef. Ni newidir y darlun hyd yn oed gan y rhai sy'n ymddangos yn eithriadau — y patriarchiaid a'r brenhinoedd — oherwydd roeddent hwythau yn y cyfamod am eu bod yn cynrychioli'r gymuned' (Richard Coggins, *Introducing the Old Testament*, t.152). Adeg y swper olaf yr apostolion oedd y cynrychiolwyr; gyda'r blynyddoedd buont hwy yn gyfrwng meithrin cymunedau'r cyfamod newydd ledled yr ymerodraeth Rufeinig. Heddiw ni sy'n cael y fraint o gynrychioli'r gymdeithas. O brofi cymundeb sanctaidd swper yr Arglwydd, fe'n galluogir i fynd allan i hyrwyddo'r cymundeb hwnnw ymhlith pobl eraill. Gwnaed hyn yn bosibl trwy'r cyfamod newydd rhwng Duw a'i fyd, a sefydlwyd gan Iesu, trwy ei hunanymroddiad ar y groes, ac a seliwyd gan Dduw ar fore'r trydydd dydd.

TRAFOD

1. Ai coffáu arwr marw, ynteu cyfranogi ym mywyd trwy farwolaeth Iesu Grist, yw Gwasanaeth y Cymun?
2. A ydym yn rhoi digon o bwyslais ar awydd Iesu Grist i gymuno â ni? Onid ei siomi ef a wna'n diffyg ffyddlondeb ni?
3. Sut y gall swper yr Arglwydd fod yn fwy effeithiol i'n dwyn i mewn i fywyd oesol Iesu, yn hytrach na bod yn ddefod grefyddol yn unig?
4. Darllenwch II Cor. 4: 5-15. I ba raddau y mae'r adnodau hyn yn goleuo arwyddocâd y cyfamod newydd sy'n cynnig bywyd Iesu i ni:
   (i) yn ein bywyd defosiynol?
   (ii) yn ein hefengylu?
   (iii) yn ein gwasanaethu?
   (iv) yn ein haddoliad?
   (v) yn ein cymdeithas â'n gilydd?

Pennod 46

SGWRS ANNISGWYL

Darllen: Luc 22: 1-6, 21-38

Cynnal gwledd y Pasg a sefydlu'r cyfamod newydd; dyna ddau beth a ddigwyddodd yn ystod swper yr Arglwydd. Ond beth am y sgwrs? Beth tybed oedd rhai o'r pynciau a drafodwyd? Rhoes Luc gryn sylw i'r drafodaeth hon. Er fod Iesu wedi ffarwelio â'i ddisgyblion yn fwy ffurfiol ar ôl yr atgyfodiad (24: 36-51), cafwyd elfennau o sgwrs ffarwel yn y bennod hon. Dyma rai o'r pethau a nodweddai hanesion am arwyr yn ffarwelio â'u cydnabod yn y cyfnod hwnnw: byddai'r arweinydd yn cael pryd o fwyd gyda'i ddilynwyr, byddai'n cyfeirio at ei farwolaeth a'n rhoi anogaeth i'w ddilynwyr ar gyfer y dyfodol, arferai weddïo dros y sawl a adawai ar ôl ac enwai ei olynydd. Gan fod Luc wedi cadw rhai o'r elfennau hyn, hwy a roes y fframwaith i ran helaeth o'r bennod hon (22: 14-38).

Sylwyd eisoes ar y swper, a'r broffwydoliaeth am yr hyn oedd i ddigwydd. I danlinellu gallu Iesu i ragweld ac i ragyfynegi'r dyfodol, cafwyd yr hanes am y dyn yn cario stenaid o ddŵr (22: 10). Trwy fod popeth wedi digwydd i Pedr ac Ioan 'fel yr oedd ef wedi dweud wrthynt' (22: 13), roedd Luc yn pwysleisio y câi popeth arall a ragddywedai ef wrthynt yn ystod yr ymddiddan ei wireddu hefyd.

Er mor amrywiol oedd testunau'r drafodaeth adeg y swper olaf hwn, yr edefyn a'u cysylltai ynghyd oedd perthynas ei ganlynwyr â Iesu, eu perthynas â'i gilydd, a'u perthynas â'r byd o'u cwmpas. O gofio hyn, a'r cydfwyta i ddathlu gwaredigaeth a sefydlu'r cyfamod newydd, cwbl annisgwyl oedd y materion a gafodd sylw yn ystod yr ymgomio: brad, balchder, gwadiad, arian ac arfau. Doedd dim byd yn 'grefyddol' yn y pynciau a drafodwyd yn ystod y swper olaf. Gan mai yr holl agweddau ar fywyd a marwolaeth oedd testun y sgwrs y noson honno, oni ddylai'r un peth fod yn wir am swper yr Arglwydd heddiw? Nid lle i ymneilltuo oddi wrth y byd a'i bethau mo'r capel neu'r eglwys, ond lle i weld y rheini trwy lygaid Duw.

Brad

Ar air ac ar weithred roedd Iesu wedi pwysleisio ei undod llwyr â'i ddisgyblion. Fel eu penteulu fe dderbyniodd gwpan, ac ar ôl diolch i Dduw amdano meddai, 'Cymerwch hwn a rhannwch ef ymhlith eich gilydd' yn arwydd o'u hundeb. Yr un oedd neges rhannu'r un dorth gyda'r geiriau, 'Hwn yw fy ngorff, sy'n cael ei roi er eich mwyn chwi'. Ar ben hyn seliodd gyfamod newydd â hwy â'i waed ei hun a dywalltwyd 'er eich mwyn chwi' (22: 17-20). Serch hyn i gyd, 'dyma law fy mradychwr gyda'm llaw i ar y bwrdd' (22: 21), meddai Iesu. Y fath loes oedd hynny iddo. Dim ond un o'r cylch mewnol, 'un o'r Deuddeg' (22: 3), a allai ei fradychu. Mynegodd y Salmydd ing y ffaith honno:

> Y mae hyd yn oed fy nghyfaill agos, y
> bûm yn ymddiried ynddo,
> ac a fu'n bwyta wrth fy mwrdd,
> yn codi ei sawdl yn f'erbyn.
>
> (Salm 41: 9)

Lleisiodd ei loes eilwaith:

> Ond nid gelyn a'm gwawdiodd—
> gallwn oddef hynny;
> nid un o'm caseion a'm bychanodd—
> gallwn guddio rhag hwnnw;
> ond ti, fy nghydradd,
> fy nghydymaith, fy nghydnabod—
> buom mewn cyfeillach felys â'n gilydd,
> a chawsom gymdeithas yn nhŷ Dduw . . .
> Estynnodd fy nghydymaith ei law yn
> erbyn ei gyfeillion,
> torrodd ei gyfamod.
>
> (Salm 55: 12-14, 20-21)

Yn groes i Fathew a Marc, fe roes Luc y cyfeiriad hwn at frad Jwdas ar ddiwedd y swper olaf yn hytrach nag o'i flaen. Trwy wneud hyn rhybuddiodd yr Eglwys Fore nad oedd cyfranogi o swper yr Arglwydd yn sicrhau o angenrheidrwydd na fyddai aelod o'r eglwys yn bradychu'r ffydd neu'n gwadu'i Arglwydd (cym. I Cor. 11: 27-30).

Ac yntau'n amlwg yn un o ganlynwyr mwyaf brwd yr Arglwydd, a'n cael ei gyfrif ymhlith ei gymdeithion agosaf, pam y bradychodd Jwdas ei arwr? Mawr fu'r dyfalu wrth geisio ateb y cwestiwn hwn. Ai am yr arian y cytunwyd i'w dalu iddo (22: 5) y bradychwyd ei feistr gan y lleidr a gymerai o'r cyfraniadau yn y god arian a oedd yn ei ofal (Ioan 12: 6)? Ai am ei fod yn rhagweld yr âi Iesu a'i ganlynwyr i afael yr awdurdodau y ceisiodd ef arbed ei groen, trwy achub y blaen arnynt (22: 4)? Ynteu ai cael ei siomi yng nghenhadaeth Iesu a wnaeth gan ei fod ef yn un o'r Selotiaid a ddilynodd Iesu am ei fod yn disgwyl iddo yrru'r Rhufeiniaid estron o'r wlad? (Fe darddodd rhai y gair 'Iscariot' (22: 3) o *sikarios*, dyn y dagr, gair Joseffus am un math o Selot). Neu a oedd Jwdas yn argyhoeddedig y byddai Iesu'n gweithredu mewn ffordd oruwchnaturiol pe cornelid ef, ac y byddai ei weithred ef yn prysuro'r argyfwng waredigol honno? Duw yn unig a ŵyr beth oedd cymhellion Jwdas, ond roedd gan Luc ateb pendant i'r cwestiwn hwn: 'aeth Satan i mewn i Jwdas' (22: 3). Yn y frwydr rhwng Crist a Satan ers y bedydd, fe feddiannodd y diafol un o'r cylch agosaf at Iesu yn yr ymgyrch olaf un. Doedd ryfedd fod yr Eglwys Fore yn gweld y croeshoeliad fel y frwydr dyngedfennol yn yr ymdrech gosmig rhwng y da a'r drwg.

Eto i gyd roedd y cyfan yn llaw Duw. O blith yr efengylwyr, Luc oedd yr unig un a ddefnyddiodd y gair 'pennu'. Credai ef fod marwolaeth Iesu 'wedi ei bennu' (22: 22). Nid rhyw gamsyniad a ddrysodd holl gynlluniau Duw mo'i ladd. Yr oedd hi'n anochel bod bywyd Duw yn cael ei wrthod gan ddyn. Doedd dim lle i ffordd 'y rhoi' ym myd 'y meddiannu'. Dyna drychineb Jwdas, oherwydd 'gwae'r dyn hwnnw' a fradychodd Fab y Dyn (22: 22). Gwelwyd eisoes fod 'gwae' yn groes i wynfyd (6: 20-26). Nid cael ei felltithio gan Dduw a wnaeth Jwdas, ond am iddo fradychu Iesu roedd wedi ei gau ei hun allan o'r bywyd gwynfyfedig yr oedd Mab y Dyn, y dyn go iawn, yn ei gynnig iddo ef ac i'r byd. Ni fu Luc mor llawdrwm ar Jwdas â Marc (14: 21) a Mathew (26: 34) a haerodd, 'Da fuasai i'r dyn hwnnw petai heb ei eni'. Yn ystod gweddill yr ymddiddan ceisiodd Luc ddangos bod Iesu yn dal i ymddiried yn ei apostolion er gwaethaf eu gwendidau mawr. Nid oedd yr apostolion hwythau yn ddall i'r posibilrwydd y gallai unrhyw un ohonynt gyflawni'r weithred fwyaf dichellgar, wrth holi ymhlith ei gilydd, prun ohonynt oedd ar fin ei fradychu (22: 23).

Balchder

Ni chelodd Luc y diffyg yng nghymeriadau'r disgyblion cyntaf nac anaeddfedrwydd eu cymdeithas â'i gilydd. Er eu bod wedi treulio rhyw dair blynedd yng nghwmni Iesu ac wedi cyfranogi o'i swper dwys a phrofi blas y cyfamod newydd, fe gododd cweryl yn eu plith. Beth oedd asgwrn y gynnen? Yr hen gwestiwn oesol ymhlith dynion: 'prun ohonynt oedd i'w gyfrif y mwyaf?' (22: 24). Dangosodd Iesu iddynt mai uchelgais bydol oedd hyn, a bod ffordd arall ar gael i bobl ymwneud â'i gilydd: ffordd gwasanaeth. Nid cyflwyno egwyddor yn unig a wnaeth Iesu iddynt, ond eu hannog i adael i'w ffordd ef fod yn ffordd o gydfyw iddynt hwy. Yn wahanol i wŷr mawreddog y byd, 'yr wyf fi yn eich plith fel un sy'n gweini', meddai Iesu (22: 27). I hoelio'r gwirionedd hwn ar eu cof fe olchodd Iesu draed ei ddisgyblion yn ystod y swper, yn ôl Ioan, gan egluro, 'yr wyf wedi rhoi esiampl i chwi; yr ydych chwithau i wneud yn union fel yr wyf fi wedi gwneud i chwi' (13: 2-17). Ffrwyth cenhadaeth Iesu oedd bod ei ffordd ef o fyw ar gael i fod yn ffordd o fyw i'w ddisgyblion. Dyna pam yr addawodd, 'fel y cyflwynodd fy Nhad deyrnas i mi, yr wyf finnau yn cyflwyno un i chwi' (22: 29). Dod â threfn Duw i ganol ein byd a wnaeth Iesu, a thrwy ei Ysbryd fe alluogodd bobl gyffredin i ddechrau byw y drefn newydd hon. Oherwydd hyn byddent hwy yn gweithredu fel clorian i 'farnu deuddeg llwyth Israel' (22: 30).

Nid y balch a'r mawreddog a'r hunanbwysig sy'n cyfrif yn nhrefn dragwyddol Duw, ond y rhai sy'n barod i rannu yn nhreialon a gweinidogaeth Iesu. Gwelai Iesu'r corff gwahanol hwn fel sefydliad chwyldroadol o newydd, fel y wir Israel, a rannai ei agwedd a'i wasanaeth ef. Dyma'r agwedd at gyd-ddyn a allai ddisodli'r hen ddyhead balch am gael ei gyfrif y mwyaf. Yn yr eglwys yr oedd yr agwedd meddwl honno a oedd yn eiddo iddynt yng Nghrist i gael ei hamlygu a'i hymarfer gyntaf (Phil. 2: 3-8). Dyma'r berthynas a fyddai'n para hyd byth ac yn nodweddu'r wledd feseianaidd dragwyddol (22: 30). Dim ond y rhai a ddysgodd sut i wasanaethu a gaiff reoli ar yr Israel newydd.

Gwadiad

Fel y gwyddai Iesu am frad Jwdas, fe ragwelodd wadiad Pedr. Roedd gwybod hyn yn ychwanegu at ing yr argyfwng. Mynegwyd hyn gan Luc (yn unig) trwy ailadrodd, 'Simon, Simon'. Fel yn achos Job pan gafodd Satan ganiatâd i'w roi ar brawf (1: 12), roedd Satan wedi hawlio caniatâd i roi'r Deuddeg ar brawf, trwy geisio siglo eu teyrngarwch i Iesu. Fe weddïodd Iesu dros eu harweinydd, Simon Pedr, na fyddai ei ffydd yn pallu'n llwyr, fel pan fyddai'n edifarhau o'i ddiffyg gwrogaeth, y gallai gadarnhau'r gweddill yn eu perthynas ag Iesu ac â'i gilydd.

Yn wyneb yr awgrym y byddai angen iddo ef gael tröedigaeth y mynnodd Pedr yr âi gyda Iesu i garchar ac i farwolaeth (22: 32b-33). Fe'i cyfarchwyd wrth ei enw'n ffurfiol gan Iesu wrth ei rybuddio am yr hyn oedd i ddigwydd y noson honno: gwadu deirgwaith ei fod yn adnabod Iesu a thrwy hynny ddiarddel ei fod ef yn ddisgybl iddo. Cyn diwedd y bennod hon, fe adroddodd Luc am Bedr yn gwadu Iesu, gan nodi bod yr Arglwydd yn dal i edrych ar Bedr ac mai'r cam cyntaf ar lwybr y 'dychwelyd ataf' oedd mynd allan ac wylo'n chwerw (22: 61-62). Rhydd hyn obaith i bob credadun annheilwng. Deil Iesu'n deyrngar i ni er gwaethaf ein diffyg teyrngarwch ni iddo ef. Dyma garreg sylfaen perthynas Iesu â'i ddisgyblion yn wyneb pob argyfwng, meddai Luc. Mae Iesu yn ein hadnabod ni yn drwyadl fel yr ŷm ni, ac nid yw yn ein diarddel er i ni ei wadu. Cofio hyn (ei air), gweld hyn (ei wyneb), yw cyfrinach ein tröedigaeth; ein dwyn yn ôl i adnabyddiaeth ddyfnach ohono ef, ac i gymdeithas bellach â'i ddilynwyr ef.

Arian

Yn wahanol i'r efengylau eraill, croniclodd Luc fod Iesu wedi sôn am arian ac arfau yn ystod y swper olaf (22: 35-38). Yn ôl C. F. Evans, 'Hwyrach mai'r darn hwn yw'r dirgelwch mwyaf yn yr efengyl, yn wir yn yr holl efengylau, ynddo'i hun, ac oherwydd ei safle ar ddiwedd sgwrs y Swper Olaf' (tt. 803-804).

Medrai Luc gysylltu'r adran hon â gweddill y sgwrs ffarwel am ei fod yn dal i nodi perthynas y disgyblion â Iesu a'r modd y rhannent hwy yn ei dynged ef. Doedd dim yn newydd yn hyn. Pan oedd cenhadaeth Iesu yn ffynnu yng Nghalilea fe lwyddodd cenhadaeth y Deuddeg (9: 1-6, 10). Rhanasant yn ei boblogrwydd ef, heb fod yn brin o ddim (22: 35). 'Ond yn awr', fe fyddai pethau'n gwbl wahanol. Fel y cawsant rannu yn ei lwyddiant, caent rannu'n awr yn ei wrthodiad. Gofynnai hyn am adnoddau gwahanol. Cynghorodd Iesu ei apostolion, felly, i fynd â phwrs i gario'u harian, a chod i gario'u cyfreidiau o ddydd i ddydd. Fel eu Harglwydd, ni allent ddibynnu ar garedigrwydd a haelioni pobl mwyach. Ochr greulon y natur ddynol a ddadlennid iddynt nawr.

Arfau

Ai prynu cleddyf oedd awgrym Iesu i'w ddisgyblion druain yn wyneb yr argyfwng hwn? Mawr fu'r dadlau ymhlith esbonwyr wrth geisio dehongli'r adnodau hyn (22: 36b-38).

Yn ôl rhai esbonwyr fe ddylid cymryd y cyfeiriad at gleddyf yn ffigurol. 'Mae Iesu'n defnyddio trosiad' (V. Taylor, *Jesus and His Sacrifice,* t.192). Roedd cleddyf yn 'arwydd o ddifrifoldeb y sefyllfa' (Grundmann, t.409), yn 'symbol o argyfwng' (Karris, t.716), neu'n dynodi 'caledi ac aberth' (Marshall, t.825). Holwyd, 'Ai ymadrodd diarhebol ydyw ar gyfer amser argyfyngus, pan fo cledd yn bwysicach na'r blanced sy'n cadw dyn yn gynnes yn y nos?' (Schweizer, t.341), a haerwyd, 'Nid oedd Iesu'n sôn am ychwanegu at eu harfau' (Schlatter, t.429).

Wrth ddehongli ymateb y disgyblion (22: 38), tuedd yr esbonwyr hyn yw awgrymu eu bod hwy wedi camddeall Iesu wrth gymryd y sôn am feddu cleddyf yn llythrennol. O'r herwydd dylid cyfieithu geiriau olaf Iesu fel, 'Dyna ddigon (o hyn)', h.y., dyna ddigon o sôn am gleddyfau. 'Nid mynegi boddhad gyda'r disgyblion a'u paratoadau milwrol, a wna'r geiriau "Dyna ddigon", ond mynegi awydd i roi diwedd ar y sgwrs gan dristáu' (Caird, t.241). 'Am nad oeddent wedi deall beth a olygai Iesu, mae'r disgyblion yn credu y dylent gymryd ei eiriau'n llythrennol, ac yn estyn dau gleddyf. Yn rhwystredig, mae Iesu'n rhoi taw ar y sgwrs trwy ddweud, "Dyna ddigon"' (Talbert, t.211).

Mae C. F. Evans yn gwrthod y dehongliad hwn o'r ymadrodd Groeg. 'Ni ellir dod o hyd i un enghraifft arall o hyn, ac mae'n annhebygol y buasai Luc wedi gorffen y darn hwn a'r holl sgwrs, mewn ffordd mor benagored' (t.807). Ar ôl astudio defnydd Luc o'r ymadrodd yn ei efengyl ac yn llyfr yr Actau gorfodir Evans i dderbyn bod Iesu wedi dweud bod dau gleddyf yn hen ddigon o rif.

Cynrychiola ef yr ysgol o esbonwyr sydd am gymryd anogaeth Iesu i brynu cleddyf yn llythrennol. Nododd P. S. Minear fod y proffwydoliaethau eraill am frad Jwdas a gwadiad Pedr wedi'u cyflawni, ac onid oedd y ffaith bod Iesu wedi cyfeirio at 'gleddyfau', ac un ohonynt wedi torri clust dde gwas yr archoffeiriad i ffwrdd (22: 49-50), yn profi bod ganddynt gleddyfau llythrennol? Awgrym Minear oedd mai'r digwyddiad hwnnw (cym. Marc 14: 47; Ioan 18: 10) a ysgogodd Luc i osod y drafodaeth yn y fan hon i baratoi'r llwyfan ar ei gyfer.

Pam roedd Iesu am i'w ddilynwyr gario arfau? Go brin y gallai dau ddagr wneud fawr o wahaniaeth i ganlyniad y gwrthdaro. Unig gymhelliad Iesu, yn ôl Luc, oedd y rheidrwydd i gyflawni proffwydoliaeth Eseia bod gwas Duw i gael ei gyfrif gyda throseddwyr (53: 12). O ddod o hyd i Iesu ymysg pobl oedd yn cario arfau, gellid dweud wedyn ei fod ef 'gyda throseddwyr', a chyflawni'r hyn a ragddywedwyd amdano (22: 37). Er fod dau gleddyf yn hen ddigon i gyflawni'r ysgrythur, ni fwriadodd Iesu iddynt gael eu defnyddio (22: 49-51, Leaney, t.271).

Crynhowyd yr holl drafodaeth ar yr adran hon gan C. F. Evans fel hyn: 'Yr oedd yr amgylchiadau yn ystod cenhadaeth Iesu i Israel trwy'r apostolion yn ddelfrydol ac yn taro natur y neges i'r dim. Nawr mae sefyllfa arall ar godi sydd, er iddi fod o ddwyfol drefniant, yn wrthun ac yn afresymol, am fod cynrychiolwyr pobl Dduw a deddf Duw yn mynd i ddatgan bod un cyfiawn Duw yn un o'r drwgweithredwyr. Yn y sefyllfa hon, sy'n debyg i ffars, mae'n rhaid iddo ef a hwythau edrych fel drwgweithredwyr. Ar gyfer hyn fe wnâi dau ddagr y tro' (t.807).

Pa un ai yw'n bosibl derbyn y ddamcaniaeth hon ai peidio, perthynas Iesu â'i ddilynwyr, a'r ffaith y byddai eu tynged hwy yng nghlwm wrth ei dynged ef, oedd thema ganolog sgwrs Iesu â'r apostolion adeg y swper olaf. Er eu holl wendidau, byddai Iesu'n ymddiried dyfodol ei achos i'w gofal hwy. Maes o law byddai Luc yn disgrifio Pedr, a rhai o'r lleill, fel arweinwyr yr Eglwys Fore yn llyfr yr Actau.

TRAFOD

1. O gofio mai hon oedd y sgwrs olaf rhwng Iesu a'r sawl a fyddai'n arweinwyr yr eglwys maes o law, a yw'r pynciau a drafodwyd yn annisgwyl, ynteu ai bywyd yn ei holl ryferthwy yw diddordeb pennaf Mab y Dyn a'i bobl?
2. Os anogodd Iesu ei apostolion i brynu cleddyf, a ellir defnyddio hyn fel sail i gyfiawnhau Cristnogion sy'n cario arfau heddiw?
3. Yng ngoleuni'r ymddiddan adeg y swper olaf, pynciau 'crefyddol', ynteu pryderon cymdeithasol, economaidd, gwleidyddol, yr wythnos ac ati, a ddylai gael sylw yn ystod swper yr Arglwydd heddiw?
4. A ddylid rhoi mwy o le i drafodaeth yn ein gwasanaethau, a gadael i'r addoli a'r ymrwymo i amcanion Duw godi o'r drafodaeth honno?
5. A yw hi'n gysur i ni bod Iesu wedi addo parhau i ymddiried yn Simon Pedr er y gwyddai y byddai'n gwadu ei fod yn ei adnabod?

Pennod 47

Y FRWYDR FAWR

Darllen: Luc 22: 39-71

Wrth wynebu'r frwydr eithaf, y peth cyntaf a wnaeth Iesu oedd gweddïo. Roedd hyn yn unol â'i arferiad ar adegau tyngedfennol ar hyd ei weinidogaeth, yn ôl Luc. Ar ôl cyrraedd 'y fan' ar Fynydd yr Olewydd —Gethsemane, yn ôl Marc — fe anogodd ei ddisgyblion i weddïo ac ymneilltuodd oddi wrthynt i weddïo'n daer ei hun.

Y frwydr ingol

Fel arfer fe weddïai'r Iddew ar ei draed; arwydd o daerineb Iesu oedd ei benlinio. (Yn ôl Marc fe 'syrthiodd ar y ddaear' (14: 35).) Sylwodd Luc fod tair gwedd i 'ing' (*agonia*) Iesu (22: 44).

Yn gyntaf ni wadodd Luc ing personol Iesu. Ef yn unig a nododd fod 'ei chwŷs fel dafnau o waed yn diferu ar y ddaear' (22:' 44). Yn y frwydr dyngedfennol hon fe rannodd Iesu hyd yr eithaf ym mhoen pobl wrth wynebu dioddefaint, artaith a marwolaeth. Nid ymateb yn stoicaidd fel Socrates a wnaeth ef, ond arswydo rhag yfed y cwpan chwerw a oedd o'i flaen. Ac 'am iddo ef ei hun ddioddef dan brawf, y mae'n gallu cynorthwyo'r rhai sydd yn cael eu profi' (Heb. 2: 18). Beth bynnag fo'n hargyfwng ni, gallwn fod yn sicr ei fod ef wedi cael profiad ohono ac yn medru rhannu ein hing ninnau yn awr.

Yn ail, fe rannodd Iesu yn ing y disgyblion. Nododd Luc eu bod wedi 'ei ddilyn' hyd at y fan beryglus hon (22: 39). Ddwywaith fe rybuddiodd ef hwy i wneud yr hyn a wnaeth yntau: ymagor i adnoddau ysbrydol Duw trwy weddi (22: 40, 46). Yn wahanol i Farc, nid awgrymodd Luc fod y disgyblion ar fai yn syrthio i gysgu. Synhwyrodd ef eu bod wedi'u llethu gan ofid; gwyddai'r meddyg eu bod wedi cyrraedd pen eu tennyn. Anogodd Iesu hwy, 'Gweddïwch na ddewch i gael eich profi' (22: 40). Beth oedd y profi hwn? Y prawf eithaf ar eu ffydd ynddo ef; y prawf a rwydodd Pedr yn nhŷ'r archoffeiriad; y prawf a arweiniodd Jwdas i fradychu Mab y Dyn â chusan (22: 47-48). Rhoi prawf ar eu ffydd yn Nuw oedd y peth mwyaf eithafol a allai ddigwydd i ddisgybl Iesu byth. Fe brofodd Iesu'r prawf hwn hefyd.

Oherwydd hyn fe feiddiodd Luc godi cwr y llen ar yr ing yng nghalon Duw ei hun. Trwy weddïo, 'O Dad, os wyt ti'n fodlon, cymer y cwpan hwn oddi wrthyf. Ond gwneler dy ewyllys di, nid fy ewyllys i' (22: 42), fe wyntyllwyd trefn y Tad gan y Mab. Cwpan digofaint Duw oedd hwn. Safai am y drefn foesol honno lle'r arweiniai pechod at hunanddifodiant llwyr. Yn ei fedydd fe ymuniaethodd Iesu â chyflwr pechadurus y ddynoliaeth. Ynddo ef fe welwyd Duw yn ymostwng i fod yn atebol i'r drefn hon ei hun gan dderbyn ei chosb, trwy fod yn barod i ddioddef hyd yr eithaf. Nid oedd ymwared felly; 'gwneler dy ewyllys di' (22: 42). O dderbyn trefn Duw, a bod yn fodlon marw yn hytrach na throseddu, fe blannwyd hedyn bywyd newydd ym mhridd y ddynoliaeth. Gwelwyd cynhaeaf toreithiog ym mhob cenhedlaeth, hyd at ein profiad ni: 'yr oeddem wrth natur, fel pawb arall, yn gorwedd dan ddigofaint Duw. Ond gan mor gyfoethog yw Duw yn ei drugaredd, a chan fod ei gariad tuag atom mor fawr, fe'n gwnaeth ni, ni oedd yn feirw yn ein camweddau, yn fyw gyda Christ' (Effes. 2: 3-5). Er mor boenus oedd edrychiad Iesu i Pedr, edrychiad 'yr Arglwydd' ydoedd, 'a chofiodd ef air yr Arglwydd wrtho' (22: 61), gair a darddodd o ing Duw, ac o'r herwydd yn air y bywyd newydd iddo ef.

Y frwydr yn yr ardd

Yn sgîl ei weddi fe gafodd Iesu ei gyfnerthu (22: 43). Yng ngrym y nerth dwyfol hwn, fe wynebodd y frwydr yn yr ardd yn ddigynnwrf. Yn ôl portread Luc ef oedd yn rheoli'r sefyllfa. O ildio'n llwyr i drefn ac ewyllys ei Dad nefol, fe'i gwaredwyd o afael ofn, a chwerwedd, a chasineb a chwyno hunandosturiol. Roedd yn ddyn rhydd, yng nghanol y frwydr. 'Hyd yn oed ar adegau o argyfwng personol mae Iesu'n dal i boeni am eraill' (C. H. Talbert, t.215). Daeth hyn yn amlwg, nid yn unig yn ei ymarweddiad, ond yn ei eiriau wrth ei fradychwr, wrth ei ddilynwyr ac wrth 'y rhai oedd wedi dod yn ei erbyn'.

Nid cefnu ar ei fradychwr na cheisio dianc rhagddo a wnaeth Iesu. Fe'i harddelodd wrth ei enw, 'Jwdas' (22: 48). Apeliodd arno i ystyried pwy yr oedd yn ei fradychu. Wrth gyfeirio ato'i hun fel 'Mab y Dyn', rhoes gyfle arall i Jwdas i'w adnabod fel gobaith Israel, gwaredwr y byd (Dan. 7). Â chariad anfeidrol y cyfarfu Iesu â'r un a nesaodd ato â chusan brad; ceisiodd dynnu brath y gelyn trwy ei adnabod fel 'un o'r Deuddeg', yr oedd gwybod cyfrinachion teyrnas Dduw wedi eu roi iddynt (8: 10).

Tra oedd yn dal i rybuddio'i ganlynwyr, fe ddaethant i'r fan lle cawsant eu profi. Yn eu cysgadrwydd, nid oeddent wedi dechrau amgyffred 'dy ewyllys di'. Hawdd deall felly pam eu bod wedi cael eu temtio i daro'n ôl. 'Peidiwch! Dyna ddigon!' oedd gorchymyn cadarn Iesu iddynt (22: 51). Ef a reolodd y frwydr trwy eu rhwystro. Ni fynnai Iesu i neb dywallt gwaed o'i achos ef, ni ddaeth ef i gynyddu dioddefaint y ddynoliaeth. Cyffwrdd i iacháu, nid taro i glwyfo, oedd ei ddull ef. Chwedl Eduard Schweizer, 'Mae'r cwestiwn ynglŷn â thrais yn cael ei holi'n benodol. Fe'i hatebir gan barodrwydd Iesu i ddioddef a hyd yn oed i iacháu ei elyn. Mae'r naill a'r llall yn perthyn i ffordd Iesu. Nid yw'n amau awdurdod

Pilat na'i rym milwrol, ond mae ef ei hun yn gwrthod defnyddio'r cledd. Ei ewyllys ef yw rhoi bywyd, nid ei gymryd. Nid yw hyn yn ateb y broblem ond mae'n rhoi canllaw' (t.345). I'r graddau y bu canlynwyr Iesu yn barod i arfer adferiad ac iachâd fel erfyn posibl fe gawsant eu nerthu a'u cynnal ym mhob brwydr. Cymodi ac iacháu, nid difa a dinistrio, fu galwedigaeth oesol disgyblion Iesu. Yn erbyn eu tueddiadau greddfol eu hunain y bu eu brwydr hwy, nid yn erbyn eu gelynion. Troi gelynion yn gyfeillion fu prif nod eu hymdrechion.

Nid dilorni'r 'rhai oedd wedi dod yn ei erbyn' a wnaeth Iesu, ond ceisio dinoethi'u twyll. 'Ai fel at leidr, â chleddyfau a phastynau, y daethoch allan?' (22: 52). Fel yn achos Jwdas, rhoes gyfle arall i'w erlidwyr gydnabod pwy oedd ef. Nid fel gelyn ond fel un a fu 'gyda chwi beunydd yn y deml' y disgrifiodd Iesu'i hun (22: 53).

Trwy uniaethu â hwy ceisiodd ddileu'r frwydr. Dadlennodd y twyll yn eu hymgais i'w drin fel terfysgwr a bygythiad gwleidyddol peryglus. Y prawf eithaf bod hyn yn gelwydd oedd ei ymateb i'r bygythion tywyll (22: 52). Dull Iesu, yn ôl ewyllys Duw, oedd dioddef y tywyllwch. O wneud hyn fe ddeuai awr casineb a drygioni a chreulondeb i ben yn ei ddioddefaint ef. Ni fyddai'n ei amlhau trwy daro'n ôl. Niwtraleiddio'r drwg trwy ei dderbyn yn ei gorff ei hun oedd strategaeth Iesu yn y frwydr hon. Trwy wneud hyn, defnyddiodd y tywyllwch hyd yn oed i'w amcanion gwaredigol ef ei hun. Hynny a ddigwyddodd yn achos Pedr yntau.

Brwydro â'r hunan

Mor annisgwyl oedd gweld Pedr yn wylo. Hawdd fyddai dychmygu fel y siomwyd ef gan frad Jwdas a'i ddigio gan haerllugrwydd y sawl a ymosododd ar Iesu; ni allai lai na gresynu pan welodd sodlau'r disgyblion eraill yn diflannu yn y tywyllwch. Torrodd i wylo pan welodd ei gyflwr ei hun.

Er i Iesu gynghori Pedr a'r lleill, 'Gweddïwch na ddewch i gael eich profi!' maglwyd Pedr gan forwyn a geisiodd uniaethu Pedr ag achos Iesu (22: 56). 'Ond gwadodd ef a dweud, "Nid wyf fi'n ei adnabod, ferch"' (22: 57). Arddel ei fod yn adnabod Iesu neu ei wrthod — dyna'r prawf eithaf. Nid unwaith ac nid dwywaith y gwadodd Pedr, ond teirgwaith. 'Troes yr Arglwydd ac edrych ar Pedr, a chofiodd ef air yr Arglwydd wrtho, "Cyn i'r ceiliog ganu heddiw, fe'm gwedi i deirgwaith." Aeth allan ac wylo'n chwerw' (22: 61-62). Trwy lygaid Iesu fe welodd Pedr ei hun fel yr oedd, yn wan, yn annheyrngar, yn annheilwng o'i Arglwydd. Dagrau edifeirwch oedd yr unig ymateb posibl.

Ymateb i drugaredd Iesu, nid bwrw ei fod wedi ei gondemnio, a wnaeth Pedr. Yn ogystal â chofio'i rybudd, fe gofiodd Pedr air grasusol yr Arglwydd (22: 31-34). Serch ei holl ymffrost, gwyddai Iesu am wendid Pedr. Eto i gyd, ni chafodd ei ddiarddel. Y tu hwnt i'r gwadu, gwelodd Iesu'r edifeirwch. Rhoddai'r profiad hwn sail sicrach i Pedr fedru cadarnhau ei frodyr; nid eu cadarnhau ar sail ei gadernid personol a wnâi mwyach, ond ar sail tosturi Iesu a'i drugaredd tuag at un a'i gwadodd yng nghanol y frwydr. Er y siom, nid â llygaid dicllon, dinistriol yr edrychodd Iesu ar Bedr, ond â llygaid yn llawn tosturi a chariad. Yng ngoleuni'r tosturi hwn fe welodd Pedr ei drueni ei hun, ac yng ngrym y cariad hwn fe aeth Pedr ymlaen hyd at angau i arddel ei fod yn adnabod ei Arglwydd, gan uniaethu'i hun yn llwyr â'i achos ef.

Adroddodd Luc yr hanes am Pedr yn cadarnhau ei frodyr ac eraill yn llyfr yr Actau. Yn hytrach na cheisio cuddio gwadiad Pedr, fe groniclwyd yr hanes gan y pedwar efengylydd, a daeth Pedr yn batrwm i ddilynwyr Iesu. Amod cyntaf ymuno â phobl y Ffordd oedd i bobl weld eu hunain trwy lygaid Iesu. Yn ei oleuni ef, ni allent lai na chydnabod eu trueni ac edifarhau yn chwerw dost, gan roi eu hymddiriedaeth lwyr yn nhrugaredd a chariad diwyro Iesu, yn hytrach nag yn eu medr eu hunain. Hanes y chwyldro hwn yn achos llawer oedd llyfr yr Actau. O'i brofiad personol yr anogodd Pedr ei wrandawyr, 'Edifarhewch, a bedyddier pob un ohonoch yn enw Iesu Grist er maddeuant eich pechodau, ac fe dderbyniwch yr Ysbryd Glân yn rhodd. Oherwydd i chwi y mae'r addewid, ac i'ch plant ac i bawb sydd ymhell, pob un y bydd i'r Arglwydd ein Duw ni ei alw ato' (Actau 2: 38-39). Er mor bell oedd Pedr yn nhŷ'r archoffeiriad, fe'i gwelwyd gan Iesu. Yn edrychiad Iesu fe welodd Pedr lygad Duw yn treiddio i ddyfnderoedd ei enaid, gan ei adnabod hyd eigion ei fod, ond yn dal i'w garu, yn dal i'w alw ato, er mwyn i eraill ddod i wybod am y trugaredd a'r cariad anfeidrol hwn. Yng nghanol ei ddagrau y gwelodd Pedr ei hun fel yr oedd, yn bechadur truenus ond yn wrthrych cariad di-ben-draw Iesu. Edifarhau oedd ymateb i'r cariad dwyfol hwn a gadael i weddill ei fywyd fod ar drugaredd Iesu. Yn ein dyddiau ni, gwelir eglwys Iesu Grist yn cael ei galw i fodolaeth o'r newydd lle bo dau neu dri yn torri i wylo yn eu diymadferthedd, gan ddysgu ymddiried yn llwyr yn edrychiad trugarog Iesu, a derbyn ei Ysbryd Glân yn rhodd, i'w galluogi i fyw er gogoniant Duw Dad. 'Canys y mae'r loes a dderbynnir yn ffordd Duw yn creu edifeirwch sydd yn arwain i iachawdwriaeth' (II Cor. 7: 10).

Y frwydr ar ei hanterth

Aeth Pedr allan, ond arhosodd Iesu. Mor eironig oedd y darlun o'r gwarchcidwaid hyn yn dal yr un sy'n dal y byd yn ei law. Trwy'r nos ddu fe ganiataodd Iesu i'r tywyllwch gael yr awdurdod (22: 53). Ei gablu a wnaeth 'y rhai oedd wedi dod yn ei erbyn'. Ond pan ddaeth hi'n ddydd dygwyd Iesu gerbron prif Gyngor cenedl Israel. Yma gwelwyd cynrychiolwyr Pobl Dduw yn rhoi Iesu ar brawf. O'r braidd y gwyddent eu bod wedi rhoi eu hunain ar brawf. Hon oedd yr awr fwyaf allweddol yn hanes y ddynoliaeth. Ai'r dyn truenus hwn a adawyd yn amddifad gan ei gyfeillion, a gafodd ei guro a'i watwar gan y gwarcheidwaid, ai hwn oedd y Meseia? Addefodd Iesu, 'O hyn allan bydd Mab y Dyn yn eistedd ar ddeheulaw Gallu Duw' (22: 69). O'r eiliad honno, yng nghanol ei wendid a'i drueni, ac yn nes ymlaen dan bwysau'r groes, ni byddai Iesu yn dibynnu ar ei allu ei hun, ond ar Allu Duw, gallu dwyfol cariad. Oherwydd hyn roedd hi'n rhaid i arweinwyr Israel naill ai gredu ynddo, neu adael i'w eiriau fod yn faen tramgwydd iddynt. Gwir y dywedodd arweinwyr Israel, 'Pa raid inni wrth dystion bellach?' Yn y pen draw 'y geiriau o'i enau ef' (22: 71) yw'r unig beth sy'n cyfrif (8: 15). I'r sawl sy'n credu, nid geiriau amwys mo addefiad Iesu mai ef yw Mab Duw. Yn y 'myfi yw' hwn fe uniaethodd Iesu'i hun ag enw Duw. Ynddo ef, yn ei ddioddefaint a'i groes, yn ei atgyfodiad a'i oruchafiaeth y dadlennwyd sut un yw Duw; dyma graidd yr efengyl. Wrth ddehongli 22: 66-71 fe awgrymodd C. F. Evans, 'Gellid dweud mai hon yw adran dyngedfennol stori'r dioddefaint, yn wir yr Efengyl. Oherwydd mae'n trafod Iesu'n wynebu Israel, ar ffurf ei chorff llywodraethol, am y tro olaf. Arweiniodd hyn at ei ddiarddel yn gyhoeddus ac at ei farwolaeth. Y farwolaeth hon, ynghyd â'i atgyfodiad, a ddaeth yn gnewyllyn neges waredigol Duw, i Israel (cym. I Cor. 15: 3-4; Actau 13: 26-41)' (t.830). Yr oedd a wnelo'r frwydr hon â thynged y byd felly.

TRAFOD

1. Pam yr oedd Luc yn rhoi lle i 'ing' Iesu yn ei efengyl? Beth oedd hyn yn ei ddweud
   (i) am ddynoliaeth Iesu?
   (ii) am dduwdod Iesu?
2. A yw parodrwydd Iesu i ddioddef ing (*agonia*) yn berthnasol i ni heddiw? Beth yw perthynas Duw yng Nghrist â thrueni ein byd?
3. Pam y credwch chi y caniataodd Iesu iddo'i hun fod ar drugaredd pwerau'r tywyllwch?
4. Yn nannedd ymosodiad, a all unigolyn neu wlad gyfiawnhau defnyddio arfau?
5. Sut y ceisiodd Iesu ennill y frwydr trwy droi gelyn yn gyfaill?
6. Er inni ei wadu, ai un sy'n troi i edrych arnom yw Iesu? Beth gall rhai o ganlyniadau cofio hynny fod? A fyddech chi'n cytuno â Dic Jones, 'Ei dawn i wylo yw gwerth dynoliaeth'?
7. Yn ôl eich profiad chi, pwy yw'r Iesu a gurwyd, a watwarwyd ac a roddwyd ar brawf? Ai ef sy'n dadlennu sut un yw Duw?

Pennod 48

DEDFRYDU IESU

Darllen: Luc 23: 1-25

Er mai ystyriaethau crefyddol oedd asgwrn y gynnen rhwng y Cyngor Iddewig ac Iesu (22: 70-71), fe wyddent o'r gorau na fyddai'r rheini yn tycio gerbron Pilat. Felly, pan ddaethant ag Iesu at Pilat, roedd eu cyhuddiadau wedi'u gwyrdroi a'u hanelu at ei safle wleidyddol ef. I gael gwared ar Iesu roedd angen ei gydweithrediad ef. Er fod yr Iddewon wedi llabyddio Steffan, cred llawer o ysgolheigion nad oedd gan yr Iddewon hawl i ddienyddio dan y drefn Rufeinig. Braint y rhaglaw oedd dedrydu i farwolaeth a chroeshoelio.

Cyhuddiadau'r Iddewon

Crisialwyd cwynion yr Iddewon i dri chyhuddiad gwleidyddol:

(i) Awgrymu bod Iesu yn cymell yr Iddewon i fod yn annheyrngar i'r ymerodraeth Rufeinig oedd ergyd y cyhuddiad ei 'fod yn arwain ein cenedl ar gyfeiliorn' (23: 2). Clywyd tinc o'u dilorni yn yr ymadrodd, 'Cawsom y dyn hwn'; gan mai dyna'u hagwedd at Iesu pa sail oedd dros gredu bod eu cyhuddiad yn deg?

(ii) Trwy fynnu ei fod 'yn gwahardd talu trethi i Gesar' (23: 2), awgrymai'r Iddewon fod Iesu yn derfysgwr, yn ceisio tanseilio hawl ganolog yr ymerodraeth i drethu. Roedd Luc wedi achub y blaen ar y cyhuddiad hwn (20: 20-26) trwy olygu hanes Marc (12: 13-17) yn ofalus. Gwyddai'r darllenydd o'r gorau felly nad oedd unrhyw gyfiawnhad dros ddwyn y cyhuddiad hwn yn erbyn Iesu.

(iii) I danlinellu perygl chwyldroadol Iesu, trydydd haeriad yr Iddewon oedd ei fod 'yn honni mai ef yw'r Meseia, sef y brenin' (23: 2). Roeddent wedi sylwi mai 'teyrnas' arall oedd byrdwn pregethu Iesu, ond hanner y gwir oedd eu cyhuddiad. Teyrnas Dduw, nid teyrnas ddaearol, oedd cenadwri Iesu. Dyma'r cyhuddiad yn ôl Luc, a barodd i Pilat foeli'i glustiau.

Ymateb Pilat

Fel arfer trigai'r rhaglaw yng Nghesarea, ar lan Môr y Canoldir, a dygid achosion ato yno (Actau 23: 23 - 24: 27). Fodd bynnag, symudai i Jerwsalem adeg y gwyliau mawr i gadw trefn yno, ac i wrando achosion yn y *praetorium* (Actau 25: 1-9). Er fod Pilat wedi llywodraethu fel rhaglaw yn Jwdea am ddeng mlynedd (26-36 O.C.), ni chafwyd fawr o wybodaeth amdano y tu allan i'r efengylau. Tystiodd yr hanesydd Tacitus mai Pilat a ddienyddiodd Iesu yn nheyrnasiad Tiberius (*Annals* XV, 44) a chyfeiriodd Philo a Joseffus at rai o'i greulonderau. Collodd ei swydd am fod mor chwyrn wrth drin y Samariaid.

Pwyslais Luc, fodd bynnag, oedd fod Pilat wedi ceisio achub cam Iesu hyd y medrai. Tair gwaith y datganodd fod Iesu'n ddieuog o gyhudd-iadau'r Iddewon. Ateb digon diamwys a gafodd pan holodd ef Iesu, 'Ai ti yw Brenin yr Iddewon?' (23: 3). Addefodd I. Howard Marshall, 'Nid yw'n glir a ddylid cymryd y gosodiad fel gwadiad, neu a yw Pilat yn gwrthod ei gymryd o ddifrif; yr olaf mae'n debyg' (t.853). Cytunodd Eduard Schweizer â C. F. Evans, oherwydd petai Pilat wedi cael achos i gredu bod Iesu yn ymhonnwr, ni fyddai ganddo ddewis ond dyfarnu ei fod yn euog o drosedd ddifrifol.

Unwaith y clywodd Pilat sôn am Galilea achubodd ar y cyfle i osgoi dwyn y cyfrifoldeb ei hun. Anfonodd Iesu yn ôl at Herod Antipas ond er gwaethaf chwilfrydedd a gwawd hwnnw, ni chafodd Iesu'n euog o unrhyw un o'r cyhuddiadau a ddygwyd yn ei erbyn. Luc yn unig a soniodd am y digwyddiad hwn, ac ychwanegai at rym y dystiolaeth fod Iesu'n ddieuog a'i awydd i ddangos nad oedd Pilat am ddedfrydu Iesu i farwolaeth. Roedd Herod a Philat yn gytûn ynghylch hyn, a daethant 'yn gyfeillion i'w gilydd y dydd hwnnw' (23: 12). Gyda'r blynyddoedd bu dehongli pellach ar y cynghreirio hwn (Actau 4: 25-28 cym. Salm 2: 1-2). Gallai Luc fod wedi derbyn yr hanes hwn oddi wrth Joanna, gwraig Chusa, goruchwyliwr Herod (8: 3).

Dedfrydu Iesu

I Luc gorchwyl pur anodd oedd egluro pam y dedfrydwyd Iesu i farwolaeth. Ar y naill law mynnai bwysleisio bod Iesu yn ddieuog; dro ar ôl tro yn yr adran hon ailadroddwyd y dyfarniad nad oedd wedi gwneud dim a haeddai farwolaeth (23: 4, 14, 15, 20, 22). Ar y llaw arall fe'i dedfrydwyd i farwolaeth, ond ni fynnai Luc roi'r bai ar Pilat am hyn. (Go brin y byddai beio hwnnw yn dderbyniol gan ei ddarllenwyr cenhedlig). Fel y dywedodd C. F. Evans am 23: 20-25, 'Cyfansoddwyd yr uchafwbynt dramatig hwn gan Luc gyda'r holl fedr a oedd yn angenrheidiol yn ei gyfyng-gyngor o orfod cyflwyno cosb Rufeinig nad oedd yn ganlyniad gwir farn Rhufain ar y mater nac yn wendid yn y ffordd Rufeinig o weinyddu cyfiawnder' (t.857), ac aeth yn ei flaen i ddyfynnu Guignebert, 'Pe bai ef (Pilat) yn credu am funud bod Iesu'n beryglus fe fuasai wedi ei gondemnio; pe bai'n credu'r gwrthwyneb buasai wedi ei ollwng yn rhydd. Ond ni *fedr* yr efengylydd ddweud y naill ac ni *fynn* ddweud y llall. Felly mae'n priodoli i Bilat rhyw dynerwch gwan sy'n ei wneud yn analluog i gondemnio nac i ryddhau Iesu' (*Jesus,* t.467).

Boddwyd gwendid Pilat gan dwrw tanllyd y prif offeiriaid, ac aelodau'r Cyngor a'r bobl. Roedd eu bonllefain a'u crochlefain yn fyddarol (23: 23). Eironi'r sefyllfa oedd eu bod wedi cyhuddo Iesu o greu terfysg tra'n galw am ryddhau Barabbas a oedd wedi ei fwrw i garchar 'o achos gwrthryfel a llofruddiaeth' (23: 19). Dedfrydwyd 'Awdur bywyd' i farwolaeth, ond cafodd y llofrudd fynd yn rhydd (cym. Actau 3: 13-15). Trwy wneud hyn fe lwyddodd Luc i ddangos mai'r Iddewon, nid Iesu, oedd yn ochri gyda'r gwrthryfel, ac mai hwy oedd yn gyfrifol am y ddedfryd farwol ar yr Iesu dieuog. I hoelio'r farn hon ar gof y darllenydd eglurodd Luc fod Pilat wedi rhyddhau 'yr hwn yr oeddent yn gofyn amdano, y dyn oedd wedi ei fwrw i garchar am wrthryfela a llofruddio, a thraddododd Iesu i'w hewyllys hwy' (23: 25). Chwedl I. Howard Marshall, 'Yr argraff gyffredinol a geir o'r olygfa yw bod rhyddhau dyn euog yn tynnu sylw at gondemnio un dieuog. Ewyllys yr Iddewon a orfu. Cydsynio'n llipa gyda'u dymuniad a wnaeth Pilat' (t.858). Cynrychiolwyr swyddogol yr Iddewon, nid Pilat, oedd yn gyfrifol am farwolaeth Iesu, yn ôl Luc. Hwy oedd wedi gwaeddu'n unfrydol, 'Ymaith â hwn!' (23: 18) oddi ar wyneb y ddaear. Hwy a floeddiodd 'Croeshoelia ef, croeshoelia ef' (23: 21). Yr Iddewon a'i croeshoeliodd yn ôl Luc (23: 25, 26; 24: 20).

Pawb yn gyfrifol

Gorsymleiddio dybryd fyddai hawlio mai'r Iddewon yn unig oedd yn gyfrifol am ddedfrydu Iesu i farwolaeth. Er mai ef oedd ar brawf yn nhyb ei gyfoeswyr, fe welodd pob cenhedlaeth wedyn fod y natur ddynol ar brawf gerbron Iesu. Rhoddwyd yr argraff fod torfeydd o gwmpas Iesu, yn cynrychioli'r ddynoliaeth gyfan. Trwy eu hymateb iddo ef dinoethwyd trueni'r hil ddynol. Er mai ef oedd y rhaglaw, dadlennwyd yr ofn yng nghalon Pilat; ofnai grochlefain herfeiddiol y dorf; ofnai haeriadau bygythiol arweinwyr yr Iddewon; ofnai gwynion a allai gyrraedd clustiau'r ymerawdwr; ofnai gynnal cyfiawnder y ddeddf. Gerbron Iesu dangoswyd gwendid truenus y rheolwr cryfaf yn y wlad. Nid pwnc crefyddol y gallai ei 'draddodi i ewyllys' y Sanhedrin na mater gwleidyddol lleol a allai fod o ddiddordeb i Herod mo tynged Iesu. Cloriannwyd ei awdurdod gwleidyddol, ei safle gymdeithasol, ei unplygrwydd personol, ei fywyd cyfan, yng nghlorian achos Iesu, a'i gael yn brin. Fel hyn y disgrifiodd G. B. Caird ei gyfyng-gyngor, 'Roedd gan Pilat ddigon o graffter i weld trwy eu dichell, ond nid oedd ganddo ddigon o gymeriad i gadw at ei ddyfarniad ei hun. Tair gwaith mae'n cyhoeddi bod Iesu yn ddieuog, ond trwy wneud hynny dair gwaith fe'i gwnaeth ddwywaith yn ormod; fe droes yr hyn a ddylai fod yn ddyfarniad awdurdodol terfynol yn ddadl i ddechrau, yna'n ddadl a oedd yn cael ei cholli. Dechrau'r diwedd i Pilat oedd ceisio trosglwyddo'r cyfrifoldeb i Herod Antipas pan glywodd fod Iesu'n dod o Galilea. O hynny ymlaen yr oedd wedi colli gafael ar yr achos' (t.246).

Gwelwyd unwaith eto mai 'cadno' (13: 32) oedd Herod; 'bu'n awyddus ers amser hir i'w weld,' ond pan ddaeth y cyfle nid ar weld Iesu y rhoes ei fryd. Yn hytrach gobeithiai 'ei weld yn cyflawni rhyw wyrth' (22: 8). Troi popeth yn degan a wnaeth Herod — o'i wraig hyd at Grist. Mor arswydus oedd ei weld yn gwatwar Iesu gan ei wawdio fel ffug-frenin, trwy osod gwisg frenhinol ysblennydd amdano. Yr eironi oedd mai dim ond tetrarch Galilea oedd Herod, tra oedd Iesu yn 'Frenin yr Iddewon' yn wir (23: 38).

Trychineb yr Iddewon oedd eu bod wedi gwadu'u treftadaeth trwy fradychu Iesu. Hwy a fu'n disgwyl am ddyfodiad y Meseia ers cenedlaethau, i'w rhyddhau o'u caethiwed a'u pechod, yn dyblu baich eu pechod trwy ymgreinio o flaen gwladweinydd estron. Er i Luc awgrymu ar hyd y daith bod 'y bobl' yn deyrngar i Iesu, erbyn hyn fe welwyd 'aelodau'r Cyngor a'r bobl ynghyd' (23: 13) yn galw am waed Iesu. Cefnodd ei gyfeillion agosaf arno. Ni welwyd lliw o'i ganlynwyr niferus, fe'i gwadwyd gan yr arweinydd amlycaf yn eu plith a'i fradychu gan un o'r Deuddeg!

O weld y rhain fel cynrychiolwyr y ddynoliaeth, gellid dadlau bod pawb yn gyfrifol am farwolaeth Iesu, 'ie, pawb yn ddiwahaniaeth, oherwydd y maent oll wedi pechu, ac yn amddifad o ogoniant Duw' (Rhuf. 3: 23). Yng ngolwg Duw mae pob un ohonom yn gyfrifol am hoelio Iesu ar y groes. Bellach gellir dweud amdanom ni, 'a thraddododd Iesu i'w hewyllys hwy'.

Yn y pen draw, nid Pilat ond Duw ei hun a draddododd Iesu i'n hewyllys ni. Hyn oedd ei ewyllys ef er mwyn i ninnau, yn hwyr neu'n hwyrach, amgyffred faint ei ymddiriedaeth ynom. Trosglwyddodd achos Iesu, Awdur bywyd, i'n gofal ni. Rhoes y cyfrifoldeb arnom ni, naill ai i sathru ar y bywyd hwnnw neu ynteu ganiatáu iddo wreiddio yn ein cyrff marwol ni a dwyn bywyd newydd, bywyd Iesu, bywyd anhunanol, cariadus, i'w lawn dwf ynom ni (II Cor. 4: 10-11).

TRAFOD

1. Ar ôl darllen 23: 1-25 a fyddech chi'n cytuno â C. F. Evans, 'Y prif thema yw datganiad Pilat, a ailadroddir dro ar ôl tro, ac a atgyfnerthir gan Herod, fod Iesu'n ddieuog' (t.843)?
2. Os oedd Iesu'n ddieuog pam y cafodd ei ddedfrydu i farwolaeth?
3. Ai profiad y Cristnogion bore o gael eu herlid gan yr Iddewon a barodd iddynt roi'r cyfrifoldeb am groeshoelio Iesu ar ysgwyddau'r Iddewon? Ai'r duedd hon a liwiodd y modd yr adroddodd Luc yr hanes? Ynteu ai ceisio osgoi cael eu hystyried yn fudiad terfysgol gan y Rhufeiniaid oedd ei gymhelliad gwaelodol?
4. A yw hi'n deg i ddweud bod y sawl a fu'n gyfrifol am groeshoelio Iesu yn cynrychioli'r ddynoliaeth gyfan? I ba raddau roeddem ni yn gyfrifol am y weithred honno? Ai priodol holi i ni, 'Oeddet ti yno pan groeshoeliasant fy Arglwydd?'

Pennod 49

CROESHOELIO IESU

Darllen: Luc 23: 26-56

Gan fod Luc yn awgrymu bod Pilat wedi trosglwyddo Iesu i'r Iddewon i'w groeshoelio, fe hepgorodd ef yr adran ym Marc (15: 16-20) lle disgrifiwyd y milwyr Rhufeinig yn gwatwar Iesu yn y Praetoriwm, a'i wisgo â phorffor ac â choron ddrain, cyn mynd ag ef allan i'w groeshoelio. (Milwyr Herod a fu'n gwatwar Iesu yn ôl Luc (23: 11).) Serch hyn, fe gyfeiriodd at 'filwyr' ac at 'ganwriad' yn ei adroddiad (23: 36, 47) ac fe ddichon mai hwy a orfododd Simon, o Cyrene, i gario croes Iesu. Rhannodd Luc yr hanesion am y diwrnod tyngedfennol hwnnw yn bedair adran: y ffordd i'r groes (23: 26-31); croeshoelio Iesu ac adwaith y sawl a oedd o'i gwmpas (23: 32-43); marwolaeth Iesu a rhai o'r canlyniadau (23: 44-49); claddu Iesu (23: 50-56).

Y ffordd i'r groes

Ers dechrau ei weinidogaeth yng Ngalilea fe fu Iesu ar daith (4: 14-15). Ar ôl 'teithio trwy dref a phentref' (8: 1), 'troes ef ei wyneb i fynd i Jerwsalem (9: 51). Dro ar ôl tro bu Luc yn atgoffa'r darllenydd ei fod 'ar ei ffordd i Jerwsalem'. Bellach fe gyrhaeddodd gamre olaf y daith anorfod honno ar hyd y ffordd i'r groes. Troes ei ddysgeidiaeth gyson ynghylch codi'r groes a'i ganlyn ef (9: 23; 14: 27) yn ffaith weladwy wrth i Simon dderbyn y groes a'i 'chario y tu ôl i Iesu' (23: 26) yn ddarlun o'r disgybl am byth. Ar ei ffordd o'r wlad i'r ddinas yr oedd Simon; fe'i gorfodwyd i newid cyfeiriad i ddilyn Iesu.

Yn ogystal â Simon, yr 'oedd tyrfa fawr o'r bobl yn ei ddilyn' (23: 27). Unwaith eto fe bwysleisiodd Luc fod y dyrfa yn cefnogi Iesu (cym. 23: 35, 48). Ni cheisiodd egluro pam yr oeddent yn galw am ei waed un funud a'n cynnal ei freichiau y funud nesaf. O blith y rhain y gwelwyd miloedd yn cofleidio achos Iesu yn yr Eglwys Fore (Actau 2-6).

Yn ôl Luc yr oedd gwragedd ymhlith y dyrfa, yn galaru ac yn wylofain dros Iesu, ac yntau ar fin cael ei arteithio i farwolaeth. Nid meddwl amdano'i hun a wnaeth Iesu yn gymaint â'r dynged a'u hwynebai hwy: 'Ferched Jerwsalem, peidiwch ag wylo amdanaf fi; wylwch yn hytrach amdanoch eich hunain ac am eich plant' (23: 28). Ai rhagweld cwymp Caersalem a wnâi? Yn sicr fe'u rhybuddiodd fod argyfwng ar eu gwarthaf pan fyddai'n drugaredd bod heb blant i ddyblu'r ing. Gan erchylltra'r amgylchiadau byddai pobl yn dyheu am gael eu difodi (cym. Hosea 10: 8). Os oedd pethau'n ddrwg yn awr, gymaint gwaeth y byddent ymhen y rhawg (23: 31, 28).

Ac yntau wedi dod 'i alw pechaduriaid i edifeirwch' (5: 32), fe sylwodd Luc fod Iesu wedi cyrraedd pen ei daith yng nghwmni 'dau droseddwr' (23: 32).

Y croeshoelio

Fe'i 'croeshoeliwyd ef a'r troseddwyr' yn y lle a elwid ' Y Benglog' (23: 23). (Ni roes Luc yr enw Aramaeg 'Golgotha' (Marc 15: 22).) Hyd heddiw, ni wyddys i sicrwydd ymhle yr oedd y fan hon. Awgrym Sierôm oedd fod y mynych ddienyddio yno wedi rhoi'i enw i'r lle, tra maentumiodd eraill fod Golgotha fryn yn ffurfiant daearegol tebyg i benglog. Bwrw amcan noeth yw'r ddau awgrym. Tan i Gystennin ddechrau holi, ar gais ei fam ddefosiynol, ni roes y Cristnogion bore fawr o bwys ar fannau a gysegrwyd gan eu cysylltiadau â bywyd a dioddefaint Iesu.

Moel iawn fu disgrifiad pob un o'r efengylwyr o'r croeshoelio. Ar ôl clymu (neu hoelio) Iesu wrth y trawsbren (a gariodd Simon), fe'i codwyd i fyny, a chysylltu'r trawsbren wrth y pren fertigol â pheg pren. O Persia y tarddodd y dull hwn o ddienyddio, ac fe'i mabwysiadwyd gan y Rhufeiniaid i gosbi caethweision a gwrthryfelwyr (nad oedd yn ddinasyddion Rhufeinig). Fe'i disgrifiwyd gan Cicero fel 'y poenydio mwyaf creulon ac erchyll' (*Contra Verres*, V.64); fe'i lleolwyd ar fan amlwg yn rhybudd i eraill. Ond fel y dywedodd C. F. Evans, 'Nid yw'r adroddiadau am y dioddefaint yn pwysleisio'r agweddau corfforol a meddyliol. Iddynt hwy diwinyddol oedd y groes a'i 'dioddefaint'. Dangosent pa mor llwyr yr oedd pobl Dduw wedi gwrthod yr un a ddewiswyd gan Dduw, a'r modd yr oedd yr hwn a ddylai fod yn fwyaf effeithiol ac yn fwyaf ei barch wedi cael ei fychanu a'i wneud yn analluog (cym. I Cor. 1: 22; Heb. 12: 2)' (t.867). Ar ôl nodi 'yno croeshoeliwyd ef a'r troseddwyr, y naill ar y dde a'r llall ar y chwith iddo' (23: 33), aeth Luc rhagddo i gyfleu'r adwaith i'r croeshoelio.

Yn gyntaf oll croniclodd Luc, a Luc yn unig, ymateb Iesu: 'O Dad, maddau iddynt, oherwydd ni wyddant beth y maent yn ei wneud' (23: 34). Yn ôl ei arfer cyfarchodd Dduw fel 'Abba, Dad' a gweddïodd am i'w ddienyddwyr, neu am i bawb a oedd yn gyfrifol am ei ddienyddio, gael maddeuant, am na wyddent yn hollol beth yr oeddent yn ei wneud. Chwedl Eduard Schweizer, 'Trwy eiriol dros ei arteithwyr, roedd yn ei gwneud hi'n bosibl i gael maddeuant Duw hyd yn oed am y pechodau mwyaf erchyll. Ar yr un pryd, roedd yn arloesi'r ffordd i'w ddisgyblion i adael i gariad Duw dywynnu trwyddynt' (t.360). Fe ddigwyddodd y wyrth hon yn achos Steffan (Actau 7: 60), ac yng nghalonnau miloedd o ferthyron hyd heddiw a gafodd ras Duw i faddau i'w harteithwyr.

Fel Marc, y weithred gyntaf ar ôl y croeshoelio a nodwyd gan Luc oedd rhannu'r dillad. Yn aml, ond nid yn ddieithriad, fe gâi'r croeshoeliedig eu dinoethi. Byddai'r dillad wedyn yn eiddo i'r dienyddwyr. I ddisgrifio'u gweithred fe adleisiwyd Salm 22: 18,

Y maent yn rhannu fy nillad yn eu mysg,
ac yn bwrw coelbren ar fy ngwisg.

Wrth adrodd hanes y croeshoelio a'r ymateb iddo, fe ddefnyddiodd pob un o'r efengylwyr gyfeiriadau ysgrythurol, yn enwedig Salmau 22 a 69. Trwy wneud hyn dangosent fod y croeshoeliad yn cyflawni proffwydoliaethau'r Hen Destament am ddioddefaint gwas cyfiawn yr Arglwydd. Roedd y rheidrwydd hwn yn un o themâu pregethu'r Eglwys Fore; a hynny gydag awdurdod Crist ei hun, yn ôl Luc (24: 26).

Unwaith eto fe wahaniaethodd Luc rhwng 'y bobl' ac 'aelodau'r Cyngor' (23: 35). Hyd yn oed os mai chwilfrydedd a ysgogodd y bobl i sefyll yno, 'yn gwylio' i ddechrau, gresynu oedd eu hymateb yn y pen draw at yr hyn a ddigwyddodd, a throi 'tuag adref gan guro eu bronnau' (23: 48) wrth ymuno yng ngalarnad merched Jerwsalem.

Parhau i wawdio Iesu a wnaeth aelodau'r Cyngor. Fe gywasgodd Luc ddau osodiad Marc (15: 31-32) i un datganiad sarhaus (23: 35), ond roedd hwn yn atseinio'r Salm (22: 7-8). O leiaf fe gydnabu'r arweinwyr ei fod wedi achub eraill; sef cyfeiriad at ei wyrthiau yn gwaredu o afael ysbrydion aflan ac iacháu, yn ôl pob tebyg (e.e. 7: 50; 8: 48; 17: 19). Ffurf ar 'Feddyg iachâ dy hun' (4: 23) oedd hwn, gan ddangos fod Iesu wedi'i wawdio ar hyd y daith. Fodd bynnag, dod i achub eraill, nid achub ei groen ei hun a wnaeth ef.

Cydiwyd yng nghynffon 'achub dy hun' gan y milwyr hwythau. Er fod Luc wedi rhoi'r cyfrifoldeb ar yr Iddewon am groeshoelio Iesu, ni allodd ddileu cyfraniad y Rhufeiniaid yn llwyr. Gwneud hwyl am ben Iesu oedd cynnig gwin sur (finegr) iddo; ond gwyddai'r Salmydd yntau am y gast ddichellgar hon (69: 21). Y testun gwawd eithaf oedd awgrymu mai'r truan hwn oedd 'Brenin yr Iddewon'. Cadwodd Luc hwn i'r Rhufeinwyr, oherwydd yr oedd yn fodd iddynt sarhau'r Iddewon hwythau, ond trwy gyflwyno'r 'arysgrif uwch ei ben' mor ddirybudd ceisiodd Luc ddangos nad dyfarniad swyddogol Rhufain mo hyn ond (fel y dangosodd ei 'hefyd') tipyn rhagor o hwyl gan y milwyr. Yn wahanol i Luc, fe gyflwynodd Marc yr arysgrif fel 'arysgrif y cyhuddiad yn ei erbyn' (15: 26) sef yr astell a gariai'r un a ddedfrydwyd i farwolaeth gerfydd ei wddf ar y ffordd i gael ei ddienyddio, cyn iddo gael ei hoelio wrth ei groes, yn cyhoeddi'r *causa poenae*, achos y ddedfryd. Fe ddefnyddiodd Ioan *titlos*, teitl, sef ffurf ar yr union air Lladin amdano.

Yn wahanol i'r efengylwyr eraill, fe ychwanegodd Luc adwaith y ddau droseddwr a groeshoeliwyd gydag ef, gan gasglu ynghyd themâu'r 'Meseia', 'Achub dy hun a ninnau' a'r 'deyrnas' yn un uchafbwynt grymus. Er fod un wedi ei gablu, fe ddug y llall dystiolaeth gŵr a oedd yn ofni Duw, yn cydnabod ei drosedd ond yn barod i dystio yng nghanol yr holl wawdio, 'ni wnaeth hwn ddim o'i le' (23: 41). Trwy ei gais, gwnaeth ddatganiad diwinyddol gan arddel bod Iesu yn frenin am fod 'teyrnas' ganddo (23: 42). Yn ôl cyfeiriad Saunders Lewis,

> Ti gyntaf a gredodd i'r Lladin, Hebraeg a Groeg,
> Fod crocbren yn orsedd Duw. (*Cerddi*, t.9)

Gofynnodd am gael cyfranogi o'r deyrnas lle byddai Iesu'n frenin. O'r herwydd geiriau olaf Iesu, cyn iddo'i gyflwyno'i hun i Dduw, oedd addewid o iachawdwriaeth ddiymdroi a fyddai'n drech nag angau. 'Yn wir, 'rwy'n dweud wrthyt, heddiw byddi gyda mi ym Mharadwys' (23: 43).

Yn ôl C. F. Evans, 'Mae'r syniad o *Baradwys* yn deillio o ddefnyddio gair yn y Roeg a fenthyciwyd o'r Berseg. Ei ystyr oedd "cae" neu "barc". Fe'i defnyddiwyd i ddechrau i ddisgrifio Eden fel gardd Duw (Gen. 2: 8), yna am gyflwr y Jerwsalem a waredwyd yma ar y ddaear (Eseia 51: 3), ac yn olaf am yr Eden eschatolegol' (t.874). Fe ddangosodd y ddameg am y dyn cyfoethog a Lasarus fod Iesu yn cymryd bod mangre ar gael i'r ymadawedig ar ôl marwolaeth. Y peth trawiadol yn ei osodiad ar y groes oedd mai ef a benderfynai pwy fyddai'n trigo 'gyda mi' yn y Baradwys honno. Hyd y diwedd llwyddodd Luc i ddangos nad ei elynion na'i ddienyddwyr, ond Iesu ei hun, oedd y barnwr; ganddo ef yr oedd y gair olaf.

Marwolaeth Iesu

Roedd croniclo geiriau olaf yr ymadawedig, yn ogystal â chofnodi nodweddion anghyffredin ym myd natur adeg marwolaeth rhywun enwog, yn arferol yn yr hen fyd. Tua hanner dydd bu diffyg ar yr haul am dair awr. Fel y troes y nos yn ddydd pan aned Iesu, fe aeth y dydd yn nos pan roddwyd ef i farwolaeth. Yn ôl Luc gorchuddiwyd holl wlad Palesteina (os nad yr holl fyd) â thywyllwch (cym. 22: 53).

Yn cyfateb i'r wyrth nefol, gosmig, fe rwygwyd llen y deml yn ei chanol (23: 45). Hon, yn ddiau, oedd y llen a grogai o flaen y Cysegr Sancteiddiolaf i'w guddio rhag llygaid dyn, a'i wahanu oddi wrth weddill y deml (Exod. 26: 1-6). Gan fod Iesu wedi bod yn dysgu yn y deml, roedd hi'n briodol bod arwydd go amlwg o arwyddocâd ei farwolaeth wedi digwydd yno. Fodd bynnag, nid ymhelaethodd Luc ar ystyr hyn fel y gwnaeth rhai awduron eraill (e.e. Marc 11: 17; 15: 37-38; Heb. 10: 19-20; cym. Ioan 2: 21).

I Luc uchafbwynt yr holl hanes oedd hunangyflwyniad Iesu i'w Dad. Gan adleisio'r Salmydd (31: 5), cyflwynodd ei ysbryd i'r hwn a'i rhoes gyda'i anadliad olaf. Crisialwyd ei berthynas â Duw gan ei eiriau diwethaf ar y groes: 'O Dad, i'th ddwylo di yr wyf yn cyflwyno fy ysbryd' (23: 46). Fel y dangosodd Eduard Schweizer, 'Nid cri o anobaith oedd geiriau Iesu ond mynegiant o ymddiriedaeth ffyddlon. Yr oedd Iesu wedi cael ei draddodi i ddwylo dynion (9: 44; 20: 19; 22: 53), ond mae'n ei gyflwyno ei hun i ddwylo ei Dad' (t.362).

Er gwaethaf y gwawd, y boen a'r artaith, er gwaethaf holl ymosodiadau pwerau'r tywyllwch, fe gyflwynodd Iesu ei hun yn gyfan gwbl i ddwylo Duw. Synhwyrodd y canwriad ei fod yn rhydd o gasineb, a dialedd a hunandosturi, a datganodd, 'Yn wir, dyn cyfiawn oedd hwn' (23: 47). Trwy 'ogoneddu Duw' fe ddadlennodd mai'r weithred hon oedd penllanw pob buddugoliaeth yng nghenhadaeth Iesu ar y pwerau marwol (e.e. 5: 25-26; 7: 16; 13: 13; 17: 15; 18: 43). Yn ei wendid, Iesu oedd 'yr un cryfach'; yng nghanol pechod a gwae, Iesu oedd yr un cyfiawn. Cyhoeddodd y canwriad, gydag awdurdod o du'r Rhufeiniaid, fod Iesu'n ddieuog. Dyna roi taw felly ar unrhyw gŵyn bod Cristnogion yn dilyn merthyr o derfysgwr.

Cyfannwyd y stori, o gychwyn gweinidogaeth Iesu, gyda'r cyfeiriad at 'ei holl gyfeillion, ynghyd â'r gwragedd oedd wedi ei ddilyn ef o Galilea' (23: 49). Er eu bod yn sefyll yn y pellter, roeddent yn llygad-dystion o'r 'pethau hyn'. Byddai ganddynt ran allweddol yng ngweddill y stori (24: 9, 13, 33). (Fe ddichon bod Mair, mam Iesu, a'i frodyr yn eu plith (Actau 1: 14).) Yn ogystal â 'gweld' Iesu'n marw, fe ddilynodd y gwragedd Joseff o Arimathea, 'a gwelsant y bedd a'r modd y gosodwyd ei gorff' (23: 55).

Claddu corff Iesu

Yr arfer cyffredin oedd taflu cyrff drwgweithredwyr gyda'i gilydd i'r un ffos. I brofi nad oedd Iesu yn un ohonynt, fe bwysleisiodd Luc fod ei gorff ef wedi cael y parch eithaf, a'i gladdu mewn bedd 'lle nad oedd neb hyd hynny wedi gorwedd' (23: 53) — fel yr ebol (19: 30) a oedd yn ddi-fefl a'n gymwys i 'osod' Iesu arno. Eiddo'r cyfoethog oedd beddau wedi'u naddu yn y graig. (Câi'r werin eu claddu yn y pridd.) Cyfeiriodd Mathew at Joseff fel 'dyn cyfoethog o Arimathea' (27: 57), ond fel 'dyn da a chyfiawn' y disgrifiodd Luc ef. Yn wahanol i'r efengylwyr eraill fe nododd Luc, er ei fod yn aelod o'r Cyngor 'nad oedd wedi cydsynio â'u penderfyniad a'u gweithred hwy' (23: 51). Fel Simeon, roedd yn 'disgwyl' am bethau mawr (2: 25; 23: 51); fel Simeon eto, gafaelodd yn ofalus yn Iesu (2: 28; 23: 52-53), ar ôl gofyn am ganiatâd Pilat. Claddwyd y corff ddydd y Paratoad, sef rywdro rhwng tri o'r gloch prynhawn Gwener a machlud haul (pan fyddai'r Saboth yn dechrau). Yn ôl Luc, fe ddilynodd y gwragedd o Galilea yn dynn wrth sodlau Joseff, a gweld yr union fan lle y gosodwyd ef. Trwy bwysleisio hyn fe roes daw ar unrhyw awgrym y gallai'r gwragedd fod wedi bod yn chwilio am gorff Iesu yn y bedd anghywir ymhen deuddydd. Tybed a oedd Luc yn bwriadu adleisio stori'r creu gyda'i gyfeiriad at 'orffwys ar y Saboth' (23: 56) wrth gloi'r hanes a fyddai'n gyfrinach ail-greu'r byd? Wedi'r gorffwys, byddent ar gael i gychwyn ar genhadaeth fwyaf pellgyrhaeddol hanes.

TRAFOD

1. Beth oedd pen draw'r daith hirfaith a arweiniodd yr holl ffordd o Galilea, yn wir o Fethlehem? Pa ddigwyddiadau a themâu o'r dechrau a gaiff ei hatseinio yn y diwedd? A yw hyn yn dweud rhywbeth am gysondeb yr hanes am Iesu wyneb yn wyneb â phwerau gwleidyddol, crefyddol, economaidd a chymdeithasol y byd?
2. A yw'r geiriau olaf a ynganodd Iesu yng nghlyw'r ddynoliaeth yn efengyl, yn newyddion da, i bechaduriaid fel ni? A fyddech chi'n cytuno ag Eduard Schweizer, 'Yn Luc mae'r tri gair a lefarodd Iesu ar y groes yn dangos ei gariad at ddynion ac at ei Dad yn y nefoedd' (t.339)?
3. Pa oleuni a daflwyd ar y bywyd y tu hwnt i'r bedd gan ymateb Iesu i'r troseddwr ymbilgar (23: 43), a gan ei weddi olaf ar y groes (23: 46)?
4. Yn wyneb hanes yr atgyfodi maes o law, pam oedd hi mor bwysig tanlinellu bod Iesu wedi marw a'i gorff wedi'i gladdu?
5. Ai disgrifio merthyrdod Iesu a wnaeth Luc, ynteu a oedd yn awgrymu mwy na hynny, trwy osod yr hanes yng nghyd-destun tystiolaeth yr Hen Destament?

Pennod 50

ATGYFODIAD IESU

Darllen: Luc 24: 1-12

Rhwng diwedd pennod 23 a dechrau'r nesaf fe ddigwyddodd gwyrth. Tra oedd y gwragedd a phawb arall yn gorffwys, fe gafodd 'Iesu ei gyfodi'. Er i'w gorff gael ei osod yng nghrombil y ddaear, atgyfododd. Bu grymusterau teyrnas Dduw ar waith 'mewn modd nas gŵyr' neb (Marc 4: 26-27). Ni cheisiodd un o'r efengylwyr ddisgrifio beth a ddigwyddodd yn nhywyllwch bore'r 'dydd cyntaf o'r wythnos'. Ac ni all neb fyth ddychmygu chwaith, oherwydd digwyddodd yn nirgelwch Duw, y tu hwnt i lygad dyn. Gweddnewidiwyd cwrs hanes, a rhyddhawyd y byd o'i gaethiwed i farwolaeth. Oherwydd 'trugaredd calon ein Duw' gwireddwyd addewid Sachareias: 'fe ddaw â'r wawrddydd oddi uchod i'n plith' (1: 78).

Y bedd gwag

Pan ddaeth y gwragedd at y bedd 'ar doriad gwawr', a mynd i mewn iddo, roedd y bedd yn wag. Beth oedd i gyfrif am hyn? Mae'n rhaid bod rhywun wedi dwyn y corff fyddai'r ateb amlwg. Ond pwy allasai fod wedi ei ladrata? Dau bosibilrwydd yn unig sy'n bod: naill ai ei elynion, neu ei gyfeillion.

Gan fod ei elynion wedi bod yn cynllwynio ers tro byd i'w gael rhwng muriau cyfyng bedd (4: 29; 6: 11; 22: 2), go brin y byddent hwy wedi'i symud oddi yno. Yn wir, fe gynhwysodd Mathew draddodiad fod y prif offeiriaid a'r Phariseaid wedi cael caniatâd Pilat i selio'r bedd a gosod milwyr i'w warchod (27: 62-66). Pe bai'r Phariseaid wedi cuddio'r corff yn rhywle arall, ni fuasai angen iddynt wneud dim mwy nag arddangos y corff i danseilio stori'r disgyblion. Ni lwyddasant i wneud hyn.

A oedd hi'n debygol mai ei ffrindiau a fu yno yn lladrata corff Iesu? Yn sicr nid oedd y gwragedd, a fu ymhlith ei ganlynwyr ffyddlonaf, wedi ystyried hynny. Roeddent hwy 'mewn penbleth' llwyr pan welsant fod y bedd yn wag. Gwrthododd ffrindiau agosaf Iesu, yr apostolion, gredu stori'r gwragedd. Iddynt hwy 'lol oedd yr hanesion hyn' (24: 11), ac fe redodd Pedr at y bedd i weld drosto'i hun. Rhyfeddodd pan welodd y llieiniau ond dim sôn am y corff. Nid oes unrhyw sail dros gredu bod ei ffrindiau wedi dwyn corff Iesu; achos syndod oedd y cyfan iddynt. Mae'n amheus iawn a fyddent wedi bod yn barod i aberthu'u bywydau wrth gyhoeddi bod Iesu wedi ei gyfodi pe baent yn gwybod mai celwydd oedd y cyfan.

Atgyfodiad y corff

Pwysleisio nad oedd corff Iesu yno oedd amcan Luc wrth nodi bod y bedd yn wag. Pan aeth y gwragedd i mewn i'r bedd, 'ni chawsant gorff yr Arglwydd Iesu (24: 3). Dweud hyn oedd prif ergyd yr adran hon yn ôl C. F. Evans: 'Yr hyn a ddywedir yn benodol ac ar unwaith fel prif bwynt y stori, ac fel sail popeth sydd i ddilyn, yw nad oedd y corff yno' (t.894). Yn ogystal â nodi, 'Nid yw ef yma', fe ychwanegodd y negeseuwyr, 'y mae ef wedi ei gyfodi' (24: 6).

Fe geisiodd rhai ysgolheigion fwrw amheuaeth ar y rhan yma o'r hanes, gan awgrymu bod Iesu wedi ei gyfodi yn ysbrydol ond nid yn gorfforol. Haerwyd gan y rhain na wyddai Paul am draddodiad y bedd gwag. Yn hytrach pwysleisiodd ef mai'r 'corff ysbrydol' (I Cor. 15: 42-49) oedd corff yr atgyfodiad, ac yn lle cyfeirio at atgyfodiad y corff, cyfeiriodd at ei 'gorff gogoneddus ef' (Phil. 3: 21). Aeth G. B. Caird i'r afael â'r ddadl hon: 'O ddarllen dadl Paul yn fwy gofalus gwelir bod y bedd gwag, er na sonnir amdano, yn cael ei gymryd yn ganiataol. Ar ôl gwahaniaethu'n ofalus rhwng corff anianol y bywyd hwn a chorff ysbrydol y byd a ddaw, ac wedi dweud na all cig a gwaed etifeddu teyrnas Dduw, mae'n mynd ymlaen i esbonio bod yn rhaid i'r corff ysbrydol darddu o'r corff anianol trwy gael ei weddnewid, "yr ydym i gyd i gael ein newid." Y natur llygradwy a marwol hwn (nid enaid anfarwol, di-gorff) sy'n gorfod gwisgo anfarwoldeb; ac mae'n hanfodol i'r ddadl bod corff Iesu eisoes wedi mynd trwy drawsnewidiad (metamorffosis) o'r fath' (t.255).

Arwyddocâd atgyfodiad y corff

Trwy atgyfodi'r corff fe arddelodd Duw ein cnawd ni. Ar hyd yr oesoedd bu'n anodd gan feddylwyr stumogi'r ffaith hon. Dro ar ôl tro ceisiwyd gwahanu'r materol a'r ysbrydol gan osod yr ysbrydol ar wastad uwch na'r materol. Gwelwyd hyn yn codi'i ben ym mhob tuedd i greu gwrthdaro rhwng y sanctaidd a'r secwlar, gweddi a gwleidyddiaeth, ffydd a gweithredoedd, yr eglwys a'r byd, enaid a chorff, sant a phechadur, ysbrydol a materol, anfarwoldeb ac atgyfodiad. Disgrifiodd Robert McAfee Brown yr hollt hwn fel 'y Twyll Mawr' (*Spirituality and Liberation,* t.27), a mynnodd J. A. T. Robinson, 'Mae Cristnogaeth yn sefyll neu yn syrthio ar yr egwyddor sacramentaidd nad yw mater ac ysbryd yn ddau beth ar wahân nac yn elyniaethus i'w gilydd' (*On Being the Church in the World,* t.34). Profi undod creadigaeth gyfan Duw a wnaeth atgyfodiad y corff.

Trechu marwolaeth

Rhoi'r gair olaf i'r Brenin angau a wnaeth yr apostolion. Plygodd y gwragedd hwythau i'r drefn gan dderbyn na allent wneud dim mwy na melysu rhywfaint ar ddrewdod angau (23: 56 - 24: 1). Iddynt hwy roedd Iesu wedi'i feddiannu gan deyrnas angau, a'i gyfrif ymysg y meirw. Tanseilio'r ragdybiaeth bod y gair terfynol gan angau a wnaeth y ddau negesydd 'mewn gwisgoedd llachar' wrth holi, 'Pam yr ydych yn ceisio ymhlith y meirw yr hwn sy'n fyw?' (24: 5). Dinoethwyd paradocs cenhadaeth a marwolaeth Iesu. Ers ei bregeth gyntaf yn y synagog yn Nasareth roedd ei fywyd dan fygythiad, ac eto ef a roes fywyd newydd i laweroedd a ddygwyd ato i brofi maddeuant ac iachâd, gwaredigaeth o afael cythreuliaid a dirnadaeth newydd o deyrnas Dduw. Penllanw'r paradocs hwn oedd y groes a'r atgyfodiad, fel y sylwodd Pedr: 'Lladdasoch Awdur bywyd, ond cyfododd Duw ef oddi wrth y meirw' (Actau 3: 15). Dyma'r 'newydd da am lawenydd mawr a ddaw i'r holl bobl' (2: 10), y newydd am 'waredwr' i'n rhyddhau o afael terfynol angau gan ein dwyn i mewn i deyrnas bywyd a goleuni. Cyflawnwyd proffwydoliaeth Sachareias: 'fe ddaw â'r wawrddydd oddi uchod i'n plith, i lewyrchu ar y rhai sy'n eistedd yn nhywyllwch cysgod angau' (1: 78-79).

Onid hyn yw'r newyddion da i ninnau hefyd, ni sy'n dal i geisio 'ymhlith y meirw yr hwn sy'n fyw'? Onid ein tuedd ni yw dwyn ein blodau o Sul i Sul i goffáu arwr a ferthyrwyd ugain canrif yn ôl? 'Pam yr ydych yn ceisio ymhlith y meirw yr hwn sy'n fyw?' Mae angen i bob cenhedlaeth gael ei hatgoffa mai Iesu yw 'yr hwn sy'n fyw'. Y sicrwydd hwn yn unig a all drechu'r celwydd bod ein diben ni a thynged y byd yn nwylo marwolaeth. Yng nghanol yr holl fygythion i'w fywyd, fe wyddai'r gwragedd mai fel 'yr hwn sy'n fyw' yr adnabuasant hwythau Iesu. Mewn byd marwol roedd ef yn fwrlwm o fywyd, a phan ymuniaethodd â'n marwoldeb ni, fe ddug hwnnw i mewn i'w fywyd atgyfodedig ef ei hun. Yn ogystal â chofio'i eiriau fe ddechreuodd arwyddocâd addewid Iesu 'bod yn rhaid i Fab y Dyn gael ei draddodi i ddwylo dynion pechadurus, a'i groeshoelio, a'r trydydd dydd atgyfodi' wawrio ar y gwragedd (24: 7). Hyd yn hyn roedd y fath ymadrodd yn ddirgelwch llwyr iddynt hwy, a'r apostolion (9: 45; 18: 34), am eu bod yn gaeth i deyrnas angau a'r dybiaeth bod marwolaeth yn dwyn popeth i ben. Disodlwyd y celwydd hwn gan arwyddion atgyfodiad, ac yn hytrach na chael eu dallu gan erchylltra marwolaeth, fe ddechreuodd disgyblion Iesu ryfeddu at addewidion bywyd, y grym hwnnw a brofodd ei fod yn drech nag angau.

Grymusterau cosmig

Erbyn hyn fe ddaeth yn amlwg fod Luc yn gweld stori Iesu yng nghyd-destun gweithgareddau cosmig Duw. Dechreuodd ei efengyl trwy sôn am Gabriel yn cyfarch Sachareias a Mair, a'r angel yn rhoi'r newydd da i'r bugeiliaid, ynghyd â thyrfa o'r llu nefol yn moli Duw. Fe ddug ei efengyl i ben gydag ymddangosiad dau ddyn 'mewn gwisgoedd llachar' (24: 4); i fod yn ddilys roedd angen dau dyst. Angylion oedd y rhain (24: 23), sef negeseuwyr a anfonwyd oddi wrth Dduw i ddatguddio i'r ddynoliaeth beth oedd ar droed mewn gwirionedd. Trwyddynt hwy y dadlennwyd fawrion weithredoedd Duw yn disodli'r nos gan y dydd, y tywyllwch gan y goleuni, a phwerau angau gan rym anorchfygol bywyd. Trwy atgyfodi Iesu fe ddaeth hi'n amlwg mai gan Dduw yr oedd y gair olaf. Y gair bywiol hwnnw a weithredodd mor nerthol yng nghenhadaeth a dioddefaint Iesu gan gyrraedd ei benllanw yn ei atgyfodiad. Cafwyd sicrwydd o hyn yn ei atgyfodi o farw.

Prawf o ffydd Duw yn ei strategaeth oesol oedd ei fod wedi ymddiried y gyfrinach hon i dystion mor annisgwyl. Er fod Luc wedi rhoi lle amlwg i wragedd ar hyd y daith, ar ddechrau ac ar ddiwedd ei efengyl cawsant ran allweddol yn y digwyddiad cosmig hwn. Yn y ganrif gyntaf go amharod oedd dynion i goelio tystiolaeth gwragedd. Pan aeth Mair Magdalen a Joanna a Mair mam Iago a'r gwragedd eraill i ddweud wrth yr apostolion 'gwrthodasant gredu'r gwragedd' (24: 10-11). Eto i gyd, y gwragedd oedd yn iawn. Trwy ddangos bod Duw wedi ymddiried ynddynt hwy i fod yn apostolion, yn negeseuwyr a anfonwyd i ddweud am 'yr hwn sy'n fyw' gyntaf wrth yr apostolion eraill, fe bwysleisiodd Luc le sylfaenol y gwragedd ym mywyd yr eglwys. O ddarllen llyfr yr Actau gwelwyd pa mor ganolog oedd y gwragedd ym mywyd yr Eglwys Fore. Ar hyd yr oesoedd fe ymddiriedodd Duw y fraint o drosglwyddo'r efengyl o genhedlaeth i genhedlaeth i famau. Tybed a fu'r eglwys mor barod i adlewyrchu hyn trwy ganiatáu lle teilwng i wragedd ym mywyd a gweinidogaeth yr eglwys? Ai tuedd yr eglwys i fabwysiadu telerau'r byd a fu'n gyfrifol am hyn? Bu'n arferiad gan Dduw, yn groes i'r byd, i 'ystyried distadledd ei lawforwyn' (1: 48) a dwyn gwyrth bywyd sy'n drech na marwolaeth o ganol y distadledd hwnnw. Yn wir, fe ddug Duw fywyd o'r bedd, atgyfododd Iesu o farw. Dyma'r grym cosmig a drechodd angau a rhoi sail i'r gobaith,

> Am fod yr Iesu'n fyw,
> Byw hefyd fydd ei saint.

Dechrau'r diwedd

Yn ogystal â'r farn, roedd atgyfodiad y cyfiawn yn gynwysedig yn nysgeidiaeth y ganrif gyntaf ynghylch diwedd amser. Oherwydd hyn roedd arwyddocâd eschatolegol i atgyfodiad Iesu, fel y dangosodd C. F. Evans, 'Yr oedd y gred bod Iesu wedi cael ei godi o farw gan Dduw felly yn gred bod y pethau diwethaf hyn yn cael eu gwireddu ynddo ef a thrwyddo ef, a'i fod yn awr wedi cael ei wneud yn gyfrwng hollalluog gweithredu bwriadau Duw' (t.885). Gwelwyd awgrym o hyn yn y teitl 'yr Arglwydd Iesu' (24: 3). Ar ôl yr atgyfodiad fe aeth hi'n gyffredin i gyfeirio at Iesu fel 'Arglwydd', y teitl a ddefnyddiwyd yn yr Hen Destament i gyfeirio at Dduw yn lle defnyddio'i enw, Iawe. Trwy wneud hyn roedd yr Eglwys Fore yn derbyn mai Iesu oedd 'Mab y Goruchaf' (1: 32); yn wir ef oedd 'Mab Duw' (1: 35) a amlygodd sut un yw Duw, ac a gyflawnodd weithredoedd gwaredigol Duw. Yn y bennod hon fe ddaeth hi'n amlwg mai dechrau'r diwedd oedd atgyfodiad Iesu, a bod modd i feidrolion gael rhagflas o'r diwedd hwnnw, o'r bywyd llawn yng Nghrist, yma ar y llawr. Torrodd diwedd hanes i mewn i ganol cwrs hanes. Yn ogystal â bwyta oddi ar fwrdd yr atgyfodedig — darlun cyffredin o ben draw pererindod y credadun — caent fyw dan fendith yr hwn sydd yn y nefoedd (24: 30, 50-51). O gofio bod holl allu Duw 'o'n plaid ni sy'n credu' (Effes. 1: 19-20), fe welodd Paul y fuddugoliaeth gosmig ar bwerau marwolaeth yn arwydd fod y cariad a fyddai'n goroesi holl fygythion amser wedi gafael ynom ni. 'Yr wyf yn gwbl sicr na all nac angau nac einioes, nac angylion na thywysogaethau, na'r presennol na'r dyfodol, na grymusterau nac uchelderau na dyfnderau, na dim arall a grewyd, ein gwahanu ni oddi wrth gariad Duw yng Nghrist Iesu ein Harglwydd' (Rhuf. 8: 38-39). Profi hyn yw cael bod gydag ef ym Mharadwys heddiw.

TRAFOD

1. A yw credu bod Iesu 'wedi ei gyfodi' yn angenrheidiol i fod yn Gristion? (Darllener I Cor. 15: 12-20).
2. Ar ba sail y gallwn gredu bod Iesu wedi ei gyfodi? Rhestrwch y dystiolaeth. (Er enghraifft, a fyddai'r Eglwys, y Bedydd, y Cymun, y Sul yn bod oni bai am yr Atgyfodiad?)
3. I ba raddau y cawn ein parlysu gan bropaganda marwolaeth fel na allwn gredu ym muddugoliaeth bywyd? Ai grym ei atgyfodiad ef yw'r unig allu i fynd i'r afael â'r bygythiad hwn? (Darllener Phil. 3: 10-11).
4. Wrth gyfeirio at Iesu'n cael ei atgyfodi, pam y rhoes Luc gymaint o bwys ar atgyfodiad y corff?
5. Ai rhagflas o fuddugoliaeth derfynol Duw oedd atgyfodiad Iesu? (Darllener Effes. 1: 17-23). Pa wahaniaeth a wna credu yn atgyfodiad Iesu i ni, ac i'n byd?

Pennod 51

CYMDEITHION AR Y FFORDD

Darllen: Luc 24: 13-35

Wrth atgyfodi Iesu fe dorrodd Duw trwy ffiniau cyffredin ein byd. Felly, yn lle bod y ddynoliaeth yn cael ei chyfyngu gan amgylchiadau a helbulon bywyd, fe agorwyd posibiliadau newydd iddi. Dangosodd Luc y broses hon ar waith trwy sôn am brofiadau dau gynrychiolydd. Nid apostolion dethol mo'r rhain, ond dau o blith 'y lleill' (24: 9) a glywodd gan Mair Magdalen a Joanna a Mair fod y bedd yn wag, a bod Iesu'n fyw. Ehangwyd eu gorwelion a gweddnewidiwyd eu bywyd gan y Dieithryn a rannodd eu taith o Jerwsalem i Emaus, a'u rhagflaenu ar y daith yn ôl. Gellir rhestru enghreifftiau ohonynt yn torri trwodd i wastad bywyd llawnach trwyddo ef.

Cefnu a chydnabod

Ers penodau lawer fe fu Luc yn adrodd hynt Iesu 'ar ei ffordd i Jerwsalem' (9: 51-53). Cyrraedd y brifddinas oedd nod ei bererindod ef a'i ganlynwyr. Bellach penderfynodd dau ohonynt droi eu cefn ar y ddinas honno. Er i Iesu rybuddio'i ddilynwyr dro ar ôl tro ynghylch ei dynged yn Jerwsalem, roedd y rhain wedi'u dadrithio'n llwyr 'a'u digalondid yn eu hwynebau' (24: 17). Dryswyd eu holl obeithion gan weithred y prif offeiriaid ac aelodau'r Cyngor yn trosglwyddo Iesu i'w ddedfrydu i farwolaeth. Y sarhad eithaf oedd ei ladd ar y groes, dan law anghredinwyr Rhufeinig, a hwythau wedi disgwyl mai hwn fyddai'n gwaredu Israel o afael ei gormeswyr (24: 20-21).

I ganol y siom a'r anobaith hwn fe ddaeth y Dieithryn. Ymunodd â hwy ar eu taith 'o Jerwsalem'. Rhannodd eu gwewyr. Yn ei gwmni llosgwyd ymaith eu digalondid. Erbyn cyrraedd Emaus roeddent yn fodlon rhoi lle i'r Dieithryn hwn yn eu bywydau. Pe na baent wedi'i wahodd i mewn, buasai ef wedi'i adael y tu allan (Datguddiad 3: 20). Ond yn lle cefnu ar fywyd a chwmni a chymdeithas estynasant letygarwch, gan gynnig cadair a gwely a bwrdd iddo. 'Wedi cymryd ei le wrth y bwrdd gyda hwy' (24: 30) y digwyddodd y wyrth. 'Agorwyd eu llygaid hwy, ac adnabusant ef' (24: 31). Gwelsant nad oedd angen iddynt geisio cau eu llygaid ar eu gorffennol yng nghwmni Iesu. Er iddynt fynnu cefnu ar y cyfan, roedd ef wedi dewis dod gyda hwy i'w dwyn yn ôl i gymdeithas lawn ag ef ei hun ac â'u cydnabod. 'Codasant ar unwaith a dychwelyd i

Jerwsalem', a chael hyd i'r 'un ar ddeg a'u dilynwyr wedi ymgynnull ynghyd' (24: 35). Beth oedd wedi tynnu'r rhain i gyd yn ôl at ei gilydd o bell ac agos? Y sôn 'fod yr Arglwydd yn wir wedi ei gyfodi, ac wedi ymddangos i Simon' (24: 34). Fe adroddodd Cleopas a'i gymar yr hanes am eu taith, ac fel yr oeddent wedi ei adnabod ef. Yn lle cefnu ar Jerwsalem a'u cyfnod gyda Iesu, fe ddaethant hwy ymhlith y cyntaf i gydnabod ei fod yn fyw, ac yn parhau i fod yn gydymaith iddynt hwy, er iddynt gefnu, a'i fod â'i fryd ar eu dwyn yn ôl i gymdeithas ag ef ei hun a'i gymdeithion. Dyna nod ei daith anorfod.

Marw a byw

Beth barodd y fath newid cyfeiriad ym mywyd Cleopas a'i gymar? Y marw'n ymddangos iddynt yn fyw. O'i brofiad creulon fe ddysgodd pawb i dderbyn bod marwolaeth yn derfynol. Os oedd Iesu o Nasareth wedi marw ar y croesbren yr oedd popeth ar ben. Trwy adrodd yr hanes hwn fe danseiliodd Luc y gred honno. Dangosodd nad oedd y gair olaf gan bwerau angau a marwolaeth. Roedd y marw'n fyw, a'n herio'r rhai oedd ar roi'r ffidil yn y to a gadael i bwerau casineb, a drygioni ac anghyfiawnder gael eu ffordd. Ers dyddiau'i brofi yn yr anialwch gan wrthwynebydd y Duw byw roedd Iesu wedi gwrthsefyll pob bygythiad i fywyd iach, cytbwys, a heddychlon yn ei gymdeithas, o ddydd i ddydd. Yr un oedd ei genhadaeth ar ôl ei atgyfodiad: dwyn gobaith yn lle anobaith, cymod yn lle gelyniaeth, cwmnïaeth yn lle unigrwydd, daioni yn lle drygioni, bywyd yn lle marwolaeth. Fe brofodd y ddau hyn, a oedd ar eu ffordd i ddifancoll, rym ei atgyfodiad ef. Nid ar air yn unig y tystiodd y rhain fod Iesu'n fyw. Roedd ei atgyfodiad ef i'w glywed yn eu traed, i'w weld yn eu hwynebau. Roeddent yn gyfranogion o'i atgyfodiad ef, wedi'u cyfodi o'u marweidd-dra trist i gael rhan yn ei fywyd atgyfodedig ef. Hynny sy'n cyfrif ein bod yn cael clywed amdanynt hyd heddiw. Daethant yn dystion bod bywyd yn drech na marwolaeth ac nad gwag mo'r dewis a rydd Duw i ni: 'Edrych, yr wyf am roi'r dewis iti heddiw rhwng bywyd a marwolaeth, rhwng daioni a drygioni . . . Dewis dithau fywyd, er mwyn iti fyw, tydi a'th ddisgynyddion, gan garu'r ARGLWYDD dy Dduw, a gwrando ar ei lais a glynu wrtho; oherwydd ef yw dy fywyd' (Deut. 30: 15-20). Fe brofodd Cleopas a'i ffrind mai'r Iesu a fu farw oedd yr un a ddrylliodd rymusterau angau ac a wnaed yn fyw i fod yn ffordd, yn wirionedd ac yn fywyd iddynt hwy, a'r ddynoliaeth gyfan.

Gwrando a gweld

Sut y gwawriodd y gwirionedd bod bywyd yn drech nag angau ar ddau a oedd mor amheus ar ddechrau'r hanes? Gwrando a gweld oedd ateb Luc. Un o'r rhesymau am hyd y stori hon yw maint y gwrando. Dechreuodd Luc trwy sôn am y ddau 'yn ymddiddan â'i gilydd' (24: 14) ar y ffordd i Emaus, ac un o amodau sgwrs yw'r parodrwydd i wrando. Wedyn aeth ymlaen i sôn am barodrwydd yr Iesu atgyfodedig i wrando arnynt. Trwy fod yn ddigon cwrtais i wrando, y cafodd y Dieithryn fynedfa i'w cyfyng-gyngor hwy. Er ei fod yn gwybod y cyfan eisoes, roedd yn eu parchu ddigon i wrando arnynt, gan roi cyfle iddynt fynegi eu gobeithion a'u siom, eu ffydd yn 'Iesu o Nasareth, dyn oedd yn broffwyd nerthol ei weithredoedd a'i eiriau yng ngŵydd Duw a'r holl bobl' (24: 19) a'u hamheuon syn — 'fe'n syfrdanwyd gan rai gwragedd o'n plith' (24: 22). Ar ôl bod yng nghwmni un a oedd yn barod i wrando ar eu dryswch meddwl ac ysbryd, roedd y ddau yn rhydd i wrando ar yr hyn oedd ganddo yntau i'w ddweud wrthynt hwy. Siaradodd heb flewyn ar ei dafod, 'O rai dwl!' meddai wrthynt am beidio â gwrando ar y cyfan a lefarodd y proffwydi a chredu ynddo (24: 25). Er eu bod wedi clywed geiriau'r proffwydi yn cael eu darllen o Saboth i Saboth, nid oeddent wedi gwrando ar ergyd eu neges na deall arwyddocâd eu cenadwri. Dichon na allent amgyffred eu hawlio cyson bod Duw ar waith yn dwyn bywyd o farwolaeth, buddugoliaeth o fethiant, heb weld y wyrth hon â'u llygaid eu hunain. Y Sul hwnnw cawsant weld a chredu. Wrth wrando ar Iesu'n agor yr ysgrythurau iddynt, fe oleuwyd eu meddyliau — dyna ystyr dweud bod eu 'calonnau ar dân', mae'n debyg (24: 32). Ond er pwysiced hynny, nid oedd yn ddigon. Yn ogystal â gwrando a deall, roedd angen iddynt gael gweld bod y marw'n fyw. 'Agorwyd eu llygaid hwy, ac adnabuasant ef' (24: 31). Dyna weld go iawn. Nid ei weld bellach fel Iesu o Nasareth a rannodd eu rhawd ddaearol hwy, ond ei weld fel Iesu a oedd hefyd yn Feseia, yn Grist cwbl annisgwyl, a oedd wedi cyflawni holl obeithion y genedl am iddo fentro ymddiried yn Nuw hyd eithaf y groes. 'Am hynny tra-dyrchafodd Duw ef, a rhoi iddo'r enw sydd goruwch pob enw, fel wrth enw Iesu y plygai pob glin yn y nef ac ar y ddaear a than y ddaear, ac y cyffesai pob tafod fod Iesu Grist yn Arglwydd, er gogoniant Duw Dad' (Phil. 2: 9-11). Ei arddel yn Arglwydd, yn Dduw i'w addoli, oedd canlyniad gweld Iesu wedi ei gyfodi (24: 34). Yn ogystal â gwrando fe gafodd y ddeuddyn hyn gyfle i weld, ac o weld credu'r hyn na allai'r gwragedd na'r angylion eu hargyhoeddi yn ei gylch, sef 'ei fod ef yn fyw' (24: 23).

Gair a gweithred

Er mor werthfawr oedd geiriau'r tystion i'r atgyfodiad a geiriau esboniadol Iesu'i hunan, fe sylweddolodd Luc fod gweithred yn fwy effeithiol na gair. Roedd rhai o'r gwragedd a oedd yn perthyn i gylch agos canlynwyr Iesu wedi dychwelyd o'i fedd gwag 'gan daeru eu bod wedi gweld angylion yn ymddangos, a bod y rheini yn dweud ei fod ef yn fyw' (24: 23). Serch hyn, ffarwelio â'u cydnabod yn Jerwsalem a wnaeth Cleopas a'i gyfaill, heb roi fawr o bwys ar eiriau'r gwragedd. Roedd gweithredu'r milwyr yn hoelio Iesu ar groes, a gweithred Joseff yn tynnu'r corff i lawr, ei amdói mewn lliain, a'i osod mewn bedd (23: 53) yn drech nag unrhyw eiriau a haerai 'ei fod ef yn fyw'. Ni allodd geiriau'r atgyfodedig ei hun ddileu'r caethiwed i ddigalondid, anobaith, anghrediniaeth, amheuaeth, a'u maglodd. Ond pan oedd y dydd ar ddirwyn i ben, a'r tywyllwch eithaf ar fin eu goddiweddyd, fe welwyd y ddau yn ymateb i'r Dieithryn, nid ar air yn unig, ond ar weithred. Meddent wrtho 'gan bwyso arno, "Aros gyda ni"' (24: 29). Trwy agor eu cartref a'u calonnau, rhoesant gyfle i'r Dieithryn weithredu, a gweithredu mewn ffordd a oedd yn gyfarwydd iddynt. 'Agorwyd eu llygaid hwy, ac adnabuasent ef' (24: 30-31). Ers creu'r byd nid sŵn yn unig a fu gair Duw; gair yn gweithredu'n nerthol ac yn greadigol ydoedd (Salm 33: 6-9). Dyma'r gair a weithredodd i iacháu ac i waredu o afael y drwg yng ngweinidogaeth Iesu. Yng ngrym ei atgyfodiad fe weithredodd i ddangos bod ei fywyd ef wedi concro angau'r groes, a'i fod ef yn medru cymuno â'i ffrindiau y tu hwnt i'r bedd. Wrth y bwrdd gwelwyd weithredu'r cymundeb rhwng Duw a dyn a ddaeth yn sgîl gweithredu aruthrol fawredd y gallu sydd gan Dduw o blaid y rhai sy'n credu pan gyfodwyd Iesu oddi wrth y meirw (Effes. 1: 18-21). Pan droes y gair yn weithred fe gredodd y ddau.

Ysgrythur a sacrament

Am fod Duw ar waith fe arddelwyd y gair yn ysgrythur — yn air Duw, a'r weithred yn sacrament — yn weithred Duw. Amlygwyd natur a bwriad Duw yn yr ysgrythurau. Ac yntau'n Fab Duw gallai Iesu gyfeirio at 'y pethau a ysgrifennwyd amdano ef ei hun yn yr holl Ysgrythurau' (24: 27). Hyn a roes ei safle arbennig i'r Hen Destament ymhlith y sawl a gredodd yn Iesu ar ôl ei atgyfodi. Yng ngoleuni'r ysgrythurau y gwelsant arwyddocâd y groes a'r atgyfodiad. Yn y digwyddiad hwn y crisialwyd holl ymwneud Duw â'i bobl ac â'i fyd ar hyd yr oesoedd, yn dwyn bywyd o farwolaeth. 'Onid oedd yn rhaid i'r Meseia ddioddef y pethau hyn a mynd i mewn i'w ogoniant?' (24: 26). Gan mai bywyd trwy farwolaeth oedd yr egwyddor ganolog ers yr exodus cyntaf, roedd hi'n rhaid i'r Meseia, y Mab a eneiniwyd ag Ysbryd Duw, gronni yn ei fywyd trwy ei farwolaeth ef ei hun, holl ymwneud Duw â'i bobl. Yn lle bod yn egwyddor fe ddaeth hyn yn ffordd o fyw. Dyma pam y daeth yr hanes hwn, a dehongliad Iesu o'r Hen Destament, yn ysgrythur i'w ddilynwyr. Rhoddwyd iddo awdurdod gair Duw.

I gyrraedd y ddynoliaeth gwyddai'r Iesu byw fod angen i'r gair gael ei weithredu. O'r herwydd fe ddarparodd sacramentau i alluogi'r rhai a gredai ynddo ym mhob oes i gael eu dwyn i mewn i'w fywyd croeshoeliedig, atgyfodedig ef. 'Wedi cymryd ei le wrth y bwrdd gyda hwy, cymerodd y bara a bendithio, a'i dorri a'i roi iddynt' (24: 30). Yn y weithred hon fe rychwantodd y Dieithryn atgyfodedig agendor angau. Dug y swper olaf (22: 14-20) i fod yn swper yr Arglwydd iddynt hwy a gyda hwy. Daeth yn sacrament o'i bresenoldeb ef yn ei fyd, presenoldeb na allai marwolaeth ei ddifa, o genhedlaeth i genhedlaeth byth. 'Agorwyd eu llygaid hwy, ac adnabusant ef'. Cawsant brofi'i bresenoldeb byw. Gwireddwyd addewid yr ysgrythur gan y sacrament. Onid hyn fu profiad y credinwyr ym mhob oes ers hynny? 'Cwpan y fendith yr ydym yn ei fendithio, onid cydgyfranogiad o waed Crist ydyw? A'r bara yr ydym yn ei dorri, onid cydgyfranogiad o gorff Crist ydyw?' (I Cor. 10: 16). Rhoddwyd sacrament y bedydd a'r cymun i'r eglwys i'w galluogi i fyw ar wastad bywyd newydd. 'Oherwydd os daethom ni yn un ag ef trwy farwolaeth ar lun ei farwolaeth ef, fe'n ceir hefyd yn un ag ef trwy atgyfodiad ar lun ei atgyfodiad ef' (Rhuf. 6: 5). Dyma'r bywyd newydd a etifeddodd y ddau hyn dan eu cronglwyd yn Emaus. Fe'u trawsffurfiwyd ganddo.

Gwybod ac adnabod

Ond er mor rymus oedd yr ysgrythur a ddehonglwyd gan Fab Duw, a'r sacrament a weinyddwyd gan yr Archoffeiriad tragwyddol, nid y ddeubeth hyn, fel y cyfryw, a weddnewidiodd fywyd y ddau gyfaill. Roeddent yn hen gyfarwydd â'r ysgrythurau ac wedi clywed Iesu'n eu dehongli yn ei ffordd unigryw ef fwy nag unwaith. Er nad oeddent gyda'r Deuddeg yn yr oruwchystafell, mae'n ddigon posibl eu bod wedi cael gwybod am yr hyn a ddigwyddodd yno. Yn sicr roeddent yn gwybod beth oedd cydfwyta â Iesu, ac efallai wedi'i weld ef yn bwydo'r pum mil, pryd y 'cymerodd yntau y pum torth a'r ddau bysgodyn, a chan edrych i fyny i'r nef fe'u bendithiodd, a'u torri, a'u rhoi i'w ddisgyblion i'w gosod gerbron y dyrfa' (9: 16). Ond roedd y gweld hwn yn Emaus yn wahanol. Nid gwybod am Iesu, a'i alluoedd a'i arferion a'i ddysgeidiaeth a wnaethant, ond ei adnabod ef yn ei ogoniant croeshoeliedig ac atgyfodedig, 'A hyn yw bywyd tragwyddol: dy adnabod di, yr unig wir Dduw, a'r hwn a anfonaist ti, Iesu Grist' (Ioan 17: 3), meddai Iesu. Cael profiad o gariad Duw oedd cyfrinach yr adnabod hwn. 'O Dad cyfiawn, nid yw'r byd yn dy adnabod, ond yr wyf fi'n dy adnabod, ac y mae'r rhain yn gwybod mai tydi a'm hanfonodd i. Yr wyf wedi gwneud dy enw di yn hysbys iddynt, ac fe wnaf hynny eto, er mwyn i'r cariad â'r hwn yr wyt wedi fy ngharu i fod ynddynt hwy, ac i minnau fod ynddynt hwy' (Ioan 17: 25-26). Troes y gwybod yn adnabod wrth i fywyd Iesu ddod yn fywyd iddynt hwy. Trwy gyfranogi o'i fywyd ef, trwy gael eu rhyddhau o'u gofalon mewnblyg, trwy fod yn sianeli i'w gariad ef, y daethant i'w adnabod yn ei fawredd atgyfodedig a barhai i gario olion dioddefaint y groes. Nid gwybod ond cyfranogi yw adnabod.

Cerdded a chyrraedd ac ailgychwyn

Cydgerdded ag Iesu oedd un o'r amodau i'w adnabod ef, yn ôl Luc. Soniodd am 'Ffordd yr Arglwydd' (Actau 18: 25) a disgrifiodd y credinwyr fel rhai o 'bobl y Ffordd' (Actau 9: 2). Hyd yn oed cyn iddo gael ei eni, soniodd am Iesu yng nghroth ei fam, ar y ffordd o Nasareth yng Ngalilea i Fethlehem Jwdea (2: 4-5). Er mor bwysig oedd geni Mab Dafydd yn ninas Dafydd, nid arhosodd yno. Rhaid oedd mynd i Fethlehem 'i Jerwsalem i'w gyflwyno i'r Arglwydd' (2: 22). Yn wahanol i Samuel, nid arhosodd yn y cysegr chwaith. Oddi yno, teithiodd i Nasareth ond dychwelodd i Jerwsalem yn deuddeng mlwydd oed. Er iddo oedi yno'n annisgwyl daethant o hyd iddo 'ymhen tridiau' (fel fforddolion Emaus?). Yna aeth yn ôl gyda hwy i Nasareth lle'r arhosodd hyd nes y cychwynnodd ar ei genhadaeth yng Ngalilea. Maes o law 'troes ef ei wyneb i fynd i Jerwsalem' (9: 51) a chafodd gwmni nifer o gymdeithion ar hyd y ffordd. Ymhen hir a hwyr fe gyrhaeddodd pen y daith, ond nid Jerwsalem oedd pen y daith o ddifrif iddo ef na'i ganlynwyr. Dadlennodd fod ei efengyl i gael ei chyhoeddi 'i'r holl genhedloedd, gan ddechrau yn Jerwsalem' (24: 47). Dilyn hynt y daith honno o Jerwsalem i Rufain ymhlith yr holl genhedloedd a wnaeth Luc yn llyfr yr Actau. Cipolwg ar brofiadau 'pobl y Ffordd' a gafwyd gan Luc wrth adrodd hanes y cerdded i Emaus. Er iddynt gyrraedd pen eu taith a'i adnabod ef ar doriad y bara, doedd dim modd iddynt orffwys ar eu rhwyfau. Yn hytrach 'diflannodd ef o'u golwg', a bu'n rhaid ailgychwyn teithio'r holl ffordd 'i Jerwsalem' cyn ei weld unwaith eto yn ymddangos yn eu plith gan gyhoeddi, 'Tangnefedd i chwi' (24: 36). Ni chaent aros am byth yn y fan arswydus o freintiedig honno ychwaith. 'Chwi yw'r tystion i'r pethau hyn' ymysg yr holl genhedloedd (24: 47-48). Cydgerdded a chyrraedd cyn ailgychwyn, cydgerdded â'r Iesu byw; dyna gyfrinach y bywyd Cristnogol yn ôl Luc. Yn ei brofiad ef fe dorrodd Iesu drwy holl ffiniau byd a betws, drylliodd gyfyngiadau'r bedd, a galluogodd ei ddilynwyr i'w ganlyn ar hyd y Ffordd. Bellach fe'n gwahoddir ninnau i droedio ar hyd yr un Ffordd yng nghwmni'r Iesu byw. Chwedl Maria Boulding, 'Mae'r stori am ddau ddisgybl yn mynd i Emaus, a geir yn Luc 24, yn waith athrylith. Nid dau berson a oedd yn digwydd bod yno'r noson honno yw'r ddau deithiwr hyn; hwy yw'r Eglwys, chi a minnau, oherwydd hwn yw darlun ysbrydoledig Luc o sut y mae pethau yn Eglwys y Pasg, Eglwys y Gair a'r Sacrament: y daith hir, y gwae a'r dryswch, y gwybod a'r anwybod, tynerwch amyneddgar Crist wrth iddo geisio agor eu meddyliau i ddeall yr Ysgrythurau, eu calonnau'n llosgi o'u mewn, y cydnabod, ymhen hir a hwyr, eu bod wedi gweld yr Arglwydd yn nhoriad bara'r Gair a bara'r Ewcharist. Nid yw'r gair bob amser yn goleuo; mae'n ddirgelwch, am mai presenoldeb a hunan-gyflwyniad Duw ydyw. Nid yw bob amser yn cyflwyno gwybodaeth oherwydd mae'n weithredol, yn greadigol: yn ein newid ni, yn ein troi ni ac yn ein hadnewyddu ni. Ac mae yna rywbeth ynglŷn â'r daith, y profiad o fod yn hir ar y ffordd, sy'n ein galluogi ni i ymglywed ag ef' (*The Coming of God*, t. 75.) O glywed y daw'r gweld, o'r gweld daw'r adnabod, a gogoniant adnabod yw cael rhannu'r daith anorfod â Christ.

TRAFOD

1. I ba raddau yr adleisir profiadau'r ddau ar y ffordd i Emaus gan brofiadau'r eglwys ym mhob cenhedlaeth?
2. Beth yw prif nodweddion y profiad hwn o gydgerdded gyda'r Iesu a groeshoeliwyd ond sydd yn fyw? Ai rhannu yn ei daith anorfod ef yw byw i'r Cristion? (Darllener Phil. 1: 21; 3: 10-11).
3. A oes aelodau yn y grŵp sy'n medru dweud o'u profiad 'fel yr oeddent wedi ei adnabod ef ar doriad y bara' (24: 35)?
4. Ai diben torri'r Gair a thorri'r Bara yw ei adnabod ef? Beth yw canlyniad ei adnabod ef yng nghyd-destun sacrament y cyfamod newydd?
5. I ba le y gall cyd-deithio â'r Arglwydd ein harwain ni?

Pennod 52

DAN EI FENDITH

Darllen: Luc 24: 36-53

O blith y dystiolaeth i atgyfodiad Iesu, y darn sy'n argyhoeddi'n arbennig yw'r chwyldro a ddigwyddodd ym mywyd y disgyblion. Beth barodd iddynt droi o dristwch i lawenydd, o ddryswch i ddeall, o anghrediniaeth i gredu? Cael gweld yr Iesu croeshoeliedig yn fyw, a chael eu dwyn i mewn i'w genhadaeth oesol ef yng ngrym yr Ysbryd Glân, er gogoniant i Dduw. Wrth gloi ei efengyl fe grisialodd Luc yr agweddau mwyaf allweddol ar y broses hon trwy ddangos yr Arglwydd byw yn cyffwrdd â phrofiad a meddwl y disgyblion, gan eu galluogi i weithredu a gweddïo, i genhadu ac i addoli.

Y profiad

Cyn y gallent genhadu ac addoli, cyn y gallent ddechrau dysgu eraill amdano, roedd angen i'r un ar ddeg, a'r lleill i gyd (24: 8, 33-34), gael profiad i'w sicrhau bod Iesu'n fyw. Nid oedd y bedd gwag yn ddigon. Fe 'ymddangosodd ef yn eu plith' (24: 36). Yn ogystal â gwneud ei hun yn weladwy iddynt, pwysleisiodd Luc fod Iesu wedi ymdrechu i ddangos i'w ddisgyblion mai ef ei hun ydoedd, 'Gwelwch fy nwylo a'm traed' (24: 39), dyna'r prawf cyntaf i ddynodi pwy ydoedd: y dwylo a'r traed a ddaliai i ddwyn olion y croeshoeliad. Er na soniodd Ioan am y traed (20: 20, 27), fe brofwyd bod hyn yn bosibl pan ddarganfuwyd cynhwysydd o'r ganrif gyntaf gyda darn o asgwrn migwrn â'r hoelen ynddo o hyd ar Fynydd yr Olewydd. Ni bu, ac nid oes, cywilydd ar yr Arglwydd atgyfodedig i arddel ôl ei ddioddefaint. Yn wir, trwy ei barodrwydd i ddioddef y daeth ei genhadaeth yn gredadwy. Trwy gael profiad o'r Croeshoeliedig yn fyw gwyddai'r disgyblion fod ei weinidogaeth gyfan wedi derbyn sêl bendith Duw. Ffordd Duw oedd ffordd y groes.

Yna i'w hargyhoeddi nad drychiolaeth mohono, fe anogodd Iesu ei ddilynwyr i gyffwrdd ag ef, 'oherwydd nid oes gan ysbryd gnawd ac esgyrn fel y canfyddwch fod gennyf fi' (24: 39). I'r Iddewon hyn, fe brofai'r cyfeiriad at esgyrn ei fod yn sylweddol, oherwydd ystyrient y cnawd fel gorchudd ar yr esgyrn hanfodol.

I brofi ymhellach nad rhith mohono, ond corff real, fe ofynnodd iddynt, 'A oes gennych rywbeth i'w fwyta yma?' Pan roesant ddarn o bysgodyn wedi ei rostio iddo, fe'i bwytaodd yn eu gŵydd (24: 41-43). Fel y dywedodd Luc yn ddiweddarach, fe ddangosodd Iesu ei hun i'w apostolion yn fyw, 'drwy lawer o arwyddion' (Actau 1: 3).

Pam y rhoes Luc gymaint o bwys ar y wedd gorfforol hon? Cynigiodd G. B. Caird bedwar rheswm posibl. Yn gyntaf, roedd yn ffyddlon i'w ffynonellau a dystiai fod Iesu wedi 'cydfwyta' â'i ddilynwyr 'wedi iddo atgyfodi oddi wrth y meirw' (Actau 10: 36-43). Yn ail, yn wahanol i'r meddwl Groegaidd a dueddai i ymfodloni ar syniadau a haniaethau, roedd y diriaethol a'r gweladwy yn fwy real yng ngolwg yr Iddew. O'r herwydd, ni fyddai sôn am ysbryd Iesu yn ddigon i'r Iddew. I'w hargyhoeddi hwy, roedd angen atgyfodiad y corff. Y pedwerydd rheswm oedd heresi Docetiaeth, a gododd ei ben ddiwedd y ganrif gyntaf, a gwadu bod y Crist wedi byw bywyd daearol go iawn, gan fynnu bod y Crist dwyfol wedi disgyn ar Iesu adeg ei fedydd ac ymadael ag ef cyn ei groeshoelio. Yn wyneb hyn maentumiai Luc mai'r un oedd y Crist atgyfodedig â chnawd ac esgyrn Iesu o Nasareth (tt. 260-261).

Trwy ymddangos iddynt yn gorfforol fe gafodd y disgyblion amheus brofiad ysgytwol a'u hargyhoeddai fod yr Iesu a fu'n cydfwyta â hwy ar hyd y daith, ond a groeshoeliwyd yn Jerwsalem, yno gyda hwy yn fyw yng Nghaersalem. Rhoes brofiad o'i agosatrwydd iddynt trwy ei gorff byw.

Y meddwl

Yng ngoleuni'r profiad hwn gallai'r Arglwydd agor eu meddyliau (24: 45). Heb y profiad o weld y croeshoeliedig yn fyw, 'lol' oedd y cyfan iddynt (24: 11). Er i Iesu sôn wrth ei gymdeithion agosaf fwy nag unwaith am ei ladd a'i atgyfodi nid oeddent yn deall, 'a'i eiriau y tu hwnt i'w hamgyffred' (18: 34). Ond o'i weld yn fyw ar ôl ei ladd a'i gladdu, fe ddechreuodd ystyr ei ddysgeidiaeth wawrio arnynt. Bellach daeth yn amlwg iddynt fod yr hyn ddigwyddodd yn hanes Iesu yn ddadleniad o ymwneud Duw â'i fyd ar hyd yr oesoedd. Cyfodi'r gorthrymedig, adfer y syrthiedig, rhoi bywyd i'r marw, oedd ffordd Duw ym mhob cenhedlaeth. Amlygwyd y gwirionedd hwn yn Iesu. Y fath agoriad llygaid oedd hyn. Gwelsant arwyddocâd ac ystyr bywyd a marwolaeth; rhoddwyd diben a phwrpas i gwrs hanes. Crynhowyd tynged y ddynoliaeth a'r greadigaeth gyfan yn Iesu. Yn ei fyw a'i ddioddefaint ef, yn ei farw a'i atgyfodi, crisialwyd ffurf a phatrwm bywyd go iawn. Trwyddo ef adferwyd delw Duw ar ein cnawd ni. Er difwyno'r ddelw honno agorwyd ein meddyliau i ddeall bod yr ysgrythurau wedi tystio i'w bodolaeth ar hyd yr oesoedd. Fe'i hamlygwyd yn Iesu Grist a chawsant hwy, a fu'n canlyn ôl ei draed ef, wahoddiad i gerdded ymlaen i'r dyfodol gan dystio i'w fyw-trwy-farw ef fel y ffordd, y gwirionedd a'r bywyd iddynt hwy, ac i'r byd.

Goleuwyd eu meddyliau gan eiriau Iesu ar ôl iddynt gael y profiad o'i weld yn fyw. Ef oedd yr allwedd i ddatgloi dirgelwch hanes Duw a dyn. Trwy ei eiriau ef, fe fynegwyd amcanion Duw ar gyfer y ddynoliaeth a'r byd. Ynddo ef gwelwyd y bwriadau creadigol gwaredigol ac iachusol hyn ar waith. Ef oedd y Gair a roes ystyr i fywyd y byd: bywyd-trwy-farwolaeth. O gael eu meddyliau wedi'u hagor i'r gwirionedd hwn, cymhellwyd y disgyblion i sôn wrth eraill a bod yn dystion i'r pethau hyn.

Y genhadaeth

Er mor syfrdanol oedd y profiad, ac er mor gyffrous oedd cael agor eu meddyliau i ystyr geiriau Iesu ac arwyddocâd cwrs hanes fel y'i croniclwyd yn yr ysgrythurau, ni fwriadodd Iesu i'w ddisgyblion gadw hyn oll iddynt eu hunain. Fe'u galluogwyd hwy i rannu'r gwirionedd hwn am fyw-trwy-farw ag eraill, nid ar air yn unig, ond yn eu profiad. Rhoes yr Iesu croeshoeliedig atgyfodedig orchymyn i'w ganlynwyr 'bod edifeirwch, yn foddion maddeuant pechodau, i'w gyhoeddi yn ei enw ef i'r holl genhedloedd' (24: 47). Golygai 'edifeirwch' farw i'r hen ffordd o fyw, a 'maddeuant' gael rhyddid i rannu ym mywyd atgyfodedig Iesu Grist. Hyn oedd cenadwri'r Eglwys Fore yn ôl llyfr yr Actau. Awdurdodwyd yr apostolion i gyhoeddi hyn 'yn ei enw ef', sef cenhadu fel cynrychiolwyr Iesu Grist ei hun. A hwythau wedi gweld bywyd yn trechu marwolaeth yng ngweinidogaeth, yn nioddefaint ac yn atgyfodiad Iesu, fe'u harddelwyd fel 'tystion i'r pethau hyn' (24: 48).

Nid rhoi awdurdod iddynt a wnaeth Iesu yn unig, ond addo 'nerth' dwyfol 'oddi uchod' i'w galluogi i gyflawni eu cenhadaeth (24: 49). Ofer ceisio sôn wrth eraill am fuddugoliaeth bywyd ar farwolaeth yn eu nerth meidrol eu hunain. Gan mai Duw oedd ffynnon y bywyd, oddi uchod y deuai'r nerth hwn. Bu'n werth aros amdano yn Jerwsalem gyda'i gilydd yn yr un lle, oherwydd adeg y Pentecost 'fe ddaeth o'r nef sŵn fel gwynt grymus yn rhuthro . . . a llanwyd hwy oll â'r Ysbryd Glân, a dechreusant lefaru â thafodau dieithr, fel yr oedd yr Ysbryd yn rhoi lleferydd iddynt' (Actau 2: 1-4).

O gael profiad o'r Iesu byw yn bresennol yn gorfforol yn eu plith, agorwyd meddyliau ei ganlynwyr i ystyr ei fywyd, ei fuchedd, ei ddioddefaint a'i atgyfodiad. Yn nerth yr Ysbryd Glân fe'u rhyddhawyd hwy i dystio i'r pethau hyn, a galluogwyd eraill i glywed 'am fawrion weithredoedd Duw' (Actau 2: 11). Adrodd hanes yr apostolion yn tystio yng ngrym yr Ysbryd Glân a wnaeth Luc yn llyfr yr Actau. Heb yr Ysbryd Glân ni fyddai'r apostolion wedi ymadael â Chaersalem. Yn nerth yr Ysbryd Glân, bu'r apostolion hyn yn gyfrwng i weddnewid y byd. Fel y dywedodd G. B. Caird, 'Nodwedd Cristnogaeth gynnar oedd nad ystyrid yr Ysbryd Glân yn athrawiaeth i'w chredu ond fel ffynhonnell grym a dderbynnid (Actau 19: 2; I Thes. 1: 5; Heb. 2: 4)' (t.261).

Fe welodd Michael Marshall pa mor berthnasol oedd hyn wrth drafod efengylu yn naw degau ein canrif ni. 'Dim ond pan ddaw holl bobl Dduw yn fyw ym mywyd yr Ysbryd, y bydd y tymheredd ysbrydol yn cyrraedd yr hyn y buaswn i'n ei alw'n bwynt apostolaidd. Pan fydd dŵr yn cyrraedd pwynt berwi, mae dau beth yn dechrau digwydd: mae'n datblygu priodoleddau cemegol newydd sy'n effeithio'n ddramatig ar bopeth y mae'n dod i gysylltiad ag ef, mae'n 'berwi drosodd' ac ni ellir mo'i gynnwys yn y llestr y mae'n berwi ynddo ac yn gorlifo ohono. Wedyn fe'i newidir yn gemegol i ager sy'n meddu ar briodoleddau newydd y gellir eu harneisio fel grym. Yr un peth sy'n digwydd mewn Eglwys a adnewyddir i'r pwynt apostolaidd: mae'n gorlifo'n anorfod ac yn efengylu, gan effeithio ar fywyd y gymuned o'i chwmpas' (*The Gospel Connection,* t.14). O gael ei droi yn ager fe ddadlennir y grym mewn dŵr; digon o rym i ysgogi chwyldro diwydiannol, er enghraifft. Yn yr un modd gall corff o bobl, wedi'u dwyn i bwynt apostolaidd a chenhadol gan yr Ysbryd Glân, fod yn rym i chwyldroi bywyd y genedl yng Nghymru heddiw.

Yr addoliad

Er cymaint yr angen am chwyldro cenhadol yng Nghymru, nid dyna neges olaf yr efengyl yn ôl Luc i ni. Dro ar ôl tro gwelwyd chwyldro gwleidyddol neu grefyddol yn arwain at ormes yn hytrach na gwir ryddid. Yr unig ffordd i osgoi'r gŵyrdroad hwn yn ôl Luc yw i feidrolion addoli'r unig wir Dduw. Disodlwyd Cesar Awgwstus gan yr Arglwydd Iesu. Gan mai ymateb yw addoli, fe bortreadodd Luc Iesu yn mynd â'r un ar ddeg, a'r lleill, i gyffiniau Bethania 'a'u bendithio' (24: 50). Er iddynt ei adael, a hyd yn oed ei wadu, nid eu condemnio a wnaeth Iesu, ond 'dweud yn dda' wrthynt. 'Wrth iddo eu bendithio, fe ymadawodd â hwy' (24: 51). Fel y byddwn ni yn cofio geiriau olaf rhyw berthynas, neu ystum diwethaf rhywun annwyl wrth ymadael, fe gofiodd ei ffrindiau ystum olaf Iesu: 'Wrth iddo eu bendithio ymadawodd â hwy'. Fe gyflawnodd yr Archoffeiriad hwn yr hyn na allodd yr offeiriaid Sachareias ei wneud (1: 22). Dan gyfaredd y fendith honno yr ymlwybrodd ei ganlynwyr drwy ddŵr a thân hyd ein dyddiau ni. Yng nghanol ein helbulon cyfoes gallwn ninnau fod yn sicr ei fod yn dal i'n bendithio. Heb iddo ef fendithio'i fyd, ei gynnal a'i gadw, ni fyddai dim yn bod. Fe ddibynna pawb a phopeth ar fendith Duw am ei fodolaeth.

Cofio hyn sy'n ennyn rhyfeddod a diolch ac addoliad. Ymateb y disgyblion oedd 'ei addoli ar eu gliniau' (24: 52). Nid achos Iesu yn unig a oroesodd; roedd *ef* yn fyw, wedi trechu angau, ac yn Arglwydd y greadigaeth; addolasant ef. Er gwaethaf y bygwth a'r brwydro ar hyd y daith yn ôl yr efengyl hon, 'dychwelsant yn llawen iawn i Jerwsalem' (24: 52). Fe droes yr union fan a fu'n destun arswyd gydol y daith yn fan cychwyn cenhadaeth a ddygai fendith i'r byd. Fe orffennodd Luc ei efengyl, fel y dechreuodd hi, gyda phobl yn cyfranogi o lawenydd y nef, gan fendithio Duw am Iesu, trwy'r Ysbryd Glân:

Gogoniant yn y goruchaf i Dduw,
ac ar y ddaear tangnefedd ymhlith
dynion sydd wrth ei fodd.

TRAFOD

1. Ai amod cyntaf dysgu am Iesu yw cael profiad ohono? Ymhle y mae gobaith i bobl gael profiad o'r Iesu byw heddiw?
2. Yn ôl William Temple, 'Rhyddhau Crist o gyfyngiadau amser a gofod a wnaeth ei esgyniad. Nid yw'n golygu ei fod wedi cael ei symud o'r ddaear, ond yn hytrach ei fod yn bresennol ym mhob man yn y byd bob amser.

   'Yn ystod ei weinidogaeth ddaearol dim ond mewn un lle y medrai fod ar yr un adeg. Os oedd yn Jerwsalem nid oedd yng Nghapernaum; os oedd yng Nghapernaum nid oedd yn Jerwsalem. Ond nawr fe unwyd ef â Duw, mae'n bresennol ble bynnag y mae Duw yn bresennol — ym mhob man. Am ei fod yn y nef mae ym mhob man ar y ddaear; am ei fod wedi esgyn y mae yma nawr. Ym mherson yr Ysbryd Glân mae'n trigo yn ei Eglwys ac yn mynd allan o ddyfnder eneidiau ei ddisgyblion i dystiolaethu i'w sofraniaeth'. A yw dehongliad William Temple o'r hyn ddigwyddodd i Iesu yn cyfateb i'ch profiad chi?
3. Ym mha ystyr y gellir dweud mai am Iesu y mae'r Hen Destament yn sôn (24: 44)? Sut fywyd y mae Duw yn ceisio'i amlygu trwy gwrs hanes? Gan ei fod wedi dod i'r golwg yn Iesu, ymhle y gellir disgwyl ei weld heddiw?
4. 'Chwi yw'r tystion i'r pethau hyn' (24: 48). I ba bethau y gallwn ninnau dystio? A allant fod mor bellgyrhaeddol â thystiolaeth yr Eglwys Fore (yn ôl llyfr yr Actau)?
5. Ai dan ddylanwad yr Ysbryd Glân y mae gobaith i ni dystio'n effeithiol? Trafodwch arwyddocâd yr angen i'r Eglwys gyrraedd pwynt apostolaidd, yn nerth yr Ysbryd Glân, fel y try dŵr yn rymus pan gyrhaedda bwynt berwi.
6. Ai newyddion da yw'r efengyl, sy'n ysgogi pobl i addoli Iesu a bendithio Duw yn ddibaid, gan diddyfnu pobl o'r temtasiwn i addoli unrhyw un neu unrhyw beth arall?
7. A yw hi'n arwyddocaol bod Luc yn dechrau ac yn diweddu ei efengyl trwy nodi'r llawenydd? Beth symbylodd y llawenydd hwn?
8. Sut y tystiodd Luc i weithgarwch y Drindod ar ddechrau ac ar ddiwedd ei efengyl?

LLYFRYDDIAETH DDETHOL

Esboniadau

Barclay, W., *The Gospel of Luke*, The Saint Andrew Press 1975.

Brewer, G. W., *Yr Efengyl yn ôl Luc*, Llyfrfa'r M.C. 1977.

Browning, W. R. F., *The Gospel According to Saint Luke*, SCM Press 1960.

Caird, G. B., *The Gospel of St. Luke*, Penguin Books 1963. Ail-gyhoeddwyd gan SCM Press 1977.

Creed, J. M., *The Gospel According to St. Luke*, Macmillan 1930.

Danker, F. W., *Jesus in the New Age*, Fortress 1988.

Easton, B. S., *The Gospel According to St. Luke*, T. & T. Clark a Scribner 1926.

Ellis, E. E., *The Gospel of Luke*, New Century Bible, Nelson 1966.

Evans, C. F., *Saint Luke*, SCM Press a Trinity Press 1990.

Fitzmeyer, J. A., *The Gospel According to Luke*, 2 gyfrol, Anchor Bible, Doubleday 1981, 1985.

Gilmour, S. M. a Knox, J., *The Gospel According to St. Luke*, The Interpreter's Bible 8, Abingdon Press 1952.

Gooding, D., *According to Luke:* a new exposition of the Third Gospel, IVP 1987.

Karris, R. J., *The Gospel According to Luke* yn *The New Jerome Biblical Commentary* (gol. Brown, R. E. ac eraill), Geoffrey Chapman 1991.

Lampe, G. W. H., *Luke* yn *Peake's Commentary on the Bible* (gol. Black, M.), Thomas Nelson 1962.

Leaney, A. R. C., *The Gospel According to St. Luke*, Black/Harper's New Testament Commentary, Paternoster Press ac Eerdmans 1978.

Liefeld, W. L., *Luke* yn The Expositor's Bible Commentary 8, Hodder a Stoughton 1993.

Manson, W., *The Gospel of Luke*, Moffat New Testament Commentaries, Hodder a Stoughton 1930.

Marshall, I. H., *The Gospel of Luke*, New International Greek Testament Commentary, Paternoster Press ac Eerdmans 1978.

Morris, L., *St. Luke*, Tyndale Commentaries, IVP 1974.

Plummer, A., *A Critical and Exegetical Commentary on the Gospel According to St. Luke*, ICC 1896.

Schweizer, E., *The Good News According to Luke*, SPCK 1984.

Talbert, C. H., *Reading Luke*, SPCK 1990.

Thompson, G. H. P., *The Gospel According to Luke*, New Clarendon Bible, OUP 1972.

Dalier Sylw. Wrth gyfeirio at yr esboniadau hyn yn y testun, nodir enw'r awdur a rhif y dudalen yn unig.

Llyfrau Defnyddiol
Alexander, L., *The Preface to Luke's Gospel*, CUP 1993.
Barrett, C. K., *Luke the Historian in Recent Study*, Epworth Press 1961.
Barton, S. C., *The Spirituality of the Gospels*, SPCK 1992.
Beck, B. E., *Christian Character in the Gospel of Luke*, Epworth 1989.
Cadbury, H. J., *The Making of Luke-Acts*, Llundain 1958.
Conzelmann, H., *The Theology of Saint Luke*, Faber 1960.
Doohan, L., *Luke: the Perennial Spirituality*, Bear a'i Gwmni 1985.
Drury, J. H., *Tradition and Design in Luke's Gospel*, Llundain 1976.
Edwards, O. C., *Luke's Story of Jesus*, Fortress 1981.
Esler, P. F., *Community and Gospel in Luke-Acts*: the social and political motivations of Lukan theology, CUP 1987.
Farris, S., *The Hymns of Luke's Infancy Narratives*, JSOT 9, 1985.
Fitzmeyer, J. A., *Luke the Theologian*: aspects of his teaching, Geoffrey Chapman 1989.
Gollwitzer, H., *The Dying and Living Lord*, SCM Press 1960.
Halver, M., *The Economy of the Kingdom*, Fortress 1988.
Juel, D., *Luke - Acts*, SCM Press 1984.
Karris, R. J., *Luke: Artist and Theologian*, Paulist Press 1985.
Kingsbury, J. D., *Conflict in Luke*, Fortress 1992.
Kingsbury, J. D., *Jesus Christ in Matthew, Mark and Luke*, Fortress 1981.
Maddox, R., *The Purpose of Luke-Acts*, T. & T. Clark 1982.
Marshall, I. H., *Luke: Historian and Theologian*, Paternoster 1992.
Perrin, N., *The Resurrection According to Matthew, Mark and Luke*, Fortress 1977.
Sanders, E. P., *Jesus and Judaism*, SCM Press 1985.
Sanders, J. T., *The Jews in Luke-Acts*, SCM Press 1987.
Schweizer, E., *Luke: A Challenge to Present Theology*, SPCK 1982.
Taylor, V., *The Passion Narrative of St. Luke* (gol. O. E. Evans), SNTSM 19, 1972.
Thomas, I., *Trosom Ni*, Tŷ John Penry 1991.
Wenham, J., *Redating Matthew, Mark and Luke*, Hodder 1991.
Wilson, S. G., *The Gentiles and the Gentile Mission in Luke-Acts*, CUP 1973.

Daw'r dyfyniadau ysgrythurol o *Y Beibl Cymraeg Newydd*, Cymdeithas y Beibl 1988. Oni enwir un o lyfrau'r Beibl wrth ddyfynnu, fe gyfeiria'r bennod a'r adnod at yr efengyl yn ôl Luc.